El CAMINO de la Reina

La información contenida en este libro se basa en las investigaciones y experiencias personales y profesionales del autor y no debe utilizarse como sustituto de una consulta médica. Cualquier intento de diagnóstico o tratamiento deberá realizarse bajo la dirección de un profesional de la salud.
La editorial no aboga por el uso de ningún protocolo de salud en particular, pero cree que la información contenida en este libro debe estar a disposición del público. La editorial y el autor no se hacen responsables de cualquier reacción adversa o consecuencia producidas como resultado de la puesta en práctica de las sugerencias, fórmulas o procedimientos expuestos en este libro. En caso de que el lector tenga alguna pregunta relacionada con la idoneidad de alguno de los procedimientos o tratamientos mencionados, tanto el autor como la editorial recomiendan encarecidamente consultar con un profesional de la salud.

Título original: THE QUEEN'S PATH
Traducido del inglés por María del Mar López Gil
Diseño de portada: Editorial Sirio, S.A.
Imagenes del interior: cortesía del autor
Maquetación: Toñi F. Castellón

www.editorialsirio.com
sirio@editorialsirio.com

I.S.B.N.: 978-84-10335-81-3
Depósito Legal: MA-1341-2025

Impreso en Imagraf Impresores, S. A.
c/ Nabucco, 14 D - Pol. Alameda
29006 - Málaga

Impreso en España

Puedes seguirnos en Facebook, X, YouTube e Instagram.

STACEY SIMMONS

El CAMINO de la Reina

UNA GUÍA REVOLUCIONARIA
PARA EL EMPODERAMIENTO
Y LA SOBERANÍA DE LAS MUJERES

Para todos aquellos que me han proporcionado palabras poderosas,
y muy especialmente para mis seres queridos.

ÍNDICE

Nota de la autora

A lo largo de este libro leerás historias que mis pacientes han compartido conmigo y las cuales narro con su permiso. Con el fin de proteger su anonimato, he cambiado los nombres de las personas de mi vida y de las vidas de mis pacientes y maquillado los detalles.

INTRODUCCIÓN

Mujeres en cautividad

A pesar de que las mujeres conformamos la mitad de la población del mundo, este es muy injusto con nosotras. Luchamos por el empoderamiento, pero cualquiera que ofrezca una solución quiere nuestro dinero. La cultura dominante nos impide ser dueñas de nuestra sexualidad, y sin embargo se supone que hemos de darle visibilidad para que sea objeto de comentarios por parte de todo el mundo. Se nos insta a anhelar la maternidad y el matrimonio y después se nos infravalora si eso es «todo» a lo que nos dedicamos. Se nos recrimina constantemente lo «emotivas» que somos cuando a lo largo de la historia nuestro cometido ha sido anteponer los sentimientos de nuestros hijos y parejas a los nuestros en casi todos los contextos. La vida alecciona a las mujeres sin cesar sobre quiénes ser y cómo serlo, además de señalar nuestros defectos. Y luego da un vuelco y nos insta a «perseverar» sin más ante los desafíos a los que nos enfrentamos. Para entendernos a nosotras mismas, las mujeres primero debemos analizar no solo nuestras expectativas, sueños y miedos, sino también el sistema vigente, y tratar de materializar esos anhelos y esas ambiciones.

Este libro versa sobre las mujeres. Versa sobre las mujeres tal y como se nos inculca que seamos y las que podemos llegar a ser cuando miramos más allá de las opciones que se nos proporcionan. El camino que la mujer recorre, lejos de ser un viaje lineal, es una espiral infinita en la que periódicamente afronta las mismas situaciones desde diferentes perspectivas. Conocer a las mujeres es entender las complejidades que conlleva la feminidad. La mayoría de nosotras anhelamos ser tal y como nos inculcaron: delgadas, poderosas, resueltas, guapas, brillantes y desenvueltas. El ideal de la feminidad se ha convertido en un arquetipo tan inalcanzable que al final muchas mujeres lo rechazan en favor de lo factible. Por eso la mayoría de nosotras vivimos sumidas en la tristeza o en la absoluta vergüenza. Nadie parece cuestionar si estas decisiones binarias son reales o beneficiosas para alguien o si simplemente se fundamentan en un sistema opresivo.

Esta obra es la culminación de años de investigación. La historia del arquetipo de la reina y los mundos en los que se mueve entrañan una labor compleja *y* sofisticada. Descodificar el arquetipo de la reina solo ha sido posible gracias a la multitud de cambios que se han producido en los últimos años. Las mujeres ocupan importantes cargos en los gobiernos, en los medios de comunicación, en las instituciones académicas y en el sector empresarial. El modelo que se describe en estas páginas aparece en una historia tras otra, con independencia del medio empleado para narrarlas. Es un modelo intuitivo; se reproduce en los textos desde hace milenios. Encontramos a la reina y su modelo por doquier, empezando por la antigua mitología sumeria, pasando por el Antiguo Testamento y llegando hasta el presente, en películas como *Frozen* y series de televisión como *El cuento de la criada*, *Cruel Summer* y *Killing Eve*.

Durante la mayor parte de mi trayectoria profesional he trabajado en el sector del entretenimiento, de ahí que me resulte natural y fácil encontrar ejemplos de estos elementos en el cine y en la televisión. Sin embargo, dichos elementos aparecen indefectiblemente en cualquier historia en la que la mujer desempeña un papel relevante. Esto es un hecho al margen de que los escritores, intérpretes, historiadores, guionistas de cine, biógrafos o cineastas pretendieran o no ceñirse a un patrón arquetípico. A medida que recorramos el camino de la reina, pisaremos con nuestros zapatos de cristal algunos senderos que nos resultarán familiares o desconocidos.

A menudo me preguntan si estoy escribiendo una versión femenina de *The Hero's Journey* [El viaje del héroe] o de *Ser mujer, un viaje heroico*. Es una pregunta difícil de responder. Me habría resultado imposible identificar las etapas del camino de la reina sin el trabajo de Joseph Campbell, Chris Vogler, Carol Pearson y Maureen Murdock. Sin embargo, discrepo con mis estimadas colegas Pearson y Murdock en lo tocante a los arcos argumentales. Si bien es cierto que hay similitudes entre esas dos obras y *El camino de la reina*, yo articulé mi modelo analizando narrativas de toda índole, desde cuentos de hadas y películas hasta vivencias personales de mis pacientes de psicoterapia. Desglosé los elementos clave mucho antes de compararlos con las obras de otros autores e investigadores.

Para mí la principal diferencia reside en que en el camino de la reina es la propia mujer quien en última instancia ha de decidir cómo quiere enfrentarse a las expectativas culturales que se le imponen. Estos condicionamientos son estructurales en su viaje de una manera que no lo son para un héroe. El camino está marcado por la lucha de la mujer o del personaje femenino contra las categorías que la cultura o la sociedad ha establecido de antemano para ella. En última instancia depende de ella decidir su propio destino y gestionar su soberanía personal en un mundo que preferiría que encajara en estereotipos fáciles, los cuales la empequeñecen y someten o la castigan por engrandecerse y empoderarse. El camino de la reina refuta que estos estereotipos sean las únicas opciones para ella, pero, para desvincularse de ellos, debe trabajar *a través de* ellos. No puede ignorarlos. La reina trasciende estas opciones binarias y se convierte en la versión más auténtica y soberana de sí misma para llevar las riendas de su vida de acuerdo con sus ideales, objetivos, ambiciones, dones y talentos.

No es el viaje de una heroína

Una reina no realiza el viaje de un héroe. Eso no quiere decir que no haya mujeres que realicen el periplo de los héroes y que no haya hombres que emprendan el camino de la reina. Este viaje arquetípico describe a lo que las mujeres se enfrentan en una sociedad que históricamente no las ha tratado como iguales. Nadie le pregunta a Clark Kent si su trabajo en *The Daily Planet* interferirá en sus expectativas de casarse y tener hijos. Nadie le advierte a Indiana Jones que para «tenerlo todo» tendrá que sacrificar su masculinidad, aventajar a las docentes de la universidad en la que trabaja como profesor y flirtear sutilmente con ellas. Nadie le dice a Frodo que ha de «lidiar» con los percances que sufrirá cuando pone rumbo a Mordor y que sea una mejor versión que las hobbits, no. Al leer las historias de estos personajes o ver el desarrollo de la trama se da por sentado que los protagonistas masculinos emprenden un periplo singular por el mero hecho de recibir la llamada a su misión.

La mayoría de las veces describimos la misión en términos intrínsecamente masculinos. A los personajes femeninos se los disuade de estas misiones y al mismo tiempo se los subsume en ellas. A la gente a menudo le incomoda decir que las mujeres poseen cualidades diferentes a las de los hombres y, sin embargo, así es precisamente como se nos retrata en los relatos del viaje de la heroína. Encontramos descripciones donde ella, con el fin de realizar una gesta, se aleja de su idiosincrasia femenina y adopta cada vez más roles y atributos masculinos. También encontramos descripciones del periplo de la heroína en las que emprende un camino a través del inframundo, donde conoce a una diosa o a un dios, de modo que *solo* un encuentro sobrenatural puede liberarla en última instancia. El problema de estas narrativas es que la andadura que realiza el personaje femenino guarda relación con un protagonista masculino, con una previsible experiencia masculina, o con la premisa de la inferioridad de su sexo. Las mujeres, ya sea en la vida real o en la ficción, no existen únicamente en relación con un hombre o con la masculinidad.

El camino de la reina reconoce que toda mujer debe afrontar las expectativas sociales respecto a la identidad femenina. A lo largo de milenios, a las mujeres les ha resultado mucho más difícil reivindicar su idiosincrasia. Cada mujer ha de avanzar asumiendo que se le asigna un rol. La realidad de ser mujer reside en que, por encima de todo, la cultura dominante (y, por extensión, el ámbito laboral, familiar, conyugal y maternofilial) pretende que encajemos en los patrones arquetípicos en detrimento de la individualidad. Nosotras también nos aferramos a esos ideales. Es evidente que la interrelación de los sistemas de expectativas menoscaba en gran medida nuestra individualidad con tal de alimentar la maquinaria de la cultura dominante.

La lucha de las mujeres es que, para recorrer el camino de la reina, es preciso alejarse de las expectativas que impone la sociedad. Para poder culminar el periplo, definir nuestro territorio y alcanzar la soberanía, primero debemos ser conscientes de la separación, de la experiencia de estar divididas. En definitiva, se nos condiciona para cumplir con una serie de expectativas paralelas. Por lo general, las posibilidades de las mujeres son limitadas: somos «buenas» o «malas», «marimachos» o «señoras», «santas» o «putas». Todas son dicotomías falsas. Es imposible que las mujeres nos liberemos de ellas a menos que tomemos conciencia de que no se trata de *expectativas personales*. Es preciso tener presente que se nos ofrecen como papeles encorsetados que hemos de desempeñar en el transcurso de nuestra vida.

La sociedad intenta dirigir el rumbo de la vida de las mujeres en torno a estas polaridades, condenándolas a adherirse a una de las dos opciones. O eres una mujer «típica», o bien «atípica». O te encantan las muñecas y el maquillaje, o bien renuncias a eso para ser más *masculina*. O eres una mujer ideal o no, lo cual a menudo se reduce simplemente a ser masculina. Estas alternativas binarias no representan a las mujeres en la vida real; tampoco a los personajes femeninos en la literatura, la televisión, el cine o los textos sagrados. La manera en la que la mujer gestiona el complejo desempeño de género tan solo es un aspecto de la experiencia vital femenina y, sin embargo, la mayoría de los modelos narrativos encajan en estos estereotipos porque constituyen la representación femenina más simple y aceptable.

Dicho esto, obviar la lucha de las mujeres y las expectativas inalcanzables impuestas por la sociedad, la familia y a veces nosotras mismas es eludir los conflictos internos y externos a los que nos enfrentamos a fin de alcanzar la plena identidad. De pequeñas nos inculcan las expectativas y luchamos por liberarnos de esas ataduras estructurales. Muy pronto tomamos conciencia del precio de haber nacido con o en un cuerpo femenino. La mayoría de las mujeres lidiamos con estas identidades durante la mayor parte de nuestra existencia. En el camino de la reina, la diferencia radica en que el arquetipo arroja luz sobre las expectativas impuestas a la mujer como individuo y revela la manera de romper con ellas en aras de la liberación. Ella se erige como un ser soberano que disfruta de la plena expresión y libertad de su naturaleza humana única.

El camino de la reina marca el rumbo a las mujeres para trascender las opciones que se nos han impuesto desde muy temprana edad. Nos enseña que poseemos habilidad, poder y capacidad para tomar nuestras propias decisiones, incluso en un mundo que trata de constreñir nuestra identidad y menoscabar nuestra autonomía por medio del determinismo biológico. *El camino de la reina* es una guía para escribir nuestro propio final y para guiar a los escritores a crear personajes femeninos que estén más en consonancia con la experiencia personal de las mujeres.

Los arquetipos dirigen el mundo

En el mundo abundan los arquetipos. No pasa un día sin que nos bombardeen como mínimo con un arquetipo o símbolo. En mi consulta de psicoterapia, estos patrones se manifiestan cada dos por tres en el transcurso de las sesiones con mis pacientes, que la mayoría de las veces no tienen la menor conciencia de ello. Los arquetipos encarnan nuestros ideales más preciados y, algunas veces, nuestros mayores temores. Nos revelan quiénes deseamos ser, lo cual es muy indicativo de quiénes somos. Por lo general, los arquetipos son un producto cultural. Los conocemos a través de nuestros padres, maestros, líderes religiosos y relatos predilectos. Adoptamos el arquetipo, alineándonos con él, tomándolo como paradigma. Veneramos los símbolos que lo representan. El arquetipo del salvador se convierte en Jesús, nuestra salvación divina. El arquetipo del padre se convierte en Yavé o quizá en alguien más terrenal, como Liam Neeson en *Venganza*. El arquetipo de la madre se convierte en la Virgen, en Kwan Yin o en el personaje de June Cleaver en la serie de los años cincuenta *Leave it to Beaver*.* Frente a las adversidades, nos comparamos a nosotras mismas y a quienes nos rodean con arquetipos idealizados a los que erróneamente etiquetamos como «normales». El término de origen griego *arquetipo* significa 'modelo primario', pero un arquetipo es mucho más que un mero modelo arcano de algo. Un arquetipo es un conjunto de comportamientos y cualidades comunes que se aprecian y adoptan de manera repetitiva en diferentes culturas. Generalmente son personificaciones, aunque no siempre.

En los últimos años, el trabajo de psicólogos y mitólogos arquetípicos que se dedican a poner de relieve el funcionamiento de estos poderosos patrones psicológicos en la cultura y en la psique individual ha influido en el mío. Marie-Louise von Franz, James Hillman, Marion Woodman, Joseph Campbell y Carl Jung son los responsables de la visión moderna de la psicología arquetípica. Nosotros no creamos los arquetipos; siempre han estado ahí. En diferentes periodos a lo largo de la historia ciertos arquetipos han prevalecido sobre otros y han calado más hondo en el intelecto y la psique colectiva. Los arquetipos se conocen de una forma u otra como mínimo desde los tiempos de las *formas* de Platón. El filósofo introdujo la idea para explicar que todos compartimos conocimientos básicos acerca de todas las cosas, desde una simple piedra hasta el trono más repujado. La mayoría de las veces no somos conscientes del poder de estos arquetipos y de su influencia, y sin embargo los percibimos, los reproducimos y creamos expectativas para nosotros mismos y para los demás en

* N. de la T.: Famosa serie de televisión estadounidense de los años cincuenta en la que se retrata a una familia de clase media tradicional donde la esposa desempeña el rol del ama de casa ideal entregada al cuidado del hogar y los hijos, siempre impecable y con una actitud gentil y servicial.

función de su relevancia en nuestra cultura, en nuestra familia y en nuestros objetivos e ideales personales.

Es probable que estés más familiarizada con un concepto similar: el estereotipo. Un estereotipo es una idea reducida a su forma más básica o comprensible a nivel cultural. Los estereotipos suelen ser negativos porque siempre que algo se simplifica demasiado se corre el riesgo de reducirlo a sus atributos más básicos. Los arquetipos son similares, pero el propio término sugiere que la forma que estamos observando ha estado presente en el transcurso de un periodo de tiempo más extenso, impregnándose de matices, influencias y connotaciones. Además, los arquetipos entrañan la posibilidad de un significado profundo y, por tanto, con frecuencia (aunque no siempre) representan la versión «ideal» del modelo. En definitiva, los arquetipos poseen las cualidades esenciales e integrales en vez de las ideas básicas y simples que encontramos en los estereotipos.

Las diferentes culturas forjan expectativas acerca de cómo nos comportamos con relación a los patrones arquetípicos. Cada cultura posee un arquetipo del héroe, por ejemplo, aunque el héroe individual puede ser diferente. El arquetipo es el «héroe», no el nombre que le damos. Una vez que ponemos nombre al arquetipo, este se convierte en un símbolo. Es decir, el arquetipo del héroe, por ejemplo, no cambia al margen del nombre que reciba. Podría ser Aquiles en Grecia, Ogun en África occidental o el rey Arturo en la Europa medieval. Asimismo, en cada cultura hay una diosa del amor, como Oshun en África occidental, Afrodita en Grecia o la Virgen María en el cristianismo occidental. Los arquetipos reúnen los ideales culturales. Dotamos de significado al arquetipo y lo usamos como figura de referencia para entenderlo. A veces posee connotaciones negativas, como un villano, un fantasma o el mal encarnado en forma de diablo o demonio. Los arquetipos siempre poseen diversos significados y pueden cruzar las fronteras culturales porque carecen de nombre y no se asocian con un lugar o una cultura en concreto.

Cuando se piensa en el arquetipo del «padre», por ejemplo, es probable que se tenga una idea definida, sólida, referencial y a veces dominante de lo que debería ser un padre. Cuando se piensa en el concepto de la «madre», es probable que se asocie con la bondad, el apoyo afectivo, el cuidado y la calidez. Cuando se piensa en el arquetipo de un «guerrero», seguramente se aprecien atributos de virilidad, valentía, honor y osadía. Si has experimentado algo diferente al comportamiento arquetípico en tu propia vida, entonces seguramente habrás comparado ese «otro» comportamiento con un arquetipo.

Como psicoterapeuta, trato a muchas personas cuya infancia dejó mucho que desear. Es muy raro que mis pacientes no comparen su experiencia con un ideal. Por lo general hacen comentarios del tipo: «¿Por qué no pude tener unos padres "normales"?» o «¿Por qué no puedo tener una familia "normal"?». Lo que están expresando es lo mucho que dista su experiencia del ideal. Mi respuesta casi siempre es la misma: lo normal no existe. Existe un ideal y, por otro lado, cómo incorporamos el ideal en nosotras mismas y en nuestras experiencias. A la mayoría de la gente le resulta insoportable la presión que conlleva estar a la altura de sus ideales. En represalia, arremeten contra cualquier persona o cualquier cosa que les recuerda ese fracaso en vez de analizar esos patrones arquetípicos. Es una realidad dolorosa y evitable. Moverse en el espacio entre el ideal arquetípico y la realidad vivida puede resultar difícil, pero es la mejor manera que conozco de construir una vida feliz. Para posibilitar esa conciliación primero has de ser capaz de identificar los arquetipos presentes en tu psique, en tu entorno y en tus relaciones.

El alma de género en la cultura

La llegada al mundo de un niño se recibe con un sentimiento de júbilo. El advenimiento de la nueva alma a nuestra vida se considera un regalo de un reino desconocido en la tierra firme que pisamos cada día. El nuevo ser no es un zombi o un gólem a la espera de un alma. El alma ya está ahí, con el recién nacido, tomando forma y corporeizando su potencial divino. En nuestra cultura, alcanzar el umbral de la pubertad aparta a los niños de su identificación cultural con la inocencia y los empuja hacia algo que a menudo se representa de forma oscura y pecaminosa: el sexo. Es una premisa injusta que imprime un cariz corrupto a los caracteres sexuales secundarios y los marcadores sexuales. En la mayoría de las culturas, cuando se comienzan a percibir estas características cambian las expectativas. Las características que asociamos con el hecho de alcanzar el éxito siendo un «hombre» o una «mujer» se confunden con la reivindicación de poder o el acatamiento de la autoridad.

Se juzga la apariencia en ambos sexos, si bien por diferentes razones. A la edad de ocho o nueve años se empieza a inculcar a las niñas que «se porten como señoritas» y a los niños que sean fuertes o que «sean hombres». Los niños de estas edades comienzan a identificarse con personajes de videojuegos, del cine o de la televisión. Por otro lado, van colocándose en la jerarquía de acuerdo con las expectativas y el comportamiento de los miembros de su familia. En el caso de los hombres, la transición de la infancia a la edad adulta les marca un rumbo ascendente de la inocencia al poder. Para las mujeres, este tránsito desde la inocencia les proporciona dos alternativas establecidas: avanzar en pos de la aceptación social o del aislamiento social. La aceptación implica una pérdida de autoridad, pero brinda protección y pertenencia, mientras que desmarcarse de las normas sociales proporciona el potencial para adquirir más poder personal, pero conducirá al aislamiento de la niña. En todos los aspectos menos a nivel emocional, las opciones en el caso de los niños aumentan y en el caso de las niñas disminuyen a medida que transitan hacia la edad adulta.

Todos nacemos desnudos, y lo demás es artificio

Recuerdo cuando asistí a una de mis primeras clases de psicología, en la que aprendí cómo los roles se interiorizan en la psique individual. Usamos roles para que nos ayuden a forjar la identidad. Sin embargo, si nunca nos desvinculamos de los roles, nos sentiremos frustradas y estancadas. Cada rol es un disfraz. Cada personaje que encarnamos es una forma de disfraz: el de ejecutiva, médica, terapeuta, madre, mejor amiga... Si estás desempeñando un rol, te estás poniendo un disfraz para ello. Tanto si te muestras como una abnegada ama de casa, una lesbiana con porte masculino o una «mamá osa», estás actuando. En nuestra cultura, desempeñar cualquier rol tiene un componente de género. El sexo y el género son conceptos complejos. El sexo es con lo que se nace; el género es el papel que se desempeña en el mundo. En muchas culturas ambos conceptos se confunden y cualquier diferencia entre los dos se trata en el mejor de los casos con desprecio y en el peor de los casos con violencia.

Las cuestiones culturales en torno al sexo y al género entrañan complejidad, sobre todo debido a esta confusión. Cuando la sociedad es capaz de distinguir los aspectos culturales del género y la sexualidad de las cuestiones biológicas del sexo, a menudo se crean leyes y normas culturales más tolerantes, las cuales redundan en expectativas sociales equitativas para personas de cualquier condición. Las culturas rígidas y punitivas imponen la identificación del sexo con el género. Se insta a las personas a ceñirse a su rol de género en función de su sexo biológico. Esto puede hacer que la gente se sienta más coartada y, pese a que quienes abogan por los patrones tradicionales de los roles de sexo puedan sentirse seguros, cualquiera que se desmarque de esas normas se siente vulnerable. Y lo que es peor, en un sistema con normas sociales rígidas, con independencia del tamaño del grupo –desde escuelas e iglesias hasta monarquías y teocracias sumamente estratificadas–, existe un riesgo muy real para cualquiera que pueda desviarse.

El desempeño del género de acuerdo con los roles de sexo tradicionales constituye el fundamento de un buen número de normas culturales conservadoras. Estas regulan desde los estereotipos de lo que se considera la conducta femenina y masculina hasta los ideales arquetípicos de la maternidad, la paternidad, el matrimonio, la familia y la profesión ideal. Existen numerosos modelos arquetípicos femeninos que podemos analizar: la madre, la bruja, la esposa, la rebelde...; hay otros nuevos que se han incorporado a nuestro léxico: «mujer negra enfadada», «bohemia chic», «Karen»...* En situaciones de cualquier índole en las que se interactúa con otras personas, los arquetipos están presentes.

El revuelo en torno a los correos electrónicos de Hillary Clinton y su imagen de «deshonesta» por parte de la opinión pública en las elecciones presidenciales de 2016 no guardaba relación con ella como persona, sino con su alineamiento con un arquetipo: se la tachó de «zorra» y «feminista». Se la recriminó por no saber estar en su sitio, por expresar sus opiniones sin tapujos y por aspirar a tener voz en la política estadounidense. Más allá de eso, su marido le puso los cuernos con una mujer mucho más joven, una becaria: decidió serle infiel con una mujer que obviamente estaba subordinada a él. Se infirió que ni siquiera su marido quería tener sexo con ella debido a la «actitud maliciosa» de Hillary. Su insumisión se consideraba desagradable, despreciable e impropia de una mujer.

Cuanto más se denigra o menoscaba a un colectivo social, más predominantes serán los arquetipos y estereotipos sobre la representación de dicho colectivo. De manera similar, si un colectivo está perdiendo terreno en la sociedad, se aferrará a arquetipos y estereotipos simplistas del bien y el mal con el fin de transmitir su mensaje con mayor claridad, de simplificar su causa. La complejidad deja de ser posible en lo tocante a los arquetipos y estereotipos. Normalmente los arquetipos aumentan las cualidades; los estereotipos las reducen. Los arquetipos son transversales a las culturas, mientras que los estereotipos a menudo se limitan a la sociedad o cultura que los adopta. Pueden, por supuesto, transmitirse entre diferentes culturas, pero en tal caso no aumentan las categorías.

Los símbolos son el siguiente paso para entender los arquetipos culturales. Los arquetipos tienden a crear categorías. Cada cultura

* N. de la T.: Este nombre ha ganado popularidad –especialmente en el ámbito de las redes sociales– para describir a un tipo de mujer blanca de mediana edad con una actitud exigente, arrogante y con frecuencia irracional en situaciones cotidianas.

posee arquetipos del salvador, la madre y el padre, por ejemplo, y les asigna un símbolo para conectar con ellos y dotarlos de significado. En Occidente, Luke Skywalker es un héroe contemporáneo. Luke es el símbolo; el héroe es su arquetipo. En las elecciones presidenciales de 2016, Hillary Clinton era el símbolo; su arquetipo era la zorra. Tiene otro, la MIPE, un arquetipo en el que profundizaremos a medida que recorramos el paisaje de este libro.

La historia reciente y el héroe

El viaje del héroe se ha convertido en una de las historias arquetípicas más importantes del siglo XX. Se ha utilizado en estudios históricos para analizar cómo grandes hombres y mujeres se han abierto camino en el mundo a lo largo de la historia. En psicología, ayuda a las personas a afrontar las vicisitudes de la vida. En la literatura, codifica lo que constituye un buen relato. Este complejo patrón arquetípico analiza el ciclo vital del héroe mientras este realiza el periplo de la existencia a partir de la llamada salvaje del inconsciente, que da sentido a su vida. En la estructura narrativa tradicional, el héroe siente la llamada a su misión, en un primer momento la rechaza y posteriormente se ve arrastrado a ella, conoce a un maestro, emprende una gesta, renuncia a algo importante o lo pierde, aprende algo que lo transforma y acaba regresando al lugar de origen para compartir su sabiduría. Dependiendo del tipo de trabajo que se esté realizando, el viaje heroico puede constar de entre doce y diecisiete etapas.

Joseph Campbell fue el primero en identificar el viaje del héroe mediante el análisis de mitos que se habían transmitido a lo largo de los tiempos a través de multitud de culturas. El psicólogo suizo Carl Jung ejerció una profunda influencia en su trabajo. Los creadores de cultura han usado la estructura concebida por Campbell para explicar la historia, ayudarnos a dotar de sentido el presente y construir una estructura para el futuro. Sin embargo, esa estructura nunca ha sido lo bastante sólida como para sustentar también la historia de la experiencia vivida por las mujeres. La vida de una mujer incluye decisiones y experiencias que son relativamente universales para el colectivo femenino, pero ajenas al héroe de este viaje. El héroe en ningún momento ha de afrontar si es o no aceptado por la sociedad en función de su aspecto ni lidiar con cuestiones decisivas centradas en la idoneidad para el matrimonio, en la virginidad y en la fertilidad, por ejemplo. Por consiguiente, el viaje del héroe es insuficiente para reflejar los derroteros de las mujeres.

El viaje heroico no brinda el espacio necesario para la lucha de las mujeres ante estas realidades. No determina con precisión las fuerzas que encasillan a la mujer en una identidad que casi siempre es una versión limitada de su pleno ser, buscando el equilibrio entre las demandas del deseo y la maternidad y el poderoso rol femenino de ser el canal de la continuidad de la vida para la humanidad. Las diferentes paradas y obstáculos a lo largo del periplo del héroe no incluyen estos aspectos, lo cual tampoco es posible puesto que el viaje heroico relata la historia de los hombres. En sus periplos no se tiene en cuenta si son padres o no, al menos en la narrativa arquetípica. Que un hombre contraiga matrimonio o no es irrelevante en el desarrollo de su historia desde el punto de vista cultural. Nadie asume que un hombre casado tome un camino diferente al de un soltero para convertirse en abogado, banquero, arqueólogo o un escritor galardonado con el Premio Pulitzer. En el caso de las mujeres existe un planteamiento muy diferente.

Para que una mujer esté presente en el viaje de un héroe es preciso que asuma previamente el papel de *outsider*.* Antes siquiera

* N. de la E.:Se considera *outsider* a quien se sitúa en la periferia de las normas sociales y se «desvía»de lo establecido, lo que suele conducir a la estigmatización. El anglicismo ha sido asimilado como concepto en los campos de la psicología y, sobre todo, de la sociología a raíz del ensayo de Howard Becker *Outsiders*. En un párrafo de dicho libro el autor define el concepto de la siguiente manera: «Todos los grupos sociales establecen reglas [...]. Esas reglas sociales definen las situaciones y comportamientos considerados apropiados, diferenciando las acciones «correctas» de las «equivocadas» y prohibidas. [...] es probable que el supuesto infractor sea visto como un tipo de persona especial, como alguien incapaz de vivir según las normas acordadas por el grupo y que no merece confianza. Es considerado un *outsider*, un marginal».

de emprender ese periplo ha de realizar el viaje arquetípico que se describe en este libro. Yo lo denomino «el camino de la reina». El tradicional viaje heroico no aborda la experiencia femenina del mundo. Las mujeres mantienen un constante equilibrio al asumir multitud de identidades. Unas se involucran en la cultura, otras se empoderan, y todas están sujetas a condicionamientos culturales de género que asumen la subjetividad femenina en el mundo. Desde un punto de vista cultural, que una mujer sea la heroína de su propia historia carece de relevancia; su historia siempre revestirá menos importancia que una similar de un hombre. A una heroína casi siempre se la considera, en el mejor de los casos, una profana y, en el peor de los casos, una impostora. En los capítulos siguientes explicaré el porqué.

La prevalencia de los patrones masculinos en la narrativa cultural se produce y reproduce constantemente. El viaje heroico continúa repitiéndose como principio organizador en textos sagrados, cuentos de hadas y mitos. Encontramos esta estructura en el cine, en la literatura y en la televisión. La encontrarás en libros de cómics de héroes como Superman y Batman, así como en textos sagrados como la Torá, el Evangelio o los Upanishad. En psicología se utiliza como punto de referencia para ayudar a la gente a encontrar sentido a sus vidas, situando al paciente como un héroe que realiza su viaje personal. Joseph Campbell lo denominó «monomito».[1] Con ese término presentó intencionadamente el viaje heroico como una estructura narrativa universal, solo que excluía a las mujeres. Huelga decir que Campbell sostenía que las mujeres no necesitaban realizar ese periplo; eran el objetivo que el héroe trataba de alcanzar.[2] No obstante, la intención no fue con ánimo de insultar; en su opinión, las mujeres ocupaban un lugar sagrado y, manteniéndose en su sitio, el mundo iría a ellas. Sin embargo, el fundamento de esa idea implica que algunas mujeres consiguen ser el centro y otras no. Trataremos esa falacia en el próximo capítulo. Todas las normas culturales según las cuales las mujeres tenemos un deber sagrado como madres, que nos debería bastar con nuestras familias o que el hecho de ser una chica mala nos excluye socialmente son trampas. La dicotomía entre la buena y la mala chica... Adherirnos a lo uno o lo otro nos impide convertirnos en mujeres plenas.

Yo jamás he encajado en las típicas expectativas. Anhelaba ser una heroína y he trabajado duro para estar a la altura de ese mito. Mi anhelo era demostrar mi valía a través del trabajo, desde el primero que desempeñé a los quince años hasta mis puestos en organizaciones altamente estratificadas como estudios cinematográficos y universidades. A lo largo de mi vida me inculcaron, primero mi familia y más tarde la sociedad, que mi complexión delgada y mi cara bonita definían y constreñían mi valía. Mi inteligencia, mi perspicacia, mis anhelos espirituales y mi identidad sexual eran, además de irrelevantes, inaceptables. Desde muy temprana edad reaccioné de un modo visceral a que me silenciaran, probablemente en respuesta a la falta de voz de mi madre. Me mantuve ojo avizor con el fin de no caer en la misma trampa que ella. Pero hasta que comencé mi investigación para este libro no fui consciente de que me encontraba en un camino en el que no había cabida para una mujer incapaz de someterse.

Las mujeres tenemos nuestra propia estructura arquetípica o, para usar el término de Campbell, *monomito*. En nuestro viaje personal están presentes los condicionamientos del patriarcado, así como la forma de superarlos. Me consta que muchas de mis colegas feministas consideran que los patrones de violencia y las usurpaciones de poder de gran alcance están arraigados en el mundo. No discrepo de sus puntos de vista. La vida de las mujeres está condicionada y salpicada por la violencia en aspectos que la cultura trata de esconder bajo la alfombra o normalizar a toda costa. Sin embargo, no creo que abordar el problema desde el punto de vista de las mujeres como víctimas sea lo más relevante en este momento en particular. En vez de eso, te pido que consideres a las mujeres y a otros seres humanos que han sufrido el sometimiento físico y mental como personas a las que se les ha inculcado la creencia de que deben pedir permiso. Yo opino que el tiempo de pedir permiso ha acabado. Cualquiera que desee vivir su vida a su libre albedrío en vez de cumplir con una constreñida serie de expectativas es libre de hacerlo. Lo que necesita es un manual de instrucciones.

Las mujeres estamos cambiando el mundo. Podemos llevar a cabo estos cambios para nosotras mismas, para nuestros hijos y para los hombres. Primero, no obstante, hemos de contar nuestra propia historia. Hay que comenzar realizando un viaje arquetípico centrado en la experiencia femenina, no una adaptación del monomito masculino, que pretende obligar a la mujer a obviar los condicionamientos culturales, sociales, familiares y biológicos que le hacen tener muy presentes su rol, su destino y su legado. Somos reinas y, reivindicando el derecho a realizar un viaje personal único, es posible redefinir el mundo. La reina, al igual que la pieza de un ajedrez, tiene más poder, más capacidad de maniobra y más flexibilidad. Se mueve en todas direcciones y cubriendo cualquier número de casillas, lo cual no es el caso de los reyes, alfiles y peones. Cuando aprendemos a ver las reglas del juego y las rompemos, podemos reclamar un territorio para nosotras mismas al que hasta ahora tan solo tenía acceso un rey.

Primera parte

PREPARARSE PARA RECORRER LA SENDA DE LA SOBERANÍA

Capítulo 1

INVISIBILIDAD, IGUALDAD Y SOBERANÍA

En 2007 sufrí un nuevo trance. Mi madre se había venido a vivir a mi casa, mi matrimonio se había ido al traste y yo ocupaba un cargo muy notorio en la universidad que me resultaba estresante y tóxico. Me había sacado el doctorado en Filosofía con la especialidad en psicología social y medios de comunicación cinco años antes y a esas alturas llevaba acudiendo a terapia más de quince años. Estaba cansada de contar mi historia de «trauma, abandono, traición, bla-bla-bla..., muerte, pistolas, anorexia, ahogamiento, violación, bla-bla-bla...». Mi narrativa se había vuelto tediosa incluso para mí.

Steve, mi último terapeuta, quiso probar algo diferente. Se quejaba de que llevaba décadas aplicando la terapia cognitivo-conductual (TCC), y que solo rascaba la superficie. Me preguntó si estaría dispuesta a ser una de sus primeras pacientes en probar la llamada terapia de aceptación y compromiso (TAC). Consideraba que eso podía ayudar a romper el muro que yo había construido. La intervención requería que identificara mi mayor miedo emocional y dejara de ponerle resistencia. Quería que pusiera nombre a la sensación que yo evitaba sentir a toda costa. Ese día de enero de 2007 algo se rompió dentro de mí. No recuerdo haberme movido, pero sí estar de pie en la consulta de Steve.

Mi cuerpo se me antojaba ajeno, y sentí... miedo. No: terror.

Durante unos instantes noté que el sofá de piel empujó contra mis pantorrillas para que me levantara. ¿Estaba realmente de pie o se trataba de uno de los ejercicios de la TAC, en el que observaba el paso de un tren? No lo recuerdo como si estuviera en la consulta de mi terapeuta. *Sentí* como si me encontrara en el andén de una estación de tren. «¿Qué estás evitando?».

No podía mover la mandíbula, fue como si el mecanismo entero de mi boca fuera de hormigón. Mis maxilares se trabaron, silenciando mi voz. Me sentí separada de mi cuerpo, envuelta en un cielo nocturno, rodeada de puntos de luz como estrellas. Mi boca no estaba conectada con mi conciencia y perdí la capacidad de mover los labios.

Steve me transportó a un trauma de la infancia, cuando estuve a punto de ahogarme a los siete años. Inerte en el fondo de la piscina, mirando lo que estaba sucediendo a mi alrededor, ajena a que estaba inconsciente. Los socorristas me sacaron del fondo y me hicieron la respiración boca a boca. Al cabo de unos instantes expulsé el agua. No acabé con una costilla rota, solo con la garganta y las fosas nasales irritadas debido al cloro. Los socorristas me levantaron con cuidado. Me encontraba mareada, pero consciente. Mi madre me echó un rápido vistazo. Impertérrita, llegó a la conclusión de que si respiraba era señal de que estaba bien, de modo que reanudó la conversación con su hermana. Yo me alejé de ella dolorida, con una toalla amarilla sobre los hombros y mi cola de caballo chorreándome agua fría por la espalda. Me dolían los pulmones; me ardían los ojos. Me picaba la piel, y todo me parecía diferente. Me quedé mirando los árboles y el muro de ladrillo, de espaldas a la piscina y a mi madre. No podía soportar mirar a nadie, nada. Fue demasiado para que la psique de una niña de siete años lo procesara.

Estuve a punto de morir, y ella no se inmutó.

—¿Qué es lo que más miedo te da sentir? —preguntó Steve, ahondando.

Noté un tirón bajo la mandíbula, la voz ahogada, una mano invisible que me oprimía con fuerza la garganta. Me faltaba el aire. «Que voy a morir» fue la frase casi inaudible que emanó con voz quebrada desde el fondo de mi garganta.

Steve continuó sonsacándome.

—¿Qué te hace sentir como si fueras a morir?

Escudriñé más hondo. Un terror abyecto se apoderó de mí. Negué con la cabeza y acto seguido sentí una pequeña erupción en lo más profundo de mi ser, un sonido inapreciable que contrastaba con la intensidad del dolor.

(No puedo hablar).

—Que soy invisible —respondí con la voz entrecortada, en un tono prácticamente inaudible y casi imposible de articular.

(La muerte está aquí delante, su aliento contra mi cara).

—¿Y qué pasaría si te permites *sentirte* invisible tan solo durante unos instantes?

Negué con la cabeza de nuevo, despacio, mientras el nudo que me atenazaba la garganta me impedía respirar.

—Estás a salvo. Permítete sentirlo, solo un poco. Estoy justo aquí. Quiero que digas «soy invisible», pero esta vez más fuerte.

Atravesando un muro de resistencia, salió:

—Soy *invisible*.

Y, con esa declaración, un aluvión de lágrimas, tristeza, ira, confusión y rabia emanó como un tsunami desde el asiento de mi alma. No sabía que mi cuerpo albergaba tantos sentimientos reprimidos. Mi inconsciente llevaba décadas conteniendo ese océano. El hecho de ser invisible me aterrorizaba hasta el punto de que había enterrado ese sentimiento. Mi realidad era invisible. Cubierta bajo los despojos de la vergüenza, la ira, el sufrimiento e infinidad de sueños abandonados, había intentado hacer una montaña de logros, títulos, notoriedad y éxito tan alta que nadie pudiera invisibilizarme jamás. Pero era una mentira. Yo no estaba en esa montaña ni mucho menos.

Estaba debajo de ella.

Y cuanto más la engrandecía, más invisible me volvía.

Descubrir la invisibilidad

Mi experiencia de ser invisible no es un caso aislado. Casi todas las mujeres que conozco tienen que lidiar con la «invisibilidad» a diario. Para las mujeres de raza negra es aún más pernicioso. Para las mujeres transgénero, absolutamente letal. Según la psicología profunda, los arquetipos innominados e invisibles son los más peligrosos. Se ocultan entre las sombras. Habitan lugares que rechazan la luz del descubrimiento. Los arquetipos invisibles crean cárceles psíquicas, a nivel individual y cultural. Yo me sentía invisible, presa de expectativas y roles, desde hacía mucho tiempo. No podía localizarme en la mirada de nadie. Nadie me veía. Solo veían los roles que desempeñaba.

El concepto de la «mujer invisible» se ha tratado en géneros muy diferentes: en los libros, en las películas, en los cómics... Mis pacientes me han descrito su invisibilidad de diversas formas. A veces se ignora su dolor, sea físico o psicológico, se le resta importancia, se invisibiliza. En algunos casos, la invisibilidad se manifiesta simplemente como un muro que condena al ostracismo. Hay un muro invisible que nos separa de la vida de los demás, que nos maldice como «las otras». En otros casos, la invisibilidad es patente en nuestra experiencia al ser ignoradas o silenciadas en el seno de la familia, en las instituciones religiosas o en el trabajo. ¿Puedes identificar la invisibilidad en tu vida? ¿Te muerdes la lengua cuando deseas expresar tu indignación? ¿Ocultas tu genialidad para evitar llamar la atención? ¿Eliges ropa, trabajos, amistades o parejas en función de la imagen que proyectarás?

En algunos lugares del mundo la invisibilidad de la mujer se considera una virtud; se cubre a las chicas con metros de tela en cuanto llegan a la pubertad o se enclaustra a las mujeres para evitar que se las vea en público. En Occidente, a menudo fingimos que la invisibilidad femenina no existe y, paradójicamente, la redoblamos. Algunas veces describimos la experiencia con eufemismos como «el techo de cristal», una barrera invisible contra la que nos damos cabezazos, pero que es imposible romper. Otras veces se hace patente cuando se nos encasilla en un papel: el de «esposa», «símbolo sexual» o «mujer desagradable». La mujer como individuo se ve engullida por una fuerza mayor que la condena al anonimato.

Se pone de relieve en el aumento de las complicaciones durante el parto. La invisibilidad es lo que provoca problemas médicos sistémicos, como subestimar los síntomas y el dolor físico de las mujeres de raza negra en hospitales y consultorios. Invisible es la experiencia de las mujeres en salas de juntas cuando los compañeros se atribuyen el mérito de las ideas delante de ellas. Se manifiesta en la condescendencia machista en el trato a la mujer.

Las mujeres hemos tenido que lidiar con estas situaciones durante tanto tiempo que ya no percibimos la eficacia con la que los mecanismos culturales ejercen su influencia y crean expectativas en torno a nosotras. Estamos ciegas ante la realidad de que la invisibilidad es la consecuencia de un *proceso*. En la vida de una mujer se pone de manifiesto por primera vez en la etapa entre la infancia y la edad adulta. Las mujeres interiorizamos la idea de que se supone que hemos de ser «desenvueltas» en lo tocante a la belleza, a las tareas del hogar, a la crianza de los hijos y a otros ideales de género tradicionales. Las mujeres somos, ante todo, nuestros roles, siervas de una cultura patriarcal. Nuestra existencia es funcional. Somos seres humanos de segunda clase, a veces incluso de tercera o cuarta en función de los roles que desempeñamos.

Mi terapeuta abrió una puerta secreta. Yo ni siquiera conocía la existencia de la puerta o del espacio que había tras ella. Ignoraba que hubiera un lugar en mi interior al que no se me permitía acceder. Y ahora que se había abierto, me aterrorizaban las consecuencias. Aquel día con Steve fue el primero en mis muchos años de terapia en el que algo instintivo emanó de mi interior. En todos los demás métodos de tratamiento, aprendí a racionalizar mi sufrimiento. Era capaz de describirlo. Era capaz de atar cabos con mi trauma del pasado, pero apenas *sentirlo*. Por supuesto, hasta entonces había llorado en las sesiones... y *mucho*. Pero jamás había sentido lo más hondo de mi ser. Jamás había *sentido* mi temor más profundo.

Frozen y *Maléfica*

Años después, mi vida era totalmente distinta. Había abandonado mi hogar y mi carrera y me había matriculado en una escuela de posgrado para ser terapeuta. El programa de estudios incluía la presentación de una tesis doctoral. Dado que los cursos académicos eran intensos, decidí centrarme en algo con lo que estaba familiarizada y que me apasionaba: el cine de animación. El «suéltalo» de la franquicia *Frozen* caló en millones de niños. La historia gira en torno a la relación entre dos hermanas. Elsa, la mayor, posee poderes mágicos que le permiten controlar el hielo y la nieve. La menor, Anna, carece de poderes mágicos, pero no está celosa del don de su hermana. En la primera secuencia, de pequeñas, Anna se lo pasa de fábula. Pero Elsa enseguida pierde el control de sus poderes mágicos y Anna resulta herida. A partir de ahí Elsa se ve obligada a ocultar sus poderes. Las dos son separadas hasta que se hacen adultas y a Elsa le llega el momento de convertirse en reina de Arendelle. Pronto los poderes mágicos de Elsa la alejan de sus dominios de nuevo cuando accidentalmente los pone en evidencia durante el baile de la coronación, y huye a la montaña del Norte. Cuando Anna de repente es consciente de los años que han pasado separadas, emprende una aventura para recuperar a su hermana y llevarla de nuevo al castillo.

La película celebra el vínculo entre las hermanas, dando un vuelco al patrón del «beso de amor verdadero». *Frozen* redefine la idea del amor verdadero como amor fraternal en vez de focalizarlo en el amor romántico. Al final es Anna, que carece de poderes, quien salva a Elsa de una muerte segura a manos de un hombre malvado. La historia celebra el poder femenino y se burla ligeramente del cliché del «fueron felices y comieron perdices».

Todos hemos visto memes y vídeos virales de niñas y mujeres hechas y derechas cantando la potente balada *Suéltalo* de la película. Es un canto a la libertad por excelencia cuya letra refleja los sentimientos que todas queremos celebrar. En ella se nos recuerda que las mujeres tenemos derecho a ser dueñas de nosotras mismas, aun cuando sea difícil. Se nos insta a anteponer nuestro poder personal a la idea de conformarnos con la «comodidad» que conlleva ceder ante las expectativas culturales y el perfeccionismo.

Las canciones, el vestuario, la creatividad y la destreza artística propiciaron una increíble película. Pero, por encima de todo, la audiencia respondió al empoderamiento de las hermanas que confiaron y conectaron entre sí. No había una «reina malvada», aunque en los guiones gráficos preliminares el personaje de Elsa poseía los rasgos propios de una villana de Disney similares a los del personaje en el que la película se inspiró en su origen, el que da título a *La reina de las nieves*, de Hans Christian Andersen.[1] Sin embargo, a medida que se articulaba la historia se gestó el hecho cultural del encuentro de las mujeres en la fraternidad en vez de en la rivalidad, probablemente debido a la influencia de la codirectora, Jennifer Lee, y a que gran parte del equipo creativo lo integraban mujeres.

La historia del amor familiar se puso de relieve de nuevo en 2014 con la película *Maléfica*. En la versión original de Disney de 1959, *La bella durmiente*, Maléfica es una bruja malvada que conjura una maldición contra la pequeña princesa Aurora por no haber sido invitada al bautizo de esta. En la versión de 2014, con personajes reales, a la reina de las hadas homónima se la retrata como un ser mágico al que su amante, Stefan, ha traicionado. El vínculo amoroso que compartían los jóvenes se convierte en una condena para Maléfica, pues es el «beso de amor verdadero» lo que posibilitó que Stefan la mutilara cortándole las alas de hada. Stefan toma las alas y las presenta ante la corte, un tributo para ganarse los favores de un rey sin descendencia. Al haber logrado su misión, Stefan hereda el trono tras el fallecimiento del anciano rey y Maléfica se convierte en su enemiga mortal en su reino mágico. La traición prepara el terreno para que ella se vengue de su antiguo amor conjurando una maldición contra la hija recién nacida de este, condenándola a una vida de servidumbre y sueño eterno hasta que el «beso de amor verdadero» la libere, una clara referencia a la traición de Stefan. Maléfica pronuncia esas palabras con sorna ante toda la corte, mostrando su desdén hacia la falsa promesa de amor verdadero.

Pero Maléfica no es un monstruo despiadado; se siente mal por haber maldecido a una criatura que no le había hecho ningún daño. Como es imposible romper el maleficio, se posiciona como guardiana de Aurora con el fin de protegerla de la maldición cuando envían a la niña lejos del reino para que viva aislada. Cuando la princesa cumple dieciséis años, la maldición de Maléfica cae inevitablemente sobre ella y se pincha el dedo con una rueca, lo cual la sume en un sueño profundo (un claro mensaje de que la esclavitud doméstica convierte a cualquier mujer en una zombi). Consternada, Maléfica trata de encontrar un príncipe que se enamore de Aurora con la esperanza de que la condición para romper el maleficio original salve a la princesa en última instancia. Como Aurora no despierta con el beso del príncipe, Maléfica la besa en la frente con el amor de una madre, le pide perdón de todo corazón y jura que cuidará siempre de ella. Entonces Aurora, liberada de la maldición, abre los ojos. El amor verdadero no siempre es sinónimo de amor romántico.

Al ver estas películas percibí un patrón. En ambas historias hay dos personajes femeninos unidos por un vínculo. En *Frozen* es un vínculo fraternal; en *Maléfica* es maternofilial. Me di cuenta de que un personaje era mágico, mientras que el otro carecía de poderes. La criatura mágica era una *outsider*; la desvalida siempre estaba intentando conectar. Comprobé que los personajes se regían por patrones casi idénticos en las dos películas. Sus vidas comienzan en la inocencia y posteriormente cae sobre ellas una maldición de algún tipo que les deja huella o las marca. Después, cada una se ve arrastrada a tomar una dirección: o se convierten en mujeres pasivas y «aceptables» siempre en busca de relaciones, o bien viven sus vidas mágicas, aisladas e indefensas.

No fue tan simple como ver que un personaje era una «bruja malvada» y el otro una «princesa». Ciertamente, en estos personajes había una polaridad mucho más diferente. Lo más importante es que en ambas películas había una reina al final. Esta reina no tenía sed de poder; no pretendía destruir a su hermana. Al convertirse en reina recuperó las partes de sí misma que había perdido y reinó con confianza en su poder y autoridad. Alcanzó la soberanía sobre sí misma.

Tras escribir mi tesis y presentarla, pensé que mi labor había finalizado. Sin embargo, pronto empecé a detectar este patrón en otros ámbitos. Lo vi en las vidas de mis pacientes cuando hablaban acerca de las expectativas que se les habían impuesto y los roles que se vieron empujadas a desempeñar. Lo observé en series de televisión como *El cuento de la criada* y *Killing Eve*, en películas como *Prácticamente magia* y *Una joven prometedora*, en comedias como *Una rubia muy legal* y en dramas como *El color púrpura*. Lo encontré en obras de teatro de Broadway como *Wicked* y *Waitress*. Examiné películas antiguas y lo descubrí en *My Fair Lady*, *Imitación a la vida*, *Memorias de África* y *Gigi*. Indagué aún más en el pasado y lo encontré en la Biblia, en el Antiguo y en el Nuevo Testamento. Aparecía en mitos ancestrales como *El descenso de Inanna*, en la antigua Sumeria, y *El rapto de Perséfone*, en Grecia. Este patrón estaba presente en todas partes y había estado delante de mí, delante de todas nosotras, durante miles de años.

¿Qué estaba observando? En definitiva, me di cuenta de que estaba ante un modelo arquetípico que representaba la experiencia vivida por las mujeres. Es análoga al viaje del héroe, pero no un sucedáneo de él. La denominé el camino de la reina porque refleja lo que las mujeres experimentamos mientras gestionamos el mundo de las expectativas, los roles, la idoneidad para el matrimonio, el sexo, la realización personal, el deseo, la maternidad y, con suerte, la soberanía: la potestad sobre nuestro cuerpo, nuestra mente y nuestra vida.

La soberanía y la división

Para desentrañar el misterio del periplo por el camino de la reina es preciso entender los dos aspectos más importantes de esta investigación: el objetivo final, la *soberanía*, y lo que nos impide alcanzarla, la *división*. No puedo contar la cantidad de veces que mujeres jóvenes, estudiantes o pacientes en mi consulta han defendido (o lidiado con) la creencia de que los problemas de la desigualdad se han solucionado. En nuestra cultura hay un profundo deseo de creer que las barreras estructurales del pasado son reliquias históricas y que todo lo que nos impide conseguir la mejor versión de nosotras mismas depende única y exclusivamente de nuestro control personal. A nivel psicológico, frente a un problema difícil o una amenaza, la gente recurre a lo que se encuentra al alcance de su poder. O «tengo todo bajo control», o bien «no tengo nada bajo control». La verdad tiene muchos más matices.

En mis investigaciones he descubierto que hay una forma de plantearse estos ideales en la que se mantiene la responsabilidad personal de la mujer sobre sí misma y se tiene en cuenta hasta qué punto la sociedad coarta sus derechos individuales. Ese enfoque es la soberanía. La soberanía es diferente a la igualdad. Se supone que la igualdad se ejerce por parte de una persona hacia otra o de una sociedad hacia el individuo. La igualdad es un sistema externo que generalmente se aplica entre las personas. Con el fin de que la igualdad cobre importancia, las partes involucradas deben *valorarla*. Pero ¿y si estás tratando con alguien que no la valora? ¿Y si trabajas en un lugar tóxico donde se niega la igualdad y necesitas conservar tu empleo hasta que consigas otro? ¿Y si te encuentras en una difícil relación de pareja con enredos financieros que hay que dirimir con el fin de ser libre? La respuesta es la soberanía. La soberanía es la creencia en mi derecho a ser dueña de mí misma y actuar en consecuencia. La igualdad es un sistema externo que se ejerce entre las personas, mientras que la soberanía es un sistema interno que emana hacia fuera.

Para entender a la mujer o a un personaje femenino, será necesario comprender su singular andadura por el terreno de la división y si en algún momento llega a conseguir el ansiado logro de ser dueña de sí misma. Es algo confuso, desconcertante y efímero al mismo tiempo. A las niñas se les ofrece una clara opción para convertirse en mujeres: sé una «buena chica». En la gran mayoría de los sistemas patriarcales, esto significa que una mujer se define por su habilidad para ser silenciosa, pasiva, diligente, obediente, fértil y maternal. Pero ¿qué sucede con las mujeres que no lo son o no pueden serlo? Que se convierten en «las otras». Sin embargo, este segundo grupo no «se excluye» de manera aleatoria. Su exclusión sigue un patrón. Cuando se retrata con generosidad a «la otra», su imagen es poderosa, sexi, inteligente, asertiva y valiente. Cuando el retrato no es amable, puede parecer una depravada sexual, ansiosa, malvada, tirana y castrante. A menudo hay que silenciarla debido a esos atributos. Tanto es así que el sistema patriarcal ni siquiera le otorga una denominación específica. Confiamos en que el inconsciente la encuentre, pues se ha desvanecido en el inframundo, donde la hemos etiquetado como malvada, bruja o zorra. Ser «la otra» como mujer es habitar en el inframundo.

El viaje hacia la división comienza en la infancia. Si aprendemos a estar calladas, ser obedientes, esperar nuestro turno para hablar y acatar la autoridad, tenemos la opción de convertirnos en el ideal femenino pasivo. Si no aprendemos estas cosas, o si las circunstancias o los traumas nos impiden convertirnos en esa versión idealizada, se nos relega al colectivo femenino de segunda clase. En cualquier caso, nos dividimos. Esto no es debido a que como mujer elegí esa división, sino más bien a que, como mujer, se me ofrecen dos caminos invisibles. Puede que me empujen al primero, y si me salgo del camino ideal, me releguen al segundo. Algunas de nosotras nunca tenemos elección. Acabamos en el segundo camino de la división contra nuestra voluntad.

Al camino del *ideal* femenino lo denomino «doncella en busca de relaciones» (MISOR, por sus siglas en inglés). Las mujeres que toman este rumbo entienden el poder de la sumisión. Saben que para sobrevivir en el sistema patriarcal hay que guardar las apariencias y desempeñar un papel. Puedes ser profesora, médica o incluso jueza del Tribunal Supremo siempre y cuando cumplas tu papel de madre diligente que acata la autoridad. Si te empujan a la otra mitad de la división, asumes el rol de la «mágica, aislada, poderosa y en peligro» (MIPE, por sus siglas en inglés). La MIPE siempre es «la otra». Su magia no siempre hace referencia a sus poderes, sino más bien a las cosas que la hacen «sorprendente» para quienes la rodean. Puede que posea un gran talento artístico, una mente privilegiada, destreza como atleta o una gran belleza. El poder de la MISOR procede de la familia o el matrimonio, mientras que el de la MIPE es propio y, por consiguiente, carece de la protección de los padres, de un cónyuge o de la sociedad.

Si te pones a buscar estas historias, las encontrarás en todas partes. Algunas son cuentos de hadas, como la historia de Blancanieves; otras son más sofisticadas, como la descripción de June/Offred en *El cuento de la criada*. Pueden ser divertidas y aun así transmitir a la audiencia un profundo mensaje, como la protagonista de la película *Barbie*, de 2023, dirigida por Greta Gerwig. Existe un patrón constante: a todas las mujeres se nos coloca en el camino de la división. Como resultado de ello, todas nos «dividimos». Se nos programa para convertirnos en MISOR o en MIPE. Con independencia de que aspires a ser una u otra, si eres mujer te habrán colocado en esta tesitura. Es la división lo que diferencia el camino de la reina del viaje del héroe. En ningún punto de su periplo este tiene que plantearse si es o no idóneo para el matrimonio o atractivo. Nunca tiene que preocuparse por no cumplir las expectativas de una conducta sexual adecuada. No se minusvalora al héroe por no adherirse a las mismas normas sociales que coartan a su equivalente femenina.

La mujer dividida

La mujer dividida no es tan solo un tropo literario; también es un personaje habitual en la narrativa personal de las mujeres. He aquí algunas de las denominaciones que mis pacientes han utilizado para referirse a ella en las sesiones de terapia:

Suzy Cupcakes	Madrastra monstruo
Zorra	Mujer perfecta
Dragon Lady*	Dama en la calle y puta en la cama
Madre tigre**	Golfa
MILF***	Mala madre
Arpía	Perra

¿Te suena alguna de ellas? Probablemente todas menos Suzy Cupcakes; esa la inventó una paciente sobre la marcha. La paciente en cuestión se llama Susan y es una fuera de serie. Realizó un máster en Administración de Empresas en la Universidad de Harvard y un grado en Derecho en la Columbia Law School. Según sus compañeros, es un genio en los entresijos de la legislación financiera internacional. En un reciente viaje que realizó para el gabinete jurídico internacional en el que trabaja, Susan visitó varios países europeos, donde supervisó algunas de las leyes financieras más intrincadas que se puedan encontrar. Regresó a Estados Unidos satisfecha y agotada tras haber negociado con éxito acuerdos de tesorería entre varias multinacionales financieras.

Aterrizó en el aeropuerto internacional de Los Ángeles un jueves, se fue a casa en un Uber, se dio un baño y se desplomó en la cama. Al cabo de una hora llegó su marido, que se fue derecho al dormitorio con los dos niños gritando y le preguntó: «¿Puedes hacer tú la cena esta noche? Estoy agotado y necesito un respiro». Cuando Susan vino a mi consulta a la mañana siguiente, me dio la impresión de que iba a explotar. Se pasó casi media hora despotricando mientras caminaba

* N. de la T.: En el ámbito anglosajón, el término hace referencia a un estereotipo de *femme fatale* asiática, manipuladora, dominante y misteriosa.

** N. de la T.: En referencia a madres con un estilo educativo altamente restrictivo, estricto y orientado al éxito escolar y profesional. El término proviene del libro *Madre Tigre, hijos leones* de Amy Chua.

*** N. de la T.: el término MILF corresponde a las siglas de la expresión en lengua inglesa *Mother I'd Like to Fuck*, cuya traducción literal al español es 'Madre con la que me gustaría tener relaciones sexuales'. Se utiliza para referirse a las mujeres maduras y atractivas que despiertan interés sexual en personas más jóvenes.

de un lado a otro y ofrecía los complicados detalles que había negociado (y que yo no entendí). Al término de su arrebato de furia, finalmente gritó: «¿Con quién coño se cree que está casado? ¿Con Suzy Cupcakes?». Se dejó caer en el sofá hecha un mar de lágrimas. Tenía delante de mí a una mujer competente con multitud de títulos de alto nivel. Habla tres idiomas y es, en opinión de todo el mundo, incluido su marido, una persona increíble. Pero en el momento en que su marido llegó a casa, en vez de verla como a un ser humano cansado y sobrepasado, la vio como a una esposa que se había ausentado durante dos meses, y ansiaba su regreso para que él pudiera descansar.

Esta es la división. A las mujeres no se nos brinda la oportunidad de tomar una dirección. Se nos marca el rumbo, y lo seguimos, a menudo totalmente ajenas a que se nos ha encaminado en esa dirección. Creemos que nos movemos por iniciativa propia, pero es muy probable que no sea el caso. O se nos coloca en el camino de la MISOR, o bien en el de la MIPE. Por desafiante que pueda parecer, la división no es el fin de la historia. Mujeres de todo el mundo nos estamos alzando contra la división. Recorriendo el camino de la reina reivindicamos nuestro poder. Las mujeres estamos reclamando nuestros reinos a una escala sin precedentes. En el fondo sabemos que la soberanía es un derecho de nacimiento, y estamos levantándonos en pro de nuestra soberanía, a veces sin saberla definir con palabras, tan solo con la sensación instintiva de que ya no se puede tolerar la alternativa.

Los arquetipos

A todas las niñas se las encauza por la senda de la mujer dividida entre los ocho y los doce años. Se llega ahí por imposición cultural, no por elección. La sociedad le dice a una niña pequeña que puede tener cuanto desee..., pero, a medida que crece, se da cuenta de que puede tener cualquier cosa menos eso de ahí. Ah, y aquello tampoco. Ah, un momento, y eso tan apetecible... tampoco. En definitiva, puede desear lo que se le antoje, pero tiene que conformarse. Los deseos son puzles complicados, incluso trampas. Y, si no se conforma, se la condenará al ostracismo: se la excluirá del cuerpo político, del grupo o de la tribu.

La mujer dividida es un arquetipo recién *definido*, pero no un arquetipo nuevo en el mundo. Si nos remitimos a la historia, se mire por donde se mire, encontramos a la mujer dividida. Basta con investigar en la mitología; aparece en la relación existente entre la diosa sumeria Inanna y su hermana, Ereshkigal, guardiana del inframundo. Está presente en la díada formada por la diosa Atenea y la humana que la desafió a una competición para tejer un tapiz, Aracne. También en los textos hebreos del Talmud y la Torá sobre Lilith y Eva. Figura en el libro de Ester del Antiguo Testamento, el relato de la judía Hadassah, confidente del rey de Babilonia, que derrotó a un malvado consejero real y que finalmente se convirtió en reina. Aparece representada en la Biblia en las figuras de María de Nazaret y María Magdalena.

Diversos autores han estado cerca de descubrir la división, pero se han quedado a las puertas. Los escritores que intentan asignar a las mujeres los roles del héroe o la heroína las han representado heridas, traicionadas o ignoradas. Pero estas definiciones obvian el componente estructural de la experiencia vivida por las mujeres y les otorgan diversos grados de responsabilidad. Las expectativas culturales son absolutas; o las cumples o no las cumples. A diferencia de los hombres, que pueden elegir ser guerreros, reyes, amantes o héroes, en el caso de las mujeres solo hay dos categorías. Por lo general, se clasifican como «buenas» o «malas». Sin embargo, lo cierto es que hay dos subarquetipos principales en la mujer dividida, la MISOR y la MIPE, y todos los arquetipos femeninos se enmarcan en una de estas dos categorías excepto la reina (que trataré más adelante).

Si tienes dudas, reflexiona sobre el hecho de que con frecuencia se espera que la mujer cumpla con las siguientes expectativas antagónicas:

- Ser accesible/inalcanzable
- Tener una imagen atractiva/seria

- Desenvolverse sin esfuerzo/esforzarse
- Ser cercana/misteriosa
- Mostrar una actitud agradable/segura de sí misma
- Ser dependiente/autosuficiente económicamente

La mujer dividida reside en el centro de este modelo antagónico. Cuando investigué más a fondo en las historias escritas sobre la mujer, encontré una estructura más sutil subyacente en ellas. En todas, el relato comienza en un mundo del «érase una vez» rebosante de promesas, potencial y deseos: ella es *indefinida*. Desde muy temprana edad se nos marca el rumbo para ser el paradigma de la MISOR, servicial y pasiva, o bien se nos margina y nos vemos obligadas a asumir un rol con el que podemos hacer gala de nuestra genialidad, sexualidad o dotes especiales..., pero no se nos permite ser ambas cosas, al menos al principio. A las mujeres solo se les ofrece la versión preferida; cualquier otra cosa está condenada a estar «fuera» de las normas y los estándares, a pesar de que estos sean inalcanzables o indeseables. En los mitos presentes, desde en el cine hasta en los textos sagrados, el poder queda vetado a quienes nacen para convertirse en mujeres. La mujer que anhela el poder se convierte en una MIPE.

La mujer MISOR se comporta de una manera que encaja en los estereotipos de la feminidad pasiva. La MISOR es guapa, maternal, complaciente y a menudo tiene una actitud recatada. Quiere tener hijos y una familia o al menos sabe que esa es la clave para ganarse la aceptación. Entiende que es necesario ser de provecho para los hombres y las instituciones patriarcales. La MISOR representa la única versión del comportamiento femenino que valora el sistema patriarcal. Por su parte, la MIPE es la oveja negra. Tal vez juegue con los niños de pequeña. Tal vez aspire a labrarse un porvenir profesional en sectores que tradicionalmente han ocupado los hombres. Ella valora su inteligencia, su cuerpo, su poder, su ética del trabajo; probablemente todo esto. Le desconcierta comprobar que cuanto más utiliza los dones que se le han concedido –inteligencia, fortaleza, magia, intuición, sexualidad, astucia...–, más se la aparta de los ejes del poder, ya sea como hija, esposa, profesional o miembro de un colectivo.

La mujer dividida viene a tomar el *brunch*

Me gasté una fortuna en quiches. Más de cien tartaletas del tamaño de un dólar de plata yacían sobre la mesa del bufé. En mi vida había visto tantas miniquiches. Definitivamente, me excedí comprando, pero tampoco quería que nadie se quedara con hambre. Las coloqué en pirámides según los sabores: quiche Lorraine, quiche de champiñones con tomate y quiche de brócoli con queso. Me recordaron a un trabajo que hice sobre las pirámides mayas para la asignatura de Ciencias Sociales en el colegio. Nerviosa, me comí unas cuantas mientras daba los últimos toques. Escribí a mano los sabores con una tiza en pequeños carteles de madera. Coloqué la porcelana, que me recordó a la vajilla que mi abuela compró en Italia en su luna de miel. Los platos, con el borde dorado, me trajeron gratos recuerdos de fiestas en su casa. Coloqué elegantes copas aflautadas para el champán y servilletas de tela. Había dispuesto las botellas de champán y el zumo de naranja junto a las pirámides de quiches encima de la mesa del bufé; el champán en un enfriador de acero y el zumo de naranja en una sofisticada jarra de cristal con una cámara de hielo especial para mantenerlo frío. Había otros manjares a la vista: fruta fresca, beicon de pavo, huevos revueltos, *bagels*, salmón ahumado, queso para untar, tomates, alcaparras, yogur griego, frutas del bosque frescas y torrijas de *challah* con sirope de arce orgánico.

La comida era un elemento pacificador. Los estudios han demostrado que la gente es más crítica con el estómago vacío. Según consta, los jueces dictan sentencias más duras en los juicios justo antes del almuerzo y más indulgentes después.[2] Yo abrigaba la esperanza de que emitieran un juicio, pero quería evitar que se pronunciaran con demasiada aspereza. Durante dos años había estado trabajando en la teoría que definía el camino de la reina, y ese domingo por la mañana iba a exponerla ante algunas de las personas más inteligentes que conocía. Un médico, dos abogados, varios escritores, dos antiguas alumnas, profesionales del mundo de la animación y una enfermera de cardiología, algunos de ellos compañeros de la escuela de posgrado, iban a honrar mi casa con sus lúcidas mentes. Los había invitado para que destriparan la teoría, y a mí. Si mis ideas no tenían buena acogida, al menos impresionaría a mis invitados con el festín. Pertenezco a la sexta generación de una familia de Nueva Orleans, así que llevo en los genes la hospitalidad y la buena comida. Abrigaba la esperanza de que disfrutaran del menú lo bastante como para templar los comentarios negativos y recibir críticas constructivas.

Tenía una idea sobre qué hacer con la investigación, pero era de tal magnitud que me intimidaba. Mi intención era que mis amigos y colegas me ayudaran a dilucidar cómo hacerla menos académica y más accesible al público al que pretendía llegar: narradores de historias, terapeutas, mujeres..., cualquiera que tuviera interés en lo que significa para las mujeres construir narrativas o cualquiera que escribiera historias sobre mujeres.

Resumí a mis invitados el descubrimiento: que la bruja malvada y la princesa eran modelos impuestos, alternativas basadas en los deseos que a las mujeres se les permite abrigar. Las invitadas me miraron fijamente. Me puse nerviosa, sin tener claro qué estaba pasando en el grupo mientras mordisqueaban las quiches Lorraine. Las mujeres presentes me comentaron más tarde que escuchar mi teoría les había impactado; lo describieron como si alguien por fin hubiera encajado las piezas que faltaban en el puzle. Pero en aquel momento, interpreté las miradas y las respiraciones contenidas como una señal de aburrimiento o menosprecio. Rachel se recostó en la silla. Patricia, sin apartar los ojos de mí, se inclinó hacia delante. Merle tomó notas en un cuaderno de hojas amarillas con rayas, igual que David, pero el suyo era de tapa dura. Observé con atención a los presentes y capté la atención de prácticamente todos. No pude dilucidar lo que ninguno estaba pensando, pero nadie me puso más tensa que Sandra.

Mi amiga Sandra se revolvía en su asiento con aire incómodo. La conocí mientras realizaba mis estudios de posgrado en el Pacifica Graduate Institute, en California. Ella era una de las que despuntaban en nuestro reducido grupo. A esas alturas ya tenía en su haber los títulos de Enfermería, de Imagenología, de profesora de yoga y otro título de posgrado. Menuda y fuerte, siempre me pareció que su alma era demasiado grande para su cuerpo, como si tratara desesperadamente de ocupar más espacio y no se atreviera. Sandra se quedó mirándome con una intensidad que confundí con enojo.

Expuse las ideas fundamentales y e ilustré a mis invitados con ejemplos extraídos de la mitología, la literatura, el cine y el teatro. Cuanto más hablaba, más incómoda se sentía Sandra. Al término de mi presentación, antes de que el grupo comenzara a formular preguntas, Sandra se disculpó, dijo que se marchaba porque se encontraba mal y que me enviaría sus comentarios. Me alivió que la mirada que percibí en ella pudiera deberse a que se sentía indispuesta y no a la impresión que le había causado mi charla. Cuando se marchó, me enfrasqué con el resto de los invitados en un debate muy productivo de dos horas en el que tratamos las lagunas de mi charla y respondí a preguntas acerca de la MISOR y la MIPE.

Discutimos por qué mi teoría era importante, a quién estaba dirigida y cómo podía aplicarse. En opinión de mi amiga Patricia, denominarla «el camino de la reina» era un desacierto. Se había criado en una vivienda de protección oficial en Escocia durante el mandato de la primera ministra Margaret Thatcher. Para ella, el concepto de una reina era el de alguien que saca partido de ti sin importarle tu seguridad o tus necesidades básicas. Desde su punto de vista, era necesario cambiar el título para atraer a los lectores británicos. Varios invitados me preguntaron por qué no usaba arquetipos que todo el mundo conociera ya. Les expliqué que las denominaciones existentes poseen tanta carga semántica que sería imposible distinguir las nuevas ideas de los conceptos antiguos. La mayoría de los presentes hicieron comentarios excelentes, plantearon preguntas interesantes y sugirieron cambios importantes. Me sentí profundamente agradecida.

Cuando se marcharon me sentí muy satisfecha y un pelín agotada. Fui a mi despacho a escribir unas notas y encontré un largo correo electrónico de Sandra en el que señalaba que mi presentación le había hecho entender por qué se había sentido tan confundida y triste durante la mayor parte de su vida, lidiando constantemente con la depresión. Me explicó que, siendo la mayor de cuatro hermanos, sus padres siempre le habían impuesto una gran responsabilidad. A Sandra le había costado entender que, por más que se esforzara en los estudios, en obtener titulaciones académicas y éxito económico, sus padres rara vez reconocían sus méritos. Le reprochaban que fuera demasiado «masculina». Cada dos por tres le preguntaban por qué no estaba casada y con hijos y la reprendían a pesar de sus muchos logros. Ella buscaba a hombres que deseaban crear una familia, más que nada porque encajaba con las expectativas de sus padres para ella y las había asumido como propias. Pero cada hombre con el que salía pretendía cortarle las alas, minusvalorarla y empequeñecerla con el fin de que no le hiciera sombra. Mi presentación le hizo darse cuenta de que había sido una MIPE en un mundo que únicamente reconocía a la MISOR. Si bien es cierto que aspiraba a crear una familia, había intentado formar parte del mundo de las MISOR con credenciales de MIPE. No estaba dispuesta a negar su inteligencia, fortaleza y ambición. Confesó que se había pasado la vida esperando el reconocimiento de sus padres y que se la eligiera por sus logros. Sin embargo, su familia y los hombres con los que había salido querían a una mujer sin talento, dones o habilidades especiales. Todos pretendían que su único objetivo y propósito fuera atender a su pareja y a sus hijos.

Fue en ese momento cuando entendí el poder de poner nombre a la mujer dividida. Sandra había hecho todo cuanto consideraba que era correcto y significativo para honrar su intelecto y sus habilidades tratando de ser una «buena chica» al mismo tiempo. Anhelaba «tenerlo todo». Sandra era una MIPE sin ser consciente de ello; había mantenido una doble identidad en todo momento. Usaba su talento y sus habilidades como MIPE con la esperanza de ganar puntos como MISOR. Cuanto más la coaccionaban sus padres y la familia, más se valía de sus dotes innatas: su inteligencia, su ambición e incluso su condición atlética. Todos esperaban que usara esos dones para alcanzar el objetivo del matrimonio y la familia propio de la MISOR. Cualquier otra cosa era inaceptable.

Sandra dijo que se sentía agradecida por la investigación y que tardaría un tiempo en prepararse para abordar el tema de nuevo. Iba a poner en común estas reflexiones con su terapeuta y a tratar de entender mejor cómo había interiorizado las expectativas que le habían impuesto mientras se esforzaba en ser auténtica consigo misma y al mismo tiempo accedía a los deseos de sus padres. Añadió que por fin entendía la necesidad de vivir a miles de kilómetros de ellos. Estaba triste, pero manifestó que finalmente tenía claro lo que tanto le había costado comprender a lo largo de los últimos años. Yo me eché a llorar junto a mi mesa de despacho. Lo cierto es que no había sido consciente del todo del impacto de mi descubrimiento hasta que recibí el correo electrónico de Sandra.

Invisible y dividida

La mujer dividida es uno de los ejes centrales de esta investigación. Es un arquetipo complejo, pero fácil de identificar una vez que se conocen sus atributos. Cuando se encuentra en su estado dividido, su imagen es desvalida, o bien mágica. Se la presenta como una doncella en busca de relaciones (MISOR) a través de la típica damisela en apuros, princesa o animadora, o bien como mágica, aislada, poderosa y en peligro (MIPE), alguien con poder al margen de las normas, como una bruja, una intelectual o una guerrera. La división hace que una chica sin identidad se coloque en el camino de una de estas dos alternativas.

A menudo me preguntan por qué acuñé nuevas denominaciones para estos arquetipos en vez de usar las que todo el mundo conoce. La respuesta está implícita en la propia pregunta: hay demasiada carga semántica en las denominaciones que ya se han definido. Los conceptos de la MISOR y de la MIPE a través de los arquetipos existentes ya están muy sesgados. Consideramos a Cenicienta o a Blancanieves jóvenes inocentes, incapaces de hacer ningún mal. Como es lógico, no clasificaríamos a Blancanieves en la misma categoría que a Regina George en *Chicas malas*. Sin embargo, ambas son MISOR que se valen de su belleza, de su actitud sumisa (aunque sea en la ficción) y de su capacidad para conseguir recursos, atención, relaciones o protección. Por otro lado, asociamos a la MIPE con la bruja malvada de *El mago de Oz*, Elphaba en *Wicked* o Villanelle en *Killing Eve*. Pero ¿asociarías a Diana, la princesa de Gales, con una MIPE? ¿O al personaje homónimo de Margot Robbie en la película *Barbie*, de Greta Gerwig? ¿Y qué me dices de Offred/June Osborne en *El cuento de la criada*?

Elegí estos acrónimos descriptivos precisamente porque están exentos de las connotaciones excesivamente positivas y negativas que *princesa* y *bruja* ya ponen sobre la mesa. Una MISOR puede ser una antagonista y una MIPE puede ser la protagonista. Una MIPE puede mostrar tanta compasión como una MISOR. Contrariamente a nuestras asunciones automáticas, la MISOR principesca puede anhelar una vida llena de poder. Por su parte, una MIPE, a la que por lo general asociamos con la bruja malvada, puede desear ser madre.

Según los psicólogos Carl Jung y James Hillman, los arquetipos no son creaciones, sino conceptos intemporales: siempre existieron. Es la forma de denominarlos lo que cambia; los símbolos que surgen en ese imaginario se transforman con el paso del tiempo. Llevamos miles de años conviviendo con dos arquetipos que encajan como piezas de un puzle. Los hemos tratado como si fueran antagónicos, y ciertamente a menudo se representan así. Pero de hecho son dos mitades de un ser dividido: una mujer a la que se le inculca que una parte es aceptable y la otra no. Cómo gestionar esto es la tarea fundamental de cualquier mujer que recorre el camino de la reina.

¿MISOR o MIPE?

A lo largo de este libro voy a pedirte que reflexiones, que escribas y tal vez incluso que dibujes. Sería conveniente usar un diario o un cuaderno. Este primer ejercicio te ayudará a orientarte en los primeros pasos por el camino de la reina. Uno de los regalos del libro *El maravilloso mago de Oz*, de Frank L. Baum, es la idea de que el término *bruja* no hace referencia exclusivamente a aquellas mujeres que usaban la magia con fines maliciosos. En la versión cinematográfica de 1939, Dorothy llega a Oz después de que su casa aplastara a la bruja mala del Este. Glinda, la bruja buena del Norte, le pregunta a Dorothy si es una bruja buena o mala. Hasta entonces en el acervo popular existían pocas representaciones de hechiceras que tuvieran algún don «bueno». Para la primera entrada de tu diario te propongo un ejercicio que preparará el terreno para que entiendas tu propio periplo a través del camino de la reina. Te planteo algo similar a la pregunta de Glinda a Dorothy, con un ligero giro: ¿eres más MISOR o más MIPE? Ninguna mujer es una de las dos al cien por cien; sin duda, ese es el mensaje de este libro. A todas se nos asigna el rol de la una o la otra, a pesar de que cada una de nosotras posee rasgos y comportamientos de ambas. La forma en la que conciliamos y gestionamos esto determina nuestra manifestación personal del arquetípico camino de la reina.

Para el primer ejercicio, analicemos si eres más afín a la MISOR o a la MIPE.

He preparado un cuestionario que te servirá de guía a lo largo del camino. La intención no es que sea exhaustivo, sino que te proporcione orientación para dilucidar si te identificas más con el arquetipo de la doncella en busca de relaciones (MISOR) o con el de la mujer mágica, aislada, poderosa y en peligro (MIPE). Ninguna mujer es la una o la otra al cien por cien, pero a todas se nos marca el rumbo de la MISOR o de la MIPE. Reconocer ese rumbo nos sitúa en el camino de la reina hacia la soberanía. Veamos dónde es más probable que te encuentres.

Responde a cada cuestión con un sí o un no. Al final haremos un recuento de las respuestas y determinaremos si encajas más en el perfil de la MISOR o de la MIPE. A veces conviene leer los enunciados en voz alta. Al final, sumaremos las respuestas y examinaremos algunas interpretaciones.

- En la infancia tuve la libertad de hacer lo que quisiera y muy poca intervención por parte de mis padres.
- De pequeña, me gustaba jugar a las muñecas y a cosas «de niñas».
- Me siento cómoda respetando la autoridad de alguien.
- Para mí es importante transmitir una imagen femenina.
- El sexo en realidad es algo que hago por mi pareja, no por mí.
- Prefiero asumir un rol de apoyo a ocupar una posición de liderazgo.
- Considero que se debería proteger a las mujeres de ciertos tipos de trabajos.
- Mi fe me dice que debo someterme a una autoridad superior, y estoy de acuerdo.
- Si tengo que elegir entre gustar a la gente o ser respetada, prefiero gustar a la gente.
- La gente a menudo me dice que soy intimidante.
- Tener un marido o unos padres que me apoyen y protejan es importante para mí.
- Preferiría ser una madre ama de casa que una madre trabajadora.
- Creo que la inocencia y la deferencia son cualidades deseables en una mujer.
- Me parece bien ganar más o tener más autoridad que mi pareja.
- En las relaciones sentimentales prefiero que me conquisten.
- En la mayoría de las situaciones me siento más a gusto siendo la líder.

- A menudo me siento rezagada y como si necesitara ponerme a la altura de mis semejantes o de las personas a las que admiro.
- Pienso que existe una razón por la que los hombres y las mujeres tenemos roles y responsabilidades diferentes.

Resta el número de respuestas afirmativas al número de respuestas negativas. Si el resultado oscila entre cero y ocho, es más probable que te identifiques con el arquetipo de la MIPE. Si es inferior a cero, es más probable que te identifiques con el arquetipo de la MISOR.

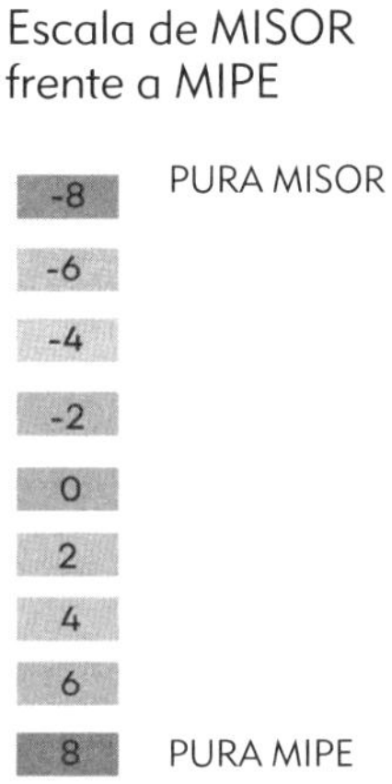

Escala de MISOR frente a MIPE

-8	PURA MISOR
-6	
-4	
-2	
0	
2	
4	
6	
8	PURA MIPE

Redefinir la soberanía

La *soberanía* se define como el derecho a la autoridad, la potestad o el dominio. El término se ha restringido históricamente al ámbito de los gobiernos y se ha asociado con reyes, reinas y regentes. Ejercer la soberanía significa tener la potestad absoluta y, por consiguiente, el derecho de hacer lo que te plazca con lo que abarca tu soberanía. En lo que respecta a los gobiernos de hoy en día, la soberanía se reconoce como el derecho de una determinada nación a determinar su propio destino sin interferencias por parte de otras naciones soberanas. Sin embargo, con la publicación de la Declaración Universal de los Derechos Humanos por la Asamblea General de las Naciones Unidas en 1948, el concepto de la soberanía adquirió una nueva dimensión. Introdujo la idea de que la soberanía de las naciones *emana* de la soberanía del individuo. Los gobiernos existen para servir al pueblo, no al contrario.[3]

Pero la soberanía de las personas en el marco del Estado ha sido difícil de alcanzar, principalmente porque el ejercicio de la soberanía individual no interesa a quienes disponen de un mayor acceso a los recursos, ya sea en términos de dinero, alimentos, agua, tierras o poder. Tradicionalmente la sociedad no ha promovido los derechos de las mujeres como personas autónomas, y no gozan de protección equitativa en todos los ámbitos. Solo catorce países del mundo contemplan la protección jurídica plena para la mujer en su legislación: Bélgica, Canadá, Dinamarca, Francia, Alemania, Grecia, Islandia, Irlanda, Letonia, Luxemburgo, los Países Bajos, Portugal, España y Suecia establecen explícitamente la garantía de los derechos de igualdad para las mujeres en el marco de la ley.[4] Eso supone poco más del siete por ciento (el 7,2 %) de los ciento noventa y cinco países del mundo que integran la ONU. Esa cifra es aún más insignificante si tenemos en cuenta que en el mundo existen doscientos cuarenta y tres Estados soberanos, por lo que el porcentaje se reduce a menos del seis por ciento (el 5,8 %). Estados Unidos no figura en la lista, puesto que no recoge formalmente los derechos de la mujer; tan solo se entiende de manera tácita que las mujeres se encuentran al amparo de la Constitución estadounidense.[5]

La soberanía de la mujer no es un concepto nuevo. El poeta del siglo XIV Geoffrey Chaucer, autor de *Los cuentos de Canterbury*, trató el tema de la soberanía femenina en «El cuento de la esposa de Bath». Políticos y miembros del clero han debatido los derechos de la mujer desde hace miles de años. A lo largo de la historia rara vez se ha incluido a las mujeres en el establecimiento de nuestros derechos. Las culturas donde imperan actitudes represivas hacia la soberanía femenina se valen de creencias culturales muy arraigadas para justificar la privación del derecho a la educación, a un trabajo significativo, al voto, al empleo, a la autonomía y a la libertad reproductiva de la mujer. Pero el mero hecho de que algo esté establecido a nivel cultural no significa que no pueda cambiarse.

La historia de las mujeres como siervas del patriarcado viene de lejos. Sus orígenes se remontan al desarrollo de la guerra como medio de poder, que ha sido una constante desde hace miles de años. La colonización y la conquista requieren el ejercicio de la violencia como herramienta para mantener al pueblo bajo el control del poder de los conquistadores. Cuanto más compleja es la sociedad, más se vale de la violencia o de la amenaza de la violencia con el fin de imponer el orden. En sociedades más pequeñas no necesariamente han de existir jerarquías basadas en la amenaza de la violencia.

La igualdad constituye una amenaza para la idea del dominio porque otorga un mayor estatus a la protección de las mujeres y las minorías. La premisa de la soberanía es que todas las personas mayores de edad tienen los mismos derechos; que disponen (en principio) del mismo acceso a los recursos. Eso no quiere decir que no haya competencia, sino que los derechos humanos fundamentales se dan por sentados y que la capacidad de cualquier persona para aumentar su riqueza o bienestar por medio de sus propios recursos es de por sí un derecho soberano. Existen, por supuesto, algunos límites legales; eso es lo que conlleva convivir en una sociedad. Mi derecho soberano a la autodeterminación no me permite reclamar la potestad de tu nuevo Ferrari y apropiarme de él. Eso sería una violación de *tu* soberanía. El concepto puede ser engañoso si contemplamos la posibilidad de que el Estado intervenga cuando hay algunos derechos establecidos y otros tácitos. En cualquier caso, la premisa de la soberanía es que cada persona tiene derecho a ser dueña de sí misma (o de sí mismo) sin temor a que se vulnere ese derecho y con la expectativa de un tratamiento equitativo de acuerdo con la ley.

Por consiguiente, la soberanía se convierte en una práctica individual. Las mujeres (y las minorías) pueden llevar a cabo iniciativas que salvaguarden su soberanía. Pueden crear entidades y organizaciones que las protejan y trasladen sus inquietudes comunes a los organismos gubernamentales. La soberanía puede convertirse en una práctica en el seno de la comunidad. Se convierte en una práctica en el hogar cuando inculcamos a nuestras hijas que tienen derecho a decidir a quién dar muestras de afecto físico. Se convierte en una práctica cuando en las relaciones de pareja se decide en común la división de las tareas domésticas en vez de que se impongan los tradicionales estereotipos de género. Asimismo, la soberanía se convierte en una práctica cuando la violencia deja de ser una lacra que por defecto mantiene a algunas personas en la sumisión y a otras en una posición de poder.

Por tanto, la soberanía es un sistema interno basado en la aceptación externa y universal de los derechos individuales. Una mujer que vive bajo el yugo de un sistema represivo puede albergar la certeza interna de que, si bien carece de poder para derrotar a su opresor, tiene la posibilidad de encontrar el espacio de la soberanía en su interior. Puede velar por sus convicciones y creencias internas frente a quienquiera que pretenda reemplazarlas por medio de una autoridad externa. Tiene la posibilidad de abrigar expectativas internas que quizá algún día le abran la puerta para que respire el aire de su plena liberación. Cuando una mujer (o cualquier persona oprimida) logra alcanzar el conocimiento interno de su verdadera naturaleza, obtiene la soberanía sobre sí misma.

El símbolo universal de la soberanía se representa con algo que se lleva sobre la cabeza, por lo general una corona. Se podría argumentar, sin embargo, que a pesar de que algunas formas de cubrirse la cabeza se asocian con la sumisión (el velo de las monjas y el hiyab, por ejemplo), del mismo modo pueden transformarse en símbolos de soberanía para las mujeres que reclaman su intención de determinar su propio destino. Las mujeres que ingresaban en conventos en la Edad Media normalmente lo hacían para librarse del matrimonio y la maternidad y centrarse en el aprendizaje y el servicio; para ellas, el velo constituía un símbolo del servicio a Dios y al mismo tiempo la renuncia al servicio del matrimonio y la reproducción. Para muchas devotas musulmanas el hiyab es un símbolo de su autonomía y representa su adherencia a la fe soberana, no la obediencia ciega a ella.

Las mujeres manifiestan su soberanía de diferentes formas. En definitiva, de eso trata este libro. Si bien la soberanía es diferente para cada mujer, el camino para alcanzarla posee una dimensión arquetípica. Los arquetipos existen, con independencia de que creamos o no en ellos. Según Jung, la mayoría de las veces encarnamos arquetipos cuando no somos conscientes de ellos. Cuanto más tratamos de alejarnos del mundo de los arquetipos, mayor es el influjo que ejercen en nuestra vida.

¿Cómo puede el conjunto de las mujeres vivir este patrón arquetípico al que denomino el camino de la reina? Quizá no seamos capaces de erradicar todo el impacto negativo que la cultura de la conquista ha ejercido en nuestro mundo, pero sí liberar la mente y el corazón para crear un mundo más justo con el fin de que el conjunto de las mujeres pueda disfrutar de la soberanía como derecho de nacimiento.

Y a continuación...

Recorreremos el camino de la reina analizando tanto narrativas personales como colectivas. Ante todo, una advertencia: este modelo trasciende la idea de las mujeres como héroes o heroínas. No es que las mujeres no puedan ser héroes o heroínas, sino más bien que sin soberanía una heroína siempre va a ser una MIPE. Es decir, que aun cuando esté realizando un viaje heroico, también debe recorrer el camino de la reina. Puede que alcance su objetivo, pero fracasará en su misión heroica si antes no logra su soberanía. Este modelo, como muchos anteriores, puede contribuir a estructurar la narrativa de los guiones cinematográficos, los relatos, los ensayos o las reflexiones en psicoterapia. Como modelo arquetípico es una guía, no un tratado sistemático. Prepara tu cuaderno y tus lápices de colores y comencemos a dar los primeros pasos con nuestros puntiagudos zapatos de cristal por el camino de la reina.

Capítulo 2

LA MUJER DIVIDIDA

En *El príncipe*, Maquiavelo describió lo que llamaba el «sentido matemático», una estrategia bélica que introdujo por primera vez en Occidente el rey Filipo II de Macedonia. Maquiavelo la denominó *divide et impera*, 'divide y vencerás'.[1] El aforismo ha perdido significado después de siglos de uso, ya que en cierto modo nos hemos alejado de su sentido y sus matices originales.

En el clima político actual, se refleja en la división de la gente en facciones. Mantenemos el vínculo en el seno de grupos basándonos no solo en la afinidad de ideas como colectivo, sino también en la expulsión de aquellos que no reúnen los estándares de «pureza» con respecto a la ideología grupal. Pero el significado de la frase de Maquiavelo es aún más siniestro, pues implica que la mejor manera de conducir y ganar la guerra es hacer que las personas pierdan la confianza en sí mismas y *después* gobernarlas. Confundirlas. Sembrar la duda en ellas. Menoscabar su certidumbre por medio de una autoridad externa. *Divide et impera* también puede traducirse como 'somete y dominarás'.

Bajo la estructura de los cuentos de hadas y las películas infantiles descubrí una serie de arquetipos femeninos que son consecuencia del *divide et impera*, que habían permanecido latentes y al mismo tiempo a simple vista en el canon occidental durante miles de años.

No esperaba encontrarlos, y sin embargo ahí estaban, mirándome de frente cuando comencé a indagar en cuentos de hadas y películas infantiles, en versiones modernas de *La bella durmiente* y *La reina de las nieves*. Constaté una y otra vez que, al observar casi cualquier representación de la feminidad, ya sea en la literatura, en textos religiosos, en el cine o en la televisión, hay una joven obligada a elegir entre dos direcciones. O es apta para llevar una vida doméstica y segura dedicada al servicio y la crianza de los hijos, o bien se la destierra a una vida de magia, aislamiento y poder.

En ambas narrativas, la joven se escinde de una parte de sí misma y crece separada de su otra mitad. Si acepta el rol de la vida doméstica, se integra en la sociedad, aunque con un rol establecido. Aprende a renunciar a su poder o su soberanía, pero tal vez goce de la protección que le proporciona la familia o la pareja. Si por el contrario abraza el rol del poder, se le promete una vida de ensueño, no necesariamente la expectativa del amor o de una familia. En casi todos los géneros que investigué encontré a una niña o a una mujer escindida de su totalidad. La encontré en películas de Disney, desde la versión de *Blancanieves y los siete enanitos* de 1937 hasta la de *Frozen* de 2013. La encontré en clásicos como *Lo que el viento se llevó*, *Titanic* y *Thelma y Louise*, así como en personajes de ficción como Daenerys Targaryen y Cersei Lannister en *Juego de tronos*. La encontré en populares personajes de televisión, como Sydney Bristow en *Alias*, Samantha y Serena en *Embrujada* y June Osborne y Serena Joy en *El cuento de la criada*, entre muchos otros. La encontré asimismo en obras de teatro de Broadway, desde *Wicked* hasta *Waitress.*

¿Aprende una mujer a ser sumisa y callada para ganarse el favor de gente poderosa en su círculo? Tal vez se trate de sus progenitores, maestros o miembros de su congregación religiosa. ¿O persigue el deseo de identificarse con su cuerpo o con su inteligencia y desafiar al poder que la rodea en favor del poder que reside en su interior? Si actúa por voluntad propia es probable que tenga que hacerlo sola; si se ciñe al rumbo que le marca la sociedad quizá nunca llegue a satisfacer su potencial. Todas las mujeres tienen ambas posibilidades, por lo que es injusto clasificar a una determinada mujer como MISOR o MIPE al cien por cien. El quid de la cuestión es que la división en sí es una trampa. Se nos insta a encasillarnos en una u otra categoría. Lo cierto es que, aunque desempeñemos esos roles de una manera extraordinaria, toda mujer es un ser humano más allá de su rol. Para recuperar su identidad, toda mujer debe considerar a cuánto ha renunciado en su intento de encajar en los roles culturales establecidos.

Sea una MISOR o una MIPE, cuando se reúne con su otra mitad, se convierte en soberana. En la narrativa de ficción normalmente se la representa como una reina en el sentido literal o simbólico. En la película *La mujer rey*, la general Nanisca salva a su país y a sus hermanas guerreras y al final asciende al trono. En la película de animación *Vaiana*, la líder homónima salva a su pueblo de una hambruna. Al final, Vaiana se pone una corona de flores y capitanea la flota para explorar nuevas tierras. En la vida real, Malala Yousafzai, tras sobrevivir a un intento de asesinato, se matricula en la Universidad de Oxford y se convierte en la persona más joven de la historia galardonada con el Premio Nobel de la Paz. En estas y miles de historias más, los personajes femeninos recorren con éxito el camino de la reina.

Cuando llegan a la última etapa del viaje, se liberan de las normas de género impuestas por la cultura. En esta fase casi siempre se las representa con un adorno sobre la cabeza. El viaje hacia la soberanía les permite ascender al trono de su autonomía. En mis primeras investigaciones denominé «reina unida» al personaje que reintegraba sus dos mitades porque sufrió la escisión a muy temprana edad y recompone de nuevo su plena identidad. Tras esta reunificación posee un nuevo conjunto de cualidades que la hacen única en su soberanía personal. Ha experimentado la división de su identidad y, por tanto, tiene una nueva, sabia y profunda perspectiva del ser humano.

En su forma humana, la reina es dueña de sí misma. Es la emperatriz de su propia vida, está al mando, nadie ejerce el dominio sobre ella, ya no se encuentra dividida o sometida. Es la única que decide el *imperativo* de su vida, y esto la impulsa hacia delante sin la obligación de convertirse en ciudadana de segunda en cualquier modelo social opresivo o de dependencia paternalista. El descubrimiento de ella y de la multitud de partes que la componen me ha cambiado completamente la vida, en muchos sentidos a mejor. En algunos aspectos, descubrirla me ha producido una inmensa tristeza. Me ha resultado imposible evitar la división femenina en mí misma, mis amigas, mi madre, mi hija y mis pacientes. Más que nada, descubrirla ha sanado mi propia identidad dividida.

Este arquetipo constituye un esperanzador modelo para cualquier mujer que ha sufrido la experiencia de la rendición, de la división en contra de su voluntad. En las últimas décadas ha habido numerosos movimientos para redescubrirla. Colectivos femeninos de diversa índole han creado rituales y grupos de lectura para ayudar a la mujer a encontrar un modelo arquetípico de empoderamiento. Está presente en iniciativas como The Sacred Table ('la mesa sagrada'), The Red Tent ('la tienda roja') o Cakes for the Queen of Heaven ('pasteles para la Reina del cielo', en referencia al pasaje bíblico Jeremías 7, 16-20)., en los rituales de la luna llena, en los círculos de mujeres y en cualquier otro lugar donde se reúnen para conocerse mejor a sí mismas. Allí donde lo encuentres, te encontrarás a ti misma. Lo encontrarás a lo largo de estas páginas; lo encontrarás en tu corazón y en tu historia personal. A lo largo de tu periplo para alcanzar la integridad subirás los escalones que conducen a tu propio trono, sostendrás entre las manos la corona que te pertenece por derecho de nacimiento como mujer y te convertirás en reina soberana de tu vida.

Ninguna mujer emprende el camino como reina. Llega ahí a lo largo de un recorrido que ilumina su camino a través de condicionamientos culturales que tratan de definirla. No hay cultura sobre la faz de la tierra donde las mujeres a título individual tengan la responsabilidad exclusiva de esa definición. En las siguientes páginas trataremos con más detalle los modelos MISOR y MIPE, los arquetipos de la división, y continuaremos con ejemplos reconocibles. Mi intención es hacer hincapié en el papel que la mujer dividida desempeña en la vida de toda mujer. No nos encontramos en esta coyuntura por casualidad. Tampoco somos artífices de la división. Avanzamos por el camino con inocencia y ajenas a lo que nos depara, ciegas ante la división que nos consumirá. Todos conocemos la división, pero nadie la menciona. Nadie nos habla de ella, principalmente porque también mantuvieron en la ignorancia a nuestras madres y abuelas. Ellas desconocían el terreno, pero pueden dar cuenta de las heridas que sufrieron en su andadura. No culpes a tus antepasadas; ellas tampoco disponían de un mapa.

Doncella en busca de relaciones (MISOR)

Conocemos a la chica guapa. Es la animadora, el ama de casa, la princesa. Es recatada, grácil y respetuosa. Es una de las primeras versiones femeninas que nos enseñan desde la infancia. Subyace en la constante exigencia de nuestros padres y maestros «¡sé agradable!». Representa el ideal femenino en la mayor parte del mundo. En los cuentos de hadas aparece como Cenicienta, Blancanieves y la bella durmiente. En el cristianismo es la Virgen María o la Santa Madre. Es esta versión femenina a la que aspiramos ser cuando jugamos a las muñecas con Barbie y Skipper. Es la que nuestras abuelas nos animan a ser. Es a la que ponen como ejemplo los maestros. Es educada y respetuosa y hace gala de sus buenos modales.

De pequeñas, se espera que las niñas sean consideradas y educadas. A muy temprana edad nos enseñan a tolerar malos comportamientos con el fin de mantener la calma. En la adolescencia nos enseñan a alinearnos con otras chicas para apoyar a los chicos y hombres de nuestro entorno. Nos advierten que no salgamos solas, que vistamos con discreción y que idealicemos la virginidad. Nos dan anillos de castidad y nos inculcan que no sucumbamos a nuestro propio deseo o placer, que nos reservemos para el único hombre que supuestamente va a satisfacer todos nuestros anhelos. El sexo es para los hombres, no para nosotras. Nos explican que somos «guapas» por una razón. Que ser objeto de las miradas es algo positivo que deberíamos fomentar y a lo que deberíamos responder. Ser una «buena» mujer significa que no nos importa la cosificación; sabemos que eso simplemente forma parte de la cultura.

Escribir este capítulo me resultó difícil. Cuanto más profundizaba en la investigación para desarrollarlo, más me costaba darles sentido a mis sentimientos encontrados. El ideal de la MISOR está presente en todas partes. Analicé el trabajo de algunos de los escritores que defienden a ultranza estos ideales. Leí libros de analistas antifeministas. Asistí a un debate entre mujeres conservadoras y progresistas en el que se trató si la revolución sexual había fracasado. A menudo me resulta difícil dilucidar la procedencia de estas mujeres, pero lo cierto es que encarnan una versión de la feminidad que es real y válida. No siempre las entiendo o estoy de acuerdo con ellas. Al fin y al cabo, he sido una MIPE durante la mayor parte de mi vida. Mis sueños, esperanzas y ambiciones se han definido estando fuera de los ideales MISOR. Sin embargo, para hacer justicia feminista al conjunto de las mujeres, debo esforzarme en obviar mis sesgos en la medida de lo posible, escuchar lo que las mujeres MISOR tienen que decir sobre sí mismas y permitirles relatar su historia. Trataré por todos los medios de plasmarlo aquí.

No es de extrañar que muchos de los ideales MISOR calen en nuestra cultura. Estos ideales de belleza, cuidado maternal, deferencia, sumisión y simpatía se ponen de relieve en relatos y estudios acerca de la mujer. En 2017, el Pew Research Center, un laboratorio de ideas de primer orden situado en Washington D. C., publicó un informe sobre las diferencias de género en Estados Unidos. El informe recogió los datos de los sondeos realizados por el American Trends Panel (ATP). Este panel de encuestas consta de un grupo de participantes que se seleccionan a lo largo de varios años para elaborar un informe de las tendencias a nivel nacional. En el estudio de 2017, a los participantes se les formuló una serie de preguntas de opción múltiple, de escala numérica y abiertas acerca de las diferencias de género en la sociedad estadounidense. En el sondeo participaron 4.573 personas.

En el estudio se analizó la visión de los hombres y las mujeres en la sociedad. Según se reveló, el principal atributo asociado con la feminidad es ser atractiva. El setenta y uno por ciento de las mujeres que participaron en los sondeos señalaron que se sentían presionadas por la sociedad para ser atractivas, frente a menos del treinta por ciento de los hombres (el veintisiete por ciento). Los encuestados de ambos sexos (el treinta y cinco por ciento) clasificaron el atractivo como el valor social más deseable asociado a la mujer, y en segundo lugar la empatía, el instinto protector y la amabilidad (el treinta por ciento). Según el estudio, solo el treinta y dos por ciento de las personas encuestadas admiraba a las «mujeres femeninas». De ese grupo, un amplio porcentaje (el ochenta y tres por ciento) respondió que lo consideraba «positivo». Las mujeres encuestadas respondieron asimismo que para ellas era importante que otras mujeres las consideraran femeninas; más de la mitad (el cincuenta y dos por ciento) manifestó que el hecho de que se las considere femeninas desde el punto de vista «tradicional» al menos reviste «cierta importancia».[2]

La MISOR es la versión de la feminidad que las culturas de todo el mundo han consagrado como paradigma de la virtud femenina. Casta, guapa y recatada, es posible encontrar a la MISOR en todo tipo de relatos mitológicos, en la literatura sagrada y en el día a día. La escritora y experta en el hogar Alena Pettitt alude a este modelo femenino en el libro *Ladies Like Us* [Mujeres como nosotras] como «señora». Describe este paradigma femenino como «alegre, tierna, amable, confiable, modesta, sensible a las necesidades de la gente y siempre honesta». Además, la identifica con el «ideal de princesa» y anima a las mujeres a que, con independencia de su posición social, aspiren a convertirse en princesas.[3] Asegura a sus lectoras que «todas queremos ser princesas». Sostiene que «todas queremos ser guapas, ser tratadas con respeto, estar al margen de las preocupaciones de la dura realidad de la vida, vivir con comodidades y seguridad, y que nos veneren por quiénes somos y por nuestra extraordinaria belleza».[4] Pettitt escribe libros e imparte clases de gestión del hogar al estilo tradicional. El concepto que tiene de sí misma no es el de una ambiciosa emprendedora, sino el de una esposa y ama de casa diligente que comparte su maestría con otras mujeres que anhelan una vida como la suya.

En los últimos años se ha producido cierto resurgimiento de la MISOR. Mujeres de todo el mundo la idealizan como la vía hacia la seguridad. Hay un movimiento reciente en el que ha cuajado este enfoque. Sea en respuesta al fracaso del feminismo contemporáneo o a su rechazo rotundo, el movimiento que aboga por la esposa tradicional o *tradwife* ha adquirido un gran auge en los últimos años. Las mujeres que abrazan estos principios se enorgullecen de ser «hacedoras de hogar» y alaban los beneficios de ser sumisas en la relación con sus maridos. El movimiento Tradwife, una corriente principalmente para mujeres cristianas que desean vivir de acuerdo con sus valores tradicionales, comenzó a manifestarse alrededor de 2020, pero su origen se remonta a mucho más atrás, a mediados del siglo XX.

En su libro de 1963 *La mujer fascinante*, la escritora Helen B. Andelin explica que con el fin de llevar el tipo de vida que queremos es preciso que las mujeres entendamos lo que quieren los *hombres*. Anima a sus lectoras a tener presente que las mujeres han de reunir cualidades humanas y angelicales. En su libro manifiesta que los hombres desean admirar a las mujeres y que ellas los admiren. A pesar de que la obra en sí se considera un manual del antifeminismo moderno, pone de relieve un factor crucial al que yo denomino la división. En el análisis de Andelin acerca de lo que significa ser la mujer «ideal», pone de manifiesto la necesidad de ser angelical en el sentido de mantenerse «al margen de conflictos», motivada a cumplir con su deber por inspiración divina sin adoptar comportamientos que la pongan en evidencia a ella o a su familia. Por otro lado, su naturaleza humana puede manifestarse siendo sensual, deseable y exigiendo respeto.[5] Pese a que Andelin y yo podamos discrepar en lo que significan esas partes divididas de la mujer y cómo reintegrarlas, está claro que detectó la existencia de la división.

Andelin, una devota mormona y madre de siete hijos, afirma en su obra que la relación ideal entre un hombre y una mujer es «el amor celestial». Sostiene que este amor motivará a los hombres a actuar de una manera coherente con sus ideales y que esto protege (la mayoría de las veces) a las mujeres de malas conductas. Alaba a las lectoras que aceptan a los hombres por su «valor nominal». De este modo, la mujer no espera que su pareja cambie, ya que eso «genera resentimiento, destruye el amor y causa problemas en el matrimonio».[6] Al final, concluye que intentar cambiar a un hombre es inútil y provoca frustración en la relación de pareja. Los cambios por parte de él, si es que los hay, se producirán de manera natural por voluntad propia. Desde una perspectiva psicológica esto es indiscutible: el cambio solo es posible desde el interior de quienes lo desean.

La obra de Andelin se ha convertido en una piedra angular del movimiento Tradwife. Una mujer tradicional se queda en casa, cría a los hijos y se ocupa de las tareas domésticas, de la cocina y de la decoración. A lo mejor se encarga de administrar el presupuesto del hogar, pero toda la autoridad en el ámbito doméstico recae en el marido. La *tradwife* idealiza la imagen televisiva del ama de casa de los años cincuenta y sesenta que preparaba comidas caseras, mantenía la casa impoluta y siempre tenía galletas recién horneadas. Esas imágenes de mujeres con peinados impecables, pulcros delantales y coquetos vestidos abundan en Internet. Aseguran a las demás a través de redes sociales, libros y páginas web que las mujeres y los hombres son iguales, pero que sus responsabilidades son diferentes. Insisten en que es en estas responsabilidades donde la mujer debería acatar la voluntad de su marido. Según afirman las defensoras de esta tendencia, tras adoptar el estilo de vida de la esposa tradicional, en sus hogares reina la paz, mientras que antes imperaba la acritud. La mayoría lo atribuye a la creencia de que sus intentos de conciliar la profesión con el hogar les hicieron sentir rencor hacia sus maridos y el espacio de trabajo. Quedándose en casa asumiendo un rol tradicional ya no hay que preocuparse por el mundo exterior. Ya no hay que discutir por el reparto de las tareas domésticas porque ahora existe una clara división de roles.

La estrella de TikTok Estee Williams afirma que su propósito en la vida es ser una buena esposa. Considera que su cometido es mantener la casa limpia y bonita y servir a su marido deliciosas comidas. Cumple esa labor con la esperanza de que él se considere afortunado de tenerla. De algún modo también consigue grabar y publicar retazos de su día a día en las redes sociales y al mismo tiempo dar la impresión de que cuenta con un equipo de peluquería y maquillaje justo detrás de la cámara. A pesar de que lleva vestidos del estilo de los de June Cleaver en la famosa serie *Leave it to Beaver*, en su actitud y su imagen pública se asemeja más a Marilyn Monroe. Con el pelo rubio platino y ondulado y una voluptuosa figura, Williams representa el paradigma de la MISOR, fácilmente reconocible en la combinación de las cualidades angelicales y humanas que postula Andelin.

Basta con ver unos cuantos vídeos de Williams para hacerse una idea de la *tradwife*. Con más de un millón de visualizaciones, numerosas publicaciones y controversia, Williams es la actual estrella del movimiento Tradwife en las redes sociales. El contenido de sus publicaciones abarca desde vídeos de cocina y tiernas escenas con su marido hasta comentarios de índole social. Al típico estilo de la MISOR, en sus vídeos suele aparecer simplemente «luciéndose» y posando mientras en los rótulos se muestra el mensaje que desea transmitir. En otras palabras, a menudo aparece callada. Hay un vídeo en particular donde comienza mirando a la cámara con aire ingenuo mientras el rótulo reza: «La sociedad quiere que trabaje para alguien de nueve a cinco». Cuando cambia el semblante y adopta un gesto de complicidad y cierto desconcierto, el mensaje continúa con: «De lo que no se dan cuenta es de que mi marido trabaja por mí».

Lo que se sobrentiende, claro está, es que su cometido es ser un objeto de adoración, no de desprecio. Sin duda, el mensaje de este movimiento tal y como se describe en los libros de Alena Pettitt y Helen B. Andelin, así como en los vídeos de Estee Williams, es que las mujeres y los hombres son iguales, pero tienen roles y responsabilidades específicos y muy diferentes. El papel del hombre es brindar protección y trabajar fuera del hogar para obtener ingresos; el de la mujer es prestar servicio al hombre, ocuparse del hogar y criar a los hijos. Por lo tanto, la mujer ideal es deferente y engrandece la labor del ama de casa y de la crianza de los hijos. Cualquier aspiración que se aleje de su cometido es secundaria. El ejercicio de la profesión, la vocación o las inquietudes artísticas revisten menos importancia que cumplir el rol de la compañera ideal.

El movimiento Tradwife constituye un ejemplo moderno de cómo el papel de la MISOR es un patrón que se crea y reproduce a nivel cultural. Si bien es posible que esta versión moderna contribuya a proporcionarle mayor visibilidad, los ideales de la MISOR están vigentes desde hace mucho tiempo. Es fácil encontrarlos. Entre los atributos clásicos de la MISOR figuran los siguientes:

- Parece ingenua o lo aparenta
- Se centra en la relación de pareja
- Está dispuesta a satisfacer las necesidades de quienes la rodean
- Su poder se vincula a un hombre o a su familia
- Es idealizada como un objeto sexual, pero se supone que no ha de ser sensual
- Es intuitiva y comprensiva
- Necesita protección
- Gusta a la gente
- Acata la autoridad
- Es recatada y obediente

Cuando me puse a buscar a la MISOR de hoy en día, la encontré en todas partes. Se reconoce fácilmente en la televisión, en el cine, en la mitología y en la literatura. Pero también necesitaba encontrarla en el mundo real, en lugares donde las mujeres viven y pugnan por dar sentido a sus vivencias. En Estados Unidos, el lugar en el que más presente estaba la MISOR real era en el evangelismo.

Investigué a numerosas portavoces de agrupaciones de mujeres cristianas. Todas transmitían mensajes para que la mujer lleve una vida significativa en el marco de la fe. Algunas de sus consignas me parecieron más generosas que otras. Algunas de las obras de estas mujeres me conmovieron, y algunos de sus mensajes me consternaron. Desde mi punto de vista, dos hermanas evangelistas de Texas destacan como paradigmas de la MISOR. Rubias, vivarachas y deseosas de conectar, Kristen Clark y Bethany Beal irrumpieron en mi pantalla como personificaciones de la MISOR. Estas hermanas hacen el apostolado a través de las redes sociales publicando contenidos en YouTube e Instagram. Además, tienen una página web repleta de contenidos y han publicado libros. Sus mensajes son sentidos, aunque de vez en cuando aparecen algunos comentarios alarmantes y tergiversaciones evidentes, como la afirmación de que las feministas abogan por el aborto a demanda hasta el final del embarazo, una mentira flagrante que la derecha religiosa respalda y fomenta. En el perfil biográfico de su página web (girldefined.com), las hermanas aseveran que hicieron sus «pinitos como modelos» antes de lanzar su iniciativa de apostolado en 2014. Esta idealización de la belleza como profesión se alinea muy bien con la identidad de la MISOR moderna. El rechazo de la cosificación a cambio de dinero también encaja al cien por cien en el mensaje de la MISOR. Así es como se describen a sí mismas:

> *Desde el lanzamiento de Girl Defined en 2014, nuestro objetivo siempre ha sido el mismo: ayudar a las chicas de hoy en día a entender y vivir de acuerdo con la verdad eterna de Dios para el conjunto de las mujeres. Hoy por hoy, cuando las chicas y las mujeres reciben tantos mensajes contradictorios acerca de su valor, propósito e identidad, necesitan desesperadamente saber que el único que puede definirlas es el Creador.*[7]

El mensaje MISOR es contundente en esta declaración de intenciones. Los términos *chica* y *mujer* se emplean indistintamente, un uso vernáculo común en el sur de Estados Unidos que infantiliza a las mujeres en el discurso. Clark y Bell identifican su «definición femenina» con «la verdad eterna de Dios para el conjunto de las mujeres», reafirmando el principio MISOR de que el poder de la mujer está sometido a una autoridad externa. Para las hermanas, la autoridad a la que se remiten con el fin de definir la virtud femenina es la Biblia. Sostienen que solo Dios puede definir a la mujer, ya que en última instancia es una *súbdita*, en este caso de Dios. Que una mujer no puede definirse a sí misma porque el propio Creador le ha dado una serie de instrucciones. Cualquier otra cosa es, en el mejor de los casos, una distorsión del feminismo y, en el peor de los casos, un sacrilegio. No mencionan si los hombres han de cumplir los mismos requisitos.

Al ver sus vídeos y leer sus libros, resulta evidente su deseo de conectar. Son dulces, hasta se hacen querer. Está claro que creen en su mensaje. Alardean de sus credenciales texanas; todo es más grande en Texas, incluso la fe. Su imagen encaja al cien por cien con la clásica MISOR: delgadas, guapas, serviciales y dulces. Un simple vistazo a los temas que abordan en su página web revela su prioridad respecto a los valores de la MISOR. Tan solo hay seis publicaciones sobre adicciones, doce sobre los estudios y diecisiete sobre el establecimiento de límites. Mientras escribía este libro publicaron sesenta y dos artículos sobre la belleza, cuarenta y dos sobre la imagen corporal y ciento seis sobre la feminidad.[8] Realizan un honesto esfuerzo por la transparencia, siempre desde el prisma del fiel servicio a Dios. Su discurso se centra en cómo vivir como MISOR según los preceptos del evangelismo contemporáneo.

A mí lo que más me inquietó del mensaje de las hermanas fue la absoluta certeza con la que transmiten su mensaje. Consideran que el problema radica en lo que denominan la «lista de verificación cultural», la cual definen como las expectativas en constante cambio que la cultura impone a las mujeres y, en ese sentido, su crítica resulta acertada. Los cambios culturales que nos mueven a su antojo son ciertamente injustos para las mujeres; el listón cambia de manera constante para adaptarse a los tiempos. Su respuesta, tomar la autoridad de la Biblia como piedra angular en lo tocante a la feminidad, el género y el comportamiento, encaja a la perfección con el mensaje MISOR. La MISOR siempre se somete a la autoridad externa: la familia, las instituciones, las Sagradas Escrituras, el esposo, la sociedad... La potestad que ejercen sobre ella prevalece frente a sus propios deseos. Según Clark y Bell, tuvieron que plantearse sus objetivos como si estuvieran apuntando a una meta.[9] Para dar en el clavo era necesario disponer de las herramientas adecuadas. Desde su punto de vista, la herramienta por excelencia es la autoridad de la Biblia. La MISOR siempre se somete a una autoridad superior. Es en esta deferencia donde se empodera. Obtiene autoridad del poder al que se somete. Su poder no es propio, sino que reside en su familia, en las Sagradas Escrituras, en su esposo o en una creencia religiosa.

Uno de los lugares en los que nos topamos con las expectativas establecidas por la cultura es en las Sagradas Escrituras. En los textos sagrados cristianos y hebreos hay claros mensajes acerca de cómo ser una «buena» mujer, así como multitud de ejemplos del comportamiento apropiado o del castigo ante posibles transgresiones. El principal mensaje que se transmite a la MISOR es «ser obediente» y «aceptar la autoridad superior». A simple vista, la MISOR no tiene nada de malo. Se esfuerza en ser amable, generosa, guapa y considerada. Pero ¿puede una mujer alcanzar su plena identidad doblegándose ante la autoridad? Clark y Bell argumentarían que la respuesta es afirmativa si a lo que te sometes es a la autoridad divina. Sin embargo, ¿cómo va a llegar a conocerse a sí misma una mujer si lo único que conoce es la sumisión?

Otro lugar donde encontrar a la MISOR es en el hogar. Es la Blancanieves de Disney que realiza las tareas domésticas para los siete enanitos. Es Celie en *El color púrpura*, cuyo superpoder es limpiar y ordenar la desastrosa casa del «míster». La encontramos en Peg, el personaje de la servicial ama de casa del típico barrio residencial de las afueras interpretado por Dianne Wiest en *Eduardo Manostijeras*. También en June Cleaver, protagonista de la serie *Leave it to Beaver*, y en Serena Joy, en *El cuento de la criada*. Reconocemos a la MISOR por las comodidades de su hogar.

La MISOR se siente a gusto cuidando de la familia y los hijos y haciendo de su hogar un espacio acogedor y sereno. A lo mejor disfruta realizando las tareas relacionadas con el ámbito doméstico, como la cocina y la crianza de los hijos. Aun cuando no sea el caso, una MISOR las considera por extensión «propias» de la mujer. Es probable que siga un régimen alimentario para mantenerse atractiva y sana. Se involucra en la enseñanza de sus hijos y en la comunidad educativa. Planifica las comidas, las fiestas de cumpleaños y las vacaciones, y recibe gustosamente a invitados en fechas señaladas y eventos. Suele ser una talentosa anfitriona, que cocina o encarga comidas a empresas de cáterin. Está pendiente de las personas de su entorno con esos gestos, llevando regalos o comida a los encuentros, o un plato casero a un miembro de la comunidad que esté pasando un duelo o necesidades.

Una MISOR soltera seguramente vivirá con sus padres o con otras mujeres. Es posible que le guste el orden y la limpieza. Idealizará la tranquilidad y la comodidad en sus relaciones y tal vez sublime sus anhelos en favor de las expectativas impuestas por la familia, la cultura o la comunidad. La MISOR mantendrá la paz en el hogar. Procurará contentar a todos, pero eso no significa que sea flexible. Cumple las normas y espera lo mismo de los demás. Puede que establezca reglas en su círculo con la intención de no contravenir las expectativas culturales, los patrones sociales o los preceptos religiosos. Quiere transmitir la imagen de una «buena chica» a su familia, a su entorno y al concepto que tiene de sí misma.

Si una MISOR trabaja, es probable que sea por obligación. Suele dedicarse a profesiones que se consideran seguras para una mujer: maestra, enfermera, camarera, pediatra, trabajadora social o abogada de familia. Es cumplidora y ansía que la traten con respeto. No obstante, acatará la autoridad, ya sea la de un superior inmediato, un médico, un juez o el director ejecutivo de una empresa. Es diligente y rara vez causa problemas a menos que sufra alguna situación de maltrato. La MISOR que trabaja lo hace para ganar dinero con el fin de contribuir a la economía familiar. A pesar de que se siente realizada en el trabajo, es probable que lo considere secundario a su cometido como esposa, madre, hija o cualquier combinación de estos roles.

La MISOR con un empleo no busca prestigio, sino prestar un servicio. Y le consta que la manera de conservarlo es gustar a la gente. Es trabajadora, no porque pretenda ascender en los escalafones de la empresa, sino porque es lo correcto. Es responsable y seguramente muy leal al jefe o mentor. Es posible que se avergüence de cualquier ambición que sienta en su trabajo. Una MISOR frustrada hará comentarios mordaces a sus compañeros o sobre ellos. Criticará a los que «incumplen las reglas» o a aquellos que rehúsan aceptar el modo en el que funciona la jerarquía. Esperará que cada cual cargue con lo suyo y actúe de la manera «correcta» (que por lo general es como ella hace las cosas). Una MISOR frustrada también se halla en el camino hacia la soberanía. Buscará medios para redoblar sus esfuerzos en su compromiso de servicio. Se alineará con personas que ostentan poder o autoridad. Está convencida de que, si procura hacer gala de una buena actitud, se la recompensará por su bondad. Y, sin embargo, con frecuencia encontramos que en la senda hacia la soberanía es imposible entregarse lo suficiente a otro con el fin de liberarnos. Esto constituye un reto crucial para la MISOR, cuya vida ha sido moldeada por su creencia en la autoridad y su entrega a ella.

Una de las señas de identidad de la MISOR son sus relaciones; el término forma parte de su acrónimo descriptivo, «doncella en busca de *relaciones*». En las historias, la MISOR es la que busca empatizar. Se le da bien relacionarse. Dependiendo del tipo de relato, puede tratarse de una relación sentimental, amistosa, paternofilial o fraternal. Ella anhela la pertenencia; quizá no sea consciente de que pertenece al grupo de las «populares», pero, por lo general, si no goza de una gran popularidad, al menos se acerca a ella.

En el terreno amoroso, la MISOR quiere una pareja que lleve la voz cantante. Se siente segura mostrando deferencia a alguien capaz de sostener la relación. Su pareja suele ser poderosa o reunir las condiciones para ostentar poder. La MISOR espera que su pareja la valore. En una relación sentimental, abrigará la esperanza de que se la trate «como a una señora». Otra expectativa es la caballerosidad; tiene intención de permanecer virgen hasta el matrimonio (o al menos lo idealiza). Demostrará hasta qué punto son férreas sus convicciones. Muestra una actitud complaciente a cambio de ser amada. Quizá esté celosa de las facetas de la vida de su pareja que no la incluyen. Su comportamiento se rige por patrones tradicionales. Para una MISOR, eso implica comunicarse, esforzarse en relacionarse y, por lo general, conversar, aunque las conversaciones no siempre han de ser profundas. Para ser justos, esto es conveniente en *cualquier* relación, ya sea sentimental o de otra índole, pero es la manera infalible de ganarse el corazón y la fidelidad de una MISOR.

Una MISOR anhela la consideración y la protección. Querrá saber si su pareja comparte sus valores. Buscará la profunda intimidad que se crea al conocer a alguien a fondo. Será leal y defenderá a su pareja frente a cualquiera si cuenta con su protección. Las relaciones sexuales pueden ser complicadas para las MISOR. Algunas no le encuentran sentido a la larga. El sexo es algo que ofrecen como un regalo a sus compañeros, y si estos pierden interés o quebrantan la confianza en la relación, el sexo es el primer regalo que ellas les niegan. Ganárselo de nuevo constituye un reto.

Las virtudes de la MISOR

Muchas culturas idealizan a la mujer como la encarnación de los cuidados maternales. Se espera de las mujeres que alivien el dolor de los demás. Por eso desde el punto de vista cultural profesiones como la enseñanza y la enfermería se consideran trabajos «de mujeres» (lo cual es un problema multifactorial). A la gente le reconforta la presencia de las terapeutas; la mayoría de las personas que acuden a terapia prefieren que sea una mujer quien escucha. Durante mucho tiempo pensé que se debía a que, por regla general, tanto los hombres como las mujeres se sienten más a gusto hablando con una mujer. Llegué a la conclusión de que la razón de esta disparidad es que las conversaciones entre mujeres son una de las primeras habilidades sociales que las niñas aprenden. Pero, a medida que he perfeccionado mis habilidades terapéuticas, he aprendido que la verdad es más profunda. Las mujeres son las que expresan los sentimientos en nuestra cultura. A los hombres solo se les permite mostrar cuatro emociones: la lujuria, la satisfacción, el orgullo y la ira; deben reprimir, inhibir u obviar cualquier otra cosa. Sin embargo, cuanto más espinoso es un problema o un sentimiento, más cuesta ocultarlo. A medida que avanza la vida, más calan estos sentimientos en la psique. A partir de ahí lo mejor es expresar esas emociones negativas, y la expectativa cultural es manifestar las emociones a personas *sensibles*: las mujeres. Si un hombre es lo bastante afortunado como para tener una pareja MISOR, tal vez ella sea capaz de ayudarlo a gestionar sus sentimientos. Si su compañera es terapeuta, puede compartir sus sentimientos con ella y, si bien es posible que lo someta a terapia, al menos él conseguirá desahogarse, aunque solo sea durante una hora. En presencia de una mujer de confianza, inconscientemente los hombres se sentirán seguros no reprimiendo sus sentimientos negativos.

La MISOR es sumisa y complaciente. Sabe cómo conciliar y mantener la paz. Es buena cocinera. Tiene buena mano con los niños, se le dan bien las relaciones y hace que la gente se sienta a gusto y querida. La MISOR transmite una imagen y una actitud juveniles. Es ingenua y atractiva. No se toma a mal los halagos por parte de los hombres, sino que los acepta como moneda de cambio por ser receptiva. Hace gala de los estándares de la virtud y es educada. En definitiva, está bendecida con todas las cualidades que la cultura establece para el ideal femenino. Si una mujer es capaz de reunir un gran porcentaje de esas cualidades, se la considerará merecedora del respaldo social. Seguramente se la respetará por ser una «buena» mujer. Si consigue un buen matrimonio, se la mantendrá económicamente. Si se conserva en forma y atractiva, se la validará como un ejemplo «de inspiración» para otras mujeres. Si cría a sus hijos de una manera ejemplar, se la considerará un paradigma de la maternidad. Si muestra deferencia hacia su marido, la familia u otras figuras de autoridad, transmitirá una imagen de humildad, compostura y dignidad. Si se la considera «buena», posiblemente se granjeará el respaldo de la sociedad. La mayoría de las MISOR gozan de respeto por encarnar los ideales de la feminidad. Los hombres las idealizan como la esposa ideal: respetuosa, atractiva y hacendosa en el hogar. Para otras mujeres son fuente de inspiración. Lucen un aspecto magnífico y dan la impresión de que les resulta fácil. La MISOR personifica la belleza, la receptividad, la desenvoltura y la sumisión. Sabe cómo embellecer las cosas. Ya sea creando un hogar u organizando un cáterin perfecto, la MISOR es la que consigue que lo cotidiano resulte bonito y atractivo.

Los peligros de la MISOR

Los ideales que encarna la MISOR parecen bastante positivos. Ciertamente, la mayoría de las mujeres han batallado con ellos de una forma u otra en algún momento de sus vidas. El problema es que los ideales rara vez se corresponden con la realidad. Además (especialmente en la cultura estadounidense), cuando las personas fracasan en su intento de estar a la altura de un ideal, a menudo las culpamos por no dar la talla en vez de culpar a la sociedad por establecer unos estándares imposibles. Resulta fácil darse cuenta de los peligros de la MISOR cuando se comparan los ideales con la experiencia vivida por la mayoría de las mujeres.

La MISOR guapa puede volverse vanidosa y autorreferencial. Puede convertirse en una egocéntrica, esperando que el mundo gire a su alrededor. A lo mejor considera que está en su derecho; al fin y al cabo, ha puesto todo su empeño en cumplir un rol. Tal vez tenga altas expectativas en las relaciones que tanto valora. La MISOR puede ser demasiado confiada y mantener su ingenuidad adrede, sin llegar a adquirir las habilidades necesarias para desenvolverse en el mundo por sí misma. Es posible que nunca desarrolle su identidad sexual, ya que considera que el sexo es un servicio que proporciona. Como resultado de ello, puede que sea cuando menos inexperta o, en el peor de los casos, frígida y severa. Puede que se vuelva dependiente de una pareja y, en el caso de que esta fallezca o la abandone, quede excluida del mercado de trabajo, sin apenas experiencia laboral y posiblemente con la carga adicional de hijos a los que mantener. En una sociedad que valora a las madres dependientes, una madre que pierde a su pareja se convierte en una carga para el Estado, lo cual se considera un inconveniente y de inmediato se expulsa a la MISOR de la posición que ocupaba. Puede que una MISOR sufra ansiedad, pues su valía siempre se define en la medida en que se adhiere al rol asignado. Al haberse centrado en lo que el mundo piensa de ella en vez de en su propio concepto de sí misma, quizá tenga que lidiar con su propia identidad. La deferencia puede convertirse en manipulación. Si a una mujer se la disuade de hacerse oír, cubrirá sus necesidades por medio de subterfugios.

Yo viví esta realidad como hija de una MISOR. Mi madre era la quintaesencia de la MISOR del *baby boom*. Era guapa, sofisticada, y creía en su feminidad a ultranza. Creía en ser una «buena» esposa. Se esmeró en crear un bonito hogar, tuvo dos hijos y se quedó en casa para intentar encarnar el ideal. Pero subestimó los cambios culturales que transformaron radicalmente su estilo de vida en los años setenta y ochenta. No estaba preparada. Mi padre era dueño de una pequeña empresa, por lo que se relacionaba con gente muy diferente de la que mi madre conocía en la iglesia, en reuniones de la AMPA y en el club de campo. Donde vivíamos hubo un auge en el sector de la construcción y la empresa de mi padre prosperó durante un tiempo. A mi madre, desorientada por el éxito de mi padre y los rápidos cambios culturales que se estaban produciendo, la pilló por sorpresa que se enamorara de otra mujer y nos abandonara. Para ser justos, debería haberlo imaginado. Mi padre había sido un mal actor durante mucho tiempo. Tenía multitud de aventuras, salía mucho de fiesta con sus amigos y clientes, y a veces desaparecía durante días enteros.

Mi madre creía, en lo más profundo de su corazón, que si era una esposa buena y diligente, que si lo perdonaba cada vez que le hacía daño, a la larga saldría bien parada. Toleraba los frecuentes deslices de mi padre. A menudo le dolían sus salidas de tono, que la hiciera avergonzarse por el peso que había ganado durante el embarazo, cuando le dijo que le preparara la cena a los dos días del parto o que la tachara de estúpida por desconocer algún hecho singular. Que conste que mi madre no era en absoluto estúpida, ni fea, ni gorda (no es que sea relevante, pero hago esta apreciación en su honor). Ella respondía tomándose al pie de la letra todo cuanto él decía. Si le recriminaba que estaba gorda y que tenía que perder peso tras los embarazos, en fin, ella se ponía a régimen y se apuntaba a aeróbic. Si la tachaba de estúpida, ella leía un libro que le había recomendado. Como no le gustaba la nariz de mi madre, ella se sometió a una rinoplastia. Consideraba que si se conformaba con menos y se sometía a sus exigencias, saldría beneficiada a la larga. Solo que no fue así.

Él decidió que quería llevar una vida diferente, con otra mujer. Mi madre se quedó devastada. Le guardó rencor desde que se divorciaron en 1982 hasta el día que abandonó este mundo en septiembre de 2017, o sea, ¡durante treinta y cinco años! Lo más triste es que nunca dejó de quererlo y se negó a creer que hubiera algo de malo en su rol de esposa. Se sentía desconsolada y a menudo amargada. Estaba resentida por verse obligada a trabajar. Estaba resentida por tener que criar a dos hijos sola. Se casó de nuevo, dos veces. Ambos matrimonios fracasaron. En el primero sufrió maltrato físico; el segundo marido usaba su fe como un látigo para imponer su voluntad en todo momento..., aun estando equivocado. Los tres la veían como alguien a quien podían dominar. Mi madre eligió a hombres que, según decían, deseaban a una mujer que encajara en el perfil de «esposa». A ella le gustaba ser una MISOR, y se le daba bien. Pero las circunstancias, especialmente en la época en la que intentó estar a la altura de esos ideales, lo imposibilitaron. Murió siendo una MISOR y, a pesar de que discrepábamos en ciertas cosas, bajo ningún concepto puedo culparla por no estar a la altura de sus ideales. Ella se esforzó al máximo; sabía lo que quería. El problema era que solo se lo podía conceder un hombre que quisiera lo mismo y que se conociera lo bastante a sí mismo como para resistir las tentaciones y llevar un estilo de vida tradicional con su esposa. Aunque me consta que ese tipo de hombres existe (yo estoy casada con uno), mi madre no llegó a conseguirlo. Hoy todavía me entristece.

Aunque el sistema de la dote imperante en algunas partes del mundo a lo largo de los últimos dos siglos se convirtió en el «precio de la novia» que se pagaba al marido, su origen es otro. La dote era una aportación de dinero, ganado, tierras u otros bienes a las hijas para el matrimonio. Era una protección para la mujer en un sistema patriarcal mediante la cual se garantizaba que no se convirtiera en una esclava al casarse. En el caso de que el matrimonio se truncara, la dote constituía una garantía para que la mujer pudiera tener un medio de independencia. Recomiendo encarecidamente a las MISOR de hoy en día que dispongan de una reserva de fondos aparte exclusivamente para velar por su seguridad. Un fideicomiso o algún otro mecanismo de protección económica que garantice su independencia en el caso de que su relación se malogre.

En sus memorias, *Indomable*, la escritora Glennon Doyle alude a las MISOR de su etapa en el instituto como «las chicas de oro». Relata la historia de los integrantes de la «corte de bienvenida». Según cuenta, ella se relacionaba con este exclusivo grupo de adolescentes, pero nunca se sintió integrada, la típica muletilla de las mujeres que todas pensábamos que formaban parte del grupo de las populares. Narra cómo idealizó a las chicas guapas y resueltas de ese grupo. Al pensar en la fiesta de bienvenida a los nuevos estudiantes como representativa de la adolescencia, explica cómo las decisiones se perpetúan para mantener el *statu quo* que reproduce las mismas expectativas:

> *Nuestra misión consiste en medirnos por los baremos que fijan esos chicos y chicas. Son de oro por nuestra existencia y su existencia nos hace a nosotras desgraciadas. Sin embargo, votamos a esas personas año tras año, porque las reglas nos controlan incluso en la intimidad de nuestros pupitres. Vota a los chicos y las chicas de oro. Cumplen las instrucciones a la perfección, son lo que todas y todos tenemos que ser en teoría, así que deberían ganar. Es lo justo.*[10]

Doyle capta cómo nos sentimos la mayoría con respecto a las personas a las que admiramos, a aquellas que consideramos el estándar con el que medirnos a nosotras mismas. El problema es que, por lo general, en nuestra cultura usamos ese rasero para medir cómo nos alineamos con los ideales y, en cuanto dejamos de dar la talla, reaccionamos usando el rasero para golpearnos hasta la sumisión.

Glennon Doyle es una de las escritoras más prolíficas y honestas sobre la experiencia interior de tratar de encarnar el ideal de la MISOR y fracasar en el intento. Aborda la bulimia, las adicciones y el vértigo que se experimenta al realizar un número en la cuerda floja para complacer a todo el mundo y para que todo el mundo opine. Los crudos relatos de su trastorno alimentario y su adicción al alcohol, y de cómo encontró el medio de expresarse a través de la escritura, son una fuente de inspiración y un perfecto ejemplo de que cualquiera puede recorrer el camino de la reina. Por mucho que perteneciera a las «chicas de oro», que se retirara a un monasterio, que fuera una idealista cristiana, grácil, delgada, rubia y de talante jovial, no pudo sortear la división. Como todas nosotras, Doyle se topó con ella. La única salida era emprender el camino de la reina y realizar un sumo esfuerzo en pos de su versión personal de la soberanía, trazando sobre la marcha un mapa propio y único.

Entrar en ese juego entraña peligros. Con independencia de que juegues a lo que yo denomino «el juego de la niña» o que emprendas intencionadamente el camino de la reina hacia la soberanía, te enfrentarás a peligros. Pero eludir las batallas en el transcurso del viaje arquetípico nos hace perpetuar y normalizar la guerra como si esta fuera aceptable. Por ubicuos que sean estos periplos, es inadmisible que las niñas de seis años interioricen estándares inalcanzables de belleza y sumisión. No es de recibo que se infravalore la voz de la mujer en aras de la hegemonía. Las mujeres que no son populares o que no encajan en el ideal de la MISOR por la razón que sea, a menudo sienten que si fueran __________ (pon un adjetivo MISOR en el hueco en blanco) delgadas, guapas, de complexión atlética, etc., su vida sería mejor. Que su existencia femenina tendría sentido. Pero a la mayoría de las mujeres les resulta imposible convertirse en una «chica de oro». El ser delgadísima, sumisa y recatada no se logra sin esfuerzo. Nos reímos demasiado fuerte, somos demasiado listas, tenemos unos cuantos kilos de más o queremos hacernos notar por quienes somos en vez de por la medida en que cumplimos con los cánones.

La mayoría de nosotras nos pasamos la etapa de la adolescencia sobrellevando la atención de los hombres o lidiando con ella. Entre mis pacientes adolescentes percibo tres estrategias: aceptarlo, rechazarlo o sufrirlo. Lo importante, no obstante, es que estas jóvenes jamás se libran de la presencia de los hombres y los adolescentes. Me resulta incómodo como mujer adulta explicar con claridad a estas pacientes jóvenes lo injusto que es el mundo en el que viven. Y, sin embargo, es necesario que lo haga. Por lo tanto, me paso el tiempo escuchándolas y motivándolas a ejercer el derecho sobre su cuerpo, a buscar su propio placer sexual y su identidad, y al mismo tiempo reflexionando con ellas sobre lo injusta y desconsiderada que es la sociedad con ellas. La sociedad no protegerá a estas chicas de la misma forma que protege a los chicos y a los hombres. Si no hacen nada se las cosificará. Se las juzgará con independencia de lo que hagan o dejen de hacer y, como consecuencia de ello, interiorizarán el rechazo y la atención hasta el punto de que pasarán a ser existenciales para su identidad. Para cuando acuden a mi consulta es probable que ya hayan desarrollado una serie de habilidades para gestionar la atención masculina indeseada. Dadas sus edades, seguramente no surten efecto. En un artículo publicado en *The Guardian*, la periodista Moira Donegan lo describe a la perfección:

> *Esas experiencias tempranas de agresiones sexuales masculinas tal vez constituyan uno de los ritos de transición más habituales para las niñas. Es más común que cualquier otro ritual que señala el paso inminente a la edad adulta [...] Para cuando una joven vive estos momentos cruciales, es probable que ya haya desarrollado una serie de habilidades con el fin de lidiar con la atención indeseada de los hombres y empezado a aprender a mantener el delicado equilibrio de mostrar desinterés o rebajar el interés de estos sin agravar la situación [...] El mensaje que todo esto transmite a las jóvenes es que la feminidad es un estado que consiste en gran medida en ser objeto de la atención masculina sin solicitarla, en muchos casos de un modo positivo, pero en otros muchos intimidatorio, abusivo u hostil, y que la potestad sobre sus propios cuerpos, su capacidad para ocupar el espacio público de una manera pacífica [...] pueden verse coartadas por los caprichosos deseos de un hombre.*[11]

El consentimiento no es lo mismo que el control. Las mujeres a menudo fingen consentir con tal de mantener una sensación de control personal. El consentimiento no protege en el día a día. Ninguna medida de protesta impedirá a un hombre de noventa kilos que piensa que «hacerse la difícil» es un juego violar a una mujer de cincuenta y tantos kilos que dice «¡no!» una y otra vez. Las mujeres lo saben. Elaboramos estrategias complejas para convencernos de que la violación no es una violación. Nuestra cultura fomenta este lenguaje ambiguo y todas lo interiorizamos. ¿Qué es el sexo «no consensuado» sino una violación? ¿Qué es el sexo con una «menor de edad» sino (legalmente) la violación de una niña o una adolescente? ¿Qué fue lo que le ocurrió a la paciente que cree que consintió, pese a que no dijo una palabra por miedo, al permitir que un hombre tuviera sexo con ella? ¿Cómo que eso no es una violación? Percibimos el consentimiento implícito en el lenguaje. Sin embargo, ese consentimiento implícito no representa en absoluto la experiencia vivida por las mujeres y los complicados malabares que hacemos para proteger nuestra psique del violento ataque contra nuestro lugar en el mundo.

¿Qué relación guarda esto con la MISOR? Ella habita en este mundo y, o no ve que haya un problema, o bien acepta el problema porque «así funciona el mundo», y punto. Por supuesto, no se equivoca en lo que respecta al mundo, pero, debido a su mentalidad de MISOR, no le parece correcto librar una batalla. Las batallas y las guerras son cosas de hombres, no de mujeres. La MISOR es tan idealista como pragmática. En su opinión, el mundo debería ser un lugar donde se encuentre a salvo. Los hombres deberían ser protectores, y las mujeres deberían tener esa expectativa. Las damas se merecen la caballerosidad. Desde el punto de vista pragmático de sus valores, ve que el mundo de los hombres es real. Como las mujeres no tienen cabida en él, ¿para qué luchar? Luchar sería indigno de ella. En vez de eso, se mueve en el marco de las expectativas que se le imponen para sacar el máximo partido de la situación. Algunas mujeres lo consiguen. Si son guapas y respetuosas y han elegido a una pareja que comparte sus valores, es posible que logren cumplir sus aspiraciones como MISOR. Sin embargo, viven su existencia en una burbuja. El peligro que entraña la sumisión voluntaria de la MISOR es que en el mundo no abundan los hombres caballerosos; eso no quiere decir que no existan, pero son una minoría, no la mayoría. La actitud sumisa de la MISOR crea la impresión de que el mundo de la caballerosidad se encuentra al alcance de mujeres y niñas que no tienen elección.

La MISOR no es la enemiga del feminismo ni el feminismo es el enemigo de la MISOR. Culpar a la MISOR como arquetipo o al feminismo como movimiento es un error. La razón por la que el feminismo existe es para ayudar a las mujeres que no pueden llevar una vida de MISOR. No estoy idealizando ese modo de vida, pero si realmente funcionara, no habría necesidad de cuestionarlo. Las expectativas que se imponen a la MISOR no son para empoderarla; el objetivo es mantenerla en la sumisión. La división entre la MISOR y la MIPE es ficticia. Estos factores existen para escindir la plena identidad de una mujer, para hacer que siempre persiga una serie de expectativas imposibles que entran en conflicto. Esta expectativa de la sumisión femenina hace del mundo un lugar peligroso para mujeres como Glennon Doyle, mi madre y todas aquellas para las que la sumisión no fue o no es una opción (es decir, la mayoría de nosotras).

Mágica, aislada, poderosa y en peligro (MIPE)

Pensamos que conocemos a la MIPE. La reconocemos cuando vemos a la bruja mala del Oeste en *El mago de Oz*, a Elphaba en *Wicked* o a Evillene en *El mago*. La vemos en la madrastra de Blancanieves, que de hecho ni siquiera tiene nombre (tan solo se la conoce como «la reina malvada»). La encontramos en Maléfica, la némesis de la bella durmiente, tanto en la versión de 1957, en la que se transforma en un dragón que expulsa fuego, como en la de 2015, protagonizada por Angelina Jolie. A pesar de que la MIPE resulta menos obvia en otros papeles, el arquetipo es reconocible, por ejemplo en el personaje de Shug Avery en *El color púrpura*, y en el de Josie Geller en *Nunca me han besado*. Se aprecia de manera evidente en personajes como el de Harley Quinn en *Batman* y en otros papeles relevantes en películas, libros y textos sagrados.

Es posible que cueste más identificar a la MIPE fuera de su representación como la «chica mala» que reconocer a la MISOR. Hemos crecido con los ideales y valores de la MISOR. Se manifiesta en las expectativas con las que se comparan las mujeres a diario. La MIPE puede convertirse en el «cajón de sastre» de todas las características que no encajan en los ideales concebidos para la MISOR. La mayoría de las veces distinguimos a la MIPE por los *comportamientos* que adopta y que se alejan de los ideales de la MISOR. ¿Cómo se comporta ante un desafío? ¿Reacciona como Aldys, la protagonista de la película *Nunca me han besado*, plantando cara a los matones? ¿O como Janis Ian, en *Chicas malas*, vestida de gótica y tildando a su antigua amiga de «borrego»? ¿Apoya a la resistencia, liberando a niños de Gilead como June Osborne en la serie de televisión *El cuento de la criada*? ¿O quizá es más reconocible en la vida real como la que fuera primera dama y secretaria de Estado Hillary Clinton, con aire aburrido mientras sus detractores soltaban peroratas en una audiencia en el Congreso?

Siempre que se describe a una mujer como «desagradable», «maliciosa» o «poderosa», encontrarás el arquetipo de la MIPE; es la forma más fácil de identificarla. Habita en el inconsciente. Cuanto más ignora alguien el inconsciente, más negativa será su percepción de la MIPE (y de cualquier otra cosa latente en el inconsciente). Para distinguir lo consciente de lo inconsciente, imagina un edificio con un largo hueco de ascensor. Lo consciente se halla en la última planta, en el ático. Aquí es donde residen todos los ideales conscientes y objetivos más elevados. Es desde donde *creemos* que actuamos todos los días, pero esa suposición es errónea. La parte más profunda del inconsciente se halla en el sótano. Los cimientos sostienen el ático y todos los ideales elevados. Pero, como no queremos mirar los cimientos, evitamos el inconsciente. Nos desagrada la oscuridad, el traqueteo de las tuberías, la humedad. Preferimos fingir que el sótano no es donde todo se apoya. Cuanta más atención se presta al ático y a la parte superior del edificio, más se ignoran las plantas inferiores y el sótano. Enseguida se ponen en riesgo los cimientos del edificio y el mecanismo del ascensor, porque las zonas que no se examinan sufren un deterioro. La maquinaria empieza a averiarse; el sistema de fontanería comienza a dar problemas. Cuanto más se ignora el inconsciente, más feo y aterrador parece. Esto no es debido a que lo que alberga es de hecho espantoso, sino a que, como en cualquier espacio abandonado, las telarañas y los viejos elementos rotos empiezan a adquirir un cariz siniestro. La rotura de las tuberías y de los mecanismos en mal estado entraña peligro para cualquiera que se adentre en la oscuridad del sótano. Ante la falta de cuidados, el sótano, junto con los cimientos, comienza a resultar siniestro.

Cuando en la cultura, en la psique y en las relaciones se ignora a la MIPE, esta puede convertirse en una fuerza demoníaca, un súcubo o una bruja. La gente la temerá. En los relatos se la representará con un halo negativo que evoca un simbolismo inquietante. En las comunidades donde las mujeres se alejan de las normas establecidas para nosotras, a menudo se nos amenaza con ofrecer esta visión de nosotras. Esas asociaciones de por sí son suficientes para amedrentarnos y subyugarnos. Incluso en la actualidad, en comunidades en las que se están produciendo cambios y generando inquietudes que nadie está dispuesto a atender hay caza de brujas. Esta es una realidad en comunidades religiosas en Estados Unidos, así como en zonas rurales de la India y África, donde los cambios sociales constituyen una amenaza para el *statu quo*.

En la India rural ha habido miles de muertes de mujeres acusadas de brujería desde 2015. La periodista Suhasini Raj publicó en *The New York Times* un artículo sobre una de estas mujeres acusadas de brujería, llamada Durga Mahalo. Mahalo rechazó las proposiciones sexuales de un hombre poderoso en su aldea. Él, lejos de asumir las consecuencias de sus actos, la acusó de brujería. Esto puso al pueblo en contra de ella en el acto. Ese hombre poderoso no tuvo que responder ante su infidelidad; consiguió que su esposa lo secundara, lo cual reforzó el vínculo entre ellos. Hasta la familia de Mahalo le dio la espalda.[12] Convertir a una persona vulnerable en un chivo expiatorio es un medio de eficacia comprobada para alinear a una comunidad. Ante un conflicto, se busca a una persona o una causa para hacer un frente común. En psicología social es un método trillado para controlar el estrés social.

La MIPE constituye el símbolo por antonomasia contra el que una comunidad puede descargar su ira y organizar su oposición. Ya se trate de los juicios de las brujas de la colonia de Salem, en Massachusetts, en el siglo XVII o de la mutilación y el asesinato de mujeres acusadas de brujería en el África subsahariana en el siglo XXI, la MIPE es un símbolo muy conocido de desobediencia. Lo peor de esta dependencia cultural de ella en ese rol es que no es necesario que las acusaciones sean fundadas. Las acusaciones pueden focalizarse en una mujer por incumplir una norma tan simple como el largo del vestido. Puede ser acusada por su aparición fantasmal, por manifestarse en los sueños de alguien, y la responsabilidad recaerá sobre su *alter ego* de carne y hueso.

Esto compone la naturaleza inconsciente de nuestra imagen de la MIPE. La encarna quienquiera sobre la que nos eximimos de responsabilidad. La MIPE es a la que no deseamos prestar atención, a la que ignoramos; se nos anima a apartar la mirada de ella. Y es precisamente en su experiencia personal de vulnerabilidad, invisibilidad y peligro donde adquiere su poder a nivel cultural. La MIPE que toma conciencia de esto a menudo se vuelve amargada y ávida de poder. Despotricará contra los poderes que la aíslan y la ponen en peligro. La magia y el poder que se le asocian proceden de su vinculación con el inconsciente y del gran esfuerzo que hemos de hacer para alejarla y ponerla a buen recaudo, fuera de nuestra vista.

En todas las religiones existe una versión de la MIPE. En el credo cristiano la representan María Magdalena, Lilith, Salomé y Jezabel, por mencionar algunas. En el islam hay menos referencias, pero unas cuantas encajan con la MIPE, como Zuleika, que intenta seducir a José cuando este es esclavizado en Egipto, y la reina de Saba, que mantuvo sus ritos paganos. No obstante, no hace falta contar con un personaje específico que simbolice a la MIPE; de hecho, cualquier mujer que no encaje en los encorsetados clichés de la mujer ideal o «buena» se circunscribirá por defecto en la categoría de la MIPE. Cada religión, doctrina y subcultura tendrá patrones específicos que incluyen la modestia, la obediencia, la castidad y el instinto maternal. Todas las cualidades comunes se alinean con la MISOR, y cualquiera que sea incapaz de estar a la altura de las expectativas cae en la categoría de la MIPE.

La MIPE trabaja duro para tener seguridad económica con el fin de garantizar el control sobre su propia vida. Prefiere no contraer una deuda moral absolutamente con nadie si es posible. Fantasea con conseguir dinero caído del cielo y evitar así cualquier compromiso que la obligue a poner en riesgo su identidad. La MIPE tiene expectativas muy altas y construirá una vida que sustente esas expectativas. Si valora la educación, se matriculará en la universidad o en una escuela de posgrado. Si valora la seguridad económica, desempeñará un trabajo bien remunerado o con posibilidades a la larga. Si valora la libertad de viajar y moverse a su antojo, tendrá el pasaporte en regla y evitará caer en la tentación de echar raíces.

La MIPE valorará su imagen en la medida en que sea relevante para sus objetivos en la vida. Si aspira a ser una avezada atleta o una supermodelo, dará prioridad a su cuerpo o su belleza. De lo contrario, triunfará en lo que se desenvuelve bien. Si no se considera agraciada, se esforzará en mejorar su imagen. Si siente que la belleza atrae una atención negativa, restará importancia a su aspecto. Si no se encuentra atractiva, se centrará en un atributo que la haga sentirse poderosa o valiosa. Si entrena será porque le sienta bien o con miras a un objetivo, como correr en un maratón o escalar una montaña. La relación de una MIPE con su cuerpo es compleja. De joven a lo mejor es perfeccionista, sufre trastornos alimentarios o se pone metas como atleta. El peligro tanto para la MISOR como para la MIPE es la separación de su cuerpo. Mientras que una MISOR adecuará su imagen a las expectativas externas, es probable que una MIPE dé menos importancia a su cuerpo que a su mente o a sus logros. Es posible que este sea el caso incluso de las MIPE deportistas; quizá fuercen el cuerpo como si fuese una máquina en vez de tratarlo como el flexible y frágil asiento de la identidad. Esta tendencia a disociarse de la entidad física genera consecuencias mucho mayores cuando la MIPE emprende el camino de la reina. Puede que intente controlar su cuerpo movida por el miedo. Puede que anhele su identidad corpórea y que al mismo tiempo recele de ella, ya que por lo general el cuerpo siempre se ha considerado el territorio de las «chicas guapas», las MISOR, o un posible objeto de agresiones o abusos.

Una MIPE logra una gran realización personal a través de su profesión y sus ambiciones. Además, valora la independencia que le reporta el dinero. Sabe que la independencia económica es un factor crucial en su libertad. Ser dependiente de alguien la hace sentir incómoda. Pese a su pasión por la independencia, la MIPE querrá que la valoren por su trabajo. Esto puede causar problemas, pues pretende complacer a sus superiores y compañeros. Trabajará a destajo con el fin de ganarse el reconocimiento y la valía en su entorno laboral. Si no ha encontrado su vocación o su profesión ideal, se sentirá aún más motivada a la hora de complacer a sus superiores inmediatos y clientes. A lo mejor monta su propia empresa y depende a nivel emocional del valor que aporta a sus clientes o del concepto positivo que estos tienen de ella. En un entorno más tradicional, es posible que la MIPE tenga problemas por no respetar la cadena de mando. Motivada por el reconocimiento, en el espacio de trabajo demostrará su valía a quienes intervienen en la toma de decisiones. Es probable que le cueste ver la política del ambiente en el que se mueve, que abrigue la esperanza de ascender por méritos gracias a su inteligencia, dedicación y resolución. A diferencia de la MISOR, que valora la protección que le reporta el servicio, la MIPE busca que se la reconozca y valore por sus logros.

Tengo una paciente, Philippa, que trabaja en una gran empresa de entretenimiento. La opinión generalizada en su empresa es que es muy buena en su trabajo. Pocos meses después de asumir su cargo actual, salió a la luz un escándalo en el movimiento #MeToo en el que estaba involucrado su superior inmediato. Fue despedido en el acto, lo cual sembró el caos en la delegación. El equipo del que formaba parte Philippa tenía la mayor parte de la responsabilidad en un proyecto de envergadura para la delegación, y de pronto toda la carga recayó en ella. Trabajó horas extra e hizo sacrificios a costa de tiempo, horas de sueño y salud con el fin de asegurarse de lograr el objetivo. Era preciso gestionar miles de detalles entre una gran cantidad de equipos: de *marketing*, desarrollo, diseño, arte y posproducción, entre otros muchos. Ella esperaba que, cuando se alcanzara el objetivo, se la recompensara con una felicitación, un ascenso y un aumento de sueldo. Sin embargo, poco después de entregar el proyecto dentro del plazo estipulado, llamaron a Philippa al despacho de la supervisora recién nombrada, que le dijo que *no* iba a superar la evaluación de rendimiento. Había cumplido con la entrega, pero en el proceso se había granjeado enemigos. A sus compañeros les molestó que mostrara tanta motivación. Había agitado las aguas; había hecho demandas a otros equipos para cumplir los objetivos de la empresa (no había tiempo que perder; el incumplimiento del plazo de entrega habría ocasionado enormes pérdidas económicas a la compañía). La supervisora le dijo sin rodeos que no despertaba simpatía y que en la evaluación de su rendimiento se estaba teniendo en consideración la opinión de algunos compañeros que la consideraban una «zorra». Se encontraba en un callejón sin salida. De no haber instado al equipo a cumplir el plazo estipulado, la empresa la habría amonestado por su incompetencia, pero, debido a sus exigencias, su actitud era demasiado avasalladora. Philippa se marchó de esa empresa recientemente y encontró otra donde se la valora más.

No conozco a ninguna mujer a la que yo considere MIPE que no haya vivido una experiencia similar. Ciertamente, basta con fijarse en algunas de las mujeres más célebres de la historia reciente para encontrar este tipo de narrativa. Pienso en Hillary Clinton a raíz de que su marido llegara a la presidencia. Fue la primera en plantear la idea de la cobertura sanitaria universal en Estados Unidos. ¡Eso fue en 1993! Cuando se convirtió en la primera dama, esa era la prioridad número uno en su agenda. La élite dominante del Congreso estadounidense vio con malos ojos que esa mujer engreída les dijera cómo debía ser la agenda legislativa. Enseguida despertó antipatías. Su comportamiento les parecía impropio de una dama. Su actitud era demasiado vehemente. Los poderes políticos de Washington D. C. la pusieron rápidamente en su sitio. Se supone que la primera dama de Estados Unidos debe ser la MISOR ideal, no una mujer ambiciosa dedicada al cambio social.

Si eres una MIPE en el terreno laboral, ten presente que podrías parecer brusca a la gente. No te alarmes por eso; tan solo tenlo presente. Esto tal vez se agrave si el entorno laboral es difícil o si hay mucha presión en lo que respecta al volumen de trabajo en sí. Cuando la MIPE se siente desmotivada en el trabajo o considera que se la está tratando injustamente, puede volverse resentida y vengativa. Señalará con el dedo a aquellos cuyo trabajo no está a la altura. A los compañeros les parecerá molesta y cortante. Si siente que no tiene posibilidades de triunfar, es posible que se dedique a poner zancadillas a otros, sobre todo a otras mujeres. Lo importante para encontrar tu espacio en un lugar de trabajo en el que eres la MIPE es si te ves obligada a cumplir con los estándares de la MISOR para integrarte y si eso es adecuado para ti como MIPE. Si no lo es, entonces tal vez te convendría un entorno de trabajo más apropiado para ti.

La gente con frecuencia se siente intimidada o atemorizada por la MIPE. Los compañeros temen que les haga sombra; los jefes sienten que los aventajará. Todos se dan cuenta de que es ambiciosa y es posible que también la consideren competente. La combinación de ambición y capacidad constituye una amenaza. En los casos en los que los compañeros y los superiores se sienten amenazados, la cargarán de responsabilidades asumiendo que es imposible que nadie pueda sacar el trabajo adelante. Subestiman a la MIPE; ella dará más de sí. La duda y las restricciones a menudo hacen que redoble su resolución y su dedicación. Su anhelo de una mayor seguridad o autoridad no es una jugada ofensiva; retarse a sí misma y ampliar sus competencias sencillamente forma parte de su naturaleza.

Históricamente, la MIPE arquetípica ha tenido dificultades a la hora de relacionarse. Por lo general, destaca por sus habilidades, sus conocimientos o su poder, y piensa que estos atributos demostrarán su valía. Esto, por supuesto, parece que nunca le funciona. La MIPE no entiende cuando se la rechaza precisamente por lo mismo que propició una relación. Si la conociste en una sesión de entrenamiento para un maratón y luego ella siempre intenta sacar a colación el tema de correr, le desconcertará que esto sea una pega. En una relación sentimental, le consternará y dolerá que mantengas la expectativa de que asuma un rol más doméstico y la «empequeñezcas». Puede que trate de complacerte, pero te guardará rencor y se enojará si no haces lo mismo. Si tu mejor amiga es una MIPE, valorará la lealtad y la consideración en vuestra amistad. Esperará que reflexiones sobre los problemas y que te rijas por elevados principios en lo tocante a la integridad y la coherencia. Es muy probable que le duela si se siente rechazada, y nunca te lo dirá porque piensa que no hay que esperar mucho de los demás, aunque lo desea con todo su corazón.

Las virtudes de la MIPE

La MIPE nos enseña a confiar en el poder inherente en nuestro interior. Conecta a las mujeres con el cuerpo y con todos los recursos con los que contamos para dilucidar nuestros dones personales. No se considera inferior. Es posible que pase por momentos en los que experimenta una falta de seguridad y confianza en sí misma, pero eso es diferente. La MIPE cultiva y reivindica su intuición y su sabiduría. Confiere valor a su punto de vista. Se esfuerza en aprender y en hacer que cualquier situación dada mejore con respecto a cómo la encontró. Suele mostrar una gran dedicación a los objetivos de una organización, a un grupo de amigos o al deporte. Se reta a sí misma y siempre aspira a superarse. Como abriga esas aspiraciones para sí misma, piensa que es algo normal para los demás. A menudo le cansa y exaspera la falta de motivación de otros. Cuando saborea las mieles del éxito, por pequeño que sea, se sentirá motivada por un sentimiento de triunfo que usará como fuente de inspiración, ya sea para alcanzar sus propios objetivos o para motivar a otros.

La MIPE valora el trabajo y el poder. Luchará por sus convicciones. Es una persona que destaca y, a pesar de que de primeras quizá le sorprenda, no la hace sentirse incómoda. Le causa un gran desconcierto el hecho de que otras mujeres (y hombres) no reivindiquen su poder y considera que su cometido es salir en su defensa cuando no lo hacen o no pueden.

La MIPE no tiene más remedio que volverse resiliente. Puede que odie la necesidad de hacerlo, pero en cualquier caso lo hará. Nos enseña a ahondar en lo más profundo para encontrar la fortaleza y el poder personal. Nos enseña que, aunque el mundo se empeñe en ponernos las cosas difíciles, es posible encontrar reservas de poder que trascienden los límites establecidos. Demuestra que el poder femenino es mayor que el poder que se nos concede y reside en nuestro interior, en lugares donde tan solo hay que reclamarlo.

La MIPE se deleita con la complejidad del mundo. Se siente atraída por el poder. Puede que lo anhele para sí misma o que aspire a ocupar una posición próxima al poder para sentirse normal. Pero no des por sentado que su necesidad de estar cerca del poder o ejercerlo es algo negativo; lo más probable es que tan solo sea la manera de darle sentido al lugar que ocupa en el mundo. No se conforma con poco. Una forma infalible de romper a una MIPE es negar su verdadera esencia o naturaleza. ¿Que si tiene delirios de grandeza? Tal vez, si es que son delirios... o a lo mejor es precisamente lo que está destinada a ser en el mundo. La MIPE siempre hará reflexionar a su pareja o a sus amigos. Les planteará nuevos puntos de vista. Los retará en formas que necesitan y que a veces detestan; se dedicará a buscar la mejor manera. Trabajará sin descanso con la esperanza de demostrar su valía. Irradiará un aura mágica, etérea, resplandeciente. Será una luz brillante que llama mucho la atención. La MIPE fascina y cautiva a quienes la rodean. Destila poder, lo cual puede reportarle atención y éxito en muchos ámbitos, especialmente en el profesional y en cualquier cosa relacionada con la opinión pública. Sin embargo, la visibilidad de la MIPE también puede ser una maldición. Mientras que a la MISOR a menudo se le otorga el poder de conjurar una maldición, la MIPE suele ser objeto de las maldiciones. Lo quiera o no, su poder conlleva un precio. Su poder puede adquirir un cariz siniestro para cualquiera que tenga razones para recelar de ella.

Los peligros de la MIPE

Cualquier mujer que ostenta poder genera recelo en el mundo. Este es el legado de nuestro acervo cultural. A excepción de unas cuantas aldeas tribales o comunidades aisladas, apenas quedan lugares en el mundo donde esté vigente el matriarcado. En términos generales, las conquistas han configurado y reconfigurado el mundo. Una mujer con poder constituye una amenaza para la hegemonía. En mi opinión, esto es debido a que a las culturas patriarcales les consta que sus mecanismos posibilitan el abuso de las mujeres, de los niños, de los animales y de la propia tierra. Por eso las mujeres merecen un poco de justicia. Quienes abogan por la conquista suelen ser los que más temen a las mujeres con poder. Nadie quiere ser objeto de la venganza de la MIPE.

La diosa Atenea conjuró una maldición contra Medusa, una de las MIPE más célebres de la mitología. ¿Qué crimen cometió para que la maldijera? Que el dios Poseidón la violó en su templo. La maldición recayó sobre la bella Medusa por ser objeto del deseo de una deidad. A Atenea le enfureció que su templo fuera profanado y, lejos de descargar su ira contra su tío (que, al fin y al cabo, era un dios), maldijo a Medusa, la víctima. A consecuencia de ello, Medusa se transformó en un monstruo; su maravillosa cascada de cabello se convirtió en un enjambre de serpientes vivas. A partir de entonces, con el contraste entre su bello rostro y su monstruosa apariencia, todos aquellos que la miraran a los ojos se convertirían en piedra. El simbolismo nos transmite el mensaje claro de que la monstruosidad combinada con el pecado y la belleza, aun cuando no sea culpa del monstruo, nos petrifica, nos endurece el corazón. Obviamente, el mensaje es que la víctima de la violación convierte en piedra a cualquiera que contemple su destino. ¡No la mires! No mires en qué se ha convertido a raíz de la maldición. Abandonada, ella vaga por el inframundo; el mundo de lo consciente es indiferente a su sufrimiento y su aflicción. Por consiguiente, se abandona a la víctima a su suerte para que se las apañe sola, y con solo mirar a alguien puede convertirlo en piedra.

La MIPE es un chivo expiatorio fácil al que con frecuencia se culpa de lo que le sucede. Si sufre una violación, es culpa suya por cómo iba vestida, por dónde se encontraba o por la impresión que causaba. Si no goza de simpatía, es debido a que no cumple con los estándares que se le imponen, con independencia de lo inalcanzables que sean. Si pasa estrecheces, es porque no trabaja lo suficiente. Su lugar como MIPE se considera una elección. Si es una *outsider*, será debido a los rumores de que ha cometido alguna transgresión. Si arde en la hoguera como una bruja, es porque se le atribuye algún poder maligno, al margen de que la acusación sea real o falsa.

La amargura puede hacer mella en la MIPE por el hecho de no encajar. Suele sentirse herida por cómo el mundo responde ante su incapacidad de estar a la altura de los estándares propios de la MISOR. Las quejas de la MIPE no son infundadas; la sociedad la castiga. Aprendemos que no pasa nada por pegar a las niñas que no encajan. A los niños se les anima a acosar a la niña gorda, a la niña fea, a la niña rara. Tras vivir estas experiencias en la niñez, las mujeres se sorprenden de que siendo adultas aún se adhieran a muchas de las expectativas que les fue imposible cumplir en la infancia. En terapia, las pacientes a menudo se preguntan en voz alta si algún día se librarán de las maldiciones que arrastran desde la infancia. Incluso si consiguen tener un cuerpo ideal o el trabajo de sus sueños, siguen sintiéndose perseguidas, aisladas y en peligro. Anhelan una vida «normal» y la experiencia de una relación o amistad. Pocas se dan cuenta de que lo que consideran «normal» de hecho se enmarca en los ideales de la MISOR. Desean la pertenencia al igual que la MISOR, pero son incapaces de mostrar la sumisión necesaria para conseguirla, al menos con autenticidad. La MIPE, por definición, está marginada. Suele sentirse sola e incomprendida. Ansía tener amistades profundas y una pareja capaz. Desde su punto de vista, el sentimiento de pertenencia la hará sentirse «normal» y aceptada.

Para colmo de males, a la mujer real que habita en el arquetipo de la MIPE realmente se la margina e ignora. La MIPE reside en el inconsciente y, como tal, con frecuencia la ignoramos por hábito. La ninguneamos por lo que significa desde el punto de vista cultural. Nos resulta imposible soportar el hecho de fijarnos en nuestro comportamiento y nuestras expectativas en torno a las mujeres. Como sociedad apartamos la mirada. Despotricamos y decimos que seguramente *algo* habrá hecho para merecer ese trato. La gente no es tan cruel; los niños no son tan mezquinos. Permitimos que se la hostigue, ponemos excusas ante los abusos que sufre, participamos en la culpabilización de la víctima. ¡Ojalá pudiéramos conseguir que se mantuviera en el mundo de la luz en vez de vagando por el inconsciente! Si pudiera cumplir con los estándares femeninos, no tendríamos que adentrarnos en el tenebroso sótano.

La MIPE constituye una amenaza para el mundo que abraza los estándares y las normas establecidos para las mujeres. Simboliza los patrones negativos que tratamos de negar como cultura. Según las culturas patriarcales, en un sistema matriarcal existirían conductas tan dañinas y perniciosas como en el patriarcado; concretamente, cabría la misma posibilidad de que las mujeres buscasen vengarse y hacer a los hombres y a los niños lo que se ha hecho a las mujeres y a las niñas desde hace milenios. A pesar de que entiendo de dónde surge esa idea, no hay evidencia de ello. Lo poco que conocemos acerca de los antiguos sistemas matriarcales y un par de ellos aún vigentes es que ante todo son culturas en las que la moral sexual no es tan punitiva, la crianza de los niños se realiza en común y el castigo por delitos o transgresiones se centra en resarcir el daño. La presunción de que un matriarcado sería como la versión femenina del patriarcado pone de relieve el inconsciente profundo del patriarcado: que el sistema es plenamente consciente de que se fundamenta en la dominación, el sufrimiento y el abuso. Nadie quiere arreglarlo, y hay pocas ganas de cambiarlo. Cambiarlo supondría reconocer la responsabilidad colectiva como sociedad.

Es habitual que la MIPE aparezca representada como una bruja malvada. Sin embargo, en la narrativa puede adoptar muchas otras formas: la de asesina, zorra, prostituta, mujer de mala vida, pecadora, deslenguada, cómica, demonio, vampira, diosa, charlatana, soldado, genio o feminista. Pero, por encima de todo, el mundo percibe a la MIPE como alguien indeseable. Ella se rebela ante la autoridad; por eso se la considera tan peligrosa para el *statu quo*. A menudo se representa a la MIPE como una mujer que sin querer se deja llevar por la curiosidad o la ambición hasta que se la encasilla en un rol que la convierte en algo o alguien poderoso, maligno o perverso.

Analicemos la película de 2018 *Matar o morir*, protagonizada por Jennifer Garner. En la trama, un cartel de narcotráfico asesina al marido y a la hija de la protagonista. Riley, el personaje que interpreta Garner, se ve arrinconada en repetidas ocasiones por la poderosa red del cartel. Hay miembros del cartel infiltrados en la policía, en la fiscalía y en los juzgados. Como Riley no consigue que se haga justicia, se convierte en justiciera. La película sigue sus pasos para cobrarse venganza por el asesinato de su familia. Tras haber perdido su inocencia como MISOR, asume el rol de la MIPE y se convierte en un tipo de mujer diferente. Es una mujer transformada. Adquiere poder. Aprende a disparar, a pelear y a fabricar bombas. Vive en lugares donde puede pasar desapercibida. Se centra en su objetivo de llevar ante la justicia a todos los corruptos que le han fallado.

La cultura trata a la MIPE como si fuera alguien temible a quien hay que evitar. A menudo encarna la representación del mal; la encontramos en brujas y asesinas. Puede parecer ambiciosa, como Annalise Keating en *Cómo defender a un asesino*, o Alex Forrest en *Atracción fatal.* También se la representa mágica y poderosa como Xena, la princesa guerrera, Diana de Temiscira (Wonder Woman) o el personaje de Marie Laveau, protagonizado por Angela Bassett en la tercera temporada de *American Horror Story: Coven*. Es mi paciente Philippa, que llevó a buen término el proyecto creativo y que sin embargo irritó a la gente por su actitud autoritaria y exigente.

La MIPE suele abogar por el feminismo, en especial por la versión que la gente repudia. Las fundadoras de la plataforma evangelista Girl Defined, las hermanas Kristen Clark y Bethany Beal, pintan el feminismo como lo peor que les ha ocurrido a las mujeres desde Eva y la manzana. Aseguran a sus seguidoras que el feminismo «actúa como si *todas* las mujeres abogaran por el aborto, la independencia, ejercer una profesión, ostentar poder sobre los hombres, etc.». En concreto, tachan al feminismo de «anticristiano» y manifiestan abiertamente que es obvio que no creen que «el feminismo sea la respuesta a las cuestiones de nuestra condición femenina». Asimismo, afirman que, a pesar de que el feminismo ha «hecho algún bien con el paso de los años», más que ayudar a las mujeres nos ha complicado la vida. En resumidas cuentas, hace a la MIPE más atractiva y se crea más confusión cuando las mujeres son conscientes de la división.

El verdadero propósito de la mujer dividida

Con independencia de que te encuentres en el camino de la MISOR o de la MIPE, estás atrapada en una alegoría creada para mantenerte en la sumisión. Ser una MISOR significa que acatas la autoridad que te obligaría a cumplir roles de sumisión durante el resto de tu vida. Corres el riesgo de ser dependiente, de disponer de recursos más limitados y de menos tiempo para desarrollar habilidades y pericia en el lugar de trabajo. Pero abrazar el rol de la MISOR implica asimismo construir un mundo y una vida para ti misma donde el papel de la maternidad es crucial; se valoran los cuidados y la atención maternales, así como las tareas domésticas. En circunstancias idóneas, este mundo es protector. La MISOR lleva una vida de sumisión en la que goza de protección, mientras que la MIPE opta por el poder. Puede que realice viajes de lujo a fantásticos destinos del mundo. Dispone de su propio dinero. Elige quién quiere ser en su vida y cómo desea vivirla; no se somete a nadie. Sin embargo, es posible que se encuentre muy sola y que sufra por la carencia de relaciones o de familia. Además, correrá el riesgo de que la denigren, quizá incluso de que la hostiguen. Su poder genera recelo.

El propósito del camino de la reina no consiste en enaltecer a la MISOR o a la MIPE, sino más bien en darse cuenta de que ambas alternativas están ahí para encasillar a las mujeres. Cuando te ciñes al camino marcado, realizas la carrera de otro. El camino de la reina te mostrará cómo abandonar la pista, tanto si te encontrabas en el carril de la MISOR como en el de la MIPE. Cuando abandonas la competición y rechazas las reglas que mantienen a la MISOR en la sumisión o a la MIPE aislada en su poder, vislumbras los pasos que has de dar hacia tu propia soberanía. Es en la soberanía donde tomarás decisiones sobre cómo gestionar el mundo que se te ha proporcionado. Tienes la opción de quedarte en el mundo con el que estás familiarizada, ya sea el de las hermandades religiosas y las AMPA de la MISOR o el de las ambiciosas alianzas estratégicas de la MIPE con miras a convertirte en la primera presidenta del país. En cualquier caso, mientras recorres el camino de la reina te darás cuenta de que tienes la oportunidad de decidir qué aspectos de cada una quieres adoptar, adaptar o rechazar. Reunirás los retazos en un hermoso tapiz único. Te erigirás con el poder de tu cuerpo femenino en la reina de tus propios dominios. Te rodearás de personas capaces de valorar tu poder y que no se sientan intimidadas por él. Te coronarás como soberana, tomando las riendas de tu vida, tu familia y tu futuro. Serás la reina de tu vida.

Estas ideas entrañan complejidad. Pasa un rato reflexionando sobre qué ha significado ser una MISOR o una MIPE para ti. He aquí algunas ideas para que escribas en tu diario:

- ¿Era tu madre una MISOR o una MIPE? ¿Cómo te influyó esto?
- ¿Te has sentido triste, frustrada o deprimida porque se te ha privado de ascensos u oportunidades interesantes? Si miras atrás, ¿percibes expectativas de MISOR o de MIPE en esos entornos?
- ¿Esperaban tus padres que te comportases como una MISOR o una MIPE? ¿Cómo ha influido esto en tus relaciones sentimentales?
- ¿Has experimentado en alguna ocasión un malestar indefinible con respecto a tu rol o tus roles? ¿Se te ha pasado alguna vez por la cabeza que tomaste una decisión (por ejemplo, casarte, ser madre, aceptar un empleo, decantarte por una profesión o un puesto en particular) porque era lo que se esperaba de ti, no porque quisieras?

Capítulo 3

LA REINA Y LA DIVISIÓN

Camina por el suelo de tarima en la dirección que se le antoja. Se siente a gusto charlando con todo el mundo. Habla con desenvoltura a un joven soldado cohibido por encontrarse en la corte real que se comprueba el uniforme con nerviosismo; ella lo tranquiliza. A continuación, esta poderosa belleza cruza la sala para conversar con un general del ejército acerca de un conflicto que se está gestando. Su presencia junto a él recuerda a los presentes que la reina es más que una conquista sexual. Seguidamente, se aleja ligeramente hacia un rincón para amonestar a un clérigo de quien se sospecha que podría estar urdiendo un complot contra la monarquía. Le habla en un tono bajo y al mismo tiempo severo hasta que llega el momento de ocupar con su consorte la tribuna real. No debe subestimarse el poder de la reina.

Así es como casi siempre visualizo a la reina en una partida de ajedrez. Se mueve por el tablero con resolución, consciente de su poder e influencia en todo momento. Tu contrincante en una partida de ajedrez nunca aparta la vista de ella. Según Marilyn Yalom en su libro *Birth of the Chess Queen* [El nacimiento de la reina del ajedrez], la reina se convirtió en la pieza más importante de este juego durante el reinado de Isabel la Católica, a finales del siglo XV.[1]

¿Qué cambió? En la época de la invención del ajedrez moderno, la pieza de la reina no era tan importante. Antiguamente el poder que posee la reina hoy lo tenía una pieza llamada «visir».[2] Esa pieza representaba al consejero más cercano al rey. Fue relegado al rol del alfil en el tablero, y el rol de la reina asumió nuevos poderes. A medida que las mujeres adquirieron una mayor presencia en el ámbito político y en la vida cotidiana en torno a esa época, el papel de la reina adquirió una mayor relevancia, y el juego del ajedrez reflejó la influencia de los hombres poderosos y de la singular mujer capaces de cambiar el curso del juego en las guerras y la política.

Seis siglos antes Chaucer escribió *Los cuentos de Canterbury* y respondió a la pregunta que los hombres continúan planteándose en voz alta (y sin embargo ignorando) desde hace miles de años: «¿Qué quieren las mujeres?». En el cuento «La esposa de Bath», cuyo personaje central es la impúdica Alison, Chaucer explica a sus coetáneos que lo que las mujeres quieren es la «soberanía» sobre sí mismas y, en algunos casos, sobre sus maridos. Chaucer entreteje para los lectores una historia sobre un caballero de la mesa redonda del rey Arturo que viola a una joven a la que se encuentra en un camino. Esto escandaliza a la corte y el rey Arturo pone el destino del caballero en manos de las cortesanas, incluida la reina, Ginebra, quien le encomienda una misión con el fin de que salve la vida, la de averiguar la verdad acerca de lo que quieren las mujeres. Él recorre el reino durante un año preguntando a mujeres y hombres qué quieren las mujeres y recibe tal cantidad de respuestas diferentes que se angustia porque fracasará en su misión y será ejecutado.

El caballero se topa con un grupo de hechiceras, pero estas se dispersan cuando se aproxima. La única que se queda es una solitaria bruja. La anciana le relata la vida de una doncella que fue violada, apaleada y sometida a abusos y al abandono. Le dice al caballero que le dará la respuesta si se compromete con un juramento. Ante la nefasta posibilidad de ser ejecutado, él acepta. La bruja accede a proporcionarle la respuesta, pero solo si se compromete ante la corte a casarse con ella. Consternado y sin escapatoria, él accede.

La impúdica Alison le revela el secreto: que las mujeres desean la soberanía, principalmente sobre sí mismas y, en algunos asuntos, sobre sus esposos. Mientras se preparan para pasar su primera noche como marido y mujer, el caballero se encuentra afligido. La anciana le pregunta por qué está tan disgustado y él confiesa que le avergüenza tener una esposa anciana y de baja cuna. Entonces ella le explica que, como ser mágico que es, puede transformarse en una hermosa joven. Él tiene elección: puede quedarse con la vieja bruja, que será buena, amable y fiel, o bien elegir a la doncella, pero sin garantías de que le sea fiel. Será joven y coqueta. Al recordar la respuesta de la bruja ante la corte, él le dice que debería elegir por sí misma. El caballero ha aprendido la lección. La mujer elige por sí misma y decide ser joven *y* fiel.

Los académicos han estudiado y analizado «El cuento de la esposa de Bath» de Chaucer a lo largo de cientos de años. El relato escandaliza y desafía a los lectores con la descripción de una mujer que enviuda en varias ocasiones, de mentalidad abierta en lo tocante al sexo y dueña de sí misma gracias a su riqueza y su edad. Constituye una parábola acerca de multitud de temas: la clase social, el matrimonio, la soberanía femenina, el comportamiento de las mujeres, los personajes de la «vida real» y la independencia. Por otro lado, el relato proporciona apuntes sobre la búsqueda de la belleza interior (en vez de priorizar la apariencia externa) y la inquietud en la época medieval ante el poder de las mujeres, en especial durante un periodo de epidemias y guerras.

¿Qué tienen en común la reina del ajedrez y Alison, la esposa de Bath? Se remontan aproximadamente a la misma época. A lo largo de la trama vemos el surgimiento de una mujer pública que se describe a sí misma y narra su historia en primera persona. Si bien es cierto que es un hombre, Chaucer, quien en última instancia relata la historia, da voz propia al personaje. Ella habla por sí misma. Sus vivencias reflejan la experiencia personal de mujeres comerciantes de la época, miembros de una clase que surgió con un poder inesperado. El modelo económico evolucionó desde la economía feudal, donde la riqueza se medía por el tamaño de las tierras, a una economía del capital, donde la riqueza se medía en función de la disponibilidad y liquidez de fondos. En otras palabras, en este periodo el dinero adquirió un nuevo poder. El hecho de que las mujeres ostentaran ese poder marcó un hito; proporcionó a mujeres como Alison una nueva plataforma y autoridad para expresar su opinión. *Los cuentos de Canterbury*, de Chaucer, analizaron la experiencia femenina. En este sentido, el autor alentó al público a reflexionar sobre la vida de diversos individuos, entre los que se incluían mujeres.

¿Qué enseñanza extraemos acerca de la soberanía femenina a través de los relatos de Chaucer o del rol de la reina en el tablero de ajedrez? La primera lección, a partir del análisis histórico, es examinar el contexto en el que se desarrollaron. En aquellos tiempos, al igual que hoy en día, se produjeron una gran cantidad de cambios sociales vertiginosos; todo dio un vuelco. Las guerras estaban transformando el escenario geopolítico y las fronteras. El colonialismo estaba trastocando el orden mundial, y había una carrera por determinar qué naciones reales podían dominar la mayor parte del mundo. Los conflictos bélicos y el colonialismo provocaron cambios en el modelo económico. Se necesitaba liquidez para pagar a las tropas y construir buques. Y a consecuencia de las bajas de soldados en las contiendas, en casa había más mujeres que hombres. Dado que estas mujeres a menudo dependían de sus maridos y familias, carecían de medios para ganarse la vida o cubrir sus necesidades.

Por último, se produjo un auge del comercio internacional, parte del propósito de expandir los imperios coloniales. Esta expansión trajo consigo la propagación de enfermedades como la viruela en las nuevas colonias a través del tránsito de buques mercantes. A su vez, con el regreso de los colonos se propagaron nuevas enfermedades como la peste. La concurrencia de problemas, si bien compleja, resulta relativamente fácil de analizar desde un punto de vista histórico. Habría sido difícil dilucidarlos viviéndolos en tiempo real, como podemos comprobar en la actualidad con los complejos acontecimientos que están cambiando el mundo y a los que nos enfrentamos en el siglo XXI.

Tan solo han trascurrido treinta años desde que Internet cambió por completo el funcionamiento del mundo. Solo han pasado quince desde la llegada de las redes sociales. A lo largo de los últimos cincuenta años, la costumbre de acudir a la iglesia ha perdido auge. La gente viaja más que nunca, cambiando el paisaje de lugares lejanos. Esto ha incidido en un aumento de la libertad personal y en detrimento del progresismo a nivel mundial. Hemos visto la llegada de multitud de pandemias a lo largo de los últimos cincuenta años. La riqueza ha continuado yendo a parar a manos de la élite, dejando a una inmensa parte de la población, la que el filósofo Edmund Burke denominaba «la plebe», arañando las migajas.

Estos tipos de cambios socioculturales no son nuevos; se producen cada doscientos o trescientos años, acompañados de grandes revueltas o problemas sociales que a veces perduran durante siglos. La pobreza, las enfermedades, la discriminación, el racismo, el sexismo, etc., son problemas que se han perpetuado no porque sea imposible solucionarlos, sino porque resolverlos altera el equilibrio del poder de forma impredecible. Por lo general, la sociedad prefiere la predictibilidad a la libertad, y la guerra al cambio si hay que luchar por mantener el *statu quo*.

¿Qué relación guarda esto con la soberanía femenina? Las mujeres se han visto sometidas a los hombres y al orden social de manera patente a lo largo de miles de años. Basta con ver que durante siglos la quema de brujas en la hoguera era una cuestión de orden público para darse cuenta de que los motivos para acusar a mujeres (mayoritariamente) de brujería se fundaban en el poder y el control. Es obvio que la caza de brujas enfrentó a los poderes de la Iglesia y el Estado contra la hechicería. Pero, bajo un análisis más profundo, la batalla se libró contra el derecho de la mujer a su autonomía y por el temor al cambio en unos tiempos de convulsiones económicas y culturales. Puesto que no era conveniente que las mujeres accedieran al poder –al dinero–, se emprendió una caza de brujas contra las viudas por sus propiedades. Como no era conveniente que las mujeres gozaran de mayor respeto social que los médicos y el clero, las curanderas y matronas se convirtieron en el blanco. No era conveniente que las mujeres vistieran de una manera provocativa, así que cargaron contra aquellas que podían permitirse la ropa de lujo. No era conveniente que las mujeres pronunciaran alabanzas desautorizadas por la Iglesia, de modo que cargaron contra aquellas inclinadas a la poesía y el canto.

Las fuerzas impredecibles que el poder dominante no podía codificar causaron una gran inquietud a nivel consciente e inconsciente tanto en el ámbito personal como social. ¿Cómo mantiene el poder dominante bajo control a las mujeres en una época en la que los hombres luchan y mueren en guerras, las mujeres carecen de medios establecidos para ganarse el sustento, y el motor de la economía está cambiando del sistema agrícola basado en la explotación de tierras a un modelo económico basado en el dinero?

En una sociedad capitalista, el dinero constituye un elemento que mantiene el equilibrio. Las mujeres, las minorías, los inmigrantes y los marginados pueden «comprar» su independencia si disponen de suficiente dinero. Las sociedades que tratan de coartar la capacidad de participación de estos colectivos en la esfera pública merman su capacidad de «comprar» su independencia. Si se impide participar en la vida pública a un colectivo marginal, este queda vetado de una manera efectiva de la política del Estado y el poder continúa en manos de quienes controlan ese acceso.

Nuestra cultura está experimentando una vez más los efectos de estar en la encrucijada entre la tradición y la autodeterminación. Estamos constatando los efectos de una lucha de poder entre aquellos que abogan por una «vuelta» a lo que consideran los valores tradicionales, a la conservación de las jerarquías tradicionales; este planteamiento, como es lógico, defiende el cumplimiento de los preceptos de religiones represivas y el hombre blanco. Los miembros de las generaciones nacidas a partir de 1981 (técnicamente los milenials, o bien la generación Z en el caso de los nacidos después de 1997) han vivido en un mundo en el que la identidad individual se antepone a la identidad colectiva. Internet, los padres y el sistema educativo han elevado los principios del individualismo occidental a nuevas cotas. El individualismo se ha convertido en el derecho absoluto a decidir la experiencia vital. Esta idea, si bien en muchos aspectos es loable, también entraña ciertas incoherencias. Desde la perspectiva individualista, la identidad individual ha de ser fruto de la plena autodeterminación. No tiene en cuenta o, al menos, no favorece la percepción del observador, salvo cuando esa percepción va en contra de una norma cultural o vulnera los derechos del individuo o de un grupo marginado.

Esto no quiere decir que estos dos grupos sean inmunes a la presión de la apariencia externa, el acoso u otros problemas; no es el caso. Sin embargo, su apreciación es diferente. Se les ha inculcado la idea de que, por encima de todo, lo más importante es la forma en la que se definen *a sí mismos*. Las creencias culturales que se les inculcaron no se les proporcionaron de la misma manera que a las generaciones anteriores a 1980. Si naciste antes de 1980, las definiciones culturales se te transmitieron como valores absolutos. Era preciso luchar contra cualquier variación de los valores absolutos de negro, blanco, mujer, hombre, gay, heterosexual, bueno, malo, héroe, villano y demás.

Entre 1790 y 1950, el funcionario de la Oficina del Censo estadounidense que visitaba un domicilio determinaba la raza de la persona empadronada. A partir de 1960 se concedió el derecho a que cada persona identificara su raza.[3] Hasta los años sesenta, en conformidad con la «regla de una gota», el hecho de tener un antepasado lejano no blanco bastaba para figurar en el censo como no blanco en muchas partes de Estados Unidos. Hasta el año 2000 no se permitió a los estadounidenses especificar más de una raza en el censo (y, por consiguiente, en otros medios de «recuento» de personas, como solicitudes de empleo).

¿Qué relación guarda esto con la soberanía femenina? Desde hace décadas hay una gran controversia acerca del papel que el feminismo desempeña en la sociedad, especialmente en colectivos y subculturas que promueven el rol de la mujer como ama de casa, madre y colaboradora frente a valores como la independencia, el ejercicio de una profesión, etc. Es asombrosa la mala fama que adquiere el feminismo. Muchos hombres me han dicho (con gesto serio) que las feministas pretenden acabar con ellos, que quieren castrarlos. Las antifeministas me han hecho comentarios igual de alarmantes: que las feministas pretenden matar bebés, sobre todo a los varones, y que las mujeres tienen el deber sagrado de someterse a sus maridos y procrear.

Pese a que he visto un vídeo de una mujer desquiciada clamando que los hombres mueran y dejen el mundo a las mujeres, este no es un reclamo mayoritario. Ni siquiera es un reclamo minoritario; es un caso aislado. Y, sin embargo, en el clima actual los casos aislados se toman como evidencias. El conjunto de las mujeres no aspira a un «matriarcado» del estilo que el activismo por los derechos de los hombres promueve. Esos activistas temen un sistema como el actual, pero volcado en contra de ellos. Desde su punto de vista, las mujeres aspiran a ser tan dominantes como los hombres desde hace aproximadamente un milenio. Eso es puro alarmismo. Un estudio tras otro señalan que las mujeres (y la mayoría de los hombres) ya consideran que deberían recibir el mismo salario que los hombres por un mismo trabajo, que deberían tener las mismas oportunidades laborales y que deberían librarse del acoso y las agresiones sexuales.

¿Por qué estas ideas generan controversia? No es así. Lo que *sí* genera controversia es el rumbo que las mujeres toman para alcanzar esos objetivos. La imagen de la feminista enojada de pelo corto que suelta consignas enardecidas mientras quema su sujetador infunde temor. ¿Por qué? Porque representa una versión de la soberanía femenina que se «concede» y adopta una postura combativa. Para muchas personas no es de recibo que las mujeres reivindiquemos nuestros derechos y luchemos por ellos. Pero, de lo contrario, se sobrentiende que los derechos emanan de algo ajeno a nosotras mismas.

La implicación de que las mujeres pueden y deberían luchar, exigir, debatir e involucrarse a la hora de desmantelar sistemas opresivos nos recuerda que, para empezar, hay sistemas opresivos. Eso pone de relieve una obviedad: si es preciso que alguien me otorgue mis derechos, entonces no son míos en absoluto. Alguien los establece y, por lo tanto, alguien puede eliminarlos, limitarlos, restringirlos, protegerlos o asignarlos.

El argumento en contra de la soberanía femenina es que altera el orden establecido. Es el mismo argumento que impide cualquier cambio cultural. En general, la gente desconfía de la ambigüedad; es una cuestión puramente biológica. Si tengo que pensar en ti más allá de unos instantes, si no puedo reaccionar ante ti sin más, siento temor. La vacilación se interpreta como falta de decisión. Cuando se vive en una sociedad en conflicto, donde hay amenazas por todas partes (porque eso es lo que mantiene a ciertos grupos en el poder), no hay tiempo para pensar en la persona que hay delante. Es necesario actuar de inmediato, pues lo contrario podría significar la muerte. Así funciona el circuito del miedo en el cerebro para advertir de un peligro.

El miedo vende. El miedo es la moneda de uso común en nuestra sociedad. Las mujeres lo sabemos mejor que los hombres, porque normalmente somos el objetivo. Se nos enseña a salir acompañadas. Aprendemos a llevar las llaves del coche en la mano. No caminamos solas por callejones. No subimos a un ascensor con desconocidos. Nos educan para preocuparnos por nuestra reputación más que por nuestro intelecto, por nuestro atractivo más que por nuestro bienestar emocional, por nuestra simpatía más que por nuestra valía y nuestras aspiraciones personales.

Se nos inculca desde pequeñas que no confiemos en los desconocidos, a pesar de que nos animan a abrazar a tíos, primos y amigos de la familia que es más probable que se conviertan en depredadores que los desconocidos. A las mujeres se nos enseña desde muy jóvenes que es responsabilidad nuestra controlar a los hombres de nuestro entorno, que debemos aprender a mantener un difícil equilibrio con el fin de evitar tentar a un hombre y al mismo tiempo guardar las apariencias para que conserve su dignidad como depredador. Ser una «buena» mujer implica no cuestionar los motivos o deseos de un hombre y a la vez no ceder ante ellos, a menos que «pertenezcamos» a él y solo a él. El miedo subyace en este patrón: el miedo al rechazo, el miedo a ser marginada, el miedo a perder los recursos, el miedo a ser vilipendiada. Rara vez nos planteamos si deseamos vivir en una sociedad en la que todo nos infunde temor. Jamás nos planteamos si este sistema de creencias es justo o si simplemente es lo que hemos heredado.

Por lo general, la soberanía se aborda en el campo de la politología. Un país «soberano» es aquel que elige sus propios gobernantes, su forma de gobierno, su cultura y su futuro político. La soberanía de una nación normalmente se dirime en disputas. Cuando no se respeta la soberanía de un país, como en una invasión o en una violación de la jurisdicción de sus aguas territoriales, a menudo se considera un acto de guerra. Por otro lado, en Estados Unidos y otros países hay movimientos para definir la figura de los «ciudadanos soberanos», individuos que sostienen que ningún gobierno tiene derecho a ejercer su autoridad sobre ellos y sus deseos. Me llama la atención que por lo general son precisamente estos tipos los que más se oponen a los derechos soberanos de las mujeres. Sus reivindicaciones son para los hombres, y a menudo para los hombres blancos en concreto.

La soberanía es diferente a la igualdad. Yo puedo exigir igualdad, pero no estás obligado a concedérmela. La igualdad emana de alguien externo. Se basa en la comparación. Tuve una paciente llamada Carolyn que en una ocasión me dijo que había averiguado lo que le pasaba y que sentía que era necesario cambiar el enfoque de la terapia para abordar el problema que le había generado el tremendo error de su madre. La madre de Carolyn le había enseñado a ser, y cito literalmente, «un hombre blanco cisgénero». Esta paciente descubrió que el sufrimiento que experimentaba en el trabajo, en sus relaciones sentimentales e incluso con sus amistades radicaba en que esperaba que la trataran en cualquier situación como si no existiera un «impuesto femenino» sobre su comportamiento o sus expectativas.

La soberanía es algo sobre lo que cualquiera puede actuar. En ella reside la expectativa de que, al margen de cómo te vean los demás, te comportarás de acuerdo con tus creencias, valores y principios morales y éticos. Decidirás tu propio futuro y trabajarás dentro del sistema en la medida en que consideres conveniente, sirviéndote de él en los aspectos que te beneficia e ignorándolo en los que no. La soberanía da por sentada la igualdad; no hace falta exigirla. En las situaciones en las que se cuestiona o compromete nuestra soberanía, cabe la opción de desvincularse, sacar provecho o esperar el momento oportuno y estratégico. Cuando eres soberana no eres una víctima. Cuando eres soberana no estás subyugada.

La soberanía cambia la perspectiva acerca del concepto de la igualdad. No esperes la igualdad; erígete en tu soberanía. Cuando planteas cualquier argumento en el marco de la soberanía, no de la igualdad, es mucho más difícil que muerdas el anzuelo. ¿Por qué una mujer debería contar en la misma medida que su homólogo masculino? Porque es responsable de su bienestar en la misma medida que un hombre, a menudo goza de menor cobertura social y necesita proteger su trabajo/cuerpo/futuro tanto como cualquiera. Tiene el derecho y la responsabilidad de ser dueña de sí misma tanto como cualquiera. Está pagando lo mismo por recibir una educación, por ser propietaria de una casa y un coche, y por la asistencia sanitaria, de modo que ¿por qué demonios no va a poder determinar su propio destino reivindicando el derecho a ser dueña de sí misma y de sus decisiones igual que un hombre?

Por consiguiente, el conjunto de las mujeres puede valerse de su soberanía como medio individual y personal para avanzar. Podemos valernos de la soberanía para crear sinergias con otras mujeres. Si reclamamos nuestros derechos soberanos como individuos, será más difícil que el argumento de la igualdad se nos ofrezca de manera fragmentada. Si las profesionales de la medicina, por ejemplo, organizan sus propias prácticas grupales basadas en la soberanía, no habrá nadie que les diga cómo ejercer su profesión como «mujeres». Son profesionales de la medicina, y punto. Si un grupo de abogadas monta un bufete, pueden crear un espacio en el que la ley se interprete en conformidad con los principios de la soberanía para su clientela, sin preocuparse de que las políticas de sexo interfieran en sus salas de juntas y despachos. Dicho de otro modo, las mujeres pueden determinar su propio futuro a nivel individual o como colectivo si así lo deciden.

Cómo alcanzar la soberanía

Hay un mapa de carreteras hacia la soberanía. El camino no es fácil, pero sí predecible. En los capítulos siguientes aprenderás a entender el camino hacia la soberanía como mujeres en un mundo que ha hecho todo lo posible por eliminarnos de la ecuación. El mayor obstáculo hacia la soberanía es un patrón arquetípico que traté en el capítulo anterior y que denomino «la división». Explicar este elemento crucial del camino de la reina y, por tanto, de la senda hacia la soberanía, es la clave para el resto del viaje. Si no se entiende la importancia, estructura y ubicuidad de la división, resultará más difícil comprender el resto del periplo y aún más difícil realizarlo.

Puedes plantearte la división como un barranco que se abre delante de ti. Es preciso que camines por uno de sus lados, ya que su curso pasa a ser la ruta por la que avanzas. Durante la niñez la división parece pequeña, pero, a medida que se crece, esa pequeña grieta adquiere la inmensidad del Gran Cañón. El cometido de la soberanía es tender un puente sobre la división, crear estructuras y recursos a lo largo del camino. Si no lo haces de manera consciente, cuando te topes con escollos en el camino de la reina, tendrás la sensación de que son un castigo o fracasos personales. Carl Jung escribió la famosa frase: «Cuando una situación interna no se hace consciente sucede afuera como destino».[4] En memes y otras manifestaciones populares, esto se interpreta como: «Si no te esfuerzas en hacer consciente lo inconsciente, dominará tu vida y lo interpretarás como el destino». Lo que eso significa es que, si no nos esforzamos en tener presentes las fuerzas que operan en el inconsciente individual y colectivo, todas nuestras vivencias nos parecerán fruto de una fuerza externa que nos empuja, es decir, que no viviremos de manera consciente. Nuestro inconsciente moverá los hilos tanto a nivel individual como colectivo. Cuanto menos conscientes seamos de ello, más misteriosa será esa fuerza y más poder ejercerá el inconsciente en nuestra vida y en el mundo.

Cuando nos encontramos los dos caminos en ambos lados del barranco, se nos empujará hacia uno o el otro. Quizá podamos elegir, pero es mucho más probable que se nos marque una serie de expectativas que hemos de cumplir. A casi todas las mujeres se nos enseña que es mejor un camino: el del comportamiento femenino según los cánones tradicionales. Las mujeres deben ser dóciles. Las mujeres deben ser recatadas. Las mujeres deben ser madres. Las mujeres deben ser atractivas. Las mujeres deben..., las mujeres deben..., las mujeres deben... Cuando a una mujer le resulta imposible estar a la altura de esos «deberes», corre el riesgo de ir a parar al otro lado, donde adquiere un cariz oscuro, sexual, poderoso y, por lo tanto, peligroso.

Capítulo 4

EL HÉROE EN SOLITARIO

Luke Skywalker sale de la casa de su tío Owen y contempla la puesta de los dos soles de Tatooine. El cielo se tiñe de una hermosa mezcla de tonalidades púrpuras, azuladas y rojizas mientras nuestro héroe mira hacia el horizonte. El sol más bajo brilla con un naranja radiante por encima del horizonte. Refleja la lenta llama que arde en Luke. Nosotros, los espectadores, percibimos en sus ojos un profundo anhelo de algo más. Su tío quiere mantenerlo a salvo, pequeño. Luke desea algo más, engrandecerse. Ansía vivir una aventura. Pronto emprenderá, no solo una aventura, sino el viaje heroico, una misión sagrada para entender el sentido de la vida en una expedición en la que explorará los confines de la galaxia y conocerá los límites del poder del ser humano. El periplo de Luke no defrauda al público a medida que nos guía por nuestra propia búsqueda. Realizamos el viaje con él.

George Lucas se inspiró para rodar *La guerra de las galaxias* en el libro de Joseph Campbell de 1949 *El héroe de las mil caras*. La película adopta al pie de la letra la estructura simbólica del mito de Campbell. El público se enamoró de *La guerra de las galaxias* y de su singular magia cinematográfica. Seguimos a Luke Skywalker porque los espectadores nos vemos reflejados en él. Yo soy él. Emprendo una búsqueda. He de encontrar el modo de dominar a la fuerza y erradicar el mal y la parte rota de mi ser que ansía el poder. Y después he de redimirme de ese mal con el fin de regresar a casa y compartir este descubrimiento con mi comunidad.

Solo que...

Mi madre dice que no puedo ser un jedi porque soy una niña.

Mi cerebro de ocho años exclama: «¡Y una porra! Puedo ser lo que quiera. ¡Seguro que hay niñas jedis! Lo que pasa es que no viven en la Tierra. Habitan en todo el universo. ¿Por qué no va a haber niñas jedis en mundos donde hay reglas y costumbres muy diferentes a las nuestras?». Pero en la película original de 1977 no hay niñas jedis. De hecho, tan solo hay dos mujeres dignas de mención: la princesa Leia, que es uno de los personajes principales, y la tía Beru, que aparece en una breve secuencia. Ninguna de ellas es jedi. De modo que (suspiro) mi madre tiene razón.

Efectivamente, en las secuelas aparecen mujeres jedi en reuniones del Alto Consejo y cosas por el estilo. Pero en la versión de los años setenta no aparecía ninguna. Si nos fijamos en el periplo que emprende la princesa Leia en la primera entrega de la saga, no se trata de un viaje heroico. En la película pasa por dos estados diferentes: primero es una damisela en apuros que necesita que la salven y luego se convierte en una aguerrida militar que se enfrenta a un pirata para devolver los planos robados de la Estrella de la Muerte a su pueblo. Cuando la heroica misión termina, preside una ceremonia real en honor a Luke Skywalker, Han Solo y Chewbacca por salvar la Alianza.

¿Cuáles fueron las experiencias que Leia y Luke vivieron en la pantalla? Luke es el héroe huérfano que abandona el amparo de su familia y emprende una misión. Recibe la ayuda de un mago mentor, Obi-Wan Kenobi, y conoce a varios colaboradores en su periplo. Leia recibe la ayuda de Luke, Obi-Wan y Han Solo. Pero su misión no es descubrir un secreto, sino obtener la libertad y la soberanía para ella misma y para su pueblo. Luke es un héroe; Leia no es una heroína, sino una reina.

La idea del viaje heroico se ha vuelto ubicua. Comenzó a formar parte de la jerga de la narrativa moderna a finales de los años ochenta gracias a las obras de Janelle Balnicke, Phil Cousineau, William Free, Bill Moyers y Christopher Vogler. Sus libros y películas abordaron diferentes aspectos de la influencia de Campbell. Gracias a sus obras, el viaje del héroe pasó de ser un concepto abstracto de la teoría y la filosofía de la mitología a convertirse en un principio organizador común en multitud de ámbitos, desde el cinematográfico al terapéutico. En los últimos años ha surgido la llamada «ciencia del heroísmo», fundamentada en el viaje del héroe. No se trata de un campo frívolo e insustancial; forma parte del plan de estudios de la Stanford Graduate School of Business ('escuela de posgrado de negocios de Stanford').

Como otras áreas en las que el sesgo masculino no termina de encajar con las historias femeninas, el viaje del héroe no se ajusta a la experiencia femenina. ¿Dónde está la parte del viaje en la que el héroe se ve obligado a defenderse de las proposiciones sexuales indeseadas? ¿Qué hay de la parte en la que la heroína tiene que convencer a la reacia tripulación de que sabe manejar el timón de un barco o capitanear una nave espacial? ¿Y qué hay del temor a un embarazo después de una noche de pasión? En las vidas de los héroes tradicionales nunca se desarrollan estas escenas. Alfred no aborda a Batman antes de una de las noches de este como justiciero y le pregunta: «¿Tantas ganas tienes de un dónut?». Perry White no le plantea a Clark Kent: «¿De verdad quieres trabajar de reportero aquí? ¿No interferirá eso en el matrimonio y los hijos?». A Spiderman no se le dice que sonría más. El susodicho Luke Skywalker no tiene que preocuparse de que su objetivo de dominar a la fuerza lo descarte como candidato al matrimonio. Cuando el Zorro se enfrenta a los nobles españoles, nadie pone en duda si los colonos están realmente abusando de los campesinos, y nadie cuestiona que Harrison Ford pueda protagonizar una película de Indiana Jones a sus ochenta años.

El héroe tiene su propia estructura mítica. El propio Campbell denominó al viaje del héroe «el monomito de la experiencia humana». Solo que prácticamente se trata de la experiencia del *hombremito*. Conocemos bien la estructura. Hay entre nueve y diecisiete etapas en el viaje del héroe, dependiendo de qué experto trate la obra original de Campbell. Él mismo lo resumió de una manera bastante sencilla en el análisis de la estructura completa:

> *El héroe inicia su aventura desde el mundo de todos los días hacia una región de prodigios sobrenaturales, se enfrenta con fuerzas fabulosas y gana una victoria decisiva: el héroe regresa de su misteriosa aventura con la fuerza de otorgar dones a sus hermanos.*[1]

Es sencillo, ¿verdad? El chico se marcha en busca de aventuras, el chico supera adversidades, el chico sufre pérdidas, el chico toma decisiones maduras, el chico se transforma, se hace un hombre y enseña a otros chicos a hacerse hombres.

Como la historia del héroe es la historia de los hombres en el patriarcado, las mujeres en el patriarcado no son heroínas obvias en un viaje heroico. Son muchas las escritoras que han intentado adaptar la estructura del viaje heroico para las mujeres. La intención es lógica: ¡un momento, que las mujeres son importantes! ¡Las mujeres necesitan aventuras! ¡Las mujeres pueden aportar tanto como los hombres! Mi respuesta a estas protestas es que son acertadas en sus reivindicaciones. Desde luego que las mujeres son capaces de conseguir cualquier cosa que un hombre puede lograr, pero el error reside en el planteamiento. No es que las mujeres no sean capaces, sino que el título de héroe no se gana por medio de una prueba personal y el posterior éxito en la misión. La distinción de héroe se otorga a la persona que *por medio* de la misión obtiene una revelación y *luego la comparte con su comunidad*. Y, en la mayoría de las culturas, no se confía en las mujeres para que concedan un beneficio o compartan el elixir de la vida. En la narrativa, y en nuestras experiencias personales, los hombres se niegan a que las mujeres de su entorno les enseñen «los caminos de la fuerza» o que los pongan en evidencia emprendiendo una misión extraordinaria. Para ilustrarlo, examinemos una de las historias más antiguas del mundo acerca de la división, el mito de

Atalanta. Se trata de mi versión, que he entretejido a partir de multitud de versiones, desde las clásicas de Ovidio y Claudio Eliano hasta la moderna de Adrienne Mayor.

Atalanta y la libertad de lo salvaje

En el reino de Arcadia, había un rey de una ciudad estado cuya esposa estaba encinta. El monarca era muy orgulloso y estaba seguro de que su primer descendiente sería un varón que se parecería a su padre y que con el tiempo heredaría el trono. Pero la reina dio a luz a una niña. El rey se llevó tal decepción que ordenó a sus criados que se llevaran a la bebé al bosque y la abandonaran a su suerte. A menudo se abandonaba a los bebés no deseados en bosques o junto a acantilados para que murieran a la intemperie, una crueldad que constituía una ofrenda para la diosa Artemisa.

Una osa a cuyos dos oseznos habían matado unos cazadores encontró a la bebé en el bosque y cuidó de ella hasta que creció lo suficiente como para caminar sola. Criada por una osa, Atalanta se convirtió en una niña curiosa, feroz y fuerte. Además, no aprendió a sentir la menor vergüenza por su identidad femenina. Cuando un grupo de cazadores se toparon con ella, se dieron cuenta de que, a pesar de su apariencia feroz y formidable, era un ser humano que vivía en la espesura criada por una osa. La capturaron y se la llevaron a su poblado para entrenarla como cazadora. Los cazadores reconocieron la mano de la diosa en el destino de la niña y la reverenciaron como a una de los suyos. Se abstuvieron de cazar a la osa por respeto a la diosa. Los cazadores enseñaron a Atalanta, que significa 'igual', a cuidar de sí misma, cazar, pelear y montar a caballo; fomentaron su intrépida naturaleza. Atalanta jamás olvidó los cuidados y el afecto que le prodigó su salvaje madre osa. Desde el instante en que regresó al mundo de los humanos se entregó a la diosa Artemisa, que había propiciado el encuentro con su madre salvaje.

Atalanta se construyó una bonita cabaña en las profundidades del bosque. Era feliz lejos del mundo, cuidaba de sí misma, cazaba y disfrutaba de su hogar. Un día, dos centauros vieron a la hermosa y atlética joven mientras cazaba en el bosque. Los centauros eran conocidos por su lujuria, sus apasionados impulsos sexuales y su ansia de poder. Hicieron un pacto para atrapar y violar a Atalanta. Pero la joven cazadora era tan astuta como la misma Artemisa y, antes de que la atraparan, disparó a los centauros con sus flechas y ambos murieron al instante. A partir de entonces su fama y su renombre se extendieron a lo largo y ancho del reino.

Cuando sus proezas llegaron a oídos del rey que la había abandonado a su suerte en el bosque, ordenó que fueran en busca de Atalanta para que regresara con su familia. A regañadientes, la princesa volvió con la familia que la había abandonado. La vida en la corte no encajaba con ella. Añoraba cazar y ser libre. En Grecia las mujeres no gozaban de libertad para actuar por voluntad propia. Se esperaba de ellas que se comportaran como damas y dejaran el mundo de la destreza y las aventuras a los hombres.

En el reino vecino de Calidón, el rey Eneo tenía un dilema y convocó a todos los héroes de Grecia para que lo ayudaran. Un jabalí feroz estaba merodeando por las ciudades y el campo, matando gente y sembrando el caos. La bestia tenía atemorizados a los habitantes de Calidón, lo que provocó el cese absoluto de la actividad. Todo el mundo dejó de trabajar; el comercio se interrumpió. El rey había ofendido a la diosa Artemisa y el feroz jabalí errante era su castigo.

Cuando Atalanta se enteró de que los héroes griegos planeaban reunirse para cazar al jabalí de Calidón, pensó que podía ser de provecho por su pericia en la caza. Sabía que, gracias a su experiencia y al respeto que profesaba a la diosa Artemisa, tenía más posibilidades que nadie de matar al jabalí. El rey tenía un hijo llamado Meleagro, que había sido elegido para liderar la partida de caza. Cuando Atalanta se presentó, los héroes se mofaron de ella y la despacharon. Habían oído hablar de sus proezas, pero subestimaban su destreza para acabar con el feroz jabalí. Sin embargo, Meleagro estaba intrigado y, notando el desdén de los demás cazadores, la invitó a participar como acompañante.

El día que comenzó la cacería el jabalí hizo una demostración de toda su fuerza y brutalidad matando a varios cazadores. Atalanta observó que parecía elegir a sus víctimas cuando menos se lo esperaban. La bestia cargaba hacia ellos y acto seguido se desviaba, confundiendo a los hombres, y después embestía brutalmente con sus enormes colmillos. Atalanta explicó a Meleagro cómo podían unir fuerzas para matarlo. Los demás cazadores perseguían la gloria para sí mismos, y esta ansia de fama personal los volvía mucho más vulnerables. Todos pretendían matar al jabalí solos, sin ayuda. Cada uno buscaba su gloria, pasar a la posteridad por esa magnífica hazaña de valentía y destreza. Pero Atalanta sabía que el jabalí era tan feroz que un solo cazador no sería suficiente. La piel del animal era demasiado dura; los colmillos, demasiado peligrosos. Cuando se percató de los movimientos de ataque del jabalí, se tuvieron en cuenta sus observaciones. Atalanta buscó una posición donde pudiera herir al animal y después atraerlo hacia Meleagro, que le daría el golpe de gracia.

Atalanta hirió al jabalí y seguidamente lo arrinconó en su trayectoria mortal hacia la lanza de Meleagro. Ambos mataron al jabalí de Calidón aunando fuerzas. Como era la costumbre, Atalanta recibió como trofeo la piel del animal por haber realizado el primer ataque. Pero a los otros cazadores les indignó que ese honor se concediera a una mujer, con independencia de que hubiera mostrado más maña que ellos. Meleagro defendió el derecho de Atalanta al premio y la gloria, lo cual provocó un fuerte altercado y que muchos cazadores se enzarzaran en la refriega. Meleagro y varios cazadores murieron.

Pese a su hazaña con el jabalí de Calidón, a su regreso Atalanta no fue recibida como una heroína. Regresó al palacio de su padre desconsolada por la muerte de Meleagro, el primer hombre que la había tratado como a una igual. La enfureció que la cacería del jabalí de Calidón se hubiera cobrado su vida. La gloria y el orgullo no compensaban la pérdida. En su desesperación, Atalanta se alejó de todo tipo de amor, especialmente del amor romántico. A raíz de la supuesta deshonra en torno al jabalí de Calidón, su padre insistió en que se casara.

Ella no creía en el amor y no tenía ningún deseo de casarse. No le interesaba ser la posesión de alguien que la mantuviera. No creía que los hombres pudieran amarla; tan solo veía en ellos vanidad y ansia de gloria. Así pues, urdió un plan. A Atalanta le constaba que nadie la aventajaba corriendo, de modo que le dijo a su padre que retaría a los candidatos a una carrera; incluso estaba dispuesta a darles ventaja. Aumentó la apuesta declarando que cualquier pretendiente al que ganara perdería la vida, y que si alguno la derrotaba, le concedería la mano. Su padre dio su aprobación a las condiciones. A pesar de que había bastante en juego, muchos candidatos se creían capaces de vencer a la ágil Atalanta. Arriesgaron la vida con el fin de demostrar que estaba equivocada y reclamarla como esposa. Movidos por la soberbia y la vanidad, todos los candidatos se presentaron para demostrar que podían superar a la hábil Atalanta, y murieron uno tras otro. Pero un hombre prefirió observarla en vez de someterla.

Hipómenes había sido alumno de Quirón, el sanador herido. Aunque Quirón era un centauro, como hijo de titanes tenía una naturaleza más reflexiva, no movida por la lujuria o el disfrute. También gozaba de vida eterna, por lo que se dedicó a ser mentor de dioses y héroes. Los discípulos de Quirón aprendieron de su actitud reflexiva, paciente y curiosa ante la vida. Al oír hablar de la capacidad y agilidad de Atalanta, Hipómenes sintió que tenía que verla con sus propios ojos. Al observarla supo que nunca ganaría compitiendo con ella. Era demasiado veloz, ágil y disciplinada como para perder.

Durante sus observaciones, Hipómenes se enamoró de Atalanta. Le constaba que no conseguiría llamar su atención en la carrera a pie por medio de sus dotes atléticas, ya que ella lo superaba con creces. Para conquistarla tendría que valerse de su inteligencia y sus dotes de observación y conseguir que aminorara el ritmo. Hipómenes acudió a Afrodita, la diosa del amor, en busca de ayuda. Afrodita, enojada con Atalanta porque rechazaba el amor, accedió a ayudar a Hipómenes. Le dio tres manzanas doradas mágicas y le indicó que se las pusiera en el camino. Su hechizo residía en que eran tan hermosas y atrayentes que nadie resistiría la tentación de comérselas. Eran tan deliciosas que cualquiera que se las comiera se deleitaría de placer con su sabor.

A pesar de darle ventaja, Atalanta alcanzó a Hipómenes. Cuando se aproximó, este dejó caer una de las manzanas encantadas a su paso. Su mágico brillo dorado llamó la atención de Atalanta, que aminoró el paso, y esto le proporcionó tiempo a Hipómenes para sacarle ventaja en la carrera. Como ella lo alcanzó de nuevo, él dejó caer otra manzana encantada en el camino. Ella se deleitó con las manzanas, lo cual le dio ventaja a Hipómenes, que ganó la carrera.

Atalanta acabó enamorándose de Hipómenes, no porque la hubiera vencido, sino por haber percibido su verdadera naturaleza y haberla tratado como a una igual. Se casaron y la pasión del uno por el otro fue creciendo. Cuando la pasión se avivaba, Atalanta e Hipómenes hacían el amor con desenfreno. Un día, sucumbieron al deseo en el templo de la diosa Cibeles* y esta los transformó en leones. Según algunos textos antiguos, fue una maldición, si bien otros señalan que no fue un castigo, sino una forma de hacer eterno su amor. Como leones, Atalanta y su amado Hipómenes gozaron de libertad para cazar y hacer el amor como iguales para siempre. Se zafaron de las restricciones del ser humano y la sociedad, que coartaban su apasionada naturaleza.

Qué nos dice el mito

Una MISOR no puede ser una heroína; está destinada a la vida doméstica. No aprende a montar a caballo con los hombres o a cazar mejor que ellos. Se queda en casa con su madre y sus hermanas, aprende a cocinar y coser y acata la autoridad. Una MIPE tampoco puede convertirse en una heroína. Los hombres no la quieren entre sus filas, compitiendo con ellos por la gloria o los botines. Lucharán a muerte

* N. de la T.: En algunas traducciones se habla del templo de Ceres, esto es debido a que los mitógrafos romanos a veces mezclaban tradiciones para hacer las historias más cercanas a su público.

contra otros hombres para asegurarse de que las mujeres no rivalicen con ellos en sus ámbitos o les arrebaten la gloria.

A pesar de que Atalanta fue calificada como «heroína», nunca llegó a compartir la gloria del héroe ni ocupó el mismo espacio mítico. Su viaje no fue el del héroe. No se le permitió compartir su conocimiento con la humanidad; no llegó a emprender una misión. Ningún maestro sabio acudió en su ayuda, a pesar de que poseía una conexión mágica con la naturaleza y los animales. Cuando el amor se presentó en su camino, ella receló. Rechazó la vida doméstica y prefirió vivir sola en el bosque. Cuando intentó valerse de sus dones, la rechazaron por ser mujer. Sus habilidades y su destreza no importaban; no bastaban. El viaje heroico no es una meritocracia.

Atalanta era consciente de su valía. Sabía que poseía habilidades y trató de usarlas para ser de provecho. No sintió la necesidad de empequeñecerse. Era astuta y se aseguró de que cualquier hombre que pretendiera poseerla lo pagara con su vida. Fue preciso urdir una treta para que se enamorara y se diera cuenta de que al menos un hombre la veía como a una igual. El mundo es un lugar amargo para las mujeres. Consciente de ello, Cibeles, la diosa de la naturaleza que doma y amansa lo salvaje, se dio cuenta de que saldría mejor parada conservando su naturaleza indómita eternamente y la convirtió, a ella y a su esposo, en fieros leones que vivirían como iguales para siempre.

En el prólogo de su libro *The Amazons: Lives & Leyends of Warrior Women Across the Ancient World* [Las amazonas: vidas y leyendas de guerreras en la Antigüedad], la escritora Adrienne Mayor describe un ritual llamado *arkteia* ('osa') en el que las niñas atenienses participaban antes de ser aptas para el matrimonio.[2] En esta ceremonia las niñas desempeñaban el papel de oseznas y competían en una carrera a pie para escenificar la historia de Atalanta, cultivando así su faceta salvaje. El tiempo que las niñas pasaban en los templos preparándose para la *arkteia* era con el objetivo de que dieran rienda suelta a su indómita faceta atalantana antes de sentar la cabeza como dóciles esposas atenienses. Era preciso despojarlas de cualquier aspiración de libertad salvaje antes de casarlas. Había que domar a las MIPE y convertirlas en obedientes y sumisas MISOR.

Asumir que las mujeres pueden realizar un viaje heroico como el de los hombres es tener poca visión. Las mujeres no son bien recibidas en el viaje del héroe o la heroína. Para emprender una gesta heroica es preciso abandonar la seguridad del hogar y lanzarse a una aventura en solitario. La MISOR no lo hará, y a la MIPE se la castiga o condena al ostracismo por ello. Erigirse en la posición del héroe es algo impropio de las mujeres y, en nuestra cultura, lo cierto es que no deseamos que lo hagan. Por consiguiente, en el viaje heroico una mujer siempre se topará con la división. Primero ha de superar la división, pues de lo contrario jamás se convertirá en una heroína. Es necesario que analice ambos roles en su mundo, el de MISOR y el de MIPE, y que rechace los dos. Solo entonces será libre para decidir qué aspectos de esos roles le interesan de verdad. A partir de ahí elegirá qué dejar atrás y qué conservar. Cuando lo haga, recuperará su integridad y ascenderá al trono de la soberanía. Que el mundo quiera o no lo que está dispuesta a compartir es lo de menos. Solo ella determina su valía. Su valor deja de estar definido por lo bien que encaja en un rol o por lo bien que se minusvalora con tal de gustar. Ya no se la engrandece o minusvalora en función del empeño que ponga en conseguir reconocimiento. Su trabajo, su alegría y sus compromisos son única y exclusivamente para ella.

Argumentos para los héroes femeninos

La gente quiere que haya un camino para que las mujeres se conviertan en héroes y heroínas. En este libro no voy a prescindir del uso vernáculo del término *heroína* a la hora de describir a las protagonistas de las historias. Sin embargo, el viaje del héroe como modelo para la narrativa femenina sencillamente no se corresponde con la experiencia femenina. No es que a la mujer le resulte imposible realizar la gesta heroica; es que las expectativas culturales en lo tocante a su comportamiento son muy diferentes. La mujer que se interpone en el viaje del héroe es una *outsider* desde el principio. Se aleja del modelo femenino imperante en el mundo. Sí, ella está ahí para cambiar eso, pero no puede hacerlo de la misma manera que Luke Skywalker o Indiana Jones. Pese a que tal vez se le asignen roles y trabajos similares a los de los hombres, la mayoría de la gente, tanto hombres como mujeres, prefieren que no los desempeñen (para ilustrarlo, basta con ver el revuelo que causó la versión de *Cazafantasmas* protagonizada por Melissa McCarthy). Una mujer puede ser un héroe o una heroína, pero *primero* ha de emprender el camino de la reina y alcanzar la soberanía; de lo contrario, tan solo será una intrusa en el viaje del héroe.

He mantenido este debate en numerosas ocasiones con gente que desconoce mi trabajo y discrepa conmigo. Casi siempre es debido a que se resisten a creer que sus expectativas son diferentes con respecto a las mujeres y a los hombres. Estas personas tienen buenas intenciones. Algunas con las que he discutido este planteamiento son colegas que escriben sobre personajes femeninos. Defienden a ultranza el papel del héroe femenino, pero, en mi opinión, no es que las mujeres no sean capaces; es que la sociedad no las quiere ahí, y esta es precisamente la experiencia de la mujer dividida. Una mujer que siente la llamada a una misión primero debe romper todos los tropos y las expectativas y elegir su propio camino en pos de la soberanía. Ha de liberarse antes de poder liberar a nadie. Asumir que las mujeres pueden tomar el mismo rumbo que los hombres es obviar los diversos impedimentos estructurales a los que se enfrentan en la senda hacia la realización personal.

Cuando doy charlas y expongo mis conclusiones, hay mujeres que al término comentan: «¡Sí, lo he pillado!». También hay mujeres y hombres que se enzarzan conmigo en acalorados debates para demostrar que estoy equivocada. Como no me ofendo con facilidad, normalmente me armo de paciencia hasta que se zanja la discusión. Por lo general me bombardean con una retahíla de heroínas femeninas, como si esos personajes encajaran en el viaje heroico y no en el camino de la reina. He aquí la lista habitual de heroínas que me presentan, sin ningún orden en particular:

Katniss Everdeen	Myrna
Vaiana	Ellen Ripley
Daenerys Targaryen	La princesa Leia
Arya Stark	Éowyn
Mulan	Galadriel
Escarlata O'Hara	Lisbeth Salander
Clarice Starling	

Mis críticos suponen que no he hecho los deberes o que no entiendo bien el viaje del héroe como para colocar a estos personajes ahí y comprobar hasta qué punto están fuera de lugar en el entorno, de modo que lo ilustraré con varios ejemplos. Trataré otros en los siguientes capítulos. El argumento de base no es la incapacidad de las mujeres para realizar una hazaña heroica; es que la cultura lo censura. Y, en definitiva, el cometido del héroe es emprender una misión para aprender algo profundo y oculto que después *comparte con el pueblo*. Si nadie quiere lo que compartes, el periplo heroico no tiene sentido. No es un viaje heroico; tan solo un cúmulo de adversidades carentes de sentido.

En *Los juegos del hambre*, Katniss Everdeen comienza siendo una MIPE. Ambientada en un futuro distópico, cada año los distritos conquistados han de ofrecer como tributo a jóvenes para competir en los «juegos del hambre». Katniss, que se curte en las lides de la caza furtiva para alimentar a su familia, tiene un sueño recurrente que la inquieta. Pronto sus temores se hacen realidad cuando seleccionan a su hermana Primrose como tributo de su distrito en un sorteo conocido como «la cosecha». Con tan solo doce años y sin dotes de supervivencia, Prim tendría una muerte segura en el espectáculo televisado. Temiendo perder a su hermana pequeña, Katniss se ofrece voluntaria para sustituirla. ¡Paf! Ya estamos en la división. Katniss es extraordinaria; posee magníficas dotes intelectuales y físicas (mágica y poderosa). Abandona su hogar y todo lo que conoce (aislada). No puede evitar los juegos; se ve obligada a participar (en peligro). Se encuentra en una tesitura en la que no tiene más remedio que arreglárselas sola. Sabemos que debe tener cuidado con los contrincantes. Las cualidades de mágica, aislada, poderosa y en peligro (MIPE) se distinguen con una gran claridad. Sí, ella siente la llamada a... ¿vamos a denominarlo aventura, misión? Pero en realidad no tiene elección. Recibe ayuda de un mentor y se interna en un mundo desconocido. Supera pruebas en los juegos, de modo que, en efecto, se la puede calificar como heroína. Sin embargo, trasciende eso: se halla en una misión para gestionar la división que hay en ella. Persigue la soberanía, no la fama, la gloria o el elixir de la vida.

La epónima Vaiana comienza en el camino de una MISOR, una doncella en busca de relaciones. Se siente presionada por su familia a asumir el trono y acatar la autoridad de este legado. Cuando su abuela muere, se siente en la obligación de recuperar el corazón de la diosa Te Fiti con el fin de salvar a su pueblo de la hambruna y el exterminio. Encuentra al semidiós Maui, y con renuencia se embarcan juntos en una misión para alcanzar el objetivo. Pero resulta que el propósito *en realidad* es la reunificación de la mujer dividida, bueno, de la diosa dividida; el demonio Te Kã es la misma diosa Te Fiti. Sin su corazón, esta es un volcán en llamas que destruye todo cuanto se aproxima a ella. Vaiana muestra a la airada Te Kã que tiene el corazón, una gema verde imbuida con el poder mágico de la creación. Le dice: «Sé quién eres en realidad», y le devuelve el corazón. Te Kã se transforma en la diosa Te Fiti y el mundo recupera la belleza y el esplendor que tenía antes de que le arrebataran el corazón. Cuando Vaiana regresa a la isla de Motunui, asume el estatus de reina y cambia el rumbo de su pueblo, que vuelven a ser los navegantes que habían sido a lo largo de generaciones.

Clarice Starling, de *El silencio de los corderos*, es una MIPE. Es inteligente, valiente (mágica y poderosa) y no tiene nada que perder. No tiene familia (está aislada). Se esfuerza en demostrar su valía, algo que el asesino, el doctor Hannibal Lecter, enseguida percibe en la joven que busca su colaboración. El cometido de Clarice es salvar a Katherine Martin, una damisela en apuros (MISOR) hija de una poderosa senadora. Clarice debe reunir las partes de sí misma que ha ido perdiendo a raíz de los traumas de su infancia con el fin de devolver a Katherine a su familia. Es perseguida por el doctor Lecter y más tarde por el asesino Buffalo Bill (está en peligro). Con cada paso que da hacia su sanación, consigue más pistas del doctor Lecter. Trata de unir las partes escindidas para salvar a Katherine.

En cada una de estas historias se presenta una imagen clara de la mujer dividida. En todas, la protagonista reúne los fragmentos de sí misma para alcanzar la soberanía. No es algo prescrito o fortuito; cada futura reina integra las partes de sí misma de acuerdo con su voluntad, personalidad y valores. En este proceso encuentra el rumbo a lo largo de su propio camino de la reina. A pesar de que se trata de un trabajo personal, es en respuesta a las presiones a las que se enfrenta por ocupar su lugar en el mundo. Está superando los límites y condicionamientos que la mantendrían encorsetada en un rol con el fin de vivir su plena identidad como ser humano.

Mientras realizas tu andadura personal por el camino de la reina, te animo a reflexionar sobre las situaciones y momentos que quizá te hayan resultado incongruentes. Una gran cantidad de mujeres ha de afrontar el desánimo por ser MISOR o el rechazo por ser MIPE. Las mujeres que se identifican con la MISOR suelen ser objeto de comentarios del tipo: «¿Por qué haces eso?», «Eso es demasiado para ti» o «¿Por qué no bajas el listón?». Y, en el caso de la MIPE: «Estás malgastando el tiempo», «A nadie le importa eso» o «¿Quién te crees que eres?». En mi opinión, lo más triste de esto es que muchas mujeres interiorizan esos comentarios. Casi todas las mujeres que conozco han tenido que batallar con una voz interior que se ha hecho eco de todos esos mensajes transmitidos por la cultura, los progenitores o las parejas, creando una estructura de creencias limitantes. Esta serie de condicionamientos internos es especialmente dañina porque, cuando la mujer se enfrenta a duras críticas o a los arduos escollos del mundo, la voz interior se corresponde con los obstáculos externos. La concordancia entre los mensajes internos y externos hace que a la mujer a nivel individual le cueste más luchar contra las fuerzas que pretenden minusvalorarla. La soberanía es la única fuerza capaz de acallar la voz interior a fin de que una mujer sea capaz de encontrar la resiliencia para luchar contra las presiones externas que pretenden mantenerla «en su sitio».

Hemos dedicado los capítulos anteriores a prepararnos para el viaje. Ahora nos hallamos en el umbral. De aquí en adelante todo cambia, lo mismo que siempre que se emprende un viaje. La transformación es el resultado de cada periplo. Al prepararnos para realizar las etapas del camino de la reina, pasa un rato con tu diario reflexionando acerca de lo que es importante para ti. Plantéate qué significa la soberanía para ti, no solo en el sentido abstracto. ¿Qué crees que cambiaría si fueras capaz de vivir desde una posición de soberanía sobre ti misma? ¿Cambiaría algo en el terreno laboral? ¿En el personal? Reflexiona y siente desde lo más hondo y dedica un tiempo a plasmar tus pensamientos con palabras o imágenes en el diario.

Segunda parte

EL CAMINO DE LA REINA: LOS MUNDOS Y LAS ETAPAS

En esta parte del libro vamos a emprender nuestra propia aventura por el camino de la reina. Empezaremos por el principio y avanzaremos a lo largo de la intrincada y gratificante senda que conduce a la soberanía. En el recorrido trataremos diversas historias y películas recientes. Espero que hayas visto la mayoría de ellas; si no, sería conveniente que pusieras un par de ellas en tu lista. Haré referencia a la versión de *Barbie* de 2023, *Una joven prometedora* (2022), *El color púrpura* (1985), la versión de *Wonder Woman* de 2017, *La mujer rey* (2022), *Una rubia muy legal* (2001), la versión de *Frozen* de 2013 y la versión de *Maléfica* de 2014.

En la mayoría de los casos no vamos a prestar especial atención al lugar ni a la época en la que se desarrollan los acontecimientos en el universo del personaje. Lo que importa es el escenario y la trama. Pero, por lo general, que el personaje esté terminando sus estudios en el instituto o a punto de empezar en un nuevo trabajo forma parte del contexto. El hecho de que una mujer se encuentre en pleno cambio en el terreno laboral o que le esté costando criar a sus hijos normalmente es secundario en lo que respecta a cómo se retrata su lucha interna, ya sea en la ficción o en la narrativa personal de mujeres reales.

En mis sesiones de terapia, las pacientes se centran primordialmente en qué pueden hacer. A menudo se presentan en la primera cita pensando que algo «les pasa». Casi siempre acuden a terapia para «arreglar» algo que en su opinión hará que las personas importantes en sus vidas empaticen más con ellas, crean más en ellas, se comuniquen mejor con ellas o las quieran más. Los relatos populares se centran en cómo se ve el personaje. ¿Es guapa? ¿Es gorda? ¿Demasiado lista? ¿Es torpe? Pero, desde el enfoque arquetípico, es preciso considerar dónde y cuándo se desarrollan los acontecimientos. Cada historia posee una estructura; la mayoría se ciñe a una fórmula establecida para que los lectores o la audiencia puedan sentirse a gusto con la narrativa.

La primera parte de la estructura narrativa del camino de la reina es la estructura del «mundo». No se trata del escenario de la historia, aunque ese elemento es importante y, si no estuviéramos hablando de arquetipos, el tema de los mundos en la historia sería muy diferente. Desde la perspectiva arquetípica, el mundo es un elemento fijo en esta estructura narrativa. Refleja los roles que la persona o el personaje desempeña. ¿A qué lugar de su psique la conduce el viaje? ¿De dónde parte? ¿En qué aspecto del mundo de los arquetipos se inicia el relato? ¿Conocemos a la protagonista cuando está comenzando una nueva vida en Nueva York después de divorciarse? ¿Después de sus estudios universitarios? Estos factores la sitúan en el camino de la reina de una manera específica. ¿Se trata de una paciente que acude a psicoterapia a raíz de un divorcio? ¿Está iniciando una carrera profesional? A lo mejor se ha trasladado a la otra punta del país y se siente sola. Todo esto nos ayuda a comprender en qué punto del camino de la reina nos encontramos.

Etapas, mundos y cuadrantes del camino de la reina

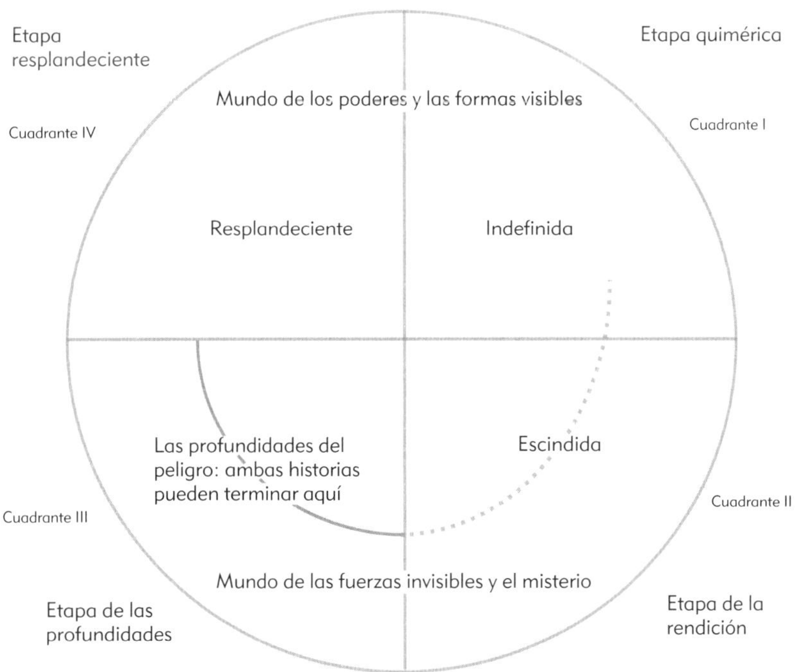

El punto de partida de este periplo es el mundo de los poderes y las formas visibles. Si observas el diagrama anterior, verás que el mundo de los poderes y las formas visibles ocupa la mitad superior del círculo. La mujer comienza su viaje en el cuadrante superior derecho. Observa el círculo como si fuera la esfera de un reloj. El periplo se inicia en el cuadrante de la indefinición, que es el mundo de los poderes y las formas visibles. Es como emprender el viaje a medianoche y avanzar hacia la una.

El mundo de los poderes y las formas visibles

Los dos cuadrantes superiores, el I y el IV, conforman el mundo visible. Es el mundo que puedes ver, el mundo de las decisiones y acciones inmediatas, de lo cotidiano. El mundo del poder, donde hay jerarquías bien definidas. El mundo del principio y el fin, donde todo tiene sentido. A lo mejor has oído algo similar con respecto al viaje del héroe, donde este tiene que abandonar el «mundo cotidiano». Si bien hay un elemento común aquí, no es lo mismo. En el mundo de los poderes y las formas visibles, la mujer discierne los sistemas que operan en su entorno. En el cuadrante I se encuentra dentro de estos sistemas, pero no los comprende. Su estado es indefinido. En el cuarto cuadrante, tras completar el ciclo, se ha definido y ha reintegrado su ser dividido. Se ha convertido en una reina, es decir, ha alcanzado la soberanía en el mundo de los poderes y las formas visibles. Ahora tiene poder en este mundo. Es dueña de sí misma y no ha de luchar contra las expectativas establecidas por las estructuras culturales, familiares o de asignación de roles. Es libre.

Cuadrante I: etapa quimérica

Observa el diagrama como si contemplaras la esfera de un reloj. El primer cuadrante se extiende entre las doce y las tres; es el cuadrante I. Es apropiado usar la analogía de un reloj porque esta es la parte mas temprana de la historia. Es donde el personaje está indefinido. No es consciente de lo que le depara. No se imagina que está a punto de verse obligada a tomar un rumbo del mismo modo que todas las mujeres se ven obligadas a asumir una de las dos identidades arquetípicas, la de MISOR o la de MIPE. A lo mejor es consciente de la división y piensa que no le afecta o es ajena a que esa fuerza está operando.

A veces, en los relatos, el personaje es una niña en esta etapa del ciclo. Puede que se sitúe en el pasado de la protagonista, que forme parte del trasfondo de la trama. En el primer cuadrante, es preciso que los autores conozcan cómo fue la vida de sus personajes antes de que se vieran obligados a tomar una dirección o elegir su camino. En el caso de las mujeres reales, pueden volver la vista atrás y analizar el periodo de la inocencia en su pasado. Las alternativas se pondrán de relieve a medida que avancemos en el contenido de este libro. En el diagrama, el rumbo que las mujeres se ven obligadas a tomar se marca con una línea de puntos y seguidamente con una continua. Todas las mujeres, sea en la ficción o en la vida real, se enfrentan a esta división. La mujer que se halla en el primer cuadrante está indefinida y la etapa se denomina quimérica porque solo vislumbra la división: todo es posible. No lidia con la división en el día a día. Se trata del cuadrante quimérico porque ella es puro potencial; se cree capaz de ser o hacer cualquier cosa.

Está incompleta. Para estar completa es preciso tener consciencia. Por eso es apropiado usar el término *indefinida*. Ella tiene presente su potencial y su pertenencia a la familia o a la tribu, o posee algún don del cual es consciente. Sin embargo, no sabe cómo usar sus dones. Ignora que el entorno es seguro (o inseguro). Todavía desconoce qué opciones le deparará el mundo.

En mi consulta de terapia, a menudo veo a mujeres que desean saltar del cuadrante I al cuadrante IV. Es lícito que el inframundo del periplo y el misterio que entraña les infundan temor. Sin embargo, es imposible adquirir poder o lograr un objetivo sin adentrarse en lo desconocido. No hay soberanía personal sin hacer frente a los condicionamientos culturales y familiares. No hay forma sin misterio, no hay poder sin conflicto, no hay éxito sin consciencia.

Y la unicidad de una reina no puede existir sin que antes exista una mujer dividida.

Divide et impera: divide y vencerás

En su tratado político más célebre, *El príncipe,* Maquiavelo habla del «sentido matemático», una estrategia bélica que dio a conocer el rey Filipo II de Macedonia. Maquiavelo denominó el concepto *divide et impera*, lo que comúnmente se conoce como «divide y vencerás». El aforismo ha perdido significado después de siglos de uso, ya que en cierto modo nos hemos alejado del alcance y las connotaciones de su sentido original. En el clima político actual se refleja en la división de la gente en facciones y en el esfuerzo por mantener el vínculo en el seno de grupos mediante la expulsión de aquellos que no reúnen los estándares «puristas».

«Divide y vencerás» se ha convertido en un tropo fácil. La traducción original de *divide et impera* no es la simple consigna del «divide y vencerás» que en la actualidad se asocia con los partidos políticos y las facciones en las AMPA, no. El significado original posee una connotación mucho más siniestra. El aforismo significa separar o fragmentar para después someter a las partes por la fuerza hasta el punto de que no conozcan otra autoridad. Un pueblo conquistado se ve amenazado cuando teme por su vida. Si hablamos de un individuo, el hecho de sufrir esta división implica literalmente fragmentar su psique. La parte *impera* significa que la persona a la que se ha dividido no es dueña de sí misma, que renuncia a su soberanía personal frente a una «autoridad» ajena. La mujer dividida, por tanto, se ve forzada internamente por quien ejerce autoridad sobre ella. Es decir, se hace que la mujer cuestione sus propios pensamientos en favor de la cultura o el individuo que le dice que carece de potestad sobre su poder personal. No es dueña de su propio *impera* (libre albedrío o ejercicio del poder); está sometida a quienquiera que la subyugue. Como vimos en la primera parte del libro y veremos más adelante mientras recorremos el camino de la reina, toda mujer es un ser dividido.

La historia de cada mujer comienza en un estado indefinido que avanza hacia la división. Es una niña pequeña y a lo mejor juega con los niños. A lo mejor trepa a los árboles, juega a las muñecas o ambas cosas. El periodo indefinido de la existencia de una mujer se define por la inconsciencia de lo que está por acontecer. En realidad, es ajena a que hay algo en el horizonte que la coartará. Ignora que se enfrentará a una serie de circunstancias que la dividirán y obligarán a asumir un determinado comportamiento durante la mayor parte de su vida. La historia de la mujer dividida no se ha mostrado de una manera explícita y consciente. Como la mayoría de las cosas en el universo femenino, está latente.

Estas partes enmascaradas de la historia propician que en la psique femenina cale la creencia de que parte de la historia (sobre todo las partes más dolorosas) está bajo su control. Pero mientras que la experiencia de la historia es individual y personal, el camino que se recorre es arquetípico. Los personajes ficticios son tan susceptibles de vivir esta realidad como las mujeres de carne y hueso. Eso no significa que todos los personajes se suman en la incertidumbre; las mujeres pueden ser seguras de sí mismas, villanas y también sociópatas. Pero todas sufren la división, y el primer aspecto crucial de la división es *ocultarla*. Una forma de mantener a las mujeres en la oscuridad es hacernos creer que nosotras mismas *creamos* la división. Es posible que algunos de los siguientes mensajes internos te resulten familiares:

- Si hubiera sido más fuerte, no habrían abusado de mí.
- Si me hubiera defendido, no me habrían tratado así.
- Si pudiera sacar tiempo para trabajar más, sería capaz de ponerme al día y demostrarles mi valía.
- Si yo no fuera pusilánime, él/ella no se iría de rositas.
- Si fuera más guapa, no me sentiría así.
- Si fuera más lista, no me encontraría en este berenjenal.

- Si fuera ___________ (pon un adjetivo en el hueco en blanco), no me sentiría ___________ (pon un sentimiento muy negativo en el hueco en blanco).

Y mi lote favorito:

¿Qué me pasa? Esa mujer tiene hijos perfectos, usa la talla XS, le va de fábula en su matrimonio y tiene una casa preciosa y un coche muy chulo. Va de vacaciones y tiene una magnífica relación con su madre y con su marido. Lo tiene todo. A lo mejor, si intento ir a por todas, yo también lo conseguiré. ¿Por qué no logro encontrar la energía/motivación? Estoy rota. Algo me pasa. Todo es culpa mía.

Estas declaraciones son las herramientas del mensaje *divide et impera*. Contribuyen a mantener a la mujer dividida en perjuicio propio. Esto no quiere decir que este mensaje se haya transmitido de manera consciente de generación en generación, no. Se trata de un proceso inconsciente validado por casi todos los sistemas sociales. Nos ha acompañado desde los albores de la cultura occidental. La mujer dividida está presente en todas partes: es Lilith y Eva en la Biblia hebrea. Es Deméter y Perséfone en la mitología griega. Es la reina Isabel I de Inglaterra y María Estuardo en Escocia. Es la reina Isabel II y Diana, la princesa de Gales, en la historia contemporánea. Lo que sus historias ponen de relieve es que hay dos y solo dos alternativas para las mujeres: o eres sumisa, o bien te condenan al ostracismo. Este periplo nos conducirá por la sinuosa escalera de la mujer dividida. A medida que profundicemos, entraré en detalles acerca del camino de la reina, los escollos, los lugares donde tropezamos y otros personajes a lo largo de la andadura.

El mundo de las fuerzas invisibles y el misterio

En el primer diagrama verás los hemisferios del mundo. Por encima de la línea del horizonte, el mundo de los poderes y las formas visibles nos mantiene en el terreno de lo tangible. En él se hallan los actos conscientes y el inicio de los cambios a los que las mujeres nos enfrentamos a medida que pasamos de la inocencia de la infancia a la adolescencia. Hasta que una mujer no concluye su trabajo personal bajo la línea del horizonte, en el mundo de las fuerzas invisibles y el misterio, los efectos de su poder personal no se manifiestan en el mundo de los poderes y las formas visibles. La habilidad de discernir con claridad se halla sobre la línea del horizonte. Bajo el horizonte todo está confuso y enmarañado. El poder de transformación yace bajo el horizonte. Nadie puede convertirse en reina sin desentrañar el misterio.

Los cuadrantes inferiores, el II y el III, conforman el mundo de las fuerzas invisibles y el misterio. Estos son los mundos donde desde fuera no se aprecia con claridad lo que está sucediendo, puesto que el trabajo personal se está llevando a cabo en lo más profundo. Todas las mujeres experimentamos estos cambios, pero la mayoría somos ajenas a su naturaleza arquetípica. Sentimos que estas estructuras son personales, y como tales, tenemos la sensación de que somos responsables de algún aspecto de ellas.

Sin embargo, lo que he empezado a comprender a través de este trabajo es que, a pesar de que el proceso es arquetípico, las mujeres interactúan con el camino de la reina a nivel personal. Nosotras no creamos los marcadores, las divisiones, los retos y las estructuras del viaje arquetípico. Nosotras lo realizamos y a su vez se manifiesta a través de nosotras porque se trata de una historia universal común al conjunto de las mujeres. Con independencia de que te embarques en el camino de la reina o te dediques a la escritura, es fundamental saber qué tramos del periplo son arquetípicos. A nivel individual, el proceso no *parece* arquetípico; todo parece personal. Cuando somos capaces de tomar conciencia de las partes inconscientes de la historia, nos liberamos de las ataduras de las restricciones estructurales. Desde la perspectiva de la narrativa, es necesario que los personajes superen dificultades a lo largo del camino, igual que las mujeres de carne y hueso. En cuanto abandonan el mundo del primer cuadrante al que encuentran sentido comienza un periodo de su vida en el que se enfrentan al misterio. En esta etapa, las mujeres reales a menudo tienen la sensación de vagar por la oscuridad, no disciernen con claridad lo que está ocurriendo y con frecuencia se enfrentan a afirmaciones de que la división es culpa suya.

El inframundo: el mundo de las fuerzas invisibles y el misterio

Una mujer no puede cruzar del cuadrante I al IV sin pasar por los cuadrantes inferiores del mundo de las fuerzas invisibles y el misterio. Es en la mitad inferior del círculo donde encuentra todos los poderes ocultos que operarán en y a través de ella en el viaje hacia la soberanía. El peligro del espacio que se extiende bajo el horizonte es que, a lo largo de miles de años, se ha mantenido ahí a las mujeres. Hemos estado sujetas a los periplos de los hombres y, por tanto, hemos ocupado una especie de espacio numinoso en el que tratamos por todos los medios de entender, y en cierto modo también controlar, el inframundo. Es en el segundo cuadrante donde se completa la división final de la integridad de la mujer, separándola de su otro yo y enfrentando esas dos mitades entre sí. Esta es la llamada «rendición», no en el sentido de una versión creada de sí misma, sino más bien en el de ir al matadero. Se la despedaza. A medida que atraviesa el segundo cuadrante, empieza a tener la sensación de que en el viaje opera algún factor externo. Hay una estructura que la mantiene encasillada en un personaje, definiéndola y constriñéndola del mismo modo que el vendado de pies que acaba rompiendo los dedos o el corsé que acaba deformando las costillas.

Al pasar del segundo al tercer cuadrante, la mujer «cree» que va camino de la salvación, cuando lo cierto es que está a punto de enfrentarse a la aniquilación, a la muerte o a esa innoble modalidad de esclavitud, la invisibilidad. La muerte y el renacimiento la persiguen como un alma en pena desde el segundo al tercer cuadrante. Si la mujer se ve atraída hacia el «fueron felices y comieron perdices» (HEA, por sus siglas en inglés*), muere en el sentido metafórico siendo una niña eternamente. Si su HEA se trunca, puede morir en el sentido metafórico como una bruja ávida de poder. En ningún caso se libera o alcanza la felicidad o la realización personal. Aquí queda patente por qué se asocia a la mujer con el inframundo: si nunca consigue abandonarlo, este se convierte en el lugar en el que habita.

Tradicionalmente, el tercer cuadrante es donde se pone fin a las historias femeninas. Una mujer planifica toda su vida en torno al día de su boda, solo que a partir de ahí se la subsume en el rol de esposa. Una mujer que no se casa, que hace realidad sus aspiraciones profesionales, experimenta la soledad y la añoranza, a veces la amargura, anhelando el HEA. Lo que ambas mujeres necesitan para culminar su trayecto hasta el cuarto cuadrante es alcanzar la trascendencia encarnada. Esto se aprecia en películas como *El color púrpura*, donde Celie finalmente consigue ser dueña de su propia vida. Vemos que se *alza* en sus tierras, que *abraza* a su hermana y a sus hijos, rodeada por la familia que ha elegido. La trascendencia se representa con una transformación física en historias como *Maléfica*, donde el personaje homónimo recupera las alas que le fueron arrebatadas. Se pone de manifiesto en magníficas películas y musicales como *Waitress*, donde Jenna, la protagonista, se da cuenta de que se empodera a través de su trabajo de camarera y al dar a luz a su hija, Lulu.

Para regresar al mundo de los poderes y las formas visibles, debe realizar el viaje de la reina y hacer un trabajo de integración, es decir, de liberación. En el tercer cuadrante (que se encuentra en el hemisferio de las fuerzas invisibles y el misterio), la mujer reflexiona sobre sus elecciones personales. Si se empeña en seguir desempeñando su rol, ya sea el de eterna damisela casta y pura o el de bruja ávida de poder, se perderá a sí misma y también su verdadero poder sin remisión. Podrá volver al mundo de los poderes y las formas visibles una vez que encuentre el modo de reunificar la división. Cuando consiga

* N. de la T.: *Happy ever after* es la frase de cierre tradicional de los cuentos de hadas en inglés. Equivalente a nuestro «y vivieron felices y comieron perdices...».

esa integración, la trascendencia propiciará su soberanía personal. A partir de ahí su soberanía y su autoridad la guiarán en el mundo del poder. Ya no será propiedad de nadie; será dueña de su propia historia.

El regreso a la luz

Si confronta a su otro yo y renuncia a la idea de alcanzar la perfección en cualquiera de sus facetas, tiene la posibilidad de reclamar su otra mitad e integrar ambas mitades en un todo unificado. Cuando lo consigue, obtiene poder para asumir un rol más elevado que la vuelve intocable frente a las manos divisorias de la cultura que escindió su ser completo. Dejan de interesarle los patrones y las categorías. Los contempla como lo que eran: una serie de ataduras culturales creadas para privarla de poder. En el cuarto cuadrante, su verdadero propósito pone de manifiesto la expresión íntegra y sagrada de su ser. Es en la plenitud de la soberanía personal donde encuentra su poder, y como tal merece el título de reina, que asciende al trono para reclamar la potestad de su verdadero yo.

Una vez que la mujer supera las pruebas necesarias para redimir e integrar su otra mitad, se libera de todas las imposiciones de los roles y se centra en su propio *impera*. Ya no está dividida y nadie está en disposición de decirle qué debe hacer, cuáles son sus prioridades o a quién debe rendir cuentas. Sí, cuando la mujer dividida sana, tan solo le faltan unos cuantos pasos para alzarse, reclamar su corona y gobernar sus dominios.

La entrada al mundo de la mujer dividida y la reina

Lo quieran o no, todas las mujeres del mundo se embarcan en este viaje. La mayoría de nosotras nunca aprendemos que hay pasos más allá de la expectativa del «fueron felices y comieron perdices» que nos inculcaron. Nos comparamos con modelos perfectos de princesas y terribles brujas divididas sin ser conscientes en ningún momento de que la historia no queda ahí ni mucho menos.

Casi todas las mujeres que conozco sufren un afán de perfeccionismo que cualquier terapeuta calificaría como patológico. He tratado a muchos hombres, y son pocos los que sufren en la misma medida que las mujeres ese ansia de perfección. El problema no es que las mujeres sean más perfeccionistas que los hombres; es *nuestra manera* de ser perfeccionistas. Con independencia de la categoría –MISOR o MIPE– en la que acabemos, siempre nos compararemos con una versión mejor, más idealizada, de nosotras mismas. Al margen de lo que logremos en la vida, siempre pensaremos que otras mujeres hacen más y lo hacen mejor. Por mucho que nos machaquemos en el gimnasio, que estudiemos en centros de enseñanza nocturnos y que procuremos no perder los estribos con nuestros hijos, nos sentiremos culpables si lo hacemos *sin esfuerzo*. Pensaremos que algo va mal si somos delgadas, guapas, listas o magníficas madres de una manera natural. Jamás ponemos en duda que hay algo que va mal: ¡por supuesto que algo va mal! Hemos fracasado en la búsqueda de la perfección. Nunca se nos ocurre pensar que carecemos de modelos de *imperfección*. Nunca se nos pasa por la cabeza que la forma en la que concebimos la expectativa de lograr algo sin esfuerzo de hecho es un síntoma de lo que precisamente nos está desgarrando.

En los capítulos siguientes caminaremos por el camino de la reina. A lo largo del recorrido conoceremos a algunos personajes que nos resultan familiares. El más importante es la mujer dividida. La conocerás enseguida y sin duda verás el reflejo de ti misma, de las mujeres presentes en tu vida o de tus personajes femeninos de forma más patente en una mitad que en la otra. También es posible que no tengas claro si es preferible estar en un lado o en el otro, lo cual es buena señal.

A medida que avancemos en cada capítulo, te ofreceré narrativas de mis pacientes, de la historia, de la literatura, de textos sagrados, de novelas, de películas y del acervo popular que ilustrarán las características de la historia arquetípica que estoy tratando de explicar. Conocerás a brujas malvadas, a princesas renuentes, a amas de casa malhumoradas y a ejecutivas amargadas. Todas compartirán el camino contigo. Los personajes se encuentran en la agonía de la división, o bien en el proceso de reunificación de las partes fragmentadas. No hay un solo personaje que pueda resurgir sin recorrer previamente el camino de la reina. Respira hondo, suéltate el pelo, quítate los zapatos de cristal y caminemos tranquilamente por el camino de la reina.

CUADRANTE I

Etapa quimérica

El primer cuadrante del camino de la reina es el espacio de la inocencia y la transición hacia la división. Aquí es donde, al volver la vista atrás, podemos ver todas las piezas reunidas para nuestro periplo personal por el reino de los arquetipos. Sin embargo, cuando estamos dentro apenas distinguimos los elementos que se ciernen en este espacio. En talleres con mis pacientes, este es a menudo el lugar más difícil de contemplar porque es con el que más se ha fantaseado. Muchas de las mujeres que conozco examinan este periodo arquetípico y piensan que así es como se suponía que tenía que ser la vida. Se supone que el mundo siempre está lleno de inocencia y posibilidades, que siempre está abierto y por definir. Cualquier otra cosa se considera una traición.

Así es como las tres principales religiones del mundo plantean esta fase. Este es el jardín del Edén, donde todo era perfecto y novedoso. En este paraíso reinaba la inocencia. Incluso la premisa, sin embargo, es falsa: el mundo no es el jardín del Edén. El lugar original no es el lugar eterno. Todo se mueve, todo se transforma. Un mundo sin cambios no es sano; lo único que no cambia es lo que está muerto. Al dar los primeros pasos por esta etapa del camino de la reina es fácil que una mujer se desanime.

El primer cuadrante es desafiante, el segundo es doloroso y el tercero es brutal. Solo el cuarto ofrece el tipo de vida que deseamos vivir. El primer y el cuarto cuadrante funcionan como espejos entre sí. La ingenuidad en el primer cuadrante contrasta con la sabiduría en el cuarto. La separación en el primero presagia la unidad en el cuarto.

El cuarto cuadrante nos proporciona la existencia que anhelamos. Para llegar allí hemos de atravesar los otros tres cuadrantes. Es posible llegar allí. Tan solo hemos de dar un paso tras otro por nuestro propio camino de baldosas amarillas.

Capítulo 5

ÉRASE UNA VEZ

Érase una vez una princesa que... Prácticamente todos los cuentos de hadas que has leído comienzan así. Ya sea en *Blancanieves*, en *Cenicienta* o la protagonista de *Una rubia muy legal,* el momento del «érase una vez» es de sobra conocido. Es donde comienza la historia, en la inocencia. Se presenta a la joven a la audiencia o a los lectores. Nos hacemos una somera idea de su mundo y, en ese momento, nos adentramos en la historia con esperanza. El mundo aún no ha influido en ella. Todas conservamos recuerdos de vivencias de este periodo. Recordamos haber jugado con un cachorro en el parque o chapoteando en el agua en una piscina inflable. Yo me acuerdo de cuando me engalané con el vestido de fiesta verde esmeralda de mi abuela y me coloqué toda la bisutería que pude llevar en el cuerpo. Rebusqué en su cajón y me puse unos guantes blancos de gala. A pesar de mi indumentaria, me llevó a Tastee Donuts para comprar un roscón, me dio un billete de diez dólares y elegí el más grande posible por ese pequeño importe. ¡No me dijo que le devolviera el cambio!

En el «érase una vez» no vemos ningún problema. Nos sentimos invencibles y libres. Nuestra vida no parece estar definida. Creemos en nuestro poder. Nada nos ha dado una lección de humildad todavía. Atisbamos indicios de la posible influencia negativa del mundo, pero no nos afecta demasiado. En cierto modo está ahí y no lo está. A lo mejor no nos llega a afectar. Este periodo de la vida de una mujer suele ser la infancia. Sin embargo, al entretejer las historias de nuestro camino personal hacia la soberanía es posible que esos momentos marquen en la misma medida cualquier época de inocencia: una nueva relación, los primeros meses en un nuevo empleo o el nacimiento del primer hijo. En la etapa del «érase una vez» (OUT, por sus siglas en inglés*), el mundo lleno de posibilidades todavía nos parece real. ¿Cómo te sentiste la primera vez que pisaste una academia de danza o el campus universitario? ¿Recuerdas el sonido de tus primeros zapatos de tacón sobre un suelo de mármol? ¿Y el primer encuentro con alguien de quien te enamoraste? ¿Aún sientes cómo se te acelera el corazón? O incluso ahora, ¿se te saltan las lágrimas con el recuerdo de cuando, tras nueve meses de espera, finalmente conociste a tu hijo?

En el momento OUT nos sentimos a salvo, como si todo encajara en el mundo. Nos miramos en el espejo el primer día en un nuevo trabajo y pensamos: «¡Qué bien me sienta este rol!». O con nuestro bebé en brazos, pensamos: «Voy a ser la mejor madre». O al llegar al campus universitario, pensamos: «Por fin un lugar donde encajo». Pero en el momento OUT hay otro elemento. La amenaza se cierne en la periferia. El peligro acecha en los límites. El monstruo apostado en el umbral normalmente es uno con el que estamos familiarizadas. Algunas veces el peligro es estructural: sexismo, racismo, misoginia o desigualdad económica, pero también puede ser personal: un pasado traumático, una agresión sexual, el incesto o una tragedia familiar. Asimismo, el monstruo que acecha puede adoptar la forma de algo que nos avergüenza reconocer, como un trastorno alimentario o un historial delictivo familiar.

Al analizar el momento OUT es posible volver la vista atrás e identificar a los monstruos que acechaban en las sombras. Cuando estábamos viviendo el momento OUT, éramos ajenas a las amenazas, pero en retrospectiva somos capaces de discernirlas. Estaban al acecho. Tal vez nos sintiéramos fuertes e invencibles. Tal vez veíamos el mundo a

* N. de la T.: *Once upon a time,* es la frase de arranque tradicional de los cuentos de hadas en inglés. Equivalente a nuestro «Érase una vez...».

través de los ojos del amor. Es probable que ignoráramos las señales de alerta. Una mujer de veinte años sube a un avión con destino a Los Ángeles para hacer realidad su sueño de ser actriz. Una abogada recién colegiada comienza a trabajar como asociada en un bufete. A una joven periodista le asignan un jugoso encargo en un prestigioso periódico. El mundo parece tentador. Sentimos que estamos pasando a formar parte de él de una manera significativa.

Pero el mundo siempre va a por la chica, porque la historia y la cultura nos dicen que a la larga se convertirá en una mujer. Su presencia desestabiliza; cambiará el mundo. El mero hecho de ser mujer supone una amenaza. El cuerpo femenino es desestabilizador por lo que es capaz de hacer: la mujer es el canal de nueva vida en el mundo. La extraordinaria magnitud de este poder incomoda tanto a cualquier civilización que es preciso frenarlo. En la mayoría de las religiones del mundo, el poder de crear vida está reservado «exclusivamente a Dios». El hecho de que las mujeres ostenten el poder de dar vida incomoda a cualquier otro poder. Los hombres, las culturas, las instituciones, la guerra..., nada es comparable al poder de engendrar una nueva vida en el interior del cuerpo.

Los hombres ejercen de árbitros de la muerte como soldados, cazadores y jueces. Hasta una época muy reciente de la historia, solo los hombres tenían el derecho exclusivo a decidir quién vivía y quién moría. Eso, por defecto, significa que son ellos quienes han sido creados «a imagen» de Dios. El concepto opuesto al acto de matar no sería «vida» sino «nacimiento». La vida es un estado; el nacimiento es un acontecimiento; la muerte es un estado y a la vez un acontecimiento. En los últimos años se ha gestado un movimiento que aboga por que los hombres sean también los árbitros del nacimiento. Pero ese tema es para otra ocasión. Recomiendo encarecidamente a todas las mujeres que lean *Cuando Dios era mujer*. En el libro, Merlin Stone, historiadora del arte, analiza los registros arqueológicos y trata de encontrar sentido a un legado histórico de miles de figurillas femeninas que se conservan en lugares del mundo donde antiguamente florecieron culturas que veneraban a deidades femeninas. La autora esgrime el argumento contundente de que existía un rol para la mujer en la concepción de la divinidad mucho antes de la existencia de la Biblia hebrea.[1]

En la mayoría de los cuentos de hadas, textos religiosos y mitos, el poder de la vida no puede confiarse a la mujer, lo cual a menudo es patente en la premisa de que el padre es el cabeza de familia «por naturaleza». La mujer necesita «un hombre». Es preciso que los niños tengan una figura paterna para que no se «descarríen». Los hombres determinan el destino de las mujeres y los niños. La principal responsabilidad de los hombres en una sociedad patriarcal pasa a ser el control. Dicho de otro modo, la cultura ha de constreñir a las mujeres. Las normas de decoro han de hacerla responsable de la herramienta que posee; no se puede confiar su cuerpo a sus propios mecanismos. Es preciso que el producto de su cuerpo pertenezca a alguien capaz de controlar la vida y la muerte. Ella debe casarse con un protector, un guerrero que proteja el poder femenino de la fertilidad frente a cualquiera que lo explote..., incluida ella misma. Curiosamente, en la cultura que respalda el OUT no se percibe la amenaza inmediata del guerrero-protector. Casi siempre se espera que sea un elemento benevolente, al menos al principio.

¿Qué sucede en el OUT?

1. Hay un acontecimiento que cambia la existencia –el nacimiento de una mujer–, señal de que la nueva vida es posible (o un nuevo empleo, una nueva relación, etc.).
2. Se identifica una fuerza malévola –en la ficción generalmente se representa por medio de una rival o un hombre peligroso–.
3. La joven o la mujer vulnerable comienza a perseguir un deseo, sea suyo o ajeno.

El subtexto permea todos los «érase una vez». Con independencia de que se trate de un nuevo empleo, un nuevo enlace matrimonial o un nuevo bebé, lo novedoso está plagado de peligros.

Mi madre MISOR

Pam se casó con Ricky. Estaban muy enamorados. Ella era un bellezón; él era tan guapo como las estrellas de cine. Ella era una buena chica católica que apenas había besado a un chico, y él tenía poca experiencia más en el terreno amoroso. Ricky se había enamorado una vez, antes de ingresar en el Cuerpo de Marines. Ahora que había finalizado su periodo de servicio, tenía libertad para hacer lo que deseara. Era ambicioso y quería una compañera que lo ayudara a hacer realidad sus sueños de riqueza y éxito. Pam, por su parte, quería un marido que cuidara de ella y que le diera niños guapos. La atractiva pareja se casó el 17 de junio de 1967.

Al cabo de menos de un año, el matrimonio empezó a hacer aguas. Ricky se dio a la bebida. Pam necesitaba apoyo emocional, a alguien con quien conversar. Había renunciado a su trabajo sin el menor reparo a los seis meses de casarse, dejando que él llevara toda la carga de los asuntos financieros. Desde su punto de vista, no hacía falta discutirlo: ahora estaban casados. Su cometido era estar en casa y ocuparse de las tareas domésticas y de los niños. El de Ricky era ganar dinero y, a su llegada a casa, ella cuidaría de él. Pero él dejó de llegar a casa; salía con los amigos y bebía como un cosaco. Cuando regresaba apestaba a alcohol y tenía ganas de hacer el amor. Ella, asqueada, se negaba. Y él dejó de regresar a casa.

Estos eran mis padres. Tuvieron un «érase una vez» y, hasta la fecha, mi padre sigue afirmando que mi madre fue una «buena esposa». Que si ella hubiera hecho *x*, *y* o *z*, quizá no la habría abandonado. ¿Qué le ocurrió a la idílica vida de sus sueños? Que quedaron atrapados en el «érase una vez», pero ninguno fue capaz de ver los monstruos que merodeaban alrededor. Mi padre tenía un pasado turbulento y traumático; mi madre había llevado la vida de una MISOR mimada. De haber conocido los pasos del camino de la reina, Pam habría sido capaz de ver lo que acechaba en las sombras.

El espacio de las sombras

En psicología, la sombra es un lugar metafórico a donde van a parar nuestras realidades no reconocidas o insatisfechas. Es un espacio del inconsciente, donde habitan los monstruos. Cuanto más se ignoran las sombras y sus habitantes, más poder adquiere ese espacio. Si te has criado con unos padres que te dicen que no te conviene ser demasiado inteligente, todas tus dotes intelectuales se relegarán al espacio de las sombras. Si tu cultura, tus progenitores o el sistema educativo te inculcan el rechazo a la debilidad, la vulnerabilidad queda relegada a las sombras. Si tu deseo sexual se considera un impedimento para la aceptación celestial, va a parar a las sombras.

En las sombras es donde encontramos nuestros demonios, pero ojo con ellos porque a menudo son simplemente partes rechazadas de nuestro ser. Es el rechazo lo que posee fuerza demoníaca, no el deseo o el anhelo. (Eso no quiere decir que no haya comportamientos perversos, pero eso no es lo que estamos tratando aquí). Y, aunque miremos hacia otro lado con el fin de evitar a los habitantes de las sombras, se hallan muy cerca. Podemos verlos con claridad con tan solo dirigir la mirada en dirección a ellos. No hay que ir muy lejos para encontrar el lugar donde nuestros demonios adquieren poder y fuerza. ¿Qué temes tú? ¿Sabes los motivos? ¿Qué es lo que no tiene cabida en tu vida? ¿Cuándo comenzó eso?

Una vez tuve a una paciente, Jessica, que era una devota cristiana. Leía la Biblia a diario y estaba entregada en cuerpo y alma a su fe. Pertenecía a una comunidad conservadora y tenía la férrea convicción de que el modelo de familia patriarcal era el que se correspondía con el mandato de Dios. Sin embargo, había un problema: era lista y guapa, y le encantaba su trabajo. Conoció a Rich, un hombre creyente que acudía a la iglesia y que tenía un negocio boyante. A Jessica le constaba que él cuidaría bien de ella y de la familia que crearan. Salieron juntos y se casaron al cabo de un año.

Jessica no deseaba renunciar a su trabajo; se le daba bien. Como enfermera, su puesto la mantenía en una posición subordinada a los médicos y a enfermeras más veteranas, lo cual encajaba con la posición que se esperaba que ocupase. Con independencia de lo que sintiera respecto a sus compañeros, sabía que estaba realizando una buena labor en el mundo. Rich quería que trabajara menos, que estuviera disponible para la familia que ambos deseaban formar. Jessica se inspiró en su fe y accedió. Él era el cabeza de familia, y ella estaba dispuesta a acatar sus deseos. Dejaría su trabajo una vez que tuvieran hijos y mientras tanto ahorrarían con sus sueldos con miras a sufragar los futuros estudios universitarios hasta la llegada del primer bebé.

Tardaron dos años, pero el primer bebé nació en julio. A esas alturas disponían de un sustancioso colchón y se sentían a gusto con la decisión de Jessica de abandonar su empleo. Pero algo empezó a cocerse a medida que el bebé crecía. Rich cada vez se mostraba más distante. Le echaba la culpa a la economía, su negocio comenzó a perder clientes y decidió instalar la oficina en casa para ahorrar gastos. La pareja tenía una pequeña casa de invitados en la parte trasera; se instaló allí y despidió al personal. Jessica podía colaborar realizando parte de las tareas administrativas un par de días a la semana.

La pareja no se había fijado en lo que habían desterrado a las sombras en su «érase una vez». Jessica era ambiciosa, y le gustaba tener el control. A Rich le atemorizaba la opinión de su padre, y su ambición era fruto de esa relación. Jessica empezó a llevar las riendas de la casa y del negocio. No tardaron en tener dos hijos más, y Jessica dirigía la casa con mano de hierro en lo tocante a horarios, tareas, actividades y expectativas. Rich comenzó a descargarse cada vez más de sus responsabilidades como patriarca. Dejó de importarle su cometido en el negocio. A Jessica se le daba bien la gestión de la empresa y no concedía un gran mérito a la labor de su marido. El padre de Rich murió, y con él el motor de la ambición de este. Pronto el matrimonio se fue al garete.

Rich se hizo adicto a los opioides a raíz de una caída en una obra. Sometida a una fuerte presión por atender a sus hijos y el negocio, su mujer se distanció cada vez más de él. Decidió volver a trabajar de enfermera. Aunque él demostró no ser digno de confianza a la larga, Jessica al menos sabía que ella *sí* lo era. Los niños, frustrados por la presión a la que los sometían sus padres y su credo, se desmandaron.

Las sombras se habían cernido sobre esta familia. Como en el caso de la mayoría de las mujeres, el «érase una vez» de Jessica comenzó con posibilidades, pero las amenazas relegaron esas posibilidades al espacio de las sombras. ¿Qué había enviado a las sombras? ¿Puedes averiguarlo al leer estas pinceladas de su vida? Jessica era lista y ambiciosa. Le gustaba el poder de su mente. Era guapa y se esforzaba mucho en encajar en el perfil de una diligente esposa cristiana. Se sometía a la autoridad de su marido y quería que llevase las riendas, pero él no era muy ducho llevando las riendas... ni del negocio ni de la familia. En resumidas cuentas, no se le daba bien tomar todas las decisiones y asumir toda la responsabilidad. Esta pareja cumplió las normas a rajatabla y abrigaba la esperanza de que las cosas fueran sobre ruedas. Para cuando acudieron a terapia, su situación era desastrosa. Su hija mayor había sufrido una agresión sexual en la iglesia, y su hija menor padecía un trastorno alimentario. ¿Por qué los estaba castigando Dios?

Guau.

No es que Dios estuviera castigándolos; se encontraban en la división y sin tener conciencia de ello. Para colmo de males, ninguno estaba dispuesto a cambiar su visión del otro. Se pasaron años intentando encontrar el modo de comunicarse. La fe que los sostuvo al principio finalmente los unió. Fueron necesarios años de trabajo conmigo y con su congregación religiosa para que resolvieran el dilema: era preciso que redefinieran todo. Sin embargo, Jessica continúa lidiando con la idea de su propia soberanía.

Autoridad y sombra

La autoridad es una bendición ambivalente. En una persona, e incluso en una familia o institución sana, la autoridad y la responsabilidad van de la mano. Se concede un cierto grado de autoridad a fin de que haya un equilibrio con las responsabilidades. En las jerarquías, la persona que ocupa un escalafón superior siempre ostenta más autoridad; en principio esto es debido a que asume una mayor responsabilidad. Pero en culturas obsesionadas con el poder esto pasa a ser una ecuación diferente: en vez de la responsabilidad, es el poder lo que va de la mano de la autoridad. El grado de responsabilidad atiende a un orden descendente, mientras que el grado de autoridad es ascendente.

Las amenazas de las sombras

Jessica y Rich estaban en peligro. Los monstruos que Jessica relegó a las sombras fueron muchos: la ambición, el deseo, la ansiedad, el miedo, el sexo, la codicia, la independencia, la alegría y la vulnerabilidad, por citar unos cuantos. Si examinas tu historia personal, ¿qué peligros acechaban en torno a tu «érase una vez»? Con independencia de que se trate del inicio de una relación sentimental, de una carrera profesional o de tu familia de origen, es importante analizar el momento OUT. ¿Qué visión tenías del mundo en aquel entonces? ¿Qué pensabas acerca de ti misma? Si pudieras trasladarte al pasado, ¿serías capaz de identificar los monstruos que merodeaban en las inmediaciones? Escríbelos en tu diario y no los pierdas de vista mientras avanzas por la senda hacia la soberanía.

Cómo identificar los monstruos

¿Qué has desterrado a las sombras? ¿Qué te has dicho a ti misma que no es bueno o deseable en tu persona? ¿Has desterrado la ambición, la ira, el deseo, el sexo, la belleza, la independencia, la dependencia, la inteligencia, el poder, la vulnerabilidad o la fuerza? ¿Dónde fueron a parar? ¿Cómo quedaron relegados a las sombras? ¿O hay recuerdos soterrados? ¿Has guardado bajo llave un episodio terrible, un accidente, una violación o una agresión? ¿O quizá relegaste al olvido una conducta? ¿Gastas en exceso, vomitas la comida, te matas de hambre o limpias compulsivamente?

Ejercicio

Describe tu «érase una vez». ¿Qué es lo que idealizas? Piensa en un momento de tu vida en el que sentiste que se abría un horizonte de posibilidades. ¿Puedes hacer una lista de los elementos (personas, emociones, anhelos, ambiciones...) que ahora percibes y que tal vez te costó discernir en aquel momento?
Escribe acerca del momento actual en tu diario. Si te resulta útil, echa un vistazo a las dos secciones siguientes para ver si alguna te ayuda a identificar tanto los ideales como los elementos que acechan en las sombras de tu «érase una vez».

Érase una vez en política: la princesa Diana y la Casa de Windsor

Diana Spencer era una hermosa «rosa inglesa» preparada para unirse a los rangos reales de los Windsor. Apareció con su pelo rubio y sus ojos de Bambi en todas las revistas durante meses a lo largo de 1981. El compromiso de Diana y el príncipe Carlos, heredero al trono británico, fue un soplo de aire fresco para la prensa que daba cobertura a la familia real británica. De pronto todas las miradas del mundo se posaron en la fotografía de Diana junto al príncipe Carlos, doce años mayor que ella, que se publicó desde en tabloides como *The National Enquirer* hasta en revistas como *People* y *Vogue*.

El «érase una vez» de Diana se desarrolló ante un público ansioso por una buena noticia. A finales de los años setenta, Gran Bretaña sufrió la desindustrialización, huelgas, conflictos laborales, un déficit comercial y una pérdida de confianza en el gobierno y la monarquía por parte de la opinión pública. La banda de punk Sex Pistols reflejó el nihilismo de los desesperanzados jóvenes británicos de finales de los setenta en su contestatario sencillo *God Save the Queen*. A lo largo de una década, la juventud expresó la ira y la rabia de la «generación perdida» protestando y rebelándose ante el desamparo del estado de bienestar social. La Segunda Guerra Mundial no quedaba tan lejos; el país y el pueblo continuaban viviendo las secuelas de la contienda.

El noviazgo ocupó todas las portadas; el repentino romance entre Carlos y Diana sorprendió gratamente a todo el mundo. He aquí un cuento de hadas de la época moderna. El compromiso entre la hermosa *Lady* Spencer y el futuro rey del Reino Unido infundió al mundo la sensación de que los cuentos de hadas podían ser reales. Que la belleza y la inocencia podían triunfar frente al cinismo y el exceso. El OUT de *Lady* Spencer comenzó mucho antes de su aparición en la escena pública de la realeza. Su historia sigue el patrón del camino de la reina, donde ella toma varias direcciones, primero actúa como MISOR y posteriormente, al contravenir los deseos de la Corona (y, por tanto, rechazar la protección), sufre al transformarse en una MIPE. Su historia termina en tragedia, lo cual significa que nunca llegó a alcanzar la soberanía realmente, a pesar de que hizo lo imposible.

Antes de que su trágica muerte se produjera delante de *paparazzi* ávidos de instantáneas, Diana, con sus bonitas facciones y su esbelta complexión, recordó a los británicos la imagen que anhelaban de sí mismos. Ella encarnaba el paradigma de lo que tanto ansiaban: juventud, belleza, inocencia, riqueza y un estatus privilegiado. Gran Bretaña, uno de los países más pequeños del mundo, dominó mares y territorios como potencia colonial durante cientos de años. La juventud de Diana y el hecho de ser hija de un aristócrata y una madre ausente, además de prepararla para vivir un auténtico cuento de hadas real, también creó las condiciones idóneas para su rol como MISOR.

La madre de Diana abandonó a su marido cuando Diana y sus hermanos eran pequeños. Este es un rasgo distintivo del patrón de la MISOR. Como joven aristócrata, Diana carecía de ambición. Cuando conoció oficialmente a Carlos, a él inevitablemente le enterneció que ella se compadeciera de él. En todos los cuentos de hadas, sin embargo, algo acecha en torno al OUT. Una amenaza se cierne sobre el hechizo. El fantasma que amenazaba a la pareja real tomó forma en Camila, el primer amor de Carlos. Diana había oído hablar de ella, pero era joven y quería tener fe en su pretendiente de la realeza. Carlos, por su parte, se estaba ciñendo al protocolo real. Camila era demasiado problemática para la familia real y él había recibido instrucciones para elegir a una esposa adecuada que fuera del agrado de la opinión pública británica, no una divorciada que recordara a los súbditos el lance de la monarquía con el último rey. El abuelo de Carlos, el rey Jorge VI, se había visto obligado a asumir el trono a raíz de que su tío, el rey Eduardo VIII, abdicara para casarse con Wallis Simpson en contra de los deseos de la familia real. Carlos debía velar por el honor de la familia y evitar que se repitiera la historia. Diana quedó atrapada en el fuego cruzado. Comenzó siendo una cumplidora MISOR frente a Camila, una MIPE. Pero el sueño no tardaría mucho en truncarse. Analizaremos la trayectoria de Diana a lo largo del resto de los capítulos. De momento basta con decir que el «érase una vez» de la princesa de Gales cumple todos los requisitos de los cuentos de hadas. Si eres amante de la historia o seguidora de la realeza, estarás al corriente de lo que sucedió, pero tal vez poner a Diana en el contexto de su camino hacia la soberanía contribuya a esclarecer el tuyo.

Érase una vez en la industria del entretenimiento

Todas conocemos ese momento en las películas, cuando se presenta a los personajes y su entorno. El «érase una vez» (OUT) señala el lugar y la etapa de la inocencia. Los personajes ignoran los peligros que entraña el mundo. El poder se manifiesta como algo incontrolable en el interior de la protagonista o en el mundo que la rodea. Por lo general, el OUT en la experiencia femenina es un comienzo con un halo de fantasía; en el cine normalmente es una breve secuencia.

En la película *Frozen*, primero se presenta a la audiencia a Elsa y Anna mientras hacen un muñeco de nieve en el palacio por medio de los poderes de Elsa, capaz de crear nieve y convertir en hielo cualquier cosa hacia la que dirige sus poderes mágicos. Anna tienta a su hermana a usar su magia preguntándole: «¿Hacemos un muñeco de nieve?». La magia es divertida, inocente. Las hermanas no tienen miedo del poder de Elsa. Pero la diversión y el juego no pueden durar para siempre. A Elsa le cuesta seguir el ritmo a su traviesa hermana y, aunque procura velar por su seguridad, la hiere accidentalmente al crear con sus poderes mágicos un témpano de hielo que la golpea.

En la versión de *Wonder Woman* que dirigió Patty Jenkins en 2017, Diana de Temiscira, una princesa protegida entre las amazonas, vive al amparo de la poderosa tribu de guerreras liderada por su madre, la reina Hipólita. Diana posee magníficos poderes que su madre no quiere fomentar. Pero a la joven le resulta imposible reprimir sus habilidades para la lucha y su fascinación por ella. Su poder se pone de manifiesto enseguida mientras entrena con su tía, la general Antíope. Si has visto la película, sabrás que la verdadera razón por la que la madre de Diana desea protegerla es porque su hija no es una amazona como el resto de las guerreras de Temiscira, sino que en realidad es una diosa. Antíope y las otras amazonas han ocultado este importante hecho a Diana. Creen que escondiéndola podrán evitar su destino.

No podemos tratar todo en este libro, aunque pronto te darás cuenta de que estos patrones son reconocibles. Analizaremos diversas películas y series de televisión populares a lo largo de los siguientes capítulos. Te invito a crear un mapa o esquema de tu película, serie o libro favorito tomando como referencia las reseñas que te proporciono en cada sección.

Capítulo 6

MALDITA Y MARCADA

Mujeres de todo el mundo describen la menstruación como «la maldición». Por consiguiente, sería lógico asumir que esta etapa temprana del camino de la reina, maldita y marcada, es una referencia arquetípica a las mujeres, la menarquia y el inicio de la fertilidad. A pesar de que es probable que exista una correlación a nivel simbólico, es una explicación demasiado simple. En las historias, desde los textos bíblicos hasta *Barbie*, las mujeres son maldecidas y marcadas a lo largo de su periplo hacia la soberanía. El libro *Verity: la sombra de un engaño*, de Colleen Hoover, comienza cuando a la protagonista le salpica la sangre de un desconocido al que arrolla un camión cuando se cruza en su camino. En *Frozen*, Anna recibe un golpe con los poderes mágicos de su hermana y le sale un mechón de pelo blanco. En *La bella durmiente*, Aurora es objeto de una maldición y al pincharse el dedo con una rueca se sume en un profundo sueño. Malala Yousafzai recibe un disparo a bocajarro por atreverse a decir en voz alta que tiene derecho a la educación.[1] En toda narrativa que protagonice una mujer encontrarás una maldición y una marca.

Todas las tenemos.

Una de las más memorables de mi infancia se produjo a raíz de que mis padres me llevaran a cortarme el pelo por primera vez. Yo tenía seis años. Me encantaba mi pelo largo y rizado, que me caía por debajo de los hombros. Casi siempre lo llevaba recogido en una cola de caballo a la altura de la nuca y, algunas veces, en dos coletas detrás de las orejas. Mi madre, que tenía el pelo aún más ensortijado que yo, nunca aprendió a hacer trenzas. Mis opciones eran limitadas: el pelo suelto y enmarañado, una cola de caballo o dos coletas, o bien un moño tirante e incómodo. El suplicio del moño solo lo sufrí en una ocasión para el día de la foto escolar.

Después de pasar un fin de semana especialmente bullicioso jugando al aire libre, nadando y correteando con la pandilla de niños brutos de mi barrio residencial, el domingo por la noche me quedé dormida con un chicle en la boca. A la mañana siguiente el chicle había desaparecido de mi boca, pero mis padres lo encontraron cuando fueron a cepillarme el pelo. Mi padre, que se enfadó al encontrar mechones apelmazados y pegajosos de pegotes rosas, me llevó a la peluquería de su amigo Nicky y le dijo que me diera un buen corte. Nicky obedeció, y salí con un espantoso corte de taza. La patinadora artística Dorothy Hamill acababa de competir en los Juegos Olímpicos y su característico corte de pelo estaba causando furor. En teoría debía parecerme a ella, pero, con mis rizos, el peinado me sentaba fatal. Me pasé un mes llorando. Sin mi pelo largo me convertí en el bicho raro del colegio. Las niñas se pasaban el recreo cepillándose y trenzándose el pelo las unas a las otras. A pesar de que a mí tan solo me habían invitado a unirme a ellas en unas cuantas ocasiones, ahora estaba excluida definitivamente. Esta anécdota de mi infancia es insignificante. No cabe duda de que la mayoría de nosotras hemos sufrido maldiciones y marcas en mayor o menor grado que abarcan desde la aflicción hasta la agresión sexual. Mi espantoso corte de pelo enmascaraba una herida mucho más profunda: yo era la niña superviviente.

No hubo ningún accidente, nadie a quien echar la culpa. Mi tía Molly había tenido un matrimonio problemático y se vino a vivir con nosotros durante una corta temporada. Mi primo Shaun, su hijo, al que yo le sacaba más o menos un año, había nacido con una anomalía congénita, una perforación en el corazón. Al ser tan pequeño, era necesario esperar a que creciera y se hiciera más fuerte para operarlo. Mi tío, un hombre cruel, le echó la culpa a ella; era chillón, agresivo y bebedor. Más o menos al año y medio de que naciera Shaun, mi tía y mi primo se mudaron con nosotros. Para mí Shaun era como un hermano. Dormíamos en la misma cama y comíamos, nos bañábamos y jugábamos juntos. Nuestra abuela encargó que nos hicieran fotos de estudio con ropa a juego en azul marino con pequeñas fresas bordadas que había comprado en sus viajes. Shaun tenía las facciones dulces y el cabello pelirrojo claro.

Molly se compró una casa y lo celebramos. Mis padres organizaron un viaje para llevarnos a Eight Flags con las hermanas de mi padre, con las que mantenía y sigue manteniendo un vínculo muy estrecho. Eight Flags era un parque temático para niños de corta edad situado en Biloxi, Misisipi, aproximadamente a una hora y media de camino. Habíamos estado allí muchas veces; era uno de mis lugares favoritos. Cada vez que íbamos pasábamos el día con un batiburrillo de actividades: un espectáculo del salvaje Oeste, atracciones pequeñas y no muy emocionantes (como montañas rusas en miniatura), el tres en raya con gallinas y patos entrenados, y otros juegos con monedas de veinticinco centavos. Yo siempre me «enamoraba» de los vaqueros del espectáculo del salvaje Oeste. Me impresionaba cómo se disparaban entre sí y caían desde los tejados del falso decorado del viejo Oeste sin aparentemente hacerse el menor rasguño. Era finales de abril, y mis padres y mis tías decidieron que los niños nos divirtiéramos ese fin de semana, pues el siguiente lo reservarían para los mayores yendo al Festival de Jazz de Nueva Orleans.

Pero el viaje se interrumpió. Shaun empezó a sentirse mal y alrededor de la una se desmayó. A sus tres años, Shaun era un niño de salud frágil; no tenía mucho aguante. Ese día sería el último en el que disfrutaría de cualquier cosa. Nos apretujamos en el coche y pusimos rumbo de vuelta a toda velocidad. Shaun perdió y recuperó el conocimiento en intervalos durante el trayecto. Los mayores lo llevaron a urgencias. Shaun no se había desmayado: había sufrido un derrame cerebral. Su sangre se estaba coagulando, y nadie sabía decirle a mi tía el porqué. Lo ingresaron en el hospital para operarlo. Su pequeño corazón no podía llevar una vida normal. Mi abuela me recogió en el hospital para que no estorbara a los mayores y, al cabo de unas horas, vinieron a por mí para llevarme a ver a Shaun a la habitación antes de la operación.

Nadie me dijo que seguramente esa sería la última vez que lo vería. Me condujeron a una habitación poco iluminada que Shaun compartía con otro niño hospitalizado. Mientras ellos estaban de pie junto a su cama diciéndole lo mucho que lo querían, yo, celosa y sin comprender lo que estaba pasando, me puse a jugar con el otro niño. Mi padre me tomó en brazos y me dijo que le diera un beso de despedida a Shaun. Teníamos que marcharnos y dejar que los médicos hicieran su trabajo. Yo besé su cabeza pelirroja y me llevaron a casa.

Shaun murió.

La culpa del superviviente se apoderó de mí en cuanto mi madre intentó explicarme la situación. Me sentí tremendamente avergonzada de no haberle dedicado toda mi atención en la habitación del hospital. Me sentí culpable porque yo vivía y él no. Me resultó insoportable saber que yo iba a ir al colegio y que él jamás lo haría. Sentí vergüenza por el hecho de que mi madre siguiera teniendo a su niña (yo) y, embarazada de seis meses, otro hijo de camino. No me dejaron ir al funeral. Mi familia nunca superó la pérdida de Shaun. A pesar de que mi padre y sus hermanas habían padecido terribles abusos y abandono en su infancia, estaban unidos y tenían la firme intención de superarlo y seguir adelante. Pero perder a Shaun fue un golpe demoledor. El mundo se resquebrajó y se tragó cualquier esperanza que mi familia hubiera abrigado. Nos quedamos devastados, intentando encontrarle explicación a su muerte. Esto les demostró a mi padre y a mis tías que, después de todo, a lo mejor el control de sus destinos no estaba en sus manos.

En la Nueva Orleans de los años setenta no era habitual llevar a los niños a terapia para superar el duelo. En mi familia, católica, no era normal hablar de los muertos o formular muchas preguntas. Cuando intentaba hablar de Shaun con mi madre, ella se limitaba a tratarme como a una niña pequeña. Pero en lo único en que yo pensaba era en Shaun. Su muerte me obsesionó a lo largo de los años hasta que cumplí los veinte y finalmente acudí a terapia. Me sentía avergonzada por ser la que seguía aquí. Aunque me constaba que mi tía Molly me quería, yo le recordaba a su hijo y avivaba un sentimiento de profunda tristeza en ella. Mi madre nunca superó la pérdida de Shaun. A pesar de que era su sobrino, mi padre lloró su muerte como si hubiera perdido a un hijo. Al cabo de unos meses, cuando nació mi hermano, Richard, mi padre lo rehuyó. Se volvió distante y frío; empezó a tratar muy mal a mi madre.

Mi maldición fue ser la superviviente. Mi marca fue ser la rara. Poco más de un mes después de que Shaun falleciera, cumplí cinco años. Sufrí una crisis existencial y, como me costaba relacionarme con otros niños, mi madre me apuntó a un campamento de verano para ayudarme a socializar antes del inicio del curso escolar. Pero yo no tenía ganas de relacionarme con las niñas de mi clase; para cuando entraba en el aula por la mañana, ellas ya estaban jugando juntas, casi siempre con muñecas, como Barbie y Skipper. Yo me sentaba sola con una caja de clínex y una bobina de hilo, me ponía a hacer figurillas humanas con los pañuelos y anudaba los brazos, las piernas, la cabeza y demás con el hilo. Usaba la fiambrera de la comida a modo de casita. Después de hacer las muñecas, tarea en la que ocupaba la mayor parte del tiempo antes del inicio de las actividades, las metía dentro de la fiambrera. Después comenzaban las actividades de la jornada y nos poníamos a confeccionar collares con macarrones y a pintar con los dedos. Al cabo de unos cuantos días mi madre me preguntó por los clínex que había en la fiambrera para mi comida. Cuando se lo expliqué, noté su gesto de alarma. No supo qué decir o qué hacer. Su hija era rara, y la verdad es que la palabra *diferente* no figuraba en el vocabulario de mi madre.

Mi maldición era ser «la superviviente». Mi marca era ser «un bicho raro», además de «triste», «callada» y «existencial». A raíz de aquella experiencia se sumaron otros dos adjetivos: «gorda» y «lista». No es que fuera una niña rolliza, pero sí robusta y musculosa. Era de complexión fuerte, jugaba al aire libre y no le hacía ascos a la comida. Era alta, tenía los pies enormes, daba volteretas laterales y hacía levantamientos en barra, lo cual hería la sensibilidad de mi madre por su concepto de lo que debían ser las niñas. Entretanto, mi padre me había enseñado a leer sentada en su regazo leyéndole en voz alta el periódico mientras él se tomaba el café. Aprendí a leer antes de cumplir tres años. Mi inteligencia pasó a ser una maldición y una marca que arrastraría de por vida; ocultaba mi rareza. Ser lista comenzó siendo algo inocente, pero se transformó en algo muy diferente frente al sufrimiento: la inteligencia se convirtió en mi escudo, en algo que me mantenía a salvo. No tenía que dar explicaciones delante de nadie. La tristeza, por su parte, me convirtió en un bicho raro. Ser inteligente era aceptable; estar deprimida era algo que había que evitar. La inteligencia hacía que los adultos prestaran atención.

Casi cualquier iniciativa seguirá el patrón del camino de la reina. Cada vez habrá una nueva maldición y una nueva marca. Seguramente habrás vivido varias experiencias de este tipo. A lo mejor fue una situación bochornosa en el ámbito laboral o una pulla a tu costa en una cena o en una reunión. En mi caso una de las más memorables fue que me llamaran «la chica directora» durante la grabación de un anuncio publicitario. O aquella vez que entré en una reunión de ingenieros de diseño y alguien empezó a cantar la canción de Barrio Sésamo «Una de estas cosas no es como las otras...». En otra ocasión, tras pasar meses planeando un lujoso retiro de investigación, el director me elogió por «hacer unas magníficas reproducciones del material», mientras que el tío nuevo que llevaba allí cuatro días recibió halagos por perspicacia comercial que iba a *aportar* al estudio. O quizá cuando otra mujer me señaló por ser «demasiado guapa» para integrarme en la plantilla del doctorado de Filosofía. Y tuvo la desfachatez de *felicitarme* cuando contratamos a una mujer muy atractiva, que también se maquillaba, con el comentario: «Ahora tendrás a alguien con quien hablar». Desgraciadamente, el hecho de estar malditas y marcadas es una señal de que nos encaminamos hacia la división. En esta etapa, la división aún no nos ha golpeado con toda su contundencia, pero intuimos que es inminente. Una vez que la maldición cae sobre nosotras y nos deja la consiguiente marca, podemos estar seguras de que hay un complejo proceso en marcha.

Es posible que la maldición y la marca difieran entre sí, o bien que se produzca una combinación de ambas. He tratado a muchas pacientes que me han puesto al corriente de que su maldición fue el abuso sexual, el maltrato o el incesto. La marca era invisible para las personas de su entorno. Sufrían una vergüenza que las aislaba en un silencio sepulcral. Si revelaban su secreto, todo su mundo podía desmoronarse ante sus propios ojos. De pequeñas padecieron el dolor físico y la humillación de ser tratadas como objetos sexuales. Para colmo de males, la mayoría consideraba que sus padres las traicionaron con el fin de protegerlas. Esto puso a estas pacientes en la desagradable tesitura de haber sufrido abusos sexuales que las avergonzaban además del abandono por parte de unos padres que deberían haberlas protegido. El incesto o el abuso sexual infantil es la maldición; el abandono es la marca.

La maldición más común entre las mujeres que acuden a mi consulta es la agresión sexual. A pesar de que nos encontramos en un espacio de terapia seguro dedicado exclusivamente a su sanación, les cuesta verbalizar esta maldición. No puedo contar la cantidad de pacientes que creen que tuvieron algo que ver con el hecho de ser víctimas de la violencia sexual. O se culpan a sí mismas por confiar en la persona que las agredió, o bien asumen la responsabilidad por algún comportamiento, por ejemplo, emborracharse. Le restan importancia a la responsabilidad del autor con argumentos acerca de su propia estupidez, ingenuidad o ignorancia. Desde mi punto de vista, el hecho de escuchar sus relatos subraya la división. Las mujeres somos responsables de nuestra propia victimización. Arrastramos «la maldición de Eva». Se nos hace pensar que, al margen de lo que nos ocurra, estamos marcadas por el mero hecho de ser mujeres. Que se nos marque a lo largo del camino es un recordatorio de esa condición. Pero, mientras recorremos el camino de la reina, es posible ver la maldición y la marca como importantes postes indicadores en la senda hacia la soberanía.

La marca de Malala

El 9 de octubre de 2012, Malala Yousafzai iba en el atestado autobús escolar de camino a la escuela Kushal, que su padre había fundado hacía unos años. Malala se describe a sí misma como una niña estudiosa a la que le encantaba aprender. Narra que el día en que le dispararon fue prácticamente igual que otro cualquiera. Como tenían exámenes, estaba previsto que la jornada escolar comenzara un poco más tarde de lo habitual. Cuando el autobús dobló una esquina en dirección a un puesto de control militar, un hombre les dio el alto y otro, vestido con un atuendo occidental y una gorra con visera, se aproximó. Las niñas dieron por sentado que era periodista. El padre de Malala criticaba abiertamente a los talibanes, y Malala había manifestado sin tapujos que merecía recibir una educación en la misma medida que cualquier niño de su edad. Había mostrado una actitud abierta y franca en presencia de todo el mundo, desde periodistas hasta funcionarios públicos, y no solo paquistaníes.[2]

El hombre que llevaba una gorra subió al autobús y preguntó quién era Malala. Ella, aún con la impresión de que se trataba de un periodista, levantó la mano. Posteriormente sus amigas llenaron las lagunas de su memoria, pues Malala no recuerda gran cosa de lo que sucedió a partir de ese momento. Según declaró, al comprobar su identidad, el hombre sacó un Colt 45 y le disparó a bocajarro. Malala se desplomó inconsciente y otras dos niñas resultaron heridas en el tiroteo. Llevaron a Malala y a las otras niñas al hospital; más tarde trasladaron a Malala a un hospital de Inglaterra, donde la sometieron a varias operaciones para salvarle la vida.[3]

La maldición había caído sobre Malala mucho antes de que quedara marcada por el disparo del talibán que intentó pasar a la historia por asesinar a una niña. El padre de Malala era el dueño de una escuela donde se enseñaba a las niñas y había hecho declaraciones a periodistas occidentales sobre lo que estaba pasando desde el inicio de la ocupación del valle del Swat, en Pakistán, por parte de los talibanes. A los once años, Malala escribía un blog diario bajo un seudónimo para un periódico de Karachi. Fue la protagonista de un documental de *The New York Times* titulado *Class Dismissed in Swat Valley* [Clase perdida en el valle del Swat]. A los doce años, ya era conocida como portavoz del derecho de las niñas a la educación. Concedía entrevistas y era célebre en su país y en el ámbito de la prensa. A los catorce años, ya tenía premios y escuelas con su nombre. Esto causaba cierta inquietud a sus padres, ya que en la cultura pastún (como en muchas otras) el hecho de usar un nombre en señal de tributo normalmente se reserva a los difuntos. Malala se convirtió en el blanco de los talibanes, que la consideraban una deshonra por difundir la «secularidad». La independencia y la franqueza fueron su maldición; la marca se la infligió un talibán con un Colt 45.

Una marca para borrar otra

Pese a la condena generalizada, la mutilación genital femenina (MGF) se continúa realizando en muchas partes del mundo, sobre todo en África, Oriente Medio y Asia. Esta práctica se considera una violación de los derechos humanos de las mujeres y niñas. Más de doscientos millones de mujeres y niñas han sobrevivido a ella, y cada año más de tres millones corren el riesgo de ser mutiladas. Los procedimientos, entre otros, incluyen la resección de ciertas partes de los genitales femeninos (a menudo el clítoris y/o los labios vaginales) y la posterior sutura de los labios mayores o menores, dejando una reducida abertura para las funciones corporales no relacionadas con el coito.[4] El objetivo es disminuir el deseo sexual de las mujeres. La Organización Mundial de la Salud lleva décadas denunciando estas prácticas y llevando a cabo iniciativas de concienciación social entre líderes, curanderas tradicionales y familias para informar de que la MGF es innecesaria y que en muchos casos puede provocar graves problemas de salud.

La cicatriz de la mandona

En sus memorias, *Bossypants* [La mandona], Tina Fey explica el incidente que le dejó una cicatriz a los cinco años. Un hombre se acercó a ella mientras jugaba delante de su casa, la golpeó sin venir a cuento y le provocó un corte. Ella comenta en el libro que a medida que fue haciéndose mayor no pensó mucho en la cicatriz, pero que el hecho de colocarse delante de una cámara la obligó a plantearse cómo había influido en su vida. Explica que fue capaz de considerarla más bien como un indicador de la madurez, la compasión o la estupidez supina de la gente de su entorno. Se dio cuenta de que, de pequeña, la cicatriz en teoría debía haberla acomplejado, pero en vez de eso acabó generando un concepto desproporcionado de sí misma. Los miembros de su familia, vecinos y amigos de la familia a menudo se sentían en la obligación de compensarla por aquella experiencia y le daban mayor cantidad de golosinas o regalos más grandes. En las reflexiones que ofrece en el libro, Fey afirma que hasta que no se puso a escribir sus memorias, no se planteó que había malinterpretado las atenciones y los crecientes gestos de generosidad hacia ella como un reflejo de su valía, cuando lo más probable es que fueran una señal del sentimiento de culpa y vergüenza de los adultos.[5]

La cicatriz o la marca no tiene por qué ser siempre visible. A veces, como la mía, es la pérdida de un ser querido, un padre o una madre, un hermano o una hermana, incluso un animal de compañía por el que se siente un gran afecto. Estamos marcadas por el dolor, llevamos la cicatriz de la pérdida. La marca o la cicatriz puede ser algo «malo» según lo que nos inculca la religión o la cultura, como el hecho de ser homosexual o transexual. Puede ser el anhelo de algo que está fuera de nuestro alcance por motivos de género, raza, grupo étnico o clase social, por ejemplo, una habilidad, un talento o una profesión en particular.

Ocultarnos la marca a nosotras mismas

Angela fue paciente mía durante dos años más o menos. En su momento acudió a terapia para tratar su ansiedad a raíz de un cambio profesional que desde su punto de vista sus padres jamás entenderían. Vivía a cientos de kilómetros de ellos. A su padre le habían diagnosticado un cáncer, y su madre se pasaba la mayor parte del tiempo cuidando de él y del rancho en Nuevo México. La habían mandado a la universidad para estudiar Ingeniería. Angela trabajaba en la industria aeroespacial y le apasionaba practicar el senderismo, correr y llevarse a sus perros de aventuras.

El padre de Angela también trabajaba de ingeniero y, mientras que a él le entusiasmaba hablar de su trabajo, de la fabricación y el diseño de motores y maquinaria, Angela odiaba su profesión. Le parecía aburrida. Se había esforzado mucho en ser la mejor de su clase, y sus padres se sentían muy orgullosos de ella. Nunca había hecho nada que los decepcionara; para ella, eran maravillosos. A medida que la enfermedad de su padre avanzaba, la vida de Angela empezó a desmoronarse. Adoraba a su padre, y no quería seguir dedicándose a la ingeniería. Es más, lo que realmente deseaba era ser pintora. Llevaba toda su vida pintando, se apuntó a clases de pintura en la universidad y continuó después. Tenía talento y también destreza. Nunca les había mostrado lo que pintaba a sus padres. Y nunca les había presentado a nadie con quien hubiera salido porque solo salía con mujeres.

A lo largo de sus treinta y ocho años, Angela había desempeñado el rol que sus padres habían concebido para ella. Se dedicaba a una profesión que enorgullecía a su padre y proporcionaba a su madre un tema de conversación, a pesar de que ella detestaba su trabajo. Ponía la excusa de que a los hombres no les interesaban las ingenieras, de que a la mayoría les parecía poco femenina. Según su madre, era demasiado lista, y su padre opinaba que los hombres eran demasiado débiles, que Angela necesitaba a alguien aún más fuerte que ella. Lo cierto era que había mentido acerca de casi todo en su vida. Se había dado cuenta de que le gustaban las chicas a los siete años. Se le daban bien las matemáticas, pero no le gustaban. Tenía cuadernos llenos de dibujos, manualidades, bocetos y poesías de la etapa de secundaria. A diferencia de la mayoría de los niños, que compartían sus manualidades con sus padres, Angela no les había mostrado ninguno de sus dibujos o pinturas a los suyos desde la escuela primaria. No conocían a su hija en absoluto.

Para Angela, su homosexualidad era una maldición, y su creatividad la marca de esa maldición. Quería evitar que sus padres la etiquetaran así, pues pensaba que eso destruiría su relación con ellos. A medida que ahondábamos en su infancia, analizó recuerdos que ponían de manifiesto cierta homofobia por parte de sus progenitores. Temía que no lo entendieran y que la rechazaran. A pesar de que se ganaba bien la vida con su trabajo y ahorraba dinero, le asustaba quedarse sola y sin blanca: una interpretación simbólica de la orfandad. Desde su punto de vista, su deber era ser una hija cumplidora y, en la medida de lo posible, hacer lo que se esperaba de ella. Y lo que se esperaba de ella era que llevara una vida mediocre, que ahorrara, se casara, tuviera hijos y viviera cerca de sus padres con el fin de cuidarlos cuando envejecieran. Pero llegó el momento; ya eran mayores y ella vivía lejos. No podía vivir cerca de ellos. Y la verdadera razón de que acudiera a terapia era la manera en la que había vivido su vida ocultando la cicatriz bajo capas de obligaciones que había cumplido o encubierto a la perfección. Pensaba que necesitaba terapia para averiguar cómo dedicarse al arte a jornada completa, pero lo cierto es que el rol de artista era el menos problemático de su vida. Su maldición y el hecho de ocultar la consiguiente marca habían determinado la totalidad de su existencia.

Ejercicio

¿Puedes identificar tu maldición y tu marca? Es probable que tengas varias. ¿Cuáles son las más importantes? ¿Cómo las has gestionado? ¿Las escondes? ¿Cuáles han resultado ser más problemáticas?

Dedica unas cuantas páginas de tu diario a reflexionar acerca de la maldición y la marca que más han influido en tu vida, cómo se han manifestado y qué consecuencias han tenido.

Capítulo 7

CIEGA

Nuestra esperanzada reina está empezando a notar cómo aumenta la presión. Se halla en una etapa temprana del viaje. El suelo se mueve bajo sus pies. Se encamina hacia la división. No es que haya elegido este rumbo: ha llegado a este punto porque le llega a toda mujer. En esta etapa del periplo piensa que su experiencia es única. Cree que la sensación de no encajar es algo con lo que ha de lidiar ella sola. Está convencida de que la delgadez, la felicidad, la popularidad, el éxito o la satisfacción no conllevan ningún esfuerzo a otras mujeres y chicas. No es consciente de que todas las mujeres de su entorno han caído en la misma trampa y que todas las mujeres que conoce lo sobrellevan en silencio. Todas y cada una de ellas sienten la soledad y el aislamiento. No se da cuenta de que a la mujer que tiene al lado le atormenta la misma circunstancia terrible: «No estoy bien, y nadie lo ve o se percata de ello. Estoy sola. Y lo peor de todo es que soy la única responsable».

En el borrador preliminar de esta investigación, este capítulo se titulaba «En la ceguera». Elegí este término porque me pareció que encajaba en el contexto de lo que pretendía explicar. La manera en que se desarrollaban los mitos y las historias me reveló personajes incapaces de verse mutuamente por elección propia, o bien por felonía. Me daba la impresión de que era como estar detrás de una estructura que no te permitía ver más allá y que te mantenía oculta. Cuando me puse a investigar en historias modernas, me di cuenta de que podía tratarse de una forma de ceguera deliberada. El personaje femenino se obsesiona con la venganza hasta el punto de que no ve que está convirtiéndose en un monstruo. En algunos casos su herida es tan profunda que le resulta imposible ver más allá de su dolor o, por el contrario, está tan sobrepasada de amor o alegría que no se percata de las desgracias que se ciernen en el horizonte.

A medida que pulía la investigación, prescindí del título «En la ceguera» y me decanté por «Ciega» porque me pareció que era más descriptivo. ¿Ve la heroína lo que se avecina? ¿Está cegada por la ambición? ¿Se centra en un único objetivo, como el matrimonio o quedarse embarazada, y está ciega ante todo lo demás? ¿Piensa que si evita correr riesgos podrá burlar el destino o la maldición? ¿Aparta la mirada intencionadamente de las amenazas que se ciernen a su alrededor? ¿Se engaña a sí misma con historias felices o se recrea en recuerdos bonitos con el fin de hacer la vista gorda ante su sufrimiento? ¿O, como Diana de Temiscira en *Wonder Woman*, se le oculta la verdad? Todas estas posibilidades se enmarcan en el ámbito de la etapa de la ceguera en el camino de la reina.

La experiencia de la ceguera es tanto hacia el exterior como hacia el interior. Se pone de manifiesto en leyendas como la de Casandra, sobre la que cae la maldición de vaticinar el futuro, solo que nadie la cree. La ceguera describe la experiencia de menores que sufren abusos sexuales y cuyos padres, maestros o cuidadores son ajenos a ello o les asusta demasiado ver la realidad. La ceguera alude a la esposa que confía en que es imposible que la ausencia constante de su marido, pese a todos los indicios, sea debida a la infidelidad. La ceguera hace referencia a la joven que piensa que no le afectará la oleada de sexismo que observa en el instituto, en la universidad o en el trabajo. ¿Es consciente de la supuesta desigualdad existente en el mundo? A nivel individual, la mujer está ciega ante la realidad estructural a la que el conjunto de las mujeres se enfrenta y que la mayoría teme nombrar.

Estar «ciega» en esta fase es justo el punto donde la división inminente surge y la atrapa. Es donde hace una breve pausa con la esperanza de que todo vaya bien. Solo que no es el caso. Es imposible.

El mundo empieza a precipitarse sobre ella a mil kilómetros por hora. ¿Qué está pasando a su alrededor? ¿Por qué está viviendo esta experiencia? Se dice para sus adentros que puede cambiar las cosas sin ningún género de dudas. Que a ella no le afectará. Que puede llegar a ser la primera presidenta del país. Desde su punto de vista, la misoginia es una leyenda sórdida de la historia. El feminismo ya no es necesario, manifiesta sin tapujos. Las mujeres se han ganado el derecho a un salario justo, a un trabajo digno y a la igualdad de oportunidades. ¿Está injustificado que se enoje con su pareja por no ayudarla con el cuidado de los hijos? ¿Qué es lo que está haciendo en el espacio de trabajo para dar pie a que el tío de la mesa de al lado actúe de manera inapropiada constantemente? ¿Cometió un error en los trámites administrativos a consecuencia de lo cual se la privó de una bonificación durante su baja maternal? ¿A quién cree cuando a su amiga la viola un compañero de trabajo en una fiesta? ¿Cómo reacciona cuando su profesor o su jefe le hace proposiciones deshonestas? ¿Qué hay del momento en el que se da cuenta de que debido a la gran cantidad de mujeres que se han incorporado a su gremio ya no se paga tan bien como antes? ¿Cómo gestiona el hecho de que da la impresión de que su mundo se ha reducido desde que fue madre? Si reconoce que no se siente realizada con el matrimonio/la maternidad/su profesión/sus estudios, ¿la convierte eso en una mala esposa/madre/profesional/estudiante?

Me estoy precipitando. La ceguera representa el momento del viaje en el que todas nos creemos inmunes a un viejo patrón, fingimos que el patrón que nos negamos a reconocer no es una realidad aun cuando sea patente, o bien pensamos que ha desaparecido, que es inexistente o que no debería existir. O sea, soy libre. No estoy sujeta a la voluntad de nadie. No tengo por qué consentir las insinuaciones sexuales de nadie. Nadie me dice qué he de hacer. Pero ¿verdad que te lo dicen? ¿Y qué ocurre cuando no lo asumes, cuando miras a otro lado? Que surge la división. Y en esta etapa del camino de la reina todavía no ha asumido el mando, pero se divisa con claridad en el horizonte. Es el siguiente paso.

La chica o la mujer piensa que es capaz de evitar sus efectos. Está ciega ante el hecho de que, al margen de lo que haga, es ineludible. Incluso a mí, a la investigadora que descubrió este patrón..., me incomoda escribir esto. Mi voz interior me dice que seguramente estés pensando: «¡Yo no!», o incluso: «Qué sarta de gilipolleces. Yo no estoy ciega». Temo el revuelo que causa explicar este paso. Todo el mundo se niega a creer que no es consciente de algo importante y, sin embargo, cada vez que ahondo en lo más profundo del periplo de una mujer en concreto o analizo los mitos, las historias, las películas y los cuentos de hadas..., paradójicamente la ceguera me mira cara a cara.

Esta no es una apreciación personal. La ceguera es una fase del camino y una estructura de la división en sí. Como en un espectáculo de magia, estamos distraídas y nos insisten en que una nueva revelación o certeza carece de importancia o es algo excepcional. Dilucidar en qué aspectos estamos ciegas o se nos ha instado a hacer la vista gorda es precisamente la clave de esta fase del periplo. Es aquí donde, como mujeres, aprendemos a *asumir* nuestra ceguera. Esta experiencia, no obstante, obra magia también. Aceptar nuestra ceguera significa que, por defecto, somos responsables a nivel individual. Si me comprara un coche con una valoración de cinco estrellas y resultara herida en un accidente, bueno, entonces está claro que sería culpa mía. Debería haber indagado más, lo que pasa es que estoy ciega ante el hecho de que la valoración de la seguridad del vehículo no se comprobó en personas de mi constitución. Si trabo amistad con un compañero que acostumbra a hacer comentarios sexistas a los que le quito hierro por considerarlos estupideces propias de los tíos y posteriormente me viola en el almacén del restaurante donde trabajo, me preocupará haber hecho algo para darle pie. (Ambos ejemplos son casos reales de pacientes).

Cuando apartamos la mirada de personas y sistemas que nos ponen en peligro, perjudican o invisibilizan, nos hallamos en la etapa de la ceguera. Cuando nos comparamos con otras personas sin tener en cuenta las circunstancias y las consecuencias, también sucumbimos a la ceguera. Cuando nos comparamos con hombres con el mismo estatus y la misma formación, experiencia y capacidad, estamos ciegas. El riesgo que conlleva la falta de visión es que se puede acabar corriendo un serio peligro. Es posible que suframos acoso o que nos convirtamos en chivos expiatorios. Puede que abriguemos expectativas poco realistas que constantemente se ponen de manifiesto cuando abarcamos más, cuando asumimos más responsabilidades. Puede que vivamos situaciones en las que los riesgos podrían haber sido evidentes si no nos hubiéramos ceñido al patrón de la «buena chica» que ha de ser agradable con todo el mundo, por lo general en perjuicio nuestro.

En honor a mi padre, he de decir que a muy temprana edad me aconsejó que no permitiera que nadie me minusvalorara por ser una chica. En mi infancia y adolescencia esto me parecía completamente ridículo. ¿Por qué el hecho de ser una chica iba a impedirme nada? Era igual de lista, si no más, que los niños de mi clase. Era fuerte y capaz. Con el paso de los años, me pareció absurdo que hubiera necesidad de motivarme. Yo no contaba con un colchón para mis estudios universitarios o con unos padres que pudieran costear mis gastos. Ciertamente, a mis padres les traía absolutamente sin cuidado que realizara estudios superiores. Pero siempre tuve un vehemente anhelo de formarme, así que, cuando llegó el momento de ir a la universidad, me esforcé al máximo y fracasé. Me matriculé, compaginé los estudios con dos empleos y, más o menos en mitad de cada semestre, sufría un bajón físico o anímico a causa del estrés, enfermaba o me deprimía. Por lo general conseguía completar el curso académico a tiempo, y después tenía que hacer un descanso. Y me sentía como una fracasada. Mis compañeros del instituto seguían adelante. Mi hermanastra era capaz de seguir adelante y progresar. ¿Qué me pasaba *a mí*?

Pasé por alto un hecho obvio: mi hermanastra tenía un padre de posibles que no era el que compartíamos. Mis padres no valoraban la educación y no consideraron oportuno reservar dinero para ello. Mis compañeros del instituto tenían becas o padres acomodados. En mi último año en el instituto me concedieron una beca para un centro de enseñanza católico que solicitó mi abuela, quien, aunque solo tenía el título de graduado escolar, movió hilos en la archidiócesis de Nueva Orleans gracias a los servicios que había prestado durante décadas. Yo estaba ciega: no era consciente de en qué medida el dinero (o la falta de él) influía en mi vida. Desde mi punto de vista, sería capaz de salvar todos los obstáculos, costearme los estudios universitarios y sacar matrículas de honor porque era competente.

Hasta que me casé y me dispuse a terminar el doctorado en Filosofía no caí en la cuenta de que el hecho de haber sufrido todos esos altibajos durante tantos años no era debido a que me faltara fuerza de voluntad, sino apoyo económico y estructural. Los estudios universitarios me resultaron fáciles cuando no me vi en la necesidad de compaginar dos trabajos. Probablemente habría acabado mis estudios de no haber necesitado ayuda económica, pero para optar a una beca es obligatorio estudiar a tiempo completo. El requisito mínimo para ser un estudiante a tiempo completo en Estados Unidos es matricularse al menos en tres asignaturas de ciencias o en cuatro de humanidades o ciencias sociales. Cuando lo compaginas con dos empleos, se hace muy cuesta arriba. Por supuesto que abandoné los estudios. Por supuesto que mis circunstancias me pasaron factura a nivel físico. Estaba ciega ante los problemas estructurales, sumida en una serie de «deberías» que me hacían pensar que era débil y perezosa si era incapaz de vivir el día a día con tres o cuatro horas de sueño cada noche. Estaba ciega ante la realidad de la situación, hasta que dejé de estarlo.

El juego femenino

Al haberme criado en el sur de Estados Unidos, me familiaricé con un comportamiento al que denomino «el juego femenino». Recuerdo haber asistido a una reunión entre un grupo de mujeres pertenecientes a una agrupación de empresas locales y los responsables de varios departamentos de la Universidad Estatal de Luisiana (LSU). Estaban planificando un evento y, durante la primera hora del encuentro, los jefes de departamentos y profesores expusieron sus planes y opiniones. La mayor parte de sus propuestas eran inviables con nuestro presupuesto, y dedicaron gran parte de sus comentarios a ponerse medallas. Pero las mujeres, con sus voluminosos y pulcros peinados, densos pintalabios y trajes a medida, no pestañearon. Tomaron notas, felicitaron a los hombres y se cercioraron de que el suministro de café no faltara.

Al cabo de unos cuarenta minutos, los tíos perdieron el entusiasmo y algunos empezaron a aburrirse. Una mujer que iba vestida con un traje rosa fuerte y que había convocado la reunión puso fin a la sesión. Dijo a los hombres: «Vayan saliendo, yo me encargaré de ultimar los detalles. Solo voy a asegurarme de que he tomado nota de todo». Acto seguido se levantó y todo el mundo hizo lo mismo. Yo me puse a recoger mis cosas para marcharme. Cuando el último hombre se marchó de la sala y yo me dirigía a la puerta, me percaté de que ninguna de las mujeres había recogido sus cosas. Vacilé durante unos instantes, y la señora del traje rosa dijo: «Vale, tenemos quince minutos para decidir lo que realmente vamos a hacer. Démonos prisa». La verdadera reunión acababa de empezar.

El juego femenino se pone en marcha cuando las mujeres carecen de poder patente, de modo que lo ejercen de manera subrepticia y adoptan una actitud laudatoria y deferente. La señora del traje rosa acabó diseñando un plan completamente diferente partiendo de las ideas propuestas sin que los hombres se percataran de ello porque les atribuyó el mérito. El juego femenino suele ser una manipulación eficaz, pero no hay garantías de que te reconozcan ningún mérito por tu labor. El juego femenino es un juego de destreza, como el ajedrez. Me deja boquiabierta y soy nula para jugar. La MISOR es a menudo la más talentosa en este sentido. Las MIPE como yo observamos y nos enfurecemos.

Como la mayoría de las mujeres, yo estaba ciega ante la división. La cultura que coloca a las mujeres en la división invisibiliza nuestra naturaleza humana. Se nos mantiene, si no adrede, sí de una manera efectiva ajenas a los procesos y estructuras que menoscaban nuestra naturaleza humana en favor de nuestra subjetividad. Esto se ha convertido en algo tan omnipresente que las mujeres apenas lo cuestionamos, haciendo comentarios del tipo «los hombres no tienen remedio», «los hombres son como niños» o «así son las cosas» en vez de considerarlos modelos de comportamiento que se reproducen a nivel cultural con nuestra colaboración y nuestra propia conducta. La ceguera cultural es la norma. Al igual que Neo cuando despierta en *Matrix* sin haber usado jamás los ojos, con frecuencia nos sorprende hasta qué punto nos hemos doblegado a las estructuras que nos mantienen en la sumisión. Esta etapa del camino de la reina es, por supuesto, dolorosa porque los sistemas son tan omnipresentes que carecemos de herramientas claras para discernirlos. La invisibilidad protege los sistemas al tiempo que impide que el trabajo, el esfuerzo, el sufrimiento y las dificultades de la mujer parezcan serias o reales. La ceguera pone la experiencia de una mujer en una rocambolesca tierra de nadie en la que la culpa y la responsabilidad recaen al cien por cien en ella, y el setenta y cinco por ciento es irreal. Por tanto, si tiene un problema es culpa suya, pero en cualquier caso es probable que no sea un problema como tal.

¿Qué es una bruja?

La ceguera puede ponerse de manifiesto en el ofuscamiento y la distracción. Los juicios de brujas vigentes durante casi cinco siglos constituyen un magnífico ejemplo. La economía de los países europeos experimentó una transformación sin precedentes en el transcurso de ese periodo. El sistema feudal, basado en la propiedad de la tierra, estaba quedando obsoleto. En los feudos los campesinos rendían pleitesía a los nobles propietarios de las tierras. Los campesinos trabajaron y vivieron de la tierra durante cientos de años, jurando vasallaje a los terratenientes, que a cambio les garantizaban la protección y una parte de la cosecha que cultivaban. A medida que aumentaron las invasiones, las guerras asolaron Europa. El capital líquido pasó a ser esencial para la defensa de la propiedad. Era necesario pagar a los ejércitos con dinero en metálico. Esto puso contra las cuerdas tanto a los campesinos como a los señores feudales. La clase más beneficiada fue la que integraban aquellos que ya vivían entre ellos: los comerciantes.[1]

Hasta el surgimiento de la economía en efectivo, ser comerciante no se consideraba una posición deseable en la sociedad, puesto que no eran «nobles». Los comerciantes no rendían pleitesía a los señores feudales o a los reyes con un deber o cometido específico ni, como en el caso de los siervos o los arrendatarios de las tierras, debían jurar lealtad a ninguna familia noble: su lealtad podía comprarse. Esto provocó recelo a ojos de gran parte de la sociedad. Pero con el cambio que se estaba produciendo en las economías de Europa, las tierras en sí sirvieron como garantía para el dinero recaudado con el objetivo de defender esos territorios. Y la nobleza terrateniente pronto empezó a depender de la clase mercantil, lo cual alteró considerablemente las estructuras de poder.

La riqueza que surgió de la transformación económica no circulaba de forma natural según los canales tradicionales. Las familias de la clase mercantil eran más reducidas que las de los señores feudales. Y, para complicar aún más las cosas, los sucesivos siglos de guerras redujeron el número de hombres casaderos. Los hombres, tanto campesinos como nobles, eran reclutados para luchar. Por consiguiente, las mujeres, sin hombres a su alrededor que las mantuvieran centradas en roles domésticos, se convirtieron en la fuerza dominante. Además, pasaron a formar parte de la clase mercantil por necesidad: los negocios pasaban a sus manos cuando sus maridos o padres morían en el campo de batalla o al contraer enfermedades como la peste, que se estaban propagando sin control entre la población de las ciudades.

El sistema de herencia que favorecía a los primogénitos varones, basado en la propiedad y la explotación de la tierra, había estado vigente a lo largo de cientos de años. Era necesario proteger las tierras y a aquellos que las cultivaban frente a saqueadores o a quienes simplemente las ocupaban y se apropiaban de ellas. Las amenazas en un sistema de herencia de la tierra son diferentes a las de una economía basada en el intercambio de dinero. Ante una apropiación de recursos como la tierra y el agua por la fuerza, es lógico sacar las espadas en defensa de los señores. Cuando la propiedad heredable es un negocio que requiere transporte, transacciones comerciales y efectivo, la protección puede comprarse. La protección pasa a formar parte del precio de compra o intercambio de bienes. Como es natural, en estas circunstancias las reglas de la progenitura perdieron sentido, ya que una mujer podía efectuar un pago con una bolsa de media libra de monedas de oro lo mismo que un hombre. Y aún más importante, este cambio económico dio un vuelco absoluto a las expectativas de las familias feudales. ¿Quién debía heredar un feudo de mil quinientos acres si el hijo mayor se encontraba luchando en las cruzadas en Jerusalén? ¿El primogénito de este o la esposa o la hija del señor feudal, que habían recaudado el diezmo y se habían asegurado de que la lana y el trigo llegaran al mercado para costear la cruzada?

Antes de tratar el tema específico de la caza de brujas, hagamos un inciso para explicar el mecanismo de los rumores. A pesar de que pueda parecer algo secundario al tema que nos ocupa, los rumores poseen un gran poder. En las comunidades pequeñas constituyen un poder regulador. La vergüenza mantiene a raya a la gente, que se rige por las normas que imperan en la comunidad. Sin embargo, en las comunidades donde escasea la información fidedigna proliferan los rumores. Lo *fidedigno* es importante. A falta de suficientes fuentes de confianza, o si estas son precisamente parte del problema, los rumores se convierten en el medio de comunicación por defecto. Cuando los miembros de un colectivo comentan y especulan acerca de las causas y consecuencias de los problemas generalizados, se alivia la tensión en la comunidad. Las cazas de brujas se convirtieron en un arma durante la Edad Media y el Renacimiento.[2]

Los sistemas sociales imperantes en este periodo estaban desmoronándose. Los nobles, que poseían tierras y escasa liquidez, de pronto se encontraron en la coyuntura de tener que luchar constantemente con el fin de proteger su patrimonio. Las invasiones que familias guerreras llevaron a cabo en toda Europa causaron una gran agitación. Pronto se desataron guerras continuas en las que reinos más pequeños sucumbían ante los poderosos. El poder se consolidó en la élite, la riqueza fue a parar a aquellos que podían permitirse el lujo de contratar tropas para defenderse o atacar. Los poderes que comenzaron a ejercer más influencia fueron los reinos que reclamaron el derecho divino a gobernar y la Iglesia, que santificó esas reivindicaciones con el respaldo del mensajero de Dios en la tierra, el papa.

¿Por qué es importante todo esto? Porque pone en contexto tanto el trasfondo como la forma en la que la ceguera y la distorsión allanaron el terreno para el florecimiento de la caza de brujas. La población pasaba apuros económicos y los sistemas de autoridad que habían protegido al pueblo a lo largo de décadas ya no funcionaban de manera eficaz. Así pues, a falta de información fidedigna que mitigase los temores y la inquietud del pueblo, los rumores prosperaron.[3] La respuesta sobrenatural fue la única que cobró sentido, puesto que las autoridades fueron incapaces de seguir manteniendo la hegemonía. Su influencia y su poder no bastaron para cambiar la situación. Que esta imposibilidad fuera debida a su falta de capacidad o voluntad es lo de menos; lo que importa es que la solución sobrenatural abordó el problema de una manera efectiva y permitió que la comunidad se agrupase en un frente común contra un enemigo. Esto mitigó la presión de la incompetencia de las autoridades y organizó a la comunidad de manera que pudiera encauzar sus esfuerzos para gestionar sus objetivos e inquietudes.

La mujer soltera es un problema en cualquier orden social de género. Las circunstancias no revisten demasiada importancia: es irrelevante si no llegó a casarse por la falta de un pretendiente adecuado o porque su padre falleció al contraer la peste antes de poder arreglar un matrimonio para ella, o bien porque enviudó cuando su marido murió en la guerra. La cuestión es que hay una mujer que legalmente carece de poder o autoridad en la sociedad, una persona dependiente que se ve obligada por las circunstancias a arreglárselas sola y ganarse el sustento para ella y el resto de la familia. A falta de un estado de bienestar efectivo, ¿qué se puede hacer? O hay que crear un sistema para atender a viudas y huérfanas, o bien deshacerse de ellas. Pero ¿cómo se consigue convencer a la gente de que es lícito deshacerse de ellas? Demonizándolas; despojándolas de humanidad. En resumidas cuentas, eso es lo que sucedió entre el siglo XIII y el XIX a lo largo y ancho de Europa y en diversas colonias estadounidenses como la de Salem, en Massachusetts.

Sin duda, los aspectos y factores psicológicos son complejos. Ninguno de los presentes en torno a una mesa en un banquete medieval dijo: «¿Sabéis qué? Hay demasiadas mujeres; acabemos con ellas, y punto». No, no fue eso lo que sucedió. Lo que sucede en estas circunstancias es que algún acontecimiento, como una pandemia, una muerte significativa o una invasión, genera inquietud entre el pueblo y la respuesta por parte de las autoridades es ineficaz. Entonces el pueblo lo atribuye a un castigo divino o a una maquinación del diablo y se pone a buscar el origen, lo cual alivia la presión de quienquiera que esté al mando porque puede unirse al pueblo: «¡Averigüemos el origen del problema juntos!». La idea de lo «demoníaco» es un recurso fácil porque el origen no es tangible. De este modo la gente puede centrar sus esfuerzos en la búsqueda de la causa del problema, y el problema nunca es algo que esté extendido en el grupo. Las investigaciones en el campo de la psicología social han demostrado que, cuando una terrible maldición asola a un colectivo, es imposible que el problema sea también el origen. El problema de que los hombres no regresen de la guerra, por ejemplo, no puede ser el hecho de que la causa sea injusta o que el sistema nos haya fallado: debe de ser que una maldición ha caído sobre mi pueblo o mi familia. Es imposible que sea algo fortuito o quijotesco; es preciso encontrar un origen y una causa específicos.

La búsqueda de alguna razón al margen de lo obvio es lo que causa la ceguera cultural. Este proceso inconsciente se produce porque resulta demasiado doloroso averiguar la raíz del problema en la comunidad que se encuentra en peligro, entre la gente que ya lo está padeciendo o en las autoridades que han fracasado a la hora de solucionarlo. Sería inconcebible atribuir la causa del sufrimiento colectivo a la gente y a las instituciones que lo padecen. Estas son las conclusiones, extraídas una y otra vez y con independencia del siglo o el entorno en el que se llevaron a cabo las cazas de brujas, de los estudios realizados en el campo de la psicología social. El sistema que las guerras y los cambios geopolíticos mundiales destruyeron liberó la presión atacando a las mujeres con el pretexto de la caza de demonios y brujas. En la época de la aparición de los contratos como norma estructural en el ámbito del comercio, el pacto de vender el alma al diablo era un recordatorio de que el comercio y el intercambio de bienes y servicios poseen un marco jurídico. ¿Y qué mejor manera de inculcar a alguien la importancia y la permeabilidad de los contratos que plantear la existencia de un vínculo sobrenatural entre dos partes que firman un acuerdo?

La sociedad medieval se cimentó en la guerra por el poder y la expansión de territorios con el fin de llevar dinero y recursos de vuelta a las comunidades que enviaban hombres a luchar como soldados. Las autoridades de la época, incapaces de justificar el derramamiento de sangre y la pérdida de recursos ante la población diezmada, culparon a demonios y brujas. Y las únicas personas a quienes incriminar eran las mujeres que se habían quedado en casa. La cultura creó una amenaza invisible encarnada en el diablo. ¿Su objetivo? Las mujeres que no estaban dispuestas a doblegarse. Esto se convirtió en una cortina de humo de las verdaderas amenazas que asolaban al pueblo: el cambio económico, la deuda, la guerra, la pobreza, la pandemia, la migración y la agitación política. En última instancia, el diablo también es responsable de todo eso, de modo que luchar contra el mal en casa es casi tan lícito como luchar contra el mal en el campo de batalla. Y, a cambio de eso, obtenemos un beneficio: se silencia a las mujeres, que dejan de rivalizar con los hombres por los recursos y aprenden cuál es su lugar. Esta campaña de distracción que cegó a las mujeres ante sus circunstancias tuvo mucho éxito. Hoy en día, cuando hay una mujer que no nos gusta o que parece maliciosa, seguimos tachándola de bruja. Al hacerlo, confundimos las dinámicas de poder que podrían influir en el comportamiento que observamos. Nos alineamos con el poder y la autoridad y degradamos a la «bruja» porque se cree más importante que el *statu quo*.

Pero la bruja no es la única que está ciega; la MISOR también lo está. A la MIPE se la suele representar como una bruja y se le hace creer que ella es la única responsable, que su destino es culpa suya. A la MISOR se le enseña que fracasar es imposible, que si hace lo que se espera de ella le irá estupendamente y que, si no es el caso, quebrantó una regla que desconocía. Si se limita a obedecer, se la recompensará. La MISOR está ciega ante la posibilidad de que la división también la escindirá. Adoptar una actitud deferencial y recatada no la salvará. La ceguera de la MISOR no es falta de juicio: cree de todo corazón en su bondad y actúa movida por ella. No compite por el afán de poder o control. No pone ninguna objeción a los roles; de hecho, le gustan. Las reglas organizan estructuras que le resultan fáciles de entender. Es capaz de vivir en conformidad con los patrones que impone la autoridad porque tiene la firme convicción de que la autoridad que ella busca tiene virtud y la protegerá.

Una rubia muy legal y la ceguera

Elle Woods es la chica más popular de la hermandad Delta Nu. Cuando su novio, Warner Huntington III, rompe con ella, decide que la única forma de mantener la relación con él es seguirlo a la Facultad de Derecho de la Universidad de Harvard. Cuando se matricula en la universidad, Elle está completamente ciega ante su situación. Cree que la aceptarán. No se le pasa por la cabeza que la tratarán mal o que las estudiantes más serias de la clase de primer curso de Derecho le harán el vacío. La ceguera de Elle es patente cuando se instala en Wyeth House, la residencia de estudiantes, ajena a que es el blanco de todas las miradas. Tampoco se percata de ello cuando se presenta los primeros días en el campus. Además, cuando asiste a los eventos del día inaugural, a la reunión de orientación, se emperifolla para la ocasión. Por otro lado, no capta el ambiente en el encuentro y adopta su típica actitud de MISOR mostrando entusiasmo y trabando conversación con la gente, lo cual nadie espera o aprecia. Está ciega ante las expectativas sociales. Cuando todo el mundo alardea de sus logros intelectuales, ella mete baza con sus éxitos sociales, como haber sido elegida «reina del baile» en el encuentro de antiguos alumnos. Es una MISOR y, como tal, se relaciona.

Su ceguera continúa definiendo su etapa en Harvard a medida que trata de trabar amistades y contactos. Se presenta en la biblioteca para intentar integrarse en el grupo de estudio de su exnovio. Les lleva algo para picar con la esperanza de empatizar y complacer al clásico estilo MISOR. Ellos la reprenden y se burlan de ella hasta que al final sus detractores le dicen sin tapujos lo que opinan de ella. A pesar de que esto le duele, no basta para quitarle la venda de los ojos. Elle se siente muy triste y desorientada. No sabe cómo reaccionar, tan solo cómo ser una MISOR y procurar relacionarse y empatizar. Finalmente se le cae la venda de los ojos y cruza al segundo cuadrante cuando Vivien, la nueva novia de su exnovio, la invita a una fiesta que está organizando para burlarse de ella. Mientras recorre los pasillos de Wyeth House, Vivien invita a todos aquellos con los que se cruza. Elle oye la palabra *fiesta* antes de ver quién es la anfitriona. Vivien, al ver las ganas que tiene Elle de algo tan corriente como asistir a una fiesta, la invita a su «fiesta de disfraces», una mentira con el fin de poner en ridículo a su rival. Elle se presenta en la fiesta de Vivien con un diminuto traje de conejita. Está cohibida, pero decide meterse en el papel. Como buena MISOR, está decidida a integrarse. La venda no se le cae totalmente de los ojos hasta que Warner se burla de ella porque se cree lo bastante lista como para postularse a una pasantía en un prestigioso bufete del que es socio su profesor. Warner le suelta a bocajarro: «No eres inteligente, cariño». Es en este momento cuando por fin se rompe el hechizo de la ceguera de Elle. Se da cuenta de que él no la valora. Warner considera que los logros de Elle no son comparables a los suyos, a pesar de que es evidente que lo supera con creces. Él se encontraba en la lista de espera para conseguir plaza en Harvard y su padre tuvo que mover hilos, mientras que a Elle la admitieron por mérito propio. En ese momento, ella responde: «Jamás seré lo bastante buena para ti, ¿verdad?». Se marcha de la fiesta, va directamente a la librería de Harvard disfrazada de conejita y se compra un llamativo ordenador portátil. Ha dejado de estar ciega.

Ejercicio

Al analizar un momento importante de tu vida, ¿puedes ver dónde hubo acciones o intrigas que pasaste por alto? En el contexto de tu maldición o tu marca, ¿hay una forma particular de ceguera que la acompañara o que surgiera a raíz de ella?

CUADRANTE II

En el mundo de las fuerzas invisibles y el misterio

Cuadrante II:

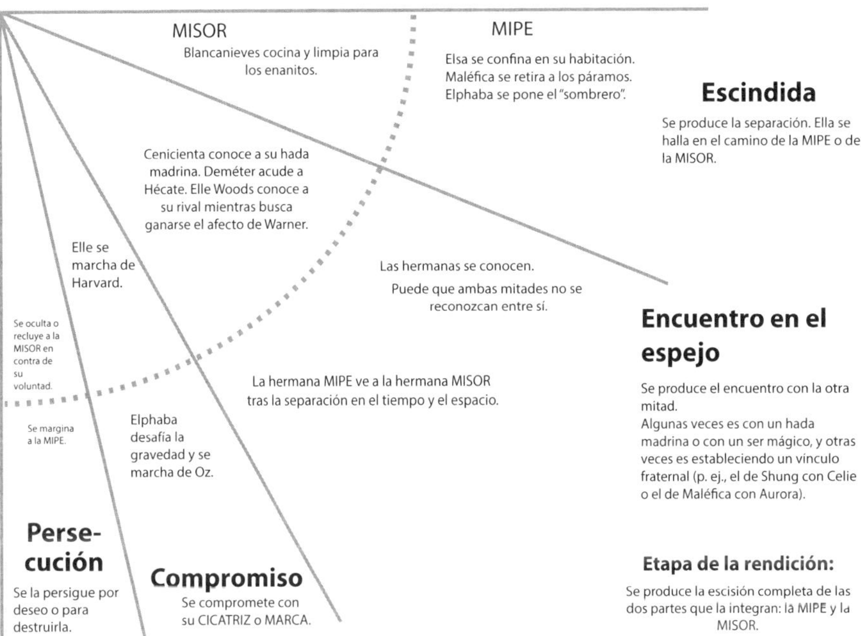

Ahora estamos transitando desde el mundo de los poderes y las formas visibles al mundo de las fuerzas invisibles y el misterio. Se trata de una transición decisiva. A lo largo de los dos cuadrantes siguientes la mujer va a pasar por un trance que alcanzará el punto culminante en la persecución y que, de no reconocerlo e interiorizarlo, podría mantenerla en una agonía eterna. En el segundo cuadrante, cada mujer se ve compelida a tomar el rumbo de la MISOR o la MIPE. Intentará encontrar sentido a su rol, a pesar de que se niega a aceptar que las fuerzas que influyen en ella son arquetípicas. Es posible que siga tomando decisiones para intentar liberarse y que aun así continúe atrapada en el purgatorio del segundo cuadrante, repitiéndolo una y otra vez.

Capítulo 8

LA RENDICIÓN

Siempre lloro cuando veo esa escena. Para mí es una de las más desgarradoras de la historia del cine. En la adaptación de *El color púrpura* que realizó Steven Spielberg en 1985, las hermanas Nettie y Celie son separadas por el violento marido de esta, Albert. En la escena anterior, Albert, a quien Celie siempre llama «míster», intenta aprovecharse de Nettie cuando esta va de camino a la escuela. Nettie logra zafarse de él y echa a correr hacia la casa en busca de su hermana. Pero el orgullo de Albert no permitirá que las hermanas sigan juntas, de modo que echa a Nettie con cajas destempladas. A pesar de que las hermanas se aferran la una a la otra con fuerza, él consigue separarlas. Primero las separa a tirones mientras se abrazan con fuerza en el porche delantero. Él levanta a Nettie, y Celie sostiene las manos de su hermana mientras el míster la arrastra por la propiedad. Sin soltarla, Celie cae y es arrastrada por las escaleras, mientras ella se aferra a su hermana. En un momento dado el míster suelta a Nettie, las hermanas corren hasta el poste de madera de un emparrado y Nettie se aferra con desesperación a él mientras Celie la protege abrazándola por detrás. Pero el míster logra que suelte el poste golpeándole los dedos con sus fuertes puños. Cuando por fin consigue tomarla en brazos de nuevo, la conduce hasta la verja de la propiedad, le da un empujón y ella cae de bruces en el camino de tierra. Nettie se levanta enseguida e intenta agarrarse a su hermana Celie con desesperación, pero el míster se interpone entre ellas. Cuando él levanta un puño para golpear a Nettie, ella se aleja y clama entre lágrimas de desesperación: «¿Por qué?».

Esta escena es la primera que me viene a la cabeza cuando pienso en esta etapa del camino de la reina. Es la que mejor ilustra la experiencia de la rendición de las que he encontrado en el cine. La rendición es un paso monumental. La mujer no solo pone los pies en el espacio en que se encontrará escindida, sino que además abandona el mundo de los poderes y las formas visibles que conoce para internarse en el mundo de las fuerzas invisibles y el misterio. Se adentra en el inframundo. En esta etapa del viaje, el mundo carece de sentido. Se halla en el lugar donde, escindida tras la experiencia de la división, se encuentra despojada de poder. En esta transición se le marca el rumbo para convertirse en MISOR o MIPE. Las fuerzas externas harán que se focalice en esa dirección, con independencia de que quiera o no tomar ese camino. Empezará a sentir añoranza de cualquier combinación de atributos de la MISOR o de la MIPE. Tal vez su anhelo sea de poder, de relaciones, de pertenencia o de expresión de sus dones. La división se ha producido, y luchará por pertenecer a una familia o un grupo, o bien por materializar sus objetivos y deseos. Las fuerzas gravitacionales de la cultura le resultarán desorientadoras e irreales.

¿A qué estamos reaccionando? Las mujeres de todo el mundo, al margen de la cultura a la que pertenezcan, se sienten presionadas a nivel interno y externo para convertirse en princesas bellas y desenvueltas que se dedican a cuidar de los demás o en mujeres resueltas a las que se etiqueta de «difíciles» por el hecho de tener ambición y aspiraciones. Las mujeres saben de manera instintiva, aunque no explícita, la influencia que ejercen en ellas las poleas y ruedas del vasto engranaje que permea su mundo y afecta a su día a día. La maquinaria se ha vuelto ubicua hasta el punto de hacerse invisible. La maquinaria que escinde a las mujeres en perjuicio de sí mismas se cimenta en el tejido de la vida cotidiana. A veces se la denomina «patriarcado», como si fuera simplemente el rol del padre de familia lo que crea este sistema abusivo. El uso del término, si bien descriptivo, es demasiado simplista. El mecanismo de la rendición sería más comparable con el de una fábrica con una inmensa infraestructura de máquinas de Rube Goldberg de gran envergadura que se ponen en marcha, se desconectan y conectan entre sí sin cesar conforme se producen fisuras o transgresiones.

En cada situación un nuevo mecanismo empuja a la mujer a conformarse. La intención es despojarla de voluntad con el fin de que le resulte más fácil perseguir los ideales culturales de la feminidad. En la mayoría de los casos estos ideales incluyen ser pasiva, callada, insignificante y atractiva. Los mecanismos de esta infraestructura en última instancia colonizan su mundo interior. Cuando la mujer se descarría, un mecanismo interno corrige su rumbo. Las fuerzas externas que operan dentro de su ser determinarán sus deseos, sueños, ambiciones, temores, límites e ideales. Estas fuerzas internas complicarán sus elecciones, generando un estado continuo de conflicto interno que puede manifestarse en un grado desde leve hasta incapacitante.

¿Cómo se convierte a un ser humano rebosante de vida y esplendor en una observadora pasiva? ¿Cómo se contiene su alegría, pasión, ambición y belleza? Convenciéndola de que la franqueza es de mal gusto. Castigándola por ser «demasiado». Aleccionándola para que sea «femenina». Ridiculizando a las mujeres inconformistas. Poniendo ejemplos de mujeres que quebrantan las reglas. El sistema castiga a la mujer por fracasar en la tarea casi imposible de controlar el comportamiento de aquellos que poseen una mayor fuerza a nivel físico, cultural o político, por lo general los hombres poderosos. Se les inculca en masa que existen diferentes expectativas para los hombres y para las mujeres. Lo ideal es que las mujeres sean obedientes y calladas, y los hombres fuertes y valientes.

¿Cuáles son los componentes de la maquinaria? Los mecanismos, que constan de instrumentos que cortan, presionan y aplastan, son complejos. La función de los elementos que integran las cintas transportadoras, los filtros y las secciones de corte preciso es separar la voz interior de una mujer de su entidad corpórea. Debe controlar su peso para que siempre la consideren «deseable». Debe cuidar sus modales para no ofender en ningún momento. Debe ser lista para que no la pillen desprevenida. Debe ser astuta para evitar provocar a depredadores indeseables. Debe actuar con modestia para no llamar la atención «en el mal sentido». Debe tener siempre presente que para progresar será necesario gustar por encima de todo lo demás. Por consiguiente, debe aprender el sutil arte de ejercer el mínimo grado de presión. Debe convertirse en una experta en captar las intenciones de los demás. Necesitará ser creativa y sutil para no parecer avasalladora o malintencionada en ningún momento. Debe, debería, debe, debería... Esa es la clave aquí. Siempre «debe» considerar prioritario todo y a los demás. Es decir, su voluntad, su cuerpo, su inteligencia y su ser no son «para» ella, sino que siempre están al servicio de alguien o de algo externo que prevalece sobre ella.

Si lo pones en duda, basta con que te pares a pensar cuántas veces tú misma has podido mirar con malos ojos a una mujer «demasiado llamativa». A lo mejor tú o alguien cercano a ti ha comentado que una mujer «se lo estaba buscando» por ir ligera de ropa. O quizá tildaras de «zorra» o «machorra» a una mujer «mandona». ¿Te inculcaron que estaba comprometiendo su feminidad? Seguro que has oído estos comentarios en tu entorno, tal vez en tu círculo más cercano, ya sea por parte de miembros de tu familia, compañeros o amistades.

Esto se pone de relieve de maneras predecibles. Desde el punto de vista más conservador, una mujer es primero una sierva del patriarcado, segundo una madre y, por último, una persona. Como resultado de ello, se le imponen expectativas e ideales y es objeto de insultos y prejuicios inconscientes. Ella acepta los condicionamientos sociales para alcanzar un ideal imposible. El siniestro propósito de hacerla pasar por el aro es distraerla de dinámicas socioculturales de las que está y estará excluida. Estos mecanismos existen y se perpetúan con brutalidad. Aunque se crean a través de sistemas y creencias poderosos, por lo general se reproducen y operan de manera inconsciente.

Los instrumentos de la maquinaria incluyen mecanismos de fuerzas sutiles y brutales. Entre las fuerzas sutiles figuran (aunque no exclusivamente) la coacción, la comparación, el estatus, la idealización, la manipulación psicológica y la vergüenza. Las fuerzas brutales son más obvias; la lista la encabezan la violencia física y la violación, y a continuación las amenazas de agresión, el silenciamiento, el encubrimiento y la condena pública. El proceso de introducción de estos sistemas está lejos de ser sutil. Casi todas las mujeres recuerdan el momento en que aprendieron (normalmente por medio de la fuerza) que las reglas para la mujer son diferentes.

Estos sistemas crean en cada mujer un prisma sutil o profundo de sexismo interiorizado. Crean una visión del mundo sustentada por madres, tías, vecinas y abuelas, que posteriormente transmiten a las niñas y a otras mujeres por medio de sistemas de control paralelos y simultáneos. Somos conscientes de cómo nos atenazan al competir por los recursos de toda índole, ya sea conseguir un empleo, atención o una pareja. Que una mujer acepte estas estructuras o las rechace determinará el resto de su existencia. El hecho de aceptar las estructuras incluso de manera tácita es comulgar con los condicionamientos culturales, y lo cierto es que prácticamente no hay ningún lugar del mundo donde esto pueda evitarse. Oponerse a estas reglas, señalar su naturaleza y la forma en la que afectan a las mujeres también forma parte del sistema. Ante estas alternativas, te defines a ti misma eligiendo estar dentro o fuera del sistema. Como sucede con la mayoría de las estructuras, somos ajenas a los muros invisibles que nos marcan el rumbo hasta que nos topamos de frente con ellos. Reservamos nuestra ira para el insulto individual, el amante celoso o el violador. Pero son los muros invisibles de la estructura los que crean y afianzan esas fuerzas. No obstante, hay una vía para salir del sistema interno, aunque aún no seamos capaces de desmantelar el sistema externo. El destino final es la soberanía, el control absoluto sobre una misma.

Al servicio de tu ser

En su libro *Girlhood* [Juventud femenina], Melissa Febos con frecuencia describe escenas de la división. Al investigar la vida sexual de las chicas, Febos describe un fenómeno que yo he percibido en mis pacientes más jóvenes. Cuando se pidió a estas mujeres que valoraran su satisfacción en el terreno sexual, en vez de evaluar su experiencia personal dieron cuenta del grado de satisfacción que según ellas tenían sus parejas. Con mis pacientes es algo así:

Terapeuta: ¿Eres activa sexualmente?
Joven: Sí.
Terapeuta: ¿Cómo describirías tu vida sexual? ¿Te sientes satisfecha con la cantidad de placer sexual que experimentas?
Joven: Mi novio dice que soy buenísima en la cama. No paramos de hacer cosas.
Terapeuta: ¿Hacéis cosas?
Joven: Sí. Él disfruta.
Terapeuta: ¿A ti qué te gusta de eso?
Joven: Bueno, a él le gusta. Me presta atención. Supongo que eso es lo que a mí me gusta.
Terapeuta: Entonces, sin ánimo de ofender, ¿tú tienes orgasmos?
Joven: (Se incomoda) Pues... no, pero él siempre.

En el estudio que Febos analizó, los varones del mismo grupo de edad respondieron, no sobre sus parejas, sino sobre su propia satisfacción.[1] La autora se dio cuenta de que había existido un patrón similar en su vida mientras mantuvo una relación con una pareja especialmente controladora. Cuando los amigos y la familia se interesaban por su bienestar, respondía comentando cómo creía que su pareja se sentía con respecto a ella en aquel momento. Febos posteriormente aborda cómo el consentimiento se enturbia en estas circunstancias.

Que el consentimiento tácito por parte de una mujer que teme por su vida en presencia de alguien más fuerte y poderoso, generalmente un hombre, a menudo es el único poder que tiene. El consentimiento tácito es un medio de evitar una reacción más violenta e impredecible. Decir sí en voz alta o de manera implícita es una forma de mantener la sensación de control frente al peligro.

Se pone de manifiesto cada vez que una mujer describe la separación de sí misma. Está presente cuando manifiesta que siente un anhelo inexplicable por un aspecto indefinido de su identidad. Se pone en evidencia cuando los directores de cine muestran un trauma muy reconocible que enfrenta a una mujer a sí misma. La división aparece cuando las mujeres declaran encontrarse en «un dilema» ante decisiones relativas a la maternidad, el ejercicio de su profesión, la creatividad, el dinero o las responsabilidades. La división sostiene una idea muy binaria de quiénes pueden ser las mujeres: o son ideales o son eliminadas. Ambas categorías son trampas, e interdependientes. El valor de la MISOR reside en la aceptación absoluta de su papel de dependiente; el valor de la MIPE procede del conocimiento de que no depende de nadie. Por tanto, cada vez que esta aspira a las cosas que guardan relación con la MISOR, se topa con una fuerza protectora tanto por parte de las MISOR, que la mantienen a raya, como por parte de su voz crítica interior, que le recuerda que no encaja. Hasta la fecha nuestra cultura no le ha puesto nombre a esta fuerza, pero es de sobra conocida. Si lees cualquier relato en el que las mujeres son las protagonistas, encontrarás estos poderes en acción.

Pese a la falta de una definición fidedigna de la división, la observo en trabajos de numerosas mujeres. La división siempre está presente, ya sea en el análisis de las obras de Melissa Febos y de otras escritoras, por ejemplo Jessica Valenti, Elizabeth Lesser, Colleen Hoover y Jess Zimmerman, como de las de cineastas como Sarah Polley, Céline Sciamma, Gina Price-Bythewood y Patty Jenkins, por citar algunas.

El trabajo de Céline Sciamma figura entre mis favoritos. En dos de sus películas más recientes, *Retrato de una mujer en llamas* y *Petite*

Maman [Pequeña mamá], vemos que los personajes reflejan la división. En *Retrato de una mujer en llamas*, Marianne, la pintora, simboliza a la MIPE. Ejerce una profesión y no está casada ni entra en sus planes convertirse en la esposa de nadie. Por otro lado, su modelo, Héloïse, es una aristócrata presionada para encontrar a un candidato adecuado. Su madre encarga a varios artistas que pinten un retrato de Héloïse que resulte atrayente para los candidatos, pero su hija sabotea todos los intentos de los pintores. Cuando aparece Marianne, inician una aventura amorosa, a consecuencia de lo cual ambas se transforman y se consigue un retrato hermoso y muy diferente.

En *Petite Maman*, Nelly, una niña de ocho años, se sorprende al encontrar a una niña llamada Marion que vive en el bosque. La abuela materna de Nelly ha fallecido, y sus padres y ella están vaciando la casa. La madre de Nelly se siente tan abrumada por la pérdida de su madre y ante la perspectiva de vaciar la casa que se marcha y deja que su marido y su hija terminen la tarea. A medida que avanza la película, observamos que Nelly a menudo se desorienta cuando camina por el bosque. Se topa con Marion mientras esta está construyendo un refugio con ramas entre los pinos. Cuando en un momento dado las niñas llegan a la casa de Marion, a Nelly le resulta sumamente familiar. Tiene una distribución similar, aunque es algo diferente en cuanto a los muebles y la decoración. No tardamos en comprender que la niña de ocho años es la madre de Nelly y, mientras obra la magia, la Marion adulta está ausente y su yo de la niñez se queda en casa con Nelly. Marion no puede enfrentarse a su yo de la infancia, pero la relación entre su niña interior y su hija es sanadora.

Según explica la propia Sciamma, sus películas constituyen un análisis personal de la idea de la «mirada», tanto en el contexto de la historia del arte como en el concepto de la «mirada masculina».[2] En el ámbito del arte, la mirada es un concepto que nos invita a examinar cómo se observa el arte y al mismo tiempo quién es el observador.[3] En teoría del cine, la idea de la presencia de la mirada masculina explica que las mujeres se representen en el cine y en la televisión para el disfrute de los «hombres».[4] Encontrarás el mismo tipo de filmografía asociada con la mirada masculina de cualquiera a quien se considera inferior en la sociedad. Sin embargo, desde mi punto de vista, lo que las feministas denominan la *mirada masculina* en el cine guarda más relación con los personajes que son conquistados que con los hombres en sí. Quienquiera que ostente el poder en la conquista es el destinatario de la mirada. Esto tiene relevancia puesto que las mujeres también tienen la posibilidad de alinearse con los poderes de la conquista; el alineamiento es más peligroso. Las mujeres que abusan de otras mujeres o que contribuyen a que los hombres lo hagan no son casos aislados. Cooperan con los sistemas de poder hegemónicos porque las beneficia. Creen superficialmente que si son capaces de retirar las suficientes capas entre ellas y el poder opresor, serán libres. Nunca es tan sencillo, y esa aspiración casi siempre se vuelve en contra de las propias mujeres que se posicionan junto al agresor.

El paso de la rendición sitúa a una mujer en el camino que definirá su comportamiento, sus aspiraciones y lo que oculta acerca de sí misma. Una MISOR encubrirá cualquier ambición personal; una MIPE reprimirá su deseo de ser madre. La MISOR anhelará encajar, que sus sacrificios tengan sentido. Acortará el noviazgo con la esperanza de que el matrimonio y los hijos la ayuden a sentirse más realizada, más en sintonía con su propósito. Piensa que teniendo un marido cariñoso, hijos obedientes y una casa bonita su vida será perfecta. La MIPE anhela la pertenencia, en la creencia de que si fuera más guapa, si tuviera más dinero, más éxito, más... algo, todo iría mejor. La división mantiene estos aspectos separados en arquetipos. Cada mujer tiene la creencia de que si pudiera cumplir con un ideal, su vida *funcionaría*.

Este paso es el siguiente a la etapa de la ceguera porque, estando ciega, a la mujer le resulta imposible ver el poder que se le está a punto de usurpar en la rendición. Su poder inherente para hacer realidad sus deseos, para ser ella misma, para crear algo en cualquier forma, desde expresar su creatividad hasta tener hijos, será redirigido hacia la división. Todo ese poder ha de destinarse a algo, y se destina a la escisión de su psique en una de las dos direcciones que la definirán durante la siguiente etapa vital. En el viaje del héroe no existe un paralelismo con este paso. El héroe nunca tiene que preocuparse por la desigualdad de poder en ese sentido. En ningún momento se ve obligado a plantearse cuestiones como la idoneidad para el matrimonio, el sexo o la virginidad. A pesar de que también tendrá que encontrar su poder, en ninguna etapa se le dice «no puedes» por razones de sexo o género.

La MISOR encarna los ideales arquetípicos de nuestra cultura en lo tocante a la condición femenina. La MIPE representa la vergüenza de la sociedad. Cuando a una mujer le resulta imposible estar a la altura de los ideales de la MISOR, se le asigna automáticamente la categoría de MIPE. Nuestra cultura se cimenta en esta idea. Por eso culpamos a las víctimas de violaciones; por eso las mujeres víctimas de abusos no acuden a la policía. El motivo no es solo porque no las creerán, sino porque si reconocen este distanciamiento del ideal, la categoría o la posición que pasan a ocupar cambia. Negar la autoridad de esta manera es un acto de desafío, una negativa a que se nos encasille por imposiciones culturales. No siempre surte efecto. Todas llegamos a la división, con independencia de que opongamos resistencia o no. Sin duda, el hecho de oponer resistencia también conlleva el riesgo de que enseguida se encasille a la mujer en el camino de la MIPE.

La MIPE adolescente

Cuando yo era adolescente, hubo un chico que se pasó el verano entero intentando seducirme. Matthew me había conocido en el trabajo y me había pedido el número de teléfono. Salimos unas cuantas veces a cenar o al cine. Él procedía de una familia adinerada y conducía un coche deportivo de lujo. Se acababa de graduar en el instituto, y yo acababa de terminar primero de Bachillerato y ese verano cumplí los dieciséis. Después de esos meses de verano él empezaría sus estudios universitarios. Me resultaba emocionante que me tirara los tejos alguien que iba camino de la universidad. Me hacía sentir especial. Me sentía guapa, sexi y deseable, aunque a mis dieciséis años en el fondo no entendía realmente el significado de esas cosas. Lo único que sabía era que el hecho de ser deseada era algo positivo.

Insistió en que nos acostáramos juntos. Yo me negué; no estaba preparada. No es que tuviera nada en contra del sexo, pero él no era la persona con la que deseaba tener mi primera experiencia. Cortó conmigo por lo sano. Aunque me dolió, no me hundí, lo cual me afianzó en mi decisión. Cuando la gente empezó a quedar y a pasar el rato ante el inicio del nuevo curso académico, comenzó a correr el rumor: Matthew había ido contando que me había acostado con él. Y, entre las habladurías, me enteré de que me había estado tirando los tejos mientras su novia formal pasaba el verano en Europa. Les dije a todos aquellos que me vinieron con el rumor que era un embustero. Yo lo había rechazado, y esa era su venganza. Pero nadie quiso creer que Matthew, el chico con brillantes rizos rubios y el coche de lujo, era un embustero. Resultaba mucho más interesante pensar que el chico de oro se había apuntado otro tanto, así que opté por seguir el camino de la MIPE. Cuando la gente se negaba a creerme, yo comentaba que tenía un pene diminuto. Si estaban dispuestos a tragarse una mentira, entonces yo participaría en ella. Conseguí risas, pero no redención.

Ya me encaminaba por la senda de la MIPE desde mucho antes de la etapa del instituto. Era sensible e inteligente. Además, tenía confianza en mí misma y me había desarrollado durante el verano entre el primer y el segundo curso de secundaria. A duras penas procuraba cumplir todas las raras expectativas que me imponían. Mi madre era la MISOR por antonomasia. Era diligente, cocinaba y limpiaba. También sufrió maltrato, primero emocional por parte de mi padre y más tarde, tras su divorcio, físico por parte de su segundo marido. Me constaba que quería evitar que yo recibiera un trato semejante en mi vida. Yo no sería como ella. Me costó mucho integrarme durante la etapa de secundaria. Era imposible; yo era el centro de las burlas, a la que acosaban las chicas malas. A los doce años tenía pecho y una mata de pelo encrespado. Cuando la mayoría de las niñas llevaban los típicos zapatos de pulsera y seguían pareciendo niñas, yo calzaba un treinta y ocho, medía uno sesenta y tres y podía enfundarme un traje de baño que me sentaba como a una modelo. En el instituto empecé a esmerarme en vestirme y maquillarme, adopté una rutina de entrenamiento disciplinada y averigüé cómo domar mis rizos. A los dieciséis había dejado de ser el patito feo y me había convertido en un prometedor cisne. Pero la experiencia con Matthew malogró mi victoria temporal. Estaba furiosa y pronto cambié mis polos Lacoste de niña pija por abalorios de pinchos y cuero negro. Encajaba mejor en el perfil de la MIPE.

Las adolescentes MISOR y MIPE de hoy en día

Tengo unas cuantas pacientes jóvenes. Llevo años tratando a algunas, desde que cursaban la educación secundaria, y ahora rondan los veinte años. He tenido el privilegio de verlas crecer con el paso de los años. Hacen el trabajo de terapia, pero las jóvenes a las que más les cuesta entender lo que significa mantener un diálogo con su psique son las que más tiempo llevan recibiendo terapia. La mayor presión que sienten procede del exterior. Casi siempre me desalienta ver la forma en la que estas jóvenes han interiorizado los mensajes culturales de menosprecio hacia sí mismas. Tengo una paciente, Marcy, que una noche envió a su padre una serie de correos electrónicos enardecidos durante su primer curso en la universidad. En estos largos mensajes mordaces, Marcy le suplicó que le explicara qué había ocurrido en su relación. ¿Qué le había sucedido en la infancia que le hizo sentir que no era nada sin ganarse la atención de los hombres? ¿Acaso él no había pasado tiempo suficiente con ella? ¿No la había considerado como una igual con respecto a sus hermanos? Estaba tan ciega que era incapaz de entender que se trataba de un condicionamiento cultural y asumía que era de índole personal. Que se trataba de la relación con su propio padre.

Cuando Marcy llegó a la consulta esa semana, se encontraba desorientada y aterrorizada. Empezó sacando a colación los correos electrónicos que había enviado a su padre a altas horas de la noche después de tener un encuentro sexual sin ceremonias con alguien a quien apenas conocía. Se sintió obligada a hacer algo para conseguir la aprobación de un joven con el que compartió el más breve de los encuentros. No sentía nada por él ni abrigaba expectativas de que así fuera, pero tampoco podía soportar que la rechazase. De modo que se entregó a un acto sin amor para evitar la experiencia de la angustia o el rechazo. La división se pone de manifiesto en situaciones más allá del ámbito de los encuentros sexuales. Se revela en experiencias con otras mujeres, con los padres, con los maestros, con los líderes espirituales. En cualquier lugar donde hay poder y autoridad también está presente la división.

La experiencia de Marcy no es un caso aislado. Casi todas las mujeres que acuden a mi consulta describen su particular versión de la necesidad de recibir atención o ganarse la aprobación para sentirse reales en el mundo. Cuanto más jóvenes son, en mayor medida experimentan esto en su día a día. La división siempre ha estado presente, si bien la era de las redes sociales ha hecho que sus efectos resulten aún más evidentes y perniciosos. Precisamente una colega y yo estábamos comentando que, en nuestra generación, las imágenes que influían en nosotras eran de personajes del cine y la televisión. Anhelábamos parecernos a las supermodelos que ocupaban las portadas de las revistas. A pesar de que sufrimos acoso, y a veces era espantoso, jamás fuimos objeto de los constantes ataques encarnizados que se realizan a través de los teléfonos móviles y las redes sociales.

Las herramientas de la rendición

Una de las herramientas cruciales de la división es el hecho de separar la autoridad de la responsabilidad. A medida que las niñas pasan de la infancia a la edad adulta, asumen más responsabilidades y disminuyen los ámbitos en los que gozan de autoridad. Esto a menudo les hace tener la impresión de ser menos autónomas que sus homólogos masculinos. No obstante, la falta de autonomía no es la mayor amenaza. La autonomía se puede trabajar. El mecanismo que la propicia es la responsabilidad. Cuanta más responsabilidad tengas, mayor será tu autonomía. La autonomía y la responsabilidad son cosas diferentes. Una adolescente se gana el derecho a conducir mediante el cumplimiento de las normas; gana autonomía demostrando que es capaz de tener una actitud responsable. Sin embargo, la responsabilidad rara vez es equiparable a la capacidad de tomar decisiones que afectan a otros o que pudieran hacerla parecer díscola. La autoridad es el derecho a tomar decisiones por ti misma, y a veces por otros. La autonomía es la libertad de proceder de acuerdo con tu libre albedrío. En la transición de la adolescencia a la edad adulta es probable que las mujeres adquieran más autonomía y responsabilidad, y menos autoridad.

La autoridad aumenta en orden ascendente hacia las instituciones, los padres y... los chicos y los hombres. Se concede a los adolescentes un tratamiento especial a modo de entrenamiento para ostentar la autoridad. Se les pide opinión más que a sus homólogas femeninas. Se les anima a elegir asignaturas difíciles, como las matemáticas y las ciencias, áreas donde suele ser necesario que desarrollen y defiendan sus opiniones. Se les enseña a competir. La autoridad es la recompensa por ganar la competición.

Es un hecho constatado que las niñas y los niños tienen el mismo interés en las ciencias y las matemáticas aproximadamente hasta los ocho años. ¿Qué ocurre a partir de entonces? Que es cuando se empieza a preparar a las niñas para cumplir sus roles femeninos. Las investigaciones avalan que de esta edad en adelante es cuando se insta a las niñas a inclinarse por disciplinas «asequibles», como la literatura, el arte y las ciencias sociales.[5] Es entonces cuando comienzan a interiorizar las expectativas de ser más dulces, agradables, guapas y deseables. Estudios recientes han demostrado que a edades tan tempranas como los seis años las niñas empiezan a tener ideas negativas respecto a su cuerpo. Antes de la enseñanza secundaria, en ellas comienza a calar la idea de que deben ponerse a dieta y controlar su peso con el fin de resultar atractivas. Saben que, para salir adelante en nuestra sociedad, deben «dar la talla». Viven este fenómeno incluso antes de adquirir el vocabulario para describirlo.

La psicología que explica estas experiencias no es personal. Las experiencias de las mujeres y las niñas se aprecian de manera patente en sus vivencias. Sin embargo, sus experiencias como miembros de un colectivo, un colectivo con patrones culturales específicos y limitados, el de las mujeres, revelan cómo piensan sobre sí mismas y sobre el mundo en el que habitan. Vemos cómo la psicología social se combina con la psicología personal. Como mujeres, somos reacias a asociar lo personal con lo cultural. Nos gusta creer que competimos en igualdad de condiciones con nuestros homólogos masculinos. Queremos creer en la meritocracia, pero la meritocracia usa un baremo diferente para la mujer. En cualquier sistema basado en los méritos, la realidad de la mayoría de las mujeres (y de las minorías) es que tienen que trabajar más y soslayar más malas conductas que sus homólogos masculinos.

Antes de que me taches de guerrera de la cultura *woke*[*] y lances este libro al otro lado de la habitación, quédate conmigo un rato. Si consideras que el sistema es equitativo, entonces plantéate en qué medida lo es. ¿Cómo se mide la igualdad? ¿Significa que los hombres y las mujeres cobren el mismo salario por el mismo trabajo? ¿Significa que los hombres y las mujeres compartan las tareas del hogar de una manera equitativa? ¿Hay paridad donde existen divisiones de trabajo en función del sexo? En los casos en los que el hombre trabaja fuera y la mujer es ama de casa, ¿interviene ella en la misma medida en la economía doméstica y en la toma de decisiones? ¿Está en disposición de invertir el tiempo o el dinero en lo que le plazca o hay diferencias basadas en roles de género? Estoy totalmente a favor del reparto de tareas tradicional cuando la pareja ha pactado una serie de reglas que

* N. de la T.: La cultura *woke* nació como un concepto que expresa sensibilidad hacia los problemas de justicia social e igualdad, pero con el tiempo se ha transformado en un fenómeno más amplio en el centro de varios debates ideológicos. El término *woke*, deriva de la palabra inglesa *awake* ('despierto').

garantizan un arreglo justo y considerado con las necesidades de ambas partes. Sin embargo, un sistema concebido para la sumisión propicia que dicha sumisión influya tanto en las experiencias del día a día como en las consecuencias a largo plazo.

La rendición se produce cuando una mujer se encuentra cumpliendo unas reglas invisibles para desempeñar un rol vagamente definido y, sin embargo, en cierto modo perfectamente establecido. Por lo general, solo será medianamente consciente del sistema que hay en funcionamiento. Lo percibirá en el comportamiento de su madre, sus hermanas, sus tías, sus amigas y sus maestras. Se dará de bruces con él cuando trate de forjar su identidad. Que los rasgos de esa identidad sean dignos de alabanza dependerá en última instancia de la senda de la división por la que avance. La rendición es una de las etapas más dolorosas del camino de la reina. La manera en que la mujer interioriza la fisura que se abre en su interior como resultado de ello suele ser un signo revelador de cómo gestionará las complejidades de este viaje. Si tiene la firme convicción de que la mejor versión de sí misma aflora en los ideales de la MISOR, tal vez lo tenga más fácil. No obstante, corre peligro, ya que es probable que tenga que lidiar con su otra mitad desechada. Cualquier atisbo de la parte de sí misma que pudiera considerarse MIPE será relegado al inframundo del inconsciente. Como resultado de ello, despreciará y temerá esos aspectos negados de su ser.

Asimismo, la mujer MIPE que siente la llamada de la identidad y desea «ser alguien» también contrae una deuda con el inconsciente. Al igual que la MISOR, se desprende de las partes de sí misma susceptibles de ser inaceptables. Puede que la MIPE anhele conectar, pero le falta capacidad de sumisión. Tal vez se rebele contra cualquier forma de opresión por temor a la sublimada MISOR. La faceta «femenina» de la MIPE es desterrada como una princesa a una torre o una mazmorra. Por tanto, la MIPE también vive una vida a medias. El mundo del afecto y la maternidad se le antoja como una atadura. Los grilletes de la domesticidad infunden en ella la temida idea de que casarse o ser madre significa la muerte.

En su forma más pura, los arquetipos de la MISOR y la MIPE son polos opuestos. Hay mujeres que encarnan las versiones extremas, pero son muchas más las que viven en una vertiginosa cuerda floja entre las dos. Cuando se produce la división, actúa de detonante y obliga a las mujeres a tomar una de las dos direcciones. Se manifiesta pronto: casi todas se topan con la división a edades tan prematuras como los seis años. La mayoría afronta los primeros retos de la división justo antes del inicio de la pubertad. El hecho de tomar una dirección no es una elección. Una mujer que tiene la mala suerte de que la encarrilen por el camino de la MIPE en una etapa temprana suele pensar que si pudiera transformarse en una versión femenina «mejor», todo iría bien. Que si pudiera adquirir destreza en las competencias de la MISOR su vida iría bien. Que si fuera delgada, callada y sumisa, sería feliz, sería aceptada y su vida tendría sentido. Pero estos planteamientos no son más que fruto de la división.

Los instrumentos de la maquinaria divisoria

Dinero y recursos

A la mayoría de las mujeres se les inculca que los hombres son un recurso. A ellos se les enseña que su rol primordial es el de proveedor. En la Revolución Industrial el salario se le pagaba al hombre, de ahí que se le considerara el «sostén de la familia». Desde el siglo XVIII hasta mediados del siglo XX los salarios se destinaban a mantener a la familia, no al hombre a título individual. Si bien esta costumbre tan solo estuvo vigente en Occidente alrededor de un siglo, en nuestra cultura esta idea ha adquirido un cariz de contrato sagrado. El hecho de ser el «proveedor» otorga al hombre autoridad sobre las mujeres de su entorno. Una «buena» mujer dependía de un hombre, normalmente el marido o el padre. Ella se quedaba en casa y él la mantenía a ella y a los hijos. Aunque siempre ha habido un tipo de mujer que ha trabajado fuera del hogar, a las mujeres se les enseña desde muy pequeñas, incluso hoy en día, a concebir esto como un elemento del complejo entramado de sus vidas. En muchos círculos, atraer a un buen proveedor para ti y para tus hijos se considera una virtud femenina en vez de un factor deshumanizador que reduce a funciones tanto a hombres como a mujeres.

Las mujeres aprenden pronto que el matrimonio y las relaciones son intercambios monetarios. El noviazgo es como un rodaje de prueba para descubrir si dos personas son compatibles como pareja. En Occidente, esta alianza suele centrarse en que el hombre cuente con una mujer en su vida que lo apoye a nivel emocional y que contribuya a su estatus. La mujer proporciona sexo y apoyo emocional a cambio de recursos económicos y un estatus «seguro» en un mundo donde los hombres son depredadores. El hecho de casarse reduce sus probabilidades de convertirse en un objetivo. Las mujeres no abordan estos temas de una manera abierta. Se nos marca el rumbo que inconscientemente determina nuestro comportamiento, aun cuando no tenemos claras las consecuencias de dichos comportamientos.

Idealización y comparación

Las mujeres nos comparamos con las demás a todas horas. Se prefiere la competitividad a la aceptación, sobre todo en Estados Unidos, donde los mitos culturales del individualismo a ultranza permean todas las facetas de nuestra vida. Como herramienta del proceso de rendición, la idealización nos mantiene en una lucha constante. Es imposible que ninguna mujer esté jamás a la altura de los ideales de una cultura que cambia el listón continuamente. Nos comparamos con estrellas de cine, modelos, *influencers*; con nuestras vecinas, amigas, madres, hermanas; con superheroínas de los libros de cómics, estrellas del porno, famosas de los programas de reformas del hogar que se emiten en HGTV... La lista sería interminable. Te garantizo que si hay otra mujer en un radio de tres metros, la mayoría de nosotras nos comparamos con ella en alguna medida. «¿Es más guapa que yo? ¿Tiene una casa más bonita? ¿Son más obedientes sus hijos? ¿Es más culta que yo? ¿Entrena más que yo?».

Belleza

Conocemos los cánones de belleza. Estamos tan familiarizadas con ellos que me siento algo ridícula al tratar este tema como si fuera algún secreto que las mujeres ignoran. Si bien algunas cuestiones que he abordado en este libro arrojan luz sobre las fuerzas invisibles, el estándar de belleza es algo sobre lo que las mujeres sí hablan sin tapujos. En nuestra cultura existe la expectativa de que las mujeres se esfuercen en resultar atractivas. Ser guapa es algo deseable. Ser atractiva es una baza para la mujer; en cambio, para los hombres es un extra. La rendición usa la belleza como medio para encasillar a las mujeres en la categoría de la MIPE o de la MISOR.

Algunos de los ejemplos más ilustrativos de esta herramienta se encuentran en el cine. La película de 1990 *Pretty Woman* es uno de los mejores ejemplos. En una de las escenas, el personaje principal, Vivian, interpretado por Julia Roberts, intenta comprar ropa «decente» en Rodeo Drive, en Beverly Hills. La dependienta de una de las tiendas tiene una actitud grosera con ella y se niega a atenderla debido a su «vulgar» aspecto. Más tarde, Vivian se presenta allí vestida con un estiloso atuendo de firma y un pulcro peinado, a la altura del estándar de belleza de la tienda. Cuando la misma dependienta la aborda para atenderla, Vivian le recrimina el trato que recibió. Hay mucho que criticar en esta película, pero, en general, el público se siente resarcido cuando la protagonista le baja los humos a la chica que la humilló.

Encontramos otro magnífico, aunque doloroso, ejemplo en la película de 1999 *Nunca me han besado*. En un *flashback*, Josie Geller rememora su humillación cuando el chico que le gusta va a recogerla para el baile de graduación. Josie va ataviada con un vestido rosa metálico horripilante. Lleva el pelo recogido en una cola de caballo a un lado, y está claro que los *brackets* dominan su sonrisa. Como espectadoras abrigamos esperanzas, pero sabemos que algo va mal. El chico llega en una limusina, de pie en el hueco del techo corredizo. Josie está muy emocionada. Se refleja en su semblante: es la chica más afortunada del mundo. Billy ha ido a recogerla; por fin se ha fijado en ella. Pero Billy guarda un secreto. En la limusina aguarda una chica guapa y popular que enseguida se levanta para colocarse a su lado en el hueco del techo y juntos le lanzan huevos a Josie, se ríen de ella y se marchan. Ella se siente tan humillada que sale despavorida de su propia casa porque no se atreve a entrar y dar la cara ante sus padres.

Esta herramienta nos resulta muy familiar. Piensa en algunas de tus experiencias. ¿Alguna vez te han ridiculizado o acosado por tu aspecto? ¿Cuáles fueron las consecuencias? Es habitual que mis pacientes comenten las expectativas, los anhelos de belleza y el precio que se paga por ella cuando explican su experiencia de la división. A veces lo más doloroso es que los creadores de estos cánones no son las parejas o los maridos, sino las madres. Muchas mujeres sienten esto como una traición. «¿Por qué mi madre no iba a quererme por quien soy en vez de por mi aspecto?». Las madres son nuestras primeras maestras en la etapa de la rendición. Perpetúan el sistema a través de nosotras.

Cuerpo y constitución

Pese a que se podría argumentar que la complexión física se enmarca en la categoría de la belleza, posee su propia categoría por muchas razones. Gran parte del desprecio que la mujer siente hacia sí misma se manifiesta en el cuerpo o debido al cuerpo, que también es la *parte* de sí misma que se le enseña a negar desde la más tierna infancia. A consecuencia de ello, muchas mujeres se confunden a la hora de abordar el tema del cuerpo. ¿Cómo vas a ser dueña de tu identidad cuando aprendes a negar el lugar donde esta se gesta? ¿Cómo vas a sentirte segura de ti misma cuando aprendes que la piedra angular de tu existencia terrenal es «defectuosa»? A las mujeres se nos enseña a reprimir los instintos físicos con el fin de no agitar las aguas o incomodar a otros. Esto resulta especialmente patente cuando se aborda el tema de los tocamientos sin consentimiento, pero también abarca estados como el sufrimiento, el miedo o el hambre. A las mujeres se nos inculca que nuestros cuerpos no nos pertenecen; que son para *otros*, no para nosotras. Con independencia de que tratemos aspectos como el sexo, la domesticidad, la belleza, la agilidad o el embarazo, el cuerpo femenino es un medio para muchos fines, casi todos relacionados con el poder ajeno.

Para que una mujer sea considerada valiosa, primero ha de estar a la altura de las expectativas establecidas en lo tocante al físico. Se supone que deberá cuidar su atractivo físico para otros. Este es uno de los requisitos para ser una MISOR. El hecho de no preocuparse por los cánones estéticos o de ser incapaz de estar a la altura de ellos coloca automáticamente a la mujer en la categoría de la MIPE. Sin embargo, conseguir una apariencia aceptable no evitará que la MIPE sea rechazada. El cuerpo también ha de ser menudo, receptivo, capaz, sumiso, delgado, ágil..., básicamente, que no resulte intimidante. El cuerpo debe transmitir disponibilidad y fertilidad. Si una mujer tiene los pechos demasiado pequeños o la cintura demasiado ancha, pensará que no da la talla. Si es de caderas y muslos voluminosos, pensará que su figura carece de atractivo. Si tiene sobrepeso no solo se fustigará, sino que además se la tratará como a un objeto negativo, como un cero a la izquierda cuyas opiniones, temores, quejas e inteligencia son de nulas consecuencias.

Asimismo, la capacidad física forma parte de la división. A cualquier mujer con una discapacidad o con un rango de capacidades diferente también se la considera una MIPE. Se invisibiliza a cualquier mujer que requiera el uso de una silla de ruedas. Paradójicamente, pese a la expectativa de la dependencia femenina, a una mujer que precisa asistencia se la suele relegar directamente a la categoría de la MIPE. Las mujeres con discapacidad visual, auditiva o de movilidad siempre serán MIPE. A veces, si ponen mucho empeño en tomar el rumbo de la MISOR, es posible que vivan obviando su discapacidad. Tal vez esto las lleve a actuar como si la discapacidad las hiciera más fuertes o como si hubieran superado un gran obstáculo a pesar de ella. En cualquier caso, es otra forma de mantener el físico en primera línea de cómo pensamos acerca de las mujeres y de cómo se suele utilizar el cuerpo para dividirnos.

Por último, está la cuestión de la fertilidad. Tengo unas cuantas especialidades, y una de ellas es trabajar con pacientes que padecen enfermedades crónicas. Estas mujeres conviven constantemente con el miedo y el dolor en su día a día. El enfoque de la terapia es muy diferente con estas pacientes que con otras. Es imposible recurrir a clichés vacuos con el fin de que «se esfuercen» para «mejorar». Asumir la posibilidad o la probabilidad de que no mejoren es imprescindible para su bienestar psicológico. Uno de los problemas más difíciles lo afrontan mujeres que, por diversos motivos de salud, han perdido la fertilidad. Es sorprendente la frecuencia con la que se preguntan: «¿Soy una mujer de verdad?». ¿Por qué una mujer que ha perdido el útero por una circunstancia accidental o debido al cáncer va a ser menos mujer que su vecina, que tiene cinco hijos? Esa es una de las maneras en las que la maquinaria de la rendición nos divide, diciéndonos que primero somos funciones y después, con suerte, personas.

Entender que el cuerpo es el primer elemento de la negación es crucial para comprender cómo el menoscabo que ejerce la rendición en todos los sentidos afecta de manera sistemática a la vida de las mujeres. El objetivo final de recorrer el camino de la reina es que la mujer se reivindique *a sí misma* en el ámbito de la soberanía personal. Su cuerpo no pertenece a la sociedad, a un hombre, a una expectativa o a un ideal. Ella se alza y reclama su cuerpo (junto con todos los logros que ha conseguido con él) para sí misma.

Simpatía

Una de las cosas que más me han sorprendido en los últimos veinte años ha sido el trato que se ha dado a las mujeres de la clase política. La verdad es que no debería haberme sorprendido. Las reacciones viscerales que la gente ha tenido con Hillary Clinton, Alexandria Ocasio-Cortez, Sarah Palin, Lauren Boebert, Marjorie Taylor Green y otras mujeres que ocupan cargos públicos o que aspiran a ello ilustran la importancia de gozar de simpatía en la maquinaria de la rendición. Sarah Palin apareció por primera vez en la escena política estadounidense como candidata a la vicepresidencia en 2008, acompañando a John McCain. Era gobernadora de Alaska, una mujer atractiva madre de cuatro hijos. Si el conservadurismo iba a aceptar a una mujer en las esferas del poder, Palin representaba a la candidata idónea.

Pronto, sin embargo, se produjeron fisuras en su candidatura, pero no porque no diera la talla o careciera de legítimas credenciales conservadoras. Voy a ser generosa diciendo que Sarah Palin no estaba preparada y que le traía sin cuidado no estarlo. Me cuesta confesar que lo que realmente creo es que Sarah no es muy inteligente. Ha avanzado en la vida gracias a su habilidad para encajar en los patrones culturales de la MISOR durante su trayectoria. Atrae a los hombres y se la ha recompensado por ello. Esto agrada tanto a los hombres como a las mujeres. Las mujeres que idealizan a la MISOR aspiran a ser como ella y su presencia las reconforta: hay alguien como ellas en el poder. Gusta a los hombres porque no supone una amenaza para ellos. Sale de caza, tiene hijos, viste trajes sastre ceñidos pero discretos y se recoge el pelo en un moño. No es pedante. A mí no me gustó como candidata, en primer lugar por su ideología política conservadora. Pero, cuanto más hablaba e intentaba defender su postura, menos me gustó porque en mi opinión era estúpida y transmitía una mala imagen de las mujeres.

A los conservadores les gustaba Sarah Palin. Encarnaba a la perfección el paradigma de la MISOR. Fijémonos en la gran simpatía que les suscitaba en comparación con la animadversión que sentían en aquel entonces e incluso hoy hacia Hillary Clinton y otras mujeres como ella. Encontramos el mismo rechazo hacia las representantes Ilhan Omar y Alexandria Ocasio-Cortez. Las mujeres que ocupan cargos de liderazgo se encuentran en un callejón sin salida ante la necesidad de que se las considere competentes, capaces y fuertes para competir con los hombres en el ámbito político. Pero esto se confunde con el hecho de que lo que resulta atractivo en un hombre a menudo se desprecia en una mujer. Y gozar de atractivo como candidata política enseguida se confunde con el tipo de atractivo que tradicionalmente se espera que una mujer personifique en la vida cotidiana.

Analizar a las mujeres en la esfera política puede ser muy revelador en lo tocante a la simpatía como instrumento para encasillar a las mujeres en la categoría de la MIPE o de la MISOR. Una de las características esenciales de la MISOR es que cuenta con la protección de la familia, de un hombre o de otra persona. Se supone que las mujeres deben acatar la autoridad. Una mujer que desafía la autoridad, con independencia de que se trate de la policial, estatal, conyugal o gubernamental, no goza de simpatía y, en lo que respecta a las mujeres, gozar de simpatía es un requisito para la inclusión. La MIPE no despierta simpatía porque se atreve a enfrentarse a la autoridad, supone un desafío para el *statu quo* y plantea preguntas incómodas. Una mujer que goza de simpatía es la que espera su turno para hablar, no agita las aguas y siempre se encuentra de buen ánimo. Cuida de los demás. Se contentará con cualquier estándar que se le imponga con tal de gustar. El hecho de gustar es un factor fundamental para su bienestar. Cuando no es el caso, es expulsada del club de las MISOR.

Las mujeres suelen entender la idea de gustar a destiempo. Bueno, tal vez solo sean las MIPE quienes tardan en entenderlo. Es una herramienta útil en la lista de armas de la rendición porque sus parámetros cambian con facilidad. La simpatía es un concepto abstracto; es difícil definirlo y realmente no necesita definición. Suele basarse en un «sentimiento instintivo» o, mi favorito, «vibraciones». Retomando el tema de las brujas, la alusión a las «vibraciones» me da escalofríos. La gente que se niega a analizar partes de su vida que les provocan desasosiego a menudo comentan que les dan «mal rollo». Esto es un hecho, estemos hablando acerca de las mujeres o de otros temas que requieran introspección.

La realidad es que algo está ocurriendo a nivel psicológico en la gente. Que han relegado una idea, una vivencia o un miedo al inconsciente. La desazón que sienten es señal de que es preciso reflexionar acerca de algo doloroso. Pero, en vez de eso, la mente consciente asume que la desazón es el problema en sí y, *voilà*, se experimenta esa «vibración». Se manifiesta en comentarios del tipo: «Cuando veo a

Hillary Clinton me infunde una sensación rara y desagradable y el hecho de que me provoque esa animadversión (o algo peor) supongo que se debe a que es terrible». Cuando la gente opina que una mujer es desagradable, lo que normalmente oigo es que les incomoda. Ignoran el porqué y, por lo general, no se molestan en averiguarlo. Pero, ojo, eso no quiere decir que no existan razones de peso para confiar en tu instinto cuando alguien te desagrada. No obstante, si se trata de alguien a quien no conoces personalmente, quizá sea conveniente plantearte qué está pasando en tu psique y profundizar un poco.

Un breve apunte sobre ser agradable

En el estante de las herramientas de la rendición, justo al lado de la simpatía, encontrarás el atributo *agradable*. Este término sin duda merece un libro entero, labor que han realizado diversos autores. La idea de lo que entraña ser agradable me obsesiona. Es el contenedor que alberga casi todas las ideas que estoy abordando en este capítulo. Dependiendo de con quién hables, *agradable* puede significar al mismo tiempo ser tranquila, pasiva, modesta, discreta, comprensiva, generosa, amable, afectuosa, sumisa, complaciente, afable y muchos más adjetivos que infravaloran a la mujer. Desde mi punto de vista, el término *agradable* es peligroso. La advertencia «sé agradable» enseña a las mujeres a ocultar sus sentimientos bajo una forma de urbanidad que niega su experiencia, sus deseos y su bienestar en aras del mantenimiento del *statu quo*.

Violencia

Sería imposible analizar las herramientas de la rendición y la división sin tratar el tema de la violencia. Las mujeres tienen muchas más probabilidades que los hombres de ser víctimas de la violencia doméstica y de género. La violencia doméstica es un concepto amplio que abarca el maltrato y el abuso que se ejerce sobre los hijos o los padres, mientras que la violencia de género atañe a las relaciones amorosas, conyugales o sexuales. La violencia de género es especialmente peligrosa en el caso de las mujeres jóvenes. La Organización Mundial de la Salud ha publicado multitud de estudios sobre el impacto de este tipo de violencia en la salud mental de las mujeres. Se ha constatado que ejerce un creciente impacto negativo en la salud mental de las mujeres y de sus hijos.[6]

Parece evidente que la violencia figure en la lista de herramientas de la división, pero a veces se obvia en los análisis feministas, no porque sea irreal, sino más bien porque se representa desproporcionadamente como algo que afecta a los colectivos de mujeres desfavorecidas, analfabetas o inmigrantes. Eso no quiere decir que otras mujeres no sufran la violencia doméstica o de género, sino más bien todo lo contrario. La violencia de género es universal, con independencia de los ingresos o de la clase social. Donde existen normas culturales para cualquier forma de dominación también habrá violencia de género. Lo que pasa es que es menos probable que las mujeres pudientes y cultas admitan ser víctimas de ella que sus homólogas en circunstancias menos privilegiadas.

La violencia es un instrumento especialmente eficaz a la hora de separar a alguien de su identidad más profunda. La violencia de género que se sufre durante un periodo prolongado contribuye a menoscabar la conciencia de una misma y la autoestima, y a aumentar la desconexión con los demás y con una misma. Por otro lado, las mujeres que sufren maltrato se ven condicionadas a mantenerse en estado de hipervigilancia. Suelen evitar los conflictos a toda costa, incluso en menoscabo de su identidad. El miedo a la violencia puede provocar un estado de ansiedad asociado a un entorno que no se controla. Al intentar mitigar esa sensación de ansiedad, es muy posible que una mujer que teme por su seguridad adopte determinados comportamientos con la esperanza de atenuar el maltrato. Se mostrará respetuosa, callada, obediente y agradable, todos ellos atributos asociados con la MISOR. Y, lo que es peor, la MISOR que es incapaz de llevar la vida de la MIPE tolerará el maltrato sin más. Las razones pueden ser de diversa índole. Tal vez no haya adquirido la habilidad de vivir de manera independiente o quizá no sepa *cómo* marcharse. Es posible que se deba a condicionamientos culturales. O a lo mejor está aislada y carece de recursos económicos, sociales o culturales para procurarse la independencia.

La amenaza de la violencia garantiza la sumisión. En la mayoría de los casos esto se consigue atemorizando a alguien con la posibilidad de sufrir maltrato hasta el punto de que obedezca antes de recibir la bofetada o el puñetazo. La violencia como tal se convierte en una estructura interiorizada. En las décadas de los sesenta y los setenta, el psicólogo Martin Seligman y sus colegas de la Universidad de Pensilvania llevaron a cabo experimentos con perros para evaluar cómo respondían a condiciones adversas. Metieron a los animales en jaulas que aplicaban descargas eléctricas y les dieron la oportunidad de saltar del cubículo. En la segunda fase del experimento no se les brindó esa posibilidad; los animales no podían escapar. Los perros carecían de señales de advertencia, y no había indicios de cuándo las jaulas aplicarían descargas eléctricas. En esta segunda fase los perros permanecieron inmóviles. Estaban aterrorizados y evitaron hacer el menor movimiento aun cuando no se aplicaron descargas eléctricas a las jaulas. Al término del experimento, los perros se resistieron a salir de su confinamiento por miedo. Seligman y sus colegas denominaron a este fenómeno *indefensión aprendida*.[7] Describe lo que sucede cuando alguien se encuentra en una situación terrible y siente que no tiene escapatoria.

Decoro

A las mujeres se las ha considerado responsables del deseo masculino durante milenios. Evidentemente, el poder femenino sobre el deseo sexual masculino es tan fuerte que una mujer puede hechizar a un hombre con el mero hecho de mostrar las piernas o el escote. Cuando se lee sobre el deseo masculino y las normas del decoro y los preceptos religiosos que se establecen en torno a él, cualquiera pensaría que el cuerpo femenino es el origen de todos los males. No cabe duda de que eso es lo que predican la mayoría de las religiones.

Basta con leer las sagradas escrituras de cualquier credo para encontrar amonestaciones para que las mujeres se cubran y se comporten con recato. Aunque a veces esto se justifica como medio de protección para los hombres, en la mayoría de los casos se prescribe como protección para el alma de la propia mujer. Se la insta a cubrirse, a hablar en voz baja y a adoptar una actitud respetuosa por medio del miedo. En la mayoría de los textos religiosos se le advierte que de cometer el pecado de la vanidad, la falta de modestia, el descaro o una transgresión similar, como expresar su opinión, será reprochable a ojos de Dios. Disculpa que deje de teclear un momento para descargar mi ira rompiendo algo, o igual sería más fácil que vomitara del asco.

Las reglas del decoro existen para controlar el cuerpo de la mujer. Esto continúa poniéndose de manifiesto de maneras insólitas incluso en la actualidad. En 2013, el estado de Misuri promulgó una ley que establecía que las mujeres vistieran con recato, que se cubrieran los brazos y los hombros. La proposición de ley fue una iniciativa de la representante Anne Kelly. No se aprobó ninguna normativa para establecer el código de vestimenta de sus homólogos masculinos.[8] Asimismo, en numerosos distritos escolares de Estados Unidos los uniformes de las niñas son bastante diferentes a los de los niños; se pone más atención en ellas y se les imponen más medidas disciplinarias que a sus compañeros por incumplir las normas. En los últimos años se ha prohibido a las estudiantes el uso de pantalones cortos, faldas, pantalones de yoga y mallas. El argumento que se esgrime para la mayor parte de estas restricciones es que las prendas son demasiado provocativas. ¡En un colegio de Kentucky se dijo explícitamente que las restricciones se habían establecido para que los niños no se distrajeran tanto en el entorno de aprendizaje! Solo para recapitular, en los centros de enseñanza se les dice a las adolescentes que su rol femenino en las aulas es comportarse de tal manera que no supongan una distracción para los objetivos de aprendizaje de sus compañeros.[9] Sin embargo, nadie les dice a los chicos que tengan la menor responsabilidad para contribuir a garantizar que las jóvenes consigan sus objetivos de aprendizaje.

Consideraciones finales

Esta etapa del camino de la reina es una de las más importantes, ya que determina casi todo lo que acontece a partir de aquí. Se señala con una transición sistemática del mundo de la niña indefinida al de la mujer condicionada. En esta fase, a la niña o a la mujer se le marca el rumbo para recorrer el camino de la reina. Será una MISOR sumisa o una MIPE condenada al ostracismo. Su manera de comportarse y la respuesta de los demás dependerán de la dirección que se le marque. A pesar de que es fácil desacreditar uno de estos roles o los dos, es fundamental tener presente que ambos son trampas. Constituyen instrumentos de un modelo cultural y social que pugna (ya sea consciente o inconscientemente) por mantener la invisibilidad y la sumisión de las mujeres.

El rumbo que tomemos no cambia los pasos siguientes, tan solo las sutilezas de cómo el mundo interactúa con nosotras y de cómo respondemos. A medida que avanzamos por otras etapas del camino de la reina es posible, por ejemplo, que tengamos la impresión de que el tratamiento de la MISOR y de la MIPE son muy diferentes, pero, como mostraré más adelante, el resultado es el mismo. Aunque la experiencia de una MISOR y de una MIPE parezcan diferentes en un momento dado, hay que mantener las miras en el resultado. En la etapa de la abyección, que explicaré en los próximos capítulos, la MISOR consigue su final feliz, mientras que la MIPE podría morir en defensa propia. La importancia de este paso para ambas es que se anula su identidad. Lo que es igual es el fin, no los medios para alcanzarlo. Tener presentes estos factores como principios unificadores es crucial para discernir la trampa de la división. Al ser clasificadas en las categorías de la MISOR o de la MIPE, a las mujeres se les enseña que sus experiencias son distintas; por lo tanto, no todas se sienten discriminadas. Esta falsa premisa mantiene a las mujeres persiguiendo un ideal y discutiendo sobre qué versión del sometimiento es peor en vez de entender que el quid de la cuestión es la existencia de un sistema de control sobre ellas, con independencia de lo bien o lo mal que cumplan con las expectativas impuestas.

Capítulo 9

EL ESPEJO

Como todo el mundo sabe, la madrastra de Blancanieves tenía un espejo mágico con el que mantenía una estrecha relación. Cuando necesitaba ánimo, una inyección de ego o escuchar una frase positiva diaria, la Reina Malvada (no sabemos su verdadero nombre) preguntaba: «Espejito, espejito, ¿quién es la más bella del reino?». Y, cada día, el espejo aseguraba a la madrastra que de hecho ella era la más bella de todos los reinos. A la Reina Malvada empieza a preocuparle su relación con el espejo cuando el rey muere y ella asume la tutela de su hijastra. A medida que Blancanieves crecía y se acercaba a la edad adulta, más insegura se sentía la Reina Malvada. En vez de cultivar el conocimiento profundo de sí misma, la madrastra consideraba que la belleza, la juventud y la inocencia eran el enemigo, así que, como es natural, Blancanieves tenía que morir. Como la madrastra no quería hacer el trabajo sucio, encargó a un cazador que lo hiciera en su lugar. Este se lleva a Blancanieves al bosque encantado y, cuando se dispone a matarla, es incapaz de hacerlo. De modo que destripa a un jabalí, le saca el corazón y se lo lleva a la Reina Malvada como prueba de que cumplió su misión. La juventud, la belleza y la inocencia ya no existen. Pero el secreto, por supuesto, es que el cazador protegió a Blancanieves... a pesar de que a punto estuvo de poner fin a su vida.

Qué bodrio de historia se mire por donde se mire. ¿Por dónde empezamos? ¿Comentamos la «normalidad» de que el cazador aceche a Blancanieves y al final la deje ir? ¿Hablamos de la imagen conceptual de que lo que más importa a las mujeres es la belleza, la inocencia y la juventud? ¿Nos planteamos por qué la Reina Malvada ni siquiera tiene nombre? No estaría de más preguntarse por qué en el mundo en el que vive su poder reside tan solo en su belleza y por qué se encuentra en peligro a raíz de la muerte de su esposo. Podría formular mil preguntas más simplemente para cuestionar la premisa de *Blancanieves* antes siquiera de entrar en detalles sobre la historia en sí..., que incluye, cómo no, la domesticidad de Blancanieves, que atiende a los siete enanitos en el bosque, el cofre de cristal, el beso de amor verdadero, etcétera, etcétera. Como ahora mismo estamos en el camino de la reina, hablemos del momento del espejo y de la relación que guarda con la división y la experiencia de la rendición o la escisión.

Blancanieves no se encuentra en verdadero peligro hasta la etapa de la juventud. La Reina Malvada no quiere saber nada de ella cuando se convierte en una rival. Si nos centramos en el espejo, encontramos multitud de matices en este simbolismo:

1. Creemos que los espejos siempre dicen la verdad.
2. Envejecer puede volver mezquinas e indeseables a las mujeres.
3. Tener una relación con el espejo (o sea, la vanidad) es peligroso.
4. Un espejo nos empujará a todo tipo de actos.
5. Verse y ser vista es crucial para nuestro bienestar.
6. Las personas buscamos espejos fuera de nosotras mismas para mimetizarnos.
7. Cuando el espejo nos falla, somos capaces de hacer cosas terribles.

Algunos de estos mensajes se contradicen con el enfoque sano con el que en psicología se plantea la teoría del espejo. El hecho de que a las mujeres se les advierta que eviten los espejos es revelador de por sí. No es que debamos enaltecer los espejos hasta un punto obsesivo, pero todo el mundo los necesita en la vida. Los terapeutas aprendemos acerca de los espejos muy pronto en nuestra formación. Uno de los aspectos más importantes a la hora de predecir si alguien es capaz de controlar sus emociones por sí mismo es saber en qué medida influyó de forma positiva su espejo en la infancia. Cuando los terapeutas hablamos de la teoría del espejo, generalmente nos referimos a la experiencia que las madres y los bebés comparten en el marco de la psicología del desarrollo. La madre sostiene en brazos al bebé y le sonríe. El bebé reconoce la expresión facial y la imita. Esto deleita a la madre, que continúa. La madre y el bebé mantienen este intercambio durante un rato. Gran parte de lo primero que aprenden los niños en la vida comienza con el proceso del espejo.[1]

El hecho de contar con un espejo paternofilial positivo es esencial a lo largo de la vida. Si un bebé o un niño de corta edad llora y nadie acude a atenderlo o, peor aún, si alguien le grita o lo golpea cuando llora, carece de espejo para aprender en primer lugar el significado de la conducta, y mucho menos cómo controlar la emoción que provoca las lágrimas. Además, aprende que por lo general las emociones no son seguras porque siempre que siente algo no hay nadie ahí para ayudarlo a entender o aliviar la causa de ese sentimiento. Muchos de mis pacientes tienen dificultades por la falta de un espejo positivo. En Occidente existe la arraigada creencia de que es mejor obligar a los niños a endurecerse desde pequeños. Hacemos que los niños duerman en sus propias camas, solos en dormitorios, desde la más tierna infancia. Miramos con malos ojos a las madres que amamantan a sus bebés más allá de unos cuantos meses. Dejamos llorar a los críos en sus camas hasta que se duermen. Los aislamos mandándolos al «rincón de pensar» para que reflexionen sobre su comportamiento en vez de ayudarlos a controlar sus emociones tranquilizándolos o sirviéndoles de espejo. Esta escuela de pensamiento proliferó en el transcurso del siglo XIX en consonancia con los cambios que se produjeron durante la Revolución Industrial. La gente dejó de convivir en familias multigeneracionales y se trasladó en masa a las ciudades para trabajar. Cuando la vida se vuelve más difícil, los padres sienten la necesidad de curtir a sus hijos. Sin embargo, la falta de un espejo no hace a los niños más fuertes; los hace más temerosos y rígidos.

Si no se nos proporciona el suficiente reflejo positivo en la infancia y adolescencia, caben dos posibilidades: o instintivamente buscaremos a alguien o algo que nos lo proporcione, o bien haremos lo imposible por evitar los sentimientos negativos que se generan en torno a las emociones, incluso los positivos. La mayoría de la gente recurre a una estrategia que combina en cierta medida ambas alternativas. Casi todo el mundo que acude a terapia lo hace porque los recursos adaptativos de los que antaño se valían para evitar los sentimientos negativos han dejado de funcionar o, en el caso de las adicciones, causan demasiado letargo. Todos necesitamos que se nos valide. Todos necesitamos controlar las emociones y sentir alegría. Todos necesitamos asimismo sentirnos seguros al expresar nuestra personalidad.

Si alguien tuvo un espejo negativo o sufrió un trauma, la deshonra o el abandono, puede que cualquier espejo le resulte amenazador o invasivo, o que le genere ansiedad. Es posible que mitigue esa sensación con las compras, los videojuegos, el sexo, las drogas o el alcohol. Además, es en estos casos donde encontramos adicciones conductuales como la anorexia y la bulimia. Cuando el espejo no funciona, el comportamiento que conlleva puede ser peligroso e incluso poner en riesgo la vida. La anorexia, por ejemplo, es una respuesta conductual a la carencia de un espejo positivo. Por regla general, quienes tienen dificultades para alimentarse responden a un complejo patrón de comportamiento que los lleva a idealizar una visión pasiva de sí mismos y al mismo tiempo sienten la necesidad imperiosa de demostrar a sus progenitores que son capaces de zafarse de su control, que no los necesitan. Contar con un espejo positivo constituye una de las necesidades más esenciales a lo largo de la existencia. Y si en la infancia se sufre esa carencia, a la larga cuesta encontrar espejos apropiados.

Cuando las personas que solo han tenido espejos negativos intentan crear espejos positivos por sí mismas, al principio encuentran espejos deformantes que distorsionan y alteran la realidad. A algunas el espejo las abrumará, y a otras se les quedará corto. A medida que aprenden a identificar sus propias necesidades, el espejo estará más en sintonía con su naturaleza. El trabajo personal, como la terapia, el arte, la práctica espiritual, un diario o la reflexión contemplativa, hará que el espejo deformante muestre una imagen más acorde con la realidad. Uno de los primeros pasos consiste sencillamente en reconocer la necesidad de contar con un espejo positivo y conectar.

Si la Reina Malvada acudiera a mi consulta y me pusiera al corriente de la relación dañina que mantiene con su espejo, yo le preguntaría quién cuidó de ella en su más tierna infancia y cómo fue esa relación. Sentiría una gran curiosidad por saber si alguien la veía como persona cuando era niña. Me interesaría saber quién de su entorno la «veía» y cómo. También querría saber quién había sido el espejo en su vida. ¿Mantuvo una buena relación con su madre? ¿Con su abuela? ¿Hubo alguna tía muy querida o una hermana mayor abusiva en ese escenario? ¿En qué modelo se «veía» ella?

El último aspecto en el que me gustaría indagar para entender a la Reina Malvada sería qué oportunidades tuvo para verse a sí misma a través de los ojos de alguien. ¿Se la valoraba únicamente por su belleza? ¿Se encauzó su inteligencia hacia la mera astucia para que ganara en el juego de cazar a un marido? ¿Cómo se sentía ella? ¿Fue totalmente perjudicial o beneficioso para sus intereses? En su juventud, ¿fue una damisela recluida en una torre? ¿Le enseñaron que la protección de un hombre o de una familia era la única forma de velar por su seguridad? ¿Qué ocurrió en su vida que la hiciera confiar exclusivamente en el espejo mágico para obtener información sobre sí misma y su lugar en el mundo?

Yo supondría que su espejo no fue demasiado positivo. Me figuraría que mi paciente, la Reina Malvada, tuvo una madre que le inculcó la creencia de que la belleza era su mayor don y su única fuente de poder. Asumiría que se sintió relativamente aislada al contar únicamente con su madre como modelo. Indagaría para averiguar si se la indujo a pensar que carecía de valía si no tenía hijos. A lo mejor no pudo, o a lo mejor la desalentó la complejidad de lo que conlleva la maternidad. Sin duda, el mundo afianzó el doble rasero de la división para ella. Cuando hablamos sobre el espejo en esta etapa del camino de la reina, estamos indagando en la visión que una mujer ha tenido de sí misma y de su otra mitad (MIPE o MISOR) en el mundo. ¿Cuáles han sido los referentes? ¿Quién ha acudido en su ayuda? ¿A quién ha recurrido ella para que la ayude a entenderse mejor a sí misma?

Los espejos también pueden utilizarse como Perseo en la persecución de Medusa. Como no podía mirarla, usó el espejo para escudriñar los rincones. Cuando finalmente se enfrentó a ella, utilizó el espejo para aterrorizar con su propia imagen a la gorgona que, al verse reflejada en él, se transformó en piedra. Después, la diosa Atenea colocó la cabeza de la gorgona en su escudo de batalla con el fin de ahuyentar a quienes se aproximaban a ella. Asimismo, el espejo puede hacer que perdamos el norte al obsesionarnos con nuestros anhelos. Como Narciso, podemos llegar a obsesionarnos con nuestro reflejo, perdernos a nosotras mismas con su hechizo sin ser capaces de ver la realidad. O, como sucede en el mismo mito, tal vez nos perdamos a nosotras mismas anhelando a alguien que solo se ve a sí mismo y, como Eco, nos convirtamos en una voz que arrastra el viento, sin sustancia que nos mantenga en la tierra.

La madre MISOR como espejo

Tardé mucho tiempo en darme cuenta de que anhelaba la presencia de mujeres empoderadas en mi vida. Quería a mi madre con toda mi alma y buscaba desesperadamente su aprobación, la cual jamás recibí. Se enorgullecía de mis logros en la vida, pero esos logros los alcancé a pesar de ella. Mi madre siempre menospreció mis deseos y ambiciones por considerarlos «excesivos». Entendió mis ganas de triunfar como un rechazo a la vida que ella llevaba. Aunque no fui consciente de ello en su momento, ella estaba totalmente en lo cierto: me aterrorizaba su vida. Alcancé la mayor parte de mis logros más que nada con escarnio y escasa ayuda o apoyo por su parte. Hasta que maduré y adquirí experiencia como terapeuta, no fui consciente de que los problemas de mi madre habían dirigido mi vida durante mucho tiempo. Desde muy temprana edad, la imagen que tenía de mi madre era la de una muñeca bonita, pero anticuada. La consideraba débil y una víctima. Mi relación con ella fue muy complicada. Me constaba que no me trababa nada bien. Mi madre lidiaba con su propia rabia. Mirándola como a un espejo, solo veía a alguien que odiaba su vida y que se compadecía de sí misma.

Busqué otros modelos de roles femeninos y encontré muchos. Casi siempre acababa fijándome en alguien que parecía fuerte, pero que, al igual que mi madre, tenía muchas heridas y pocas herramientas para hacer el trabajo interior necesario con el fin de evitar hacerme daño. Elegí a amigas y mentoras que me reforzaban y destrozaban una y otra vez. Fue durante mis estudios de posgrado cuando empecé a darme cuenta de que ese patrón era una «constelación inconsciente» que seguía repitiendo. Deseaba que mi madre me validara. Ansiaba que diera su «bendición» ante el hecho de que me convirtiera en una MIPE y ella fuera una MISOR.

A Carl Jung se le atribuye la frase: «Hasta que lo inconsciente no se haga consciente, el subconsciente dirigirá tu vida y lo llamarás destino».[2] Freud fue un poco más contundente y denominó este fenómeno «compulsión a la repetición». Se refería a que todos sentimos la necesidad inconsciente de modificar patrones inconscientes negativos o perjudiciales y, por tanto, inconscientemente trabamos relaciones que nos brindan la posibilidad de sanar la herida original. Cuando en psicoterapia hablamos de las «constelaciones familiares», en parte nos referimos a esto. Todas nos ponemos en situaciones que nos resultan familiares. Ese cariz familiar psicológico nos hace sentirnos relativamente a gusto; con independencia de que la situación sea o no tensa, sabemos qué hacer y cómo reaccionar. Esto puede producirse de un modo sutil y tenue, como ponerte siempre en situaciones de interlocutora o mediadora. También puede ser escandaloso, como ser quien recibe los golpes (físicos o emocionales) con el fin de proteger a tus hijos o a tus seres queridos, porque se te da muy bien. Dependerá de la persona y de su espejo original, ya sea uno o varios.

Cuando mi paciente, la Reina Malvada, se mira en el espejo, se ve «inferior» a Blancanieves. Su bella hijastra se convierte en el objeto que se halla al otro lado del cristal. Lo que la Reina Malvada ve es lo que no tiene y lo que no puede aspirar a ser, o eso cree. La parte de nosotras escindida en la rendición habita en una proyección de algún lugar del inconsciente.

Al analizar cómo esto se refleja en las historias, resulta relativamente fácil apreciarlo. En *Una rubia muy legal*, las amigas de Elle Woods la convencen para que vaya al salón de manicura con el fin de animarla después de la ruptura con el galán esnob Warner Huntington III. Mientras espera su turno ve un artículo que la impulsa a solicitar plaza para estudiar Derecho en la Universidad de Harvard. A la MISOR no le hizo falta un espejo hasta que experimentó la escisión. Así pues, pone las miras en ser «estudiante de Derecho» con la esperanza de recuperar a su novio.

En *El color púrpura*, Celie traba amistad con Shug Avery, la única mujer a la que su marido ha amado en su vida. No lo hace en aras de su propia supervivencia, sino buscando un vínculo, y lo que ignora es que esta relación la transformará. En *Una joven prometedora*, Cassie se identifica con su difunta amiga Nina. La vida de Cassie pierde sentido al darse cuenta de lo injusto que es el mundo con las mujeres, lo cual queda patente en la agresión que condujo a su amiga a la muerte. El espejo le dice quién ha de ser. En todos los casos, cuando la mujer abraza el espejo, se transforma.

Reflexiona sobre cómo hemos llegado a este punto del camino de la reina. Hemos cruzado del mundo de los poderes y las formas visibles al mundo de las fuerzas invisibles y el misterio. Nos hallamos en un mundo donde las cosas son más profundas de lo que parecen. Todo posee más significado de lo que somos capaces de ver a simple vista. Se nos ha maldecido y marcado, y nos hemos adentrado a ciegas en la experiencia de estar divididas, cortadas en dos. Tan solo se nos permite avanzar con una faceta de nuestra identidad, al margen de lo que pudiéramos desear para nosotras mismas. En esta etapa, la parte de nuestro ser que se ha escindido habita como un fantasma en el inconsciente. Vaga por los rincones que nos están vedados. Lleva la existencia de un alma incorpórea. Tanto si la añoramos como si la eliminamos, el resultado es el mismo. Ella marca la tónica de nuestro inframundo personal, de nuestro inconsciente.

Este ser eliminado es el espejo secreto. ¿Qué facetas de nuestro ser hemos desterrado al inframundo? ¿Nuestra alegría? ¿Nuestra tristeza? ¿A lo mejor nuestra inteligencia? ¿Nuestra belleza, sexualidad o inocencia? Solo tú puedes saberlo. Pero tu forma de mirar en el espejo puede dar una pista. ¿Qué buscas? ¿Qué rechazas? ¿A quién abrigas la esperanza de ver en el reflejo?

En mi caso, mi madre siempre ha vagado por las sombras de mi inconsciente. Yo medía todo lo concerniente a mi persona de una manera inconsciente con el rasero de lo mucho o lo poco que me parecía a ella. ¿Era tan guapa como ella? ¿Era más lista que ella? ¿Contaba con más opciones? ¿Era más osada? ¿Menos miedosa? ¿Más independiente? Tardé mucho tiempo en darme cuenta de que es ella el espectro que acecha en mi inconsciente. Ella es la MISOR de mi MIPE. Mi identidad de MIPE se forjó como una escultura en relieve: donde termina mi MIPE, empieza su MISOR. Todo aquello en lo que me siento fuerte es algo que aprendí *no* siguiendo sus pasos. Todos los aspectos en los que me siento débil son los que evité afrontar por lo que ella pasó. Examiné cada una de mis fortalezas y flaquezas buscando algún comportamiento que se asemejara en lo más mínimo a su personalidad o imagen.

Mi espejo personal es negativo, pero no tiene por qué serlo. En esta etapa un espejo también puede ser alguien positivo, como una mentora o una maestra. Para Cenicienta es su hada madrina. La absoluta falta de poder y recursos de Cenicienta son un reflejo frente a la magia sobrenatural y universal del hada madrina. En *Frozen*, Anna, la otra mitad de Elsa, es la versión opuesta a ella en algunos aspectos. Pero, a medida que se desarrolla la historia, nos damos cuenta de que Anna, lejos de ser una fuerza antagónica, la complementa. Elsa es ansiosa, mientras que Anna es despreocupada. Elsa es fría y temerosa, mientras que Anna es cariñosa y afable. Anna es extrovertida, mientras que Elsa es más reservada. Cuando hacen frente común, se salvan la una a la otra; cuando se ignoran mutuamente o intentan aislarse, todo se malogra. Al analizar esta etapa, plantéate qué complementa tu personalidad. ¿Anhelas algo que según tú alguien posee de manera innata? ¿Cuáles son los atributos complementarios u opuestos que percibes? Si te colocas delante del espejo mágico, ¿qué ansías ver? ¿Cómo diseñas un reflejo complementario en vez de competitivo?

Una de mis pacientes, Ruby, tiene una hermana gemela. A veces, los gemelos desarrollan en el útero el llamado «síndrome de transfusión fetofetal», en el que uno de ellos se nutre y al otro le cuesta desarrollarse. Ruby fue la que nació sana y su hermana, Gemma, sufrió complicaciones. Los gemelos son más pequeños que el resto de bebés. Ruby pesó poco más de dos kilos; Gemma apenas los alcanzó. A consecuencia de ello, Gemma permaneció hospitalizada durante las primeras semanas de vida y a Ruby se la llevaron a casa. Como es obvio, esta situación fue estresante para sus padres y sus hermanos mayores. Ruby, una bebé ruidosa y asustadiza, buscaba la compañía de su hermana a todas horas. Cuando a Gemma por fin le dieron el alta, como era mucho más pequeña que su hermana, a sus padres les dio miedo ponerlas en la misma cuna. Ambas se pasaron los primeros doce meses de vida llorando sin cesar. Con el paso del tiempo, Gemma se fue desarrollando a un ritmo más lento que el de su hermana. Era más menuda y delicada. Sufría una terrible ansiedad, mientras que Ruby fue forjando confianza en sí misma y un carácter extrovertido. Gemma acabó sufriendo problemas de salud mental, la mayoría de los cuales guardaban relación con su prematuro trauma durante la gestación. Se le hizo muy cuesta arriba mitigar la ansiedad. En la infancia desarrolló trastornos conductuales como la tricotilomanía, que le hacía arrancarse las pestañas, y en el instituto sufrió bulimia. Dado que eran de la misma edad y estaban juntas en todas las clases, Ruby sentía que tenía el deber de cuidar de su hermana. Cuando terminaron la enseñanza secundaria, el instinto protector de Ruby hacia su hermana se agudizó. Se trataba de una habilidad adaptativa desarrollada por una adolescente ansiosa cuya sensación de seguridad dependía de garantizar que su hermana estuviera sana y salva. Con el tiempo, lidiar con este complejo sentimiento supuso un desafío para Ruby, que a los veintitrés años sufrió la ansiedad que le generaba la relación con Gemma y el bienestar de su hermana.

A partir de los veinte años y en la universidad, Ruby comenzó a sentir rencor hacia su hermana. Se fue a vivir sola a un apartamento. Gemma dejó los estudios y se instaló en la casa de sus padres. Ruby intentaba animar a su hermana para que se independizara, pero esta se encontraba a gusto con mamá y papá. Después de graduarse, Ruby consiguió su primer empleo en la industria del entretenimiento y le gustó el rápido ritmo del trabajo. Gemma, que encontró trabajo en una cafetería, hizo sus pinitos como cantautora en veladas de micrófono abierto en Los Ángeles. Ruby sentía rabia y pugnaba por contenerla, a pesar de que Gemma no demandaba apoyo o atención. El espejo de Ruby estaba cambiando, e ignoraba qué hacer al respecto.

A los veinticinco, ambas sufrieron un terrible accidente de tráfico y Gemma, que iba al volante, falleció. Es obvio que perder a una hermana en la flor de la juventud es traumático, pero la aflicción de Ruby entrañaba más complejidad. En realidad, su hermana había sido el contenedor de todas las necesidades inconscientes del espejo de Ruby. Antes del accidente jamás se permitió estar triste; se suponía que siempre debía estar ahí para apoyar a Gemma. Ruby ni siquiera pudo ponerse enferma o faltar un día a clase o al trabajo; ella era la gemela sana. No se le permitió compadecerse de sí misma o entristecerse por nada. Era Gemma la que tenía problemas de salud porque sus pulmones y riñones no se habían desarrollado como es debido. Por otro lado, a Ruby la corroía el tremendo sentimiento de culpa del superviviente por cualquier resquemor que hubiera sentido hacia su hermana o por la influencia de esta en el terreno laboral o personal.

Ruby tardó mucho tiempo en asimilar la idea de que su ansiedad no se debía tan solo a la pena de haber perdido a su hermana y al trauma del accidente de coche: también había perdido el espejo que daba sentido a su vida. ¿Qué se suponía que iba a hacer en ausencia del rasero con el que se había medido a lo largo de sus veintiocho años? Además de que el espejo se había roto, había desaparecido. Siguió recurriendo a él, como si el marco del espejo estuviera ahí sin cristal. Se colocaba constantemente delante del hueco del marco buscando a su otra mitad hasta que, después de tres años luchando contra su depresión, soltó: «Yo no debería ser feliz. No puedo ser feliz». La escuché mientras se desahogaba. Se sentía responsable del accidente. ¿Por qué no iba conduciendo ella? Ella casi siempre se ponía al volante, pero aquel día estaba cansada y habían salido a hacer las compras de Navidad. Gemma se ofreció a conducir y, en una de las raras ocasiones en las que Ruby no tomó la iniciativa, Gemma falleció. El conductor que chocó contra ellas iba bajo los efectos de multitud de sustancias. De haberse puesto al volante Ruby, probablemente habría muerto ella. Pero eso daba igual: todo cuanto Ruby veía era que le había fallado a su hermana gemela. Y ahora, además de atormentarla la pena, la culpa y la vergüenza, carecía de un espacio donde recomponerse. Sentía que no debía recomponerse. Si Gemma no existía, entonces ella tampoco. ¿Cómo podía colocarse frente a un espejo y no ver nada? El reflejo era inexistente. Eso la desconcertaba y le generaba ansiedad. Ruby siempre había gestionado su vida comparándose con Gemma. Que Gemma lo hiciera mejor o peor era irrelevante. Que Gemma no hubiera puesto sus expectativas en Ruby en la edad adulta era irrelevante. La estructura del sentido de la vida de Ruby se había sustentado en Gemma. Sin ella, los cimientos corrían el riesgo constante de derrumbarse. Era preciso que Ruby encontrara otro espejo.

Con el tiempo creó un nuevo espejo para sí misma. El proceso supuso un gran desafío. Primero tuvo que dar cabida a una nueva imagen de sí misma. Para ello fue preciso que examinara y analizara a conciencia todas las partes rotas y dispersas de sí misma que nunca se había permitido contemplar porque «pertenecían» a Gemma. El espejo es el lugar donde buscamos las partes desechadas de nuestro ser. Hay quienes lo denominan «la sombra». Para las mujeres que realizan el viaje hacia la soberanía, el espejo guarda relación, y lo trasciende, con el espacio del inconsciente donde desterramos las facetas de nuestra identidad que rechazamos. Para la mujer, el espejo puede conllevar una integración corporal positiva o negativa. Forjamos la identidad en función del espejo. Anhelamos la grata sensación que está destinado a ofrecer. Ansiamos que la satisfacción de abrazar a nuestra mitad escindida nos reconforte el corazón. ¿Dónde has creado o contemplado espejos para ti misma? ¿Te comparas con madres, hermanas o amigas? ¿Qué aspecto tendría el singular reflejo de tu otra mitad?

Los espejos en las Sagradas Escrituras

Los estudiosos de la Biblia por lo general coinciden en que el primer capítulo del libro del Génesis fue escrito por un autor diferente y en una época diferente a la del segundo capítulo, que probablemente se remonta a cientos de años después. Ambos capítulos narran la historia de la creación, pero en el primero el autor dice que Dios creó al hombre y a la mujer, «varón y hembra los creó». En el segundo capítulo es donde se entra en detalles acerca de que Adán fue el primer ser humano creado y que puso nombre a todos los animales. Es también en el segundo capítulo donde se relata la historia de Adán y Eva.[3] Los estudiosos judíos que escribieron versiones posteriores de la Torá recopilaron en un análisis pormenorizado los preceptos, las leyes y los mitos que conforman la historia del judaísmo junto con su interpretación a lo largo de los últimos siglos. Esta colección se denomina Guemará. En estos textos complementarios de místicos y eruditos del judaísmo se señala que el primer capítulo describe un mundo en el que habita Adán, pero no Eva. Sin embargo, Adán no estaba solo; su primera mujer se llamaba Lilith.

Según el Talmud, Lilith fue creada con tierra del Edén, igual que Adán y al mismo tiempo que él. Se le otorgó el mismo *ruach*, o aliento divino. A pesar de haber sido creados como iguales, cuando Adán quería yacer con Lilith, pretendía dominarla. Ella quería tener voz en lo tocante a sus relaciones íntimas. Él quería someterla, que yaciera literalmente debajo de él, pero ella deseaba colocarse encima y controlar el coito. En vez de someterse a Adán, Lilith optó por abandonar el paraíso. No estaba dispuesta a ser menos que él. El paraíso no es el cielo si eres menos que tu pareja.

El segundo capítulo del Génesis versa sobre la historia que la mayoría conocemos. Dios creó a Eva con la costilla de Adán con el fin de que siempre formara parte de él. Esto se produjo a raíz de que Adán se lamentara de lo solo que se encontraba. En opinión de Dios, «no es bueno que el hombre esté solo», de modo que decidió crear «una compañera que sea de ayuda para él en todas sus necesidades». Así ella siempre estaría conectada a Adán. Dios extrajo una parte de él que a la vez se hallaba cerca de su corazón, conectada a su respiración, una parte que contribuía al movimiento y soporte del resto de su cuerpo, la costilla. En otras palabras, fue concebida para la sumisión.

Eva no es un espejo para Adán, sino más bien para Lilith. Complementa las características que definen a la primera mujer de Adán. Lilith es audaz, mientras que Eva es sumisa. A diferencia de Lilith, que ejerce su voluntad, el origen de Eva da por sentada su sumisión a Adán. Lilith prefiere ser independiente a subyugarse, mientras que Eva es dependiente de Adán y de Dios. Ante el deseo de Lilith de ser dueña de sí misma, se la retrata como un ser diabólico en el resto del *midrash*. A lo largo de milenios, su imagen pasó de ser la de una mujer independiente a la de un diablo *comeniños*. Parece el tipo de cuento que los narcisistas difunden sobre sus exparejas.

¡Qué guapa soy!

Entre mis ejemplos favoritos del encuentro en el espejo figura la película de 2018 *¡Qué guapa soy!*, protagonizada por Amy Schumer. En ella, el personaje principal, Renée, es una insegura redactora de belleza en ciernes que gestiona parte de la página web de una exclusiva firma de cosméticos llamada Lilly LeClaire. Renée aspira a formar parte del minoritario círculo de mujeres bellas sobre las que escribe. Mientras está en una intensa clase de *spinning*, sufre una leve contusión cerebral a consecuencia de una caída. Una de las chicas guapas que trabajan allí la acompaña a los vestuarios para ayudarla. Cuando Renée se mira en el espejo, observa una imagen de sí misma completamente transformada. Ve la versión idealizada de sí misma, la imagen de su identidad escindida que siempre ha querido dar al mundo.

Es el espejo lo que marca la diferencia. Si examinamos el espejo y el cuadrante anterior de la ceguera, hay una conexión. Renée, ciega ante su apariencia actual, está encantada con la imagen de la mujer que contempla en el espejo. Ojo, voy a desvelar el final: cuando Renée consigue todo lo que siempre deseó –el trabajo, el prestigio, al chico–, descubre que en ningún momento tuvo un aspecto diferente. Al final, el viaje en pos de su soberanía termina cuando reúne y concilia las partes escindidas de sí misma: la persona a la que tenía idealizada en el espejo y la verdadera persona que siempre había sido.

El espejo mágico en el bosque

En mi consulta, cuando mis pacientes llegan a un punto de la terapia en el que reflexionan de una manera activa sobre su periplo y aún no han dilucidado la siguiente fase, les pongo este ejercicio de visualización. He comprobado que contribuye a que se vean a sí mismas con cierta perspectiva. Por otro lado, el ejercicio posibilita que consideren su periplo como algo arquetípico en vez de idiosincrásico. Esta distinción entre el enfoque arquetípico frente a la experiencia individual es importante. El peligro que conlleva un enfoque excesivamente personal es que suele fomentar la idea de que todos los aspectos de la vida están bajo control. En contraste, con una visión excesivamente arquetípica se corre el riesgo de eximirse de responsabilidad individual en favor de condicionamientos culturales o sociales. Esto puede generar un enfoque demasiado pesimista o demasiado idealista. La verdad requiere entretejer la perspectiva individual junto con la arquetípica. Poner la experiencia individual en el contexto de los arquetipos permite dilucidar los aspectos en los que nuestras historias personales se asemejan a las arquetípicas o difieren de ellas. La mayoría de la gente lo hace a través de la religión, aunque no es la única vía ni la más extendida. A las mujeres en particular se nos han inculcado historias arquetípicas en cuya trama somos personajes secundarios. En todas las principales religiones del mundo los hombres son los ejes centrales de la historia. Sus viajes, sacrificios y tribulaciones se narran desde el prisma arquetípico. Y, a nivel cultural, los hombres se identifican con esos roles arquetípicos, pero las mujeres suelen pugnar por hacer lo mismo. Dar pequeños pasos en el viaje arquetípico puede contribuir a reconfigurar la experiencia femenina como eje central de la narrativa.

Imagina que has atravesado un peligroso bosque prohibido. Te has abierto camino a través del bosque encantado. Has aprendido a tender trampas a los monstruos con el fin de poder escapar. Has aprendido a vencer a los depredadores que pretendían devorarte. Has aprendido a orientarte por senderos angostos hasta llegar a un hermoso claro. Sabes dónde viven los troles. Has sorteado la guarida del dragón. Has aprendido a distinguir las plantas y setas comestibles de las venenosas. Has aprendido a abrirte camino entre la espesura y a fabricar armas. Has vadeado ríos y arroyos. Has trepado a árboles y te has hecho amiga de los animales. Tu periplo a través del bosque no ha estado exento de peligros; en él has superado pruebas muy difíciles. Pero has aprendido a sobrevivir, quizá incluso a forjar una vida significativa. Has adquirido conocimientos del terreno, y ahora te dispones a abandonar el bosque. Finalmente has alcanzado el objetivo original. Has sobrevivido. Y ahora, tras una densa espesura de grandes árboles, contemplas un claro, una proeza que a lo mejor has tardado años en lograr.

Mientras estás ahí, contemplando la belleza del claro y el verdor de la hierba, te das cuenta de que no puedes dar un paso. Una fuerza invisible te impide avanzar. Echas un vistazo a tu alrededor y tanteas el terreno desconocido. ¿Hay algo a lo lejos? ¿Qué ves? ¿Qué época del año es? ¿Hay flores, animales, un castillo? Al centrar tu atención de nuevo en el claro, percibes algo que brilla a la luz del sol a escasos pasos a tu derecha. Se halla en línea paralela a donde te encuentras, y te encaminas hacia allí junto a la hilera de árboles. Es un bonito espejo con el marco dorado. Al fijarte en el marco, te percatas de algo increíble: ¡entre las volutas y la ornamentación del metal hay escenas y símbolos de tu vida! Este es tu espejo mágico único y personal. Los importantes percances y descubrimientos de tu periodo en el bosque están grabados en la decoración de la moldura del espejo. Con incrustaciones de piedras preciosas y escenas pintadas a mano, es un espectáculo digno de contemplar, una magnífica proeza creativa.

Al apartar la mirada del espectacular marco, ves fugazmente tu reflejo. No eres la misma persona que emprendió el viaje. ¿Quién te mira desde el cristal? ¿La reconoces? ¿Parece agotada después del tiempo que ha pasado en el bosque encantado? Sin moverte de ahí, empiezas a asociar las cicatrices y el agotamiento a la historia grabada en el marco del espejo. Las batallas, los logros y las piedras preciosas son bonitos, pero la realidad de la experiencia vivida parece un poco diferente. Puedes permanecer ahí el tiempo que sea necesario, observando tu reflejo, observando la historia. A lo mejor también te percatas de que mientras contemplas el espejo, vislumbras el bosque encantado que se extiende detrás de ti. Le aporta significado y profundidad a las historias. Quédate ahí el tiempo que necesites.

Cuando estás lista para seguir adelante, te levantas y echas un vistazo a tu alrededor. Te das cuenta de que el espejo es una puerta, el camino para alejarse del bosque encantado. Pero carece de goznes, no hay nada que permita moverla. Mientras sopesas si permanecer sentada en el borde o pasar al siguiente capítulo, caes en la cuenta de que la única forma de acceder al claro es romper el espejo. Tras hacer acopio de fuerzas, con cualquier herramienta que elijas –una varita mágica, una piedra, tus pies–, rompes el espejo. En cuanto lo haces, el campo de fuerza desaparece. Eres libre para avanzar. Pero ya no hay espejo, ya no hay una bonita historia que contemplar. No hay reflejo para decirte que no estás preparada o que no eres lo bastante buena. Tan solo estás tú. Cuando te dispones a poner los pies en el claro, te percatas de los fragmentos del marco roto. Puedes llevarte cuantos te plazca, pero no todos: solo los que te quepan en los bolsillos. Ten cuidado, pues algunos tienen bordes afilados. Siempre tendrás que manejarlos con precaución.

Las herramientas del encuentro en el espejo

Mirar en el espejo va más allá de observar un reflejo. Parte de este paso del viaje por el camino de la reina consiste en mirar más allá del reflejo para ver cómo has evolucionado en relación con un ideal inalcanzable, o bien con una faceta o aspecto de ti misma que has rechazado. En definitiva, lo más probable es que la «otra» que aparece en el espejo sea el reflejo de una mitad de ti que se define en función de si te identificas más con el arquetipo de la MISOR o de la MIPE. También dependerá de cómo ves tu imagen con respecto a otras personas. ¿Qué te permites a ti misma? ¿Eres sumamente crítica contigo misma o con los demás? ¿Cómo consideras que deben «estar» las mujeres en el mundo? Todo ello influirá en cómo avanzas con tu reflejo en el encuentro en el espejo.

El espejo es un instrumento que abre una puerta. Piensa en todos los usos que le podemos dar a un espejo. Puedes utilizarlo como los retrovisores de un coche: para mirar por detrás o a los lados. Si usamos un espejo para mirar lo que hay detrás, vemos el pasado como una carretera plana. Quizá miremos el camino que hemos recorrido hasta llegar a este punto. Tal vez miremos en el espejo para comprobar lo que llevamos a la zaga. ¿Qué espectros se ciernen en la historia de nuestro reflejo? Si echamos un vistazo a los espejos retrovisores, ¿quién hay al lado? ¿Quién nos acompaña en la andadura? ¿Quién es posible que esté compitiendo con nosotras? ¿A quién intentamos adelantar? Si el espejo está justo delante, ¿es un obstáculo en el camino? ¿Estamos bloqueadas por expectativas propias o de otros? Al igual que el espejo del bosque, ¿nos detenemos delante de él antes de pasar a la siguiente fase?

El espejo de la MISOR

¿A quién ve la MISOR en el espejo? Normalmente a la versión de sí misma que desean los demás. Es posible que procure estar a la altura de los ideales de la MISOR. Si lo está logrando, verá una proyección de paradigmas culturales. No obstante, con que le falte un pelín para no dar la talla, el reflejo enseguida mostrará los peores atributos de su sombra. La MIPE escindida de su ser aparecerá delante de sus ojos. Una MISOR que niega su sexualidad tendrá frustraciones no resueltas; podría incluso llevar una vida sexual en secreto. Es posible que una MISOR que se siente presionada para ser guapa y delgada se dé atracones y se purgue cuando está sola. Buscar su otra mitad siempre le resulta doloroso, pues la MISOR ha eliminado la faceta de sí misma que anhela poder, que desea tomar decisiones.

El espejo de la MIPE

Al mirar en el espejo, la MIPE ve todos los aspectos en los que no puede competir. Ansía ser guapa, resplandeciente, deseada. Ansía pertenecer. El reflejo de su otra mitad pondrá de relieve todos los beneficios de los que en su opinión gozan las chicas guapas. Sentirá el anhelo de ser más guapa, más delgada, mejor. Aspirará a ser popular, a tener ropa mejor o un trabajo interesante. Puede que lo consiga, pero, incluso en ese caso, siempre se sentirá como una impostora. El espejo de la MIPE ofrece un reflejo insatisfecho, y ella lo achaca a su condición de marginada. Ojalá fuera lo suficientemente delgada, guapa, encantadora..., ya me entiendes. La otra mitad de la MIPE es la chica de la que recela y que en el fondo anhela ser.

Ejercicio

Los espejos pueden incomodar a la gente, en especial a las mujeres. Anhelamos la aceptación de los demás, a menudo como medio para aceptarnos a nosotras mismas. Pero el momento del espejo consiste en buscarlo y encontrar sentido en él. Tal vez encontremos sentido a través de con quién nos comparamos, como yo hice con mi madre. O quizá el espejo nos ayude a descubrir la identidad profunda que anhelamos, como a Renée en *¡Qué guapa soy!* Si puedes, siéntate delante de un espejo durante unos diez minutos. Toma conciencia de cómo te sientes. ¿Qué notas? ¿Estás incómoda? ¿Te causa malestar mirar? ¿Qué temes ver? Estos aspectos son muy reveladores acerca del espejo que anhelas. Ese reflejo posee todas las cualidades que deseas. ¿Puedes realizar el esfuerzo de encontrarlas? Haz una lista de ellas y, a continuación, tómate el tiempo necesario para escribir acerca de cada una y de lo que significa para ti.

Capítulo 10

EL COMPROMISO

El momento del camino de la reina en el que la mujer «se compromete» es peligroso. Simboliza el reconocimiento de la maldición y de la consiguiente marca. Una maldición es más que una herida. La maldición es algo presente, que actúa como un principio organizador en nuestras vidas. Pase lo que pase, la maldición perdura, influye en la vida de la mujer, determinando su destino desde lo más hondo de la psique. La maldición se convertirá en una especie de estrella polar que reorienta y reestructura su comportamiento, que renueva el compromiso con la maldición. A lo mejor piensa que está liberándose de la maldición, pero lo cierto es que esta continúa determinando su conducta por mucho que oponga resistencia. Si sus padres le reprochan que es perezosa y ella se pasa la vida trabajando a destajo para demostrar lo contrario o si sucumbe a la depresión por ser una teleadicta, la maldición seguirá dominando su vida. Si un progenitor o un primer amor le dice que estaría más guapa si perdiera peso, con independencia de que llegue a ser una corredora de maratones o una obesa mórbida, la maldición continuará dirigiendo su vida. Este vínculo con la maldición y la marca es lo que la mantendrá dividida. Es importante señalar que siempre hay una última oportunidad para romper la maldición. En la ficción, este compromiso simbólico generalmente se contrae al principio del relato, y quizá solo una vez. Una mujer de carne y hueso revisitará el momento del compromiso una y otra vez. Cuando alguna queda atrapada en este bucle, a menudo hará lo posible por *someterse* con el fin de liberarse del dolor, el conflicto o la tristeza. La forma de saber si esto te está pasando parte de una pregunta simple: ¿estás confundiendo someterte con comprometerte?

Comprometerse con la desvinculación del cuerpo

Como he mencionado anteriormente, mi padre y mi madre eran muy atractivos. Mi abuela materna, Norma, era tan guapa que en los años treinta le pidieron en más de una ocasión que fuera a Hollywood para ser «estrella de cine». Mi abuela paterna, Edna, era guapa y sofisticada. Tenía estudios universitarios, lo cual era bastante inusual en los años treinta. Había vivido en Nueva York y pasó los dos primeros años de su vida de casada en una villa en Italia. A los miembros de mi familia les importaban las apariencias. En mi pubertad, cuando empecé a lidiar con lo que significaba tener un cuerpo femenino, todos se turnaban para hacer comentarios sobre cómo se estaba desarrollando ese proceso. Vertían opiniones acerca de mi talla, mi tipo, mi pelo crespo, mi piel, pero nadie fue más crítico que mi padre. Criticaba cada una de mis imperfecciones, cada mechón de pelo fuera de su sitio, cada centímetro de grasa. Yo no sabía qué hacer. Algunas veces me daba por hacer ejercicio; otras veces me moría de hambre. A partir de los doce años intenté gestionarlo por mi cuenta. Por más que me esforzara, casi siempre conseguían que me avergonzara de mis caderas y muslos, cada vez más voluminosos, y mis pechos, que parecían resueltos a engullirme. La única frase que mi padre esgrimía era: «Te estás poniendo gorda».

Un día le pregunté:

—¿Por qué me criticas constantemente? ¿Por qué es tan importante para ti que sea delgada?

Íbamos en el coche, cruzando un largo puente de las afueras de Nueva Orleans. Jamás olvidaré lo que respondió y que aparté la mirada de él hacia el agua sin saber qué hacer. Su respuesta a mi pregunta fue:

–Tienes que ser delgada... para estar guapa... y así podré quererte.

A partir de ese momento, esas palabras se grabaron a fuego en mi corazoncito de doce años. Todavía puedo oírlas, con cierta vacilación en su voz al responder, procurando decir algo que no sonara «mezquino» y que en su opinión me motivaría.

Y tanto que sí.

Aquel fue el primer día que sucumbí a la anorexia. La gordura fue una de mis primeras marcas, y en ese momento mi cerebro hizo clic para que me comprometiera con eso. Al principio pasar hambre fue un reto, pero pronto pasó a ser un motivo de orgullo. Para cuando cumplí los quince años, ya había cambiado mis patrones mentales respecto a las recompensas. Comer me daba náuseas. Ansiaba con desesperación ser bulímica en vez de anoréxica, pero, por más que lo intentara, no conseguía provocarme el vómito. A consecuencia de ello pasé muchos ratos llorando en los aseos del instituto.

Cada vez que me planteaba superarlo, ocurría algo –una pelea con mi madre o una situación en la que mi padre me ninguneaba– y caía en picado de nuevo, rindiéndome a la maldición «estás gorda, Stacey» y comprometiéndome con ella. Ante el menor sentimiento negativo que aflorara, encontraba una nueva forma de engañar el hambre, como beber agua con vinagre o ponerme un corsé para estrechar la cintura. Sucumbí a la anorexia, al ideal de ser guapa, delgada y delicada, procurando a toda costa empequeñecerme lo suficiente para encajar en el rol. En la última etapa de mis estudios de secundaria este patrón ya estaba muy arraigado en mí. Se me daba bien.

A los diecinueve años ya había hecho mis pinitos como modelo y gozaba de cierto éxito. Me había presentado a un *casting* para un desfile benéfico local patrocinado por la revista *Vogue* y, como no me seleccionaron, di por sentado que era debido a que no estaba lo bastante delgada. Al cabo de unas semanas mi agente me llamó por teléfono en el último minuto para que sustituyera a la chica que había conseguido el trabajo porque se había puesto enferma. Yo conocía a la modelo a la que iba a sustituir; era un poco más alta que yo y, desde mi punto de vista, mucho más delgada. El desfile estaba programado para el día siguiente y ya habían ajustado la ropa para la otra modelo. Estaba segura de que sería imposible que me quedara bien; su complexión era mucho más menuda que la mía. Mi agente me dijo que rasgarían las costuras si fuera necesario. Hasta ese punto estaban desesperados.

Cuando llegué allí a la mañana siguiente, me condujeron directamente a maquillaje. Yo, nerviosa, no dije una palabra. El encargado del desfile era un hombre apuesto con un bonito cabello rubio. Me transmitió su agradecimiento por mi disponibilidad y me llevó de la zona de maquillaje al probador, básicamente un cubículo improvisado rodeado de cortinas. Cada conjunto iba acompañado de una foto polaroid de la chica a la que había sustituido con el estilismo completo, incluidos los complementos. Era un desfile de verano, con sandalias, pañuelos de seda, sombreros y gafas de sol. El primer conjunto era precioso, nunca lo olvidaré: unos pantalones de seda de color plata y un top sin mangas de punto calado blanco combinados con una larga cadena dorada, unas gafas de sol y unas bonitas sandalias doradas con vinilo transparente. Comprobé la talla de los pantalones plateados: la treinta y seis. Pensé: «Definitivamente, van a tener que descoser las costuras». Primero metí la pierna izquierda, después la derecha, me los subí hasta la cintura y me los abroché. A continuación, cuando hice amago de agarrar el top, los pantalones se me cayeron sobre los pies como un fardo. Tiré de ellos hacia arriba, dando por sentado que se me habían desabrochado. Pero volvieron a caer al suelo, abrochados. Presa del pánico, empecé a hiperventilar. La estilista entró y, al verme, empuñó el top de punto y un puñado de alfileres. Acto seguido tiró con fuerza del tejido de los pantalones plateados por detrás y me los pilló con alfileres mientras un torrente de lágrimas bañaba mis mejillas. Me sentí terriblemente desconcertada. El mundo carecía de sentido. Me metió el top por la cabeza, me atusó el pelo y me puso las sandalias. El encargado me colocó las gafas de sol sobre los ojos mientras las lágrimas resbalaban por mis mejillas. Le alarmó mi conducta y no paró de decir hasta la saciedad: «Camina y punto», prácticamente gritándome al oído. Me colocó en la fila y me empujó a la pasarela con otro áspero «¡camina y punto!». Después de hacer mi primer pase con el primer atuendo, la estilista y el encargado me agarraron para ponerme el segundo y después el tercero. No recuerdo nada salvo mi estado de pánico y a la estilista ajustando las prendas con alfileres y pinchándome alguna que otra vez. Yo notaba los pinchazos, pero no sentía dolor. Como había luces brillantes enfocando hacia la pasarela, me costó ver a los asistentes. Tenía la frase «¡camina y punto!» grabada a fuego en mi consciencia. Con esa orden, me centré y me abstraje lo mejor que pude, otra habilidad que me acompañaría durante mucho tiempo.

Al término del desfile me encontraba agotada y confundida. Había dos modelos charlando al otro lado del vestuario, y tardé unos instantes en entender de qué estaban hablando. Un bellezón de pelo oscuro con un corte *bob* al estilo de los años treinta le estaba explicando algo a una pelirroja con exuberantes ondas que le caían por debajo de los hombros. Le comentaba que no sabía cuánto tiempo más podría seguir trabajando, pero que ahí estaba, con su embarazo de seis meses y sin que nadie se hubiera percatado todavía. Al principio no capté el mensaje, pero acto seguido caí en la cuenta: se sentía orgullosa de haber ocultado tan bien su embarazo durante tanto tiempo. Entre mi incapacidad para ser consciente de lo delgada que me había quedado y los comentarios de las otras modelos sobre sus propios cuerpos, sentí náuseas.

Este episodio me sirvió para darme cuenta de que no podía confiar en lo que veía en el espejo. El miedo a mi visión distorsionada no bastó para superar mi anorexia: eso requeriría otros diez años de terapia. No obstante, fue la primera vez que tomé conciencia de mi compromiso con la cicatriz y la marca. Entendí, décadas antes de desentrañar la estructura del camino de la reina, cómo había enquistado mi herida sin cesar. Siempre que sentía impotencia, melancolía o hambre sin más, buscaba nuevos métodos, apoyos o motivaciones que me llevaban al recurso que siempre me había funcionado: la inanición. Esta herramienta en particular de la división distorsiona la capacidad de compromiso y entrega de una mujer. Esta se empequeñece con el fin de cumplir las expectativas y, aun así, en cierto modo tiene la sensación de que todo está bajo control. De que tiene el control absoluto sobre su apetito y la habilidad para saciarlo.

Nadie ha sido capaz de ayudarme a entender mi cuerpo después de la infinidad de traumas que padecí a nivel físico. Tras años de tratamiento de mi anorexia con terapia, sufrí la rotura de un quiste ovárico y a punto estuve de morir. El hospital fue un brutal recordatorio de que el compromiso que había contraído con mi cuerpo estaba plagado de peligros. En la sala de urgencias viví experiencias de todo tipo, desde la pérdida del conocimiento a causa del dolor físico hasta una agresión sexual por parte de uno de los residentes de cirugía. A ello se sumó el hecho de haberme desangrado casi hasta morir. Había estado en el umbral de la muerte. Mi recurso habitual, la psicoterapia, no sirvió de mucho. A pesar del cariño y el apoyo que se me brindó en el proceso, no pude evitar la experiencia de sentir como si hubiera una nueva puerta hacia el inframundo que era invisible para los demás. Me sentía como si siguiera abierta en canal mientras se desprendían pedazos de mi ser y se evaporaban como el éter en la atmósfera. Sentía mi cuerpo ajeno a todas esas sensaciones, como si estuviera mintiendo, a mí misma y a todo el mundo, sobre lo que había ocurrido. Me daba la impresión de estar empequeñeciendo, pero mi cuerpo decidió compensarlo engordando.

Mi cuerpo se rebeló. Engordé más de treinta kilos en los cuatro meses del posoperatorio. Nadie le encontraba explicación a que mi cuerpo ganara tanto peso. Los médicos me sometieron a todo tipo de pruebas para detectar un posible cáncer: de las glándulas suprarrenales, de tiroides, de ovarios, de la pituitaria. En vista de que no aparecieron tumores en los escáneres y otras pruebas de imagen, me culparon a mí. Escuché los comentarios más insensibles: «Debes de estar comiendo golosinas a escondidas», «Seguramente estás mintiendo» o «Nadie gana tanto peso a esta velocidad sin una causa evidente». Yo estaba comiendo un poco para recuperar las fuerzas. Al fin y al cabo, había perdido dos litros de sangre y en la operación no me habían hecho ninguna transfusión. No es que estuviera pasando hambre, pero tampoco dándome atracones de *pizza* y chocolate. Ahí estaba de nuevo, más traumatizada y sin que nadie me sirviera de espejo para mi experiencia. Las personas en las que confiaba que me ayudaran estaban, por el contrario, poniendo en duda e invisibilizando lo que yo estaba viviendo. Mi complexión, antaño anoréxica y posteriormente atlética, hizo que con esos treinta kilos adicionales mi cuerpo se volviera irreconocible para mí. Y, al mismo tiempo, yo me volví irreconocible para mí misma. La cara se me puso rolliza y redondeada, los labios más finos y los pechos se me antojaban enormes. Siempre había considerado que tenía una constitución rara: las caderas rectas, los pechos voluptuosos, la cintura del mismo diámetro que los muslos. Y, de buenas a primeras, la cara se me había puesto redonda, era pechugona y tenía barriga. Muchísima barriga.

Hoy en día sabemos que el peso suele ser una medida protectora tanto desde el punto de vista psicológico como fisiológico. Y que el diámetro del vientre a menudo es la consecuencia directa de los efectos del estrés y el cortisol en el cuerpo.[1] Pero allá por la década de los noventa, todo esto era un misterio. Mis médicos me culparon de cómo respondió mi cuerpo. Yo siempre había tenido problemas con mi entidad corpórea: el trastorno dismórfico y la anorexia no eran fáciles de superar; requerían atención diaria. La experiencia de los traumas que había sufrido en el hospital y encima la humillación de engordar treinta kilos por arte de magia expandieron mi división interna.

Como no había cicatriz, mi cuerpo ocultó la verdad al mundo y a mí misma. Al cabo de diez años, para eliminar el volumen que había ganado a raíz de aquella primera operación en urgencias, me sometí a una intervención de cirugía plástica electiva que me dejó una nueva cicatriz. Culminó el periplo de mi cuerpo de una manera inesperada. Había decidido hacerme una liposucción y una abdominoplastia después de años castigando e intentando «arreglar» mi cuerpo. Se trata de una cirugía electiva drástica. El posoperatorio es duro, con implantes de drenaje para ayudar al organismo a eliminar los fluidos que se acumulan en la tripa. No puedes erguirte durante un periodo de entre cinco y diez días. Cuando pude verme en el espejo de pie y derecha, me quedé mirando la nueva cicatriz. A veces me quedaba absorta con los ojos clavados en el espejo durante un buen rato. Sonreía y daba gracias por ello; también escribí poemas sobre eso. Era como si en vez de haberme sometido a una abdominoplastia me hubieran intervenido para eliminar la huella de aquella experiencia y dejar una cicatriz que por fin revelaba la verdad acerca de mi vida. Finalmente sentí que mi cuerpo se correspondía con mi historia. Se podría decir que mi cicatriz finalmente reveló mi marca.

Mi periplo de comprometerme con mis maldiciones y marcas ha sido, como el de la mayoría de las mujeres, un desafío con infinidad de triunfos y fracasos. En la adolescencia, me comprometí con la maldición de ser «gorda». Aunque en retrospectiva soy capaz de mirar las fotografías con objetividad y comprobar que en aquel entonces no tenía sobrepeso ni por asomo, mi maldición y mi marca me habían estigmatizado hasta el punto de que encontraba defectos a cualquier centímetro de carne. Involucrándome en una larga aventura amorosa con la anorexia, me decía para mis adentros tanto de manera consciente como inconsciente que estaba tomando las riendas de mi vida. ¿Qué es la comida sino el medio para mantener tu cuerpo vivo y respirando? Yo me comprometí en una relación con mi cuerpo que, desde mi punto de vista, me proporcionaría el control. Abrigaba la esperanza de que ese compromiso con mi aspecto solucionara de una vez por todas mi necesidad de demostrar que era lo suficientemente buena. Que sería lo suficientemente guapa. Que podía dominar esa parte salvaje de mi ser que al parecer no gustaba a nadie y por la que todo el mundo parecía castigarme. Solo que las cosas no funcionaban así. Comprometerme con la delgadez no hizo más que atraer depredadores a mi puerta. Construí una precaria mansión donde pudiera vivir mi yo dividido y, por si fuera poco, pasé a ser una sierva 24/7 ante todas y cada una de sus críticas, ocurrencias o caprichos pasajeros. Y esa mansión era como un faro luminoso para hombres capaces de percibir la fragilidad en mi rigidez.

Al principio, tener el control me resultó intimidatorio y desafiante. ¿Sucumbiría a la tentación? ¿Podría privarme de algo que ansiara? Algunas veces me costaba mantener el hambre a raya, pero pronto empecé a sentirme bien. Cuando me hice terapeuta aprendí que el mecanismo de los receptores cerebrales del placer cambia con el paso del tiempo cuando se adoptan conductas propias de un trastorno de anorexia. En una persona sana, la ingesta de alimentos libera dopamina en el cerebro a modo de recompensa por nutrirse. En la anorexia esto cambia. El cerebro comienza a generar dopamina como recompensa por controlarse y abstenerse de ingerir alimentos deliciosos (o necesarios). Una persona normal genera dopamina cuando come, y una persona anoréxica genera dopamina cuando no lo hace.[2]

Las heridas que se nos niegan, que se nos infligen o que ganamos son una especie de prueba. Ponen de relieve nuestras maldiciones. Actúan como evidencias del periplo. Nadie te dice que algo «no ocurrió» cuando tienes una cicatriz que marca la experiencia. En el camino de la reina, la maldición del primer cuadrante casi siempre va acompañada de algún tipo de cicatriz. No siempre se corresponden con la cronología de los acontecimientos, como en mi caso. Sin embargo, las cicatrices y las vivencias tienen una forma de entrelazarse. A veces lo que tenemos no es exactamente una cicatriz; comienza siendo una marca, una huella psíquica que guarda relación con alguna expectativa o juicio. Entre mis pacientes he oído mencionar multitud de marcas desgarradoras infligidas en su mayor parte por los progenitores y cuidadores, en ocasiones por los cónyuges y amantes. En la infancia a veces las infligen los maestros y otros niños. En el ámbito laboral a menudo son puñaladas en la espalda por parte de mentores, jefes y compañeros.

Casi todas las mujeres tienen heridas en común. Nos han lanzado armas arrojadizas para que nos juzguemos constantemente: *gorda*, *escuálida*, *fea*, *alta*, *baja*, *patosa*, *sosa*, *boba*... Esos son los calificativos más descarados, los más obvios. Hay otros que se suelen usar como armas muy punzantes: *estúpida*, *dramática*, *vaga*, *emotiva*, *intensa*, *aburrida*, *malcriada*, *promiscua*, *ansiosa*, *demandante*... Son muy habituales. Y luego están aquellos que suponen una expulsión automática del club de la MISOR: *bruja*, *puta*, *lista*, *mágica*, *cruel*, *mala*, *ridícula*, *cero a la izquierda*, *odiosa*, *brillante*, *ambiciosa*, *engreída*, *zorra*. Las pacientes que relatan las experiencias de estas marcas suelen mencionar la profunda llaga que acompañó a la marca. Estas heridas profundas no son puntuales. Se avivan sin cesar por parte de los padres, cuidadores, amigos, maestros, amantes, parejas e hijos. La marca permanece por lo que significó en su momento y por lo que aún significa al estar ligada a la herida o maldición original. Si no encontramos el origen, organizaremos la vida entera en torno a una o más maldiciones y sus consiguientes huellas.

La renuente pero comprometida estrella

Tengo una paciente llamada Sarah. No creo haber visto una mujer más guapa en mi vida. Tiene los ojos de un azul intenso, el pelo oscuro, una bonita complexión y un cuerpo grácil por naturaleza. Durante mucho tiempo observé cómo Sarah entraba y salía de mi consulta con desenvoltura, gracia y sin la menor vanidad en absoluto. Yo pensaba que su aspecto le infundía confianza; había sido bailarina y en ese sentido había triunfado. Cuando entraba en una sala, era el centro de las miradas. Se había afincado en Los Ángeles para ser actriz tras renunciar a la danza porque la carrera de una bailarina es muy corta y puede truncarse a la mínima lesión.

Estábamos conversando sobre un trabajo para el que la estaban considerando, una serie de televisión que le reportaría buenos ingresos durante un año como mínimo. El encargo de la serie ya se había firmado, lo cual era inusual en aquella época, puesto que no se había «probado» con un episodio piloto para los patrocinadores. Sarah competía con otra actriz. No estaba segura de quién se trataba, aunque se lo imaginaba. Se pasó una sesión entera comparándose con una persona imaginaria con quien, según ella, otra persona igualmente anónima que ocupaba una posición de poder podría estar comparándola. Intentar seguirla me provocó dolor de cabeza. Lo analizó todo, desde el talento hasta la formación, y luego llegaron los comentarios acerca de su aspecto y elegancia. Sarah comentó que tenía los ojos demasiado juntos y el nacimiento del pelo irregular, y que era demasiado alta. No pude meter baza para rebatir su flagelante lista de imperfecciones. En aquella sesión en particular, ante semejante retahíla de defectos, fui incapaz de seguirle el hilo; además, en esa lista no había ninguna realidad objetiva que yo pudiera considerar ni en mil años.

Le pregunté a Sarah cuál era el origen de esos pensamientos. ¿De quién era la voz que oía en su cabeza que estaba refutando el juicio de cualquiera que hiciera una apreciación objetiva? Todo cuanto yo veía era una mujer bella, casi perfecta, delante de mí. Sarah se quedó con la mirada perdida en dirección a mí desde el sofá. Durante unos instantes me desconcertó su silencio. Le pregunté qué estaba pasando y hacia dónde había divagado su mente al escuchar mi pregunta. Respondió que nunca había contemplado la posibilidad de que la voz que oía en su cabeza no fuese la suya. Pero, ahora que la cuestión había salido a colación, era inquietante que la voz sonara como la de su madre, aunque sumada a las de otros: la de su hermano mayor y, algunas veces, la de su padre.

Estas voces aleccionadoras le decían a Sarah que era sosa y, además de ese comentario menospreciador, que era patosa y masculina en sus andares y ademanes. Su madre la amonestaba cada dos por tres para que caminara con las rodillas ligeramente dobladas y las nalgas un poco apretadas. Además, solía decirle cómo lavarse la cara, llevar la ropa, alisarse el pelo, hacer abdominales y ponerse crema hidratante una y otra vez. Lo primero que pensé al ver a Sarah fue que su elegante porte, su cutis, su figura y su gracia eran algo innato en ella. Pero me equivoqué: era algo impostado que reforzaba la voz de su crítico interior, presente para ganar la aprobación de su madre. Y si recibir la aprobación de su madre era imposible, al menos quería evitar ser objeto de su ira.

La situación inicial que había generado el momento del compromiso de Sarah había sucedido en un pasado muy lejano. Lo que yo observaba era un vestigio de aquel momento. Como su madre esperaba que se convirtiera en una MISOR bella y perfecta, Sarah contrajo un compromiso con su «torpeza» aceptando la crítica de su madre y respondiendo a ella. Se dedicó a hacer lo imposible por erradicar su «torpeza» para sentir un mínimo de control sobre su vida. Se comprometió a ser una hermosa, grácil y elegante versión de sí misma, la que su madre quería que encarnase. Los juicios de su madre forjaron la maldición de la torpeza y la marca de desgarbada. Sarah hizo todo lo que pudo por evitar ser lo que su madre le recriminaba. Con independencia de que hubiera tomado el camino de la MISOR procurando encajar en el ideal o tomado el rumbo de la MIPE abrazando los atributos de la torpeza, la maldición y la marca habrían definido igualmente su vida.

Esta parte del viaje se llama «el compromiso» porque es cuando una mujer decide dedicarse a algo, generalmente a ceñirse a los condicionamientos de la maldición o la marca. En esta fase es como si echara un vistazo a su alrededor y se diera cuenta de que la maldición es el principio organizador de su existencia. Si es una MISOR, gestionará las características propias de la MISOR en torno a esa maldición, a lo mejor tratando de evitarla. Si es una MIPE, es más probable que le diga «¡pues claro!» al lastre de la maldición y la marca, mientras se dice para sus adentros: «Si voy a cumplir la pena, más vale que cometa el delito». Para algunas mujeres esto consistirá en intentar demostrar que son capaces de vivir con la maldición y la marca. Otras tratarán de ensalzarlas, o bien demostrar que son capaces de superarlas.

En mi caso, la maldición fue ser la hija superviviente, y mi marca fue ser rara o extraña. Pero a partir de ahí llegaron otras. Eso condujo a que fuera inteligente, y, en la escuela primaria y los primeros cursos de secundaria, a su vez mi inteligencia se asoció con ser gorda y fea, aunque desde un punto de vista objetivo ninguno de estos atributos era cierto en aquel momento. En las diversas ocasiones en las que he recorrido el camino de la reina en diferentes etapas de mi vida, he llevado como bandera la marca de rara, extraña, inteligente, gorda y fea. Me he hecho *piercings* en multitud de partes del cuerpo, me he rasurado la cabeza y he vestido con ropa llamativa y estrafalaria adrede, todo con el fin de comprometerme con una marca que no podía describir. Tan solo podía sentirla y transmitir esa sensación a través de mi comportamiento. Durante mis años de adolescencia y cumplidos los veinte, movida por el *miedo* a ser gorda y fea, también contraje un compromiso en la dirección opuesta adoptando conductas nocivas como la anorexia y el ejercicio compulsivo. El compromiso con la marca se manifiesta de manera diferente en cada mujer. Los comportamientos pueden ser sutiles o patentes, atender a los dictados de la maldición o enfocarse en rechazarla. En cualquier caso, la maldición define la totalidad de los actos, la orientación y la conducta de la mujer en pos de ese fin. La maldición no «se rompe» hasta llegar al tercer cuadrante, si es que se consigue liberarse de ella en algún momento. La piedra angular de la fase del compromiso es el hecho de que el comportamiento lo define la maldición que posibilitó la división y encasilló a la mujer como MISOR o MIPE.

El compromiso de la MISOR

La mayoría de las MISOR se comprometerán a ser la versión más bella, perfecta y mejor de sí mismas posible. Abrazarán el rol de la «buena chica», «buena esposa» o «madre ideal». A su modo de ver, si consiguen ser perfectas, todo irá sobre ruedas. Si valoran la belleza y el hecho de tener un cuerpo perfecto, es posible que sucumban a la anorexia, la bulimia u otro trastorno peligroso. Si el matrimonio de la MISOR es la esencia de su identidad, redoblará sus esfuerzos en ser una esposa diligente y pondrá empeño en cumplir las expectativas de la esposa ideal estando pendiente de su marido o de sus hijos incluso en perjuicio de sí misma. Tal vez revele un secreto y corra el riesgo de tomar el rumbo de la MIPE. A lo mejor acude a terapia o renueva el compromiso con su fe. Si tiene dificultades en el terreno laboral, procurará ser de mayor provecho. El sello distintivo de esta etapa del camino es que el compromiso que contrae es precisamente lo que la mantendrá dividida.

En la película de 1985 *El color púrpura*, Celie se compromete con su rol de MISOR cuando aconseja a su hijastro Harpo que golpee a su esposa, Sophia, para meterla en cintura. En *Barbie*, la protagonista contrae un compromiso con su rol de Barbie estereotípica (MISOR) a pesar de que la Barbie rara le explica que hay una brecha en el espacio-tiempo. Incluso cuando Mattel amenaza con meterla de nuevo en una caja, ella muestra una actitud obediente hasta el último momento. Cuando la MISOR llega a la etapa del compromiso, sabe que algo va mal, pero trata de arreglarlo siendo más guapa y/o complaciente y minusvalorándose. Por supuesto, esta conducta es precisamente lo que marcó su rumbo desde el principio, pero no contemplará otra alternativa porque según la autoridad externa ese es el camino correcto. En esta etapa del camino de la reina eso no funciona. Incluso quedándose «en la caja», se enfrentará a su estado abyecto a nivel personal en algún punto del camino.

El compromiso de la MIPE

En la etapa del compromiso a lo largo del camino de la reina es posible que una MIPE deje su trabajo para montar su propia empresa o que retome los estudios para cambiar de profesión. Puede que procure ser lo que su madre siempre quiso que fuera y se matricule en una carrera o se comprometa para casarse. Una MIPE que siempre ha estado al margen de las normas podría intentar encontrar el modo de tomar el rumbo que ella percibe como el de la MISOR, a lo mejor intentando encajar en los cánones de belleza tradicionales, perdiendo o ganando peso, incluso sometiéndose a una operación de cirugía plástica. A una MIPE que se compromete con su marca podría empezar a suscitarle un gran interés la astrología o algún otro campo espiritual que esté fuera del marco de la autoridad «tradicional». Puede que empiece a experimentar con su faceta creativa a través de la escritura o la pintura.

Es posible que la MIPE sienta un repentino interés en cosas que afiancen su heterodoxia o inconformismo. A lo mejor se rasura la cabeza, se apunta a clases de artes marciales, se mueve por el país o de pronto decide estudiar Medicina. La MIPE que afronta la etapa del compromiso se cree capaz de encontrar el modo de sortear los obstáculos del segundo cuadrante. Que puede soslayarlos con astucia. Que puede correr más, dar más de sí. No es consciente de que cuanto más se esfuerce, más se adentra en la etapa del compromiso, más se entrega. Tiene la firme convicción de que, poniendo más empeño en ser inteligente, talentosa o capaz, sus esfuerzos se verán recompensados. Que alguien se fijará en ella. Pero es una trampa: la MIPE es la misma de siempre, la *outsider*, la diferente. Cuanto más empeño pone, más marginada está. No es porque sus esfuerzos sean en vano o porque carezca de inteligencia; es porque se encuentra en la senda de la MIPE. Piensa que la acción es la clave para integrarse, pero no lo es. La clave para integrarse es la sumisión, lo cual es algo que a la MIPE se le da francamente mal. Además, como bien sabe la MISOR, la sumisión conlleva sus propios problemas, como que nunca te consideren lo bastante inteligente o tener únicamente obligaciones sin ninguna autoridad.

La MISOR encarna los ideales femeninos, mientras que la MIPE es el cajón de sastre por no reunirlos. La MIPE ya ha estado en la marginalidad; así pues, ya conoce las fronteras. En la narrativa, esto puede representarse como la amenaza o la mancha de haber sido una *outsider*. En el caso de las mujeres reales, saben demasiado. Han visto cómo trata el mundo a las MIPE y no pueden hacer la vista gorda o fingir que no es una realidad. El compromiso con la marca no es necesariamente malo, pero siempre se queda corto. Para recorrer con éxito el camino de la reina hasta la soberanía en última instancia, has de definirte. Pero eso lo trataremos en los capítulos siguientes.

Lady Di se convierte en una MIPE

Cuando analizamos la vida de la princesa Diana, vemos que transita por esta zona del camino de la reina dos veces. Al principio intenta encajar como MISOR. Asiste a las recepciones; se viste de gala. Se casa con el príncipe Carlos y, en menos de un año, la fértil y diligente esposa le da un hijo. Poco después tiene un segundo hijo. Diana ha cumplido con su rol de MISOR; le ha proporcionado un heredero al futuro rey de Inglaterra y, como se suele decir, otro de repuesto. Pero, a pesar de sus esfuerzos, no tarda en sentirse desdichada. Trata de estar a la altura del rol de MISOR, pero una vez que su marido olvida los votos del matrimonio, Diana deja de sentir la necesidad de encajar en el ideal de la MISOR. Contrae un compromiso con el rol de MIPE que la familia real británica le asignó. Y lo desempeña extraordinariamente bien. Toma iniciativas impensables para la familia real, desde su visita a alas de hospitales de enfermos de sida en África hasta su encuentro con la Madre Teresa de Calcuta en Nueva York. Diana contraviene los deseos de la familia real. Al hacerlo, causa asombro y curiosamente se granjea el sobrenombre de «la princesa del pueblo» como una apestada en los claustros reales por quien la opinión pública mundial siente adoración. Al leer sobre la vida de Diana, enseguida es patente que ese gran salto no fue intencionado. No estaba tan campante un día y le dio por tocar las narices a su familia política: hizo lo que se sintió llamada a hacer, y eso marcó la gran diferencia.

Ejercicio

Escribe acerca de cómo te has comprometido con tu cicatriz y/o tu marca. ¿Qué actitudes y comportamientos has adoptado para gestionarlas? ¿Cómo han conformado tu vida? Fíjate en qué ámbitos de tu vida han influido estas heridas. Sería conveniente analizarlas e indagar en ellas de una manera más profunda, reflexionando sobre el capítulo anterior, el encuentro en el espejo. ¿Qué has rechazado de la imagen del espejo? ¿Qué has abrazado? Usa esto como punto de partida. A lo mejor añades algo a la lista de cicatrices y marcas del capítulo anterior. ¡No pasa nada! No temas lo que descubras. Ahí abajo, entre las sombras del segundo cuadrante, es probable que haya rincones y sorpresas ocultos.

Capítulo 11

LA PERSECUCIÓN

Cuando me puse a codificar el descubrimiento del camino de la reina, esta fase fue la que más angustia me generó. En todos los casos, la mujer se encuentra persiguiendo algo o siendo perseguida. El cazador persigue a Blancanieves por el bosque; su objetivo es matarla y arrancarle el corazón por orden de la Reina Malvada. Elle Woods persigue a Warner Huntington III hasta la Facultad de Derecho de la Universidad de Harvard. Wonder Woman persigue a Ares, el dios de la guerra, mientras este trama sembrar el caos en el mundo. A Julia Roberts, en su interpretación de personajes como la prostituta Vivian en *Pretty Woman*, pasando por el de Alice Sutton en *Conspiración*, hasta el de Sara, la esposa torturada de *Durmiendo con su enemigo*, la persiguen los hombres. Ellos tienen como objetivo amarla, convencerla o controlarla.

Entre mis pacientes he visto mujeres que persiguen objetivos tan sencillos y terrenales como conseguir un empleo o, en una escala creciente de dificultad, quedarse embarazada a los cuarenta o fundar una empresa multimillonaria. He prestado apoyo y asesoramiento a mujeres en relaciones complejas y abusivas, y a mujeres cuyos maridos se creen con derecho a controlarlas en todos los sentidos, desde en el terreno laboral hasta en los colores de la ropa que usan. Estar en la etapa de la persecución tiene un cariz de posesión: o tú misma estás poseída por una idea, o bien te tratan como un objeto al que hay que poseer.

En la narrativa del camino de la reina la persecución es simbólica. Entreteje parte de la trama o actúa como motivación interna para el personaje, pero, en la vida real, la persecución constituye un catalizador para el cambio y hay un peligro patente en el límite o al otro lado. En el diagrama del camino de la reina, la persecución ocupa el umbral entre el segundo y el tercer cuadrante y, como tal, tiene una cualidad liminal, un matiz sobrenatural. No se trata de un lugar donde actúan las fuerzas terrenales. En este espacio todo parece importante, radical, peligroso, intenso o teñido de magia.

En la primera versión del diagrama no planteé la persecución como un fragmento dentro de un cuadrante, sino como una fuerza simbolizada con una flecha que conectaba el segundo y el tercer cuadrante. Al mostrar el diagrama a mis amigas, pacientes y grupos de público objetivo, la flecha creó confusión. ¿Era una etapa? ¿Tenía un principio y un final? ¿Se desplazaba? Como este elemento daba lugar a tanta confusión, opté por simplificarlo y lo coloqué donde tiene un mayor impacto. No obstante, la persecución en la vida real, lejos de ser un hecho singular, es un principio organizador. La maldición determina lo que motiva a una mujer en su vida, y la persecución es cómo lo pone de manifiesto con los demás.

Cuando una mujer se encuentra en el umbral de la transformación en la etapa de la persecución, es decir, en el punto donde el cambio se hace patente, tal vez se sienta desorientada, desconectada de su cuerpo o como si estuviera enloqueciendo. Le da la impresión de que el mundo carece del menor sentido. La gente le dirá que está equivocada, desubicada, que no está bien. Si te encuentras en esta fase y te sientes así, es una señal importante. Estar en la etapa de la persecución y sentirse desorientada significa que estás acercándote al umbral. Averigua lo que necesitas para consumar la transformación y comprométete con ello o pon tierra de por medio. A medida que avancemos hacia el tercer cuadrante, explicaré que hay consecuencias que pueden poner en peligro tu seguridad e incluso tu vida, así que es preciso proceder con cautela. La transformación puede ser tan bonita como la del patito feo al darse cuenta de que es un cisne, o puede conllevar el tránsito a un nuevo estado, como el destierro o incluso la muerte.

En el caso de una MISOR, es posible que sufra la persecución como un bello ejemplar, un trofeo para alguien como triunfo o como esposa. A lo mejor sufre abusos por parte de su pareja y es incapaz de zafarse de sus garras. Si se trata de una MIPE, puede que la persigan para dominarla o neutralizarla con el fin de que sirva de ejemplo o de someterla a la autoridad. Pensemos en el caso de Malala Yousafzai, a la que los terroristas dispararon en el autobús; en Oprah Winfrey, a quien los ganaderos de Texas demandaron, o en Britney Spears, a la que sus padres y representantes recluyeron. Todas ellas son ejemplos de la persecución (¡lo mismo que la reivindicación de justicia de Britney!). Si bien la persecución aparece en el diagrama en un punto específico del camino de la reina, no se limita a ese espacio. La persecución puede comenzar en cualquier punto, pero la culminación del resultado siempre se produce en la transición del segundo al tercer cuadrante.

Nuestra cultura inculca a las mujeres la creencia de que el hecho de que las persigan es algo bueno. Se supone que ser codiciada es algo positivo que nos hace sentirnos deseadas. Pero la realidad es que la persecución suele poseer un cariz de dominación. Acatar los deseos de otro puede conllevar definirnos en función de su visión, anhelo o ansia de control. Y, sin embargo, producimos y reproducimos las historias de mujeres a las que persiguen los hombres o que anhelan que un «príncipe azul» aparezca para vivir felices y comer perdices. El problema del príncipe azul es que tampoco es un ser humano completo. Atrapado en un mundo de expectativas que lo reducen a una mera función, tan solo lo es a medias. Asumir la responsabilidad de vivir felices para siempre hará desdichados a ambos miembros de la pareja.

La persecución en esta etapa del camino de la reina conduce a la mujer a la parte más oscura del inconsciente. Se dispone a abandonar el cuadrante de la rendición, donde ha estado escindida. Para pasar a la siguiente fase no tiene más remedio que llevarse consigo su yo rendido al cuadrante de las profundidades. Aquí nadie puede ayudarla, y se encuentra en una coyuntura sumamente peligrosa. O emprende una búsqueda peligrosa, o bien se la persigue como si fuera un animal salvaje o un objeto codiciado.

Ejemplos de psicoterapia

Tengo una paciente llamada Jenny. Jenny es una estadounidense de primera generación que tiene dos hermanos; ella es la mediana. Tiene un hermano mayor y una hermana menor. Su hermana, Faith, nació cuando Jenny tenía cinco años. Sus padres, que no tenían permiso de residencia, trabajaban sin descanso para cubrir las necesidades de sus hijos, así que los niños pasaban muchos ratos solos. El mayor, Jamie, se encargaba de vigilar a sus hermanas, aunque la mayoría de las veces el cuidado de Faith, la benjamina, recaía en Jenny, incluso desde la temprana edad de cinco años. A medida que crecían, Faith y Jenny se hicieron inseparables. Jenny llevaba a su hermana al colegio, la ayudaba a hacer los deberes y preparaba las comidas. Se aseguraba de que Faith se bañara, se cepillara los dientes y se fuera a la cama a su hora.

Pero conforme los tres hermanos se hacían mayores, esta estructura de cuidados comenzó a resquebrajarse. Jamie empezó a salir de fiesta con sus amigos del instituto y luego de la universidad. Sus padres se separaron después de años de estrés y violencia doméstica. La nueva soltería de su madre había hecho que se volcara en sus amigas y su círculo laboral. Su padre seguía matándose a trabajar, a pesar de que ya no vivía con su familia. Jenny era la única que intentaba dar cohesión a la vida familiar, sobre todo a la de su hermana menor, a quien había criado prácticamente sola. La propia vida de Jenny giraba en torno a las tareas domésticas, así como a sus propios estudios y actividades deportivas y a los de su hermana.

Cuando Faith empezó a mostrar síntomas de una grave enfermedad mental, su familia le quitó hierro: Faith se encontraba estupendamente; tan solo estaba «pasando una mala racha», a lo mejor la típica ansiedad de la adolescencia. La única que estuvo pendiente de ella fue Jenny. A sus veintidós años, Jenny gestionaba las citas para su hermana, de diecisiete, con psiquiatras, terapeutas y, en ocasiones, para tratamientos que requerían ingresos hospitalarios. Jamie, que por aquel entonces había terminado sus estudios universitarios y se había independizado, estaba enfadado con el mundo; su madre sentía rabia y frustración sin una pareja, y su padre compaginaba multitud de trabajos para colaborar y dar sentido a su vida. Jenny soñaba con irse a la universidad e independizarse, pero en su caso lo consideraba inviable. Sobre ella recaían demasiadas responsabilidades, sobre todo las que atañían a Faith y su cuidado.

Jenny se comprometió con el propósito de velar por su hermana. Consideró su cuidado como un objetivo que debía perseguir y que podía alcanzar. Faith podía curarse, y Jenny podía hacerlo realidad. Hizo varios intentos de realizar estudios superiores, pero casi siempre se veía obligada a renunciar en mitad del trimestre o antes del final del curso porque su hermana sufría una crisis que requería hospitalización. Jenny seguía intentando perseguir su sueño de realizar estudios universitarios *y* al mismo tiempo cuidar de su hermana como siempre había hecho, pero el estado de Faith se agravó mucho más. Debía recibir tratamiento permanente; nunca se curaría. Y Jenny carecía de medios o recursos económicos para dedicarse única y exclusivamente a atenderla. Pronto la salud mental de la propia Jenny empezó a deteriorarse a medida que la enfermedad de su hermana avanzaba. Se le agotaron los recursos internos y externos y se sumió en una profunda depresión. Su relación sentimental con alguien que gozaba de la simpatía de su madre y con el que Jenny sentía poca afinidad empezó a hacer aguas. Acudió a terapia confundida, tratando de averiguar... qué estaba haciendo mal.

La respuesta era que no había *nada* malo en lo que estaba haciendo. Estaba atrapada en el yugo de la división. La persecución la hacía perseguir un objetivo inalcanzable. Desde su punto de vista, podía y debía hacerse cargo de su hermana y a la vez perseguir las metas que eran importantes para ella. Era perseguida por una relación sentimental que la había colocado en el camino de la MISOR para intentar colmar las expectativas de un «fueron felices y comieron perdices» que ella no había contemplado para sí misma.

¿Cómo saber si estás atrapada en la persecución? Te sentirás incompleta; te sentirás como una máquina, con la expectativa de cumplir una función. Puede ser que tengas una rutina que le dé sentido a todo. Tu persecución podría ser que te dediques a mantenerte atractiva con el fin de obtener atención del exterior. Tu persecución puede ponerse de relieve en la aspiración a una relación o al matrimonio. Quizá en el hecho de que te persiga un hombre o en el trabajo. La persecución puede tener una corta duración o perdurar a lo largo de toda tu vida de adulta. Pero sentir que no tienes más remedio que continuar a toda costa con el único deseo de alcanzar un logro, un propósito o la belleza es una clara señal de que te encuentras en la persecución. Es importante recordar que esta parte del viaje puede comenzar en cualquier punto del primer o segundo cuadrante, pero, cuando termina, acabará en el tercer cuadrante. Nada termina en la persecución, pero esta puede acabar justo al otro lado.

Si detectas indicios del proceso de la persecución, ya sea en ti misma, en una amiga o en una familiar, lo constatarás por la ausencia de las complejidades propias de una persona; *es* un objetivo. Si estás narrando la historia de tu vida, reflexiona acerca de dónde comenzó la persecución para ti. Si la maldición de una mujer es no ser «menos», su persecución se centrará en llamar la atención o ser validada. Si su maldición es la belleza, puede que sufra la persecución como objeto codiciado. Si su maldición es pensar que es estúpida, entonces su persecución podría ser en aras de la formación o la aceptación. Esta etapa es la más confusa del camino de la reina. ¿Cómo saber cuál es mi propósito frente a algo externo a mí? ¿Cómo equilibrar esos aspectos de mi vida determinados por patrones culturales o familiares frente a los que defino para mí misma? La respuesta finalmente reside en el cuerpo, en el tercer cuadrante. Hemos de aprender a reconciliarnos con el cuerpo a fin de que sea una guía fidedigna. Pero eso no se consigue así como así. La mayoría de nosotras debemos recorrer las etapas del camino de la reina antes de aprender *cómo* confiar en el cuerpo. Ese paso llegará en el siguiente cuadrante, el tercero, el que más peligro entraña. Al margen de cómo se manifiesten las maldiciones y las marcas, están a punto de enfrentar a la mujer a sus peores temores cuando cruza al tercer cuadrante del camino de la reina, el de las profundidades.

Ejercicio

¿Qué has perseguido tú o qué o quién te ha perseguido? ¿Lo has percibido como algo obsesivo? ¿Con un enfoque positivo? ¿Te asustaste en algún momento? Para este paso me gustaría pedirte que hagas algo que tenga una sensación de movimiento. Identifica a los participantes de tu persecución personal. A continuación, dibuja una imagen, escribe un poema o expresa bailando cómo ha sido esta experiencia. He aquí un ejemplo de un poema que escribí en mi diario con relación a este tema:

A la cabaña

No siento su respiración,
aunque ella me grita tan cerca
que distingo los poros de sus mejillas.
Quiero plantarme delante de su casa de caramelo
para ver con mis propios ojos los pináculos de gominolas,
los muros de galletas de jengibre.
Ella me dice que es el camino a mi casa,
pero no le hago caso.
Me meto gustosamente en la boca del lobo.

Según ella soy demasiado mayor.
Solo hay una salida:
ocupar su lugar.
Pero en vez de eso, echo a correr,
perseguida por el cazador,
que me quiere para él solo.
Un lobo disfrazado de cordero.
Él duerme con su madre por las noches,
temeroso de la bruja del bosque.
Pero me engancho con las ramas
y las plantas trepadoras me engullen.
Me convierto en un árbol
y levanto la vista hacia las estrellas.
De mis pies crecen raíces.
Es la única salida del camino.
Oigo que la mujer mayor me llama,
pero mis hojas y ramas hablan con el viento
y la mandan a buscar a otra.
El cazador, con el cuchillo en la mano, me busca.
Ajeno a mi presencia, se apoya contra el tronco.
El lobo olfatea las raíces, deja su marca.
Recuerdo la mirada, el olor.
Mi voz es un susurro del viento
que corre de un árbol a otro.
Suena la advertencia.
Soy libre, pero solo puedo moverme para girar
por temor a convertirme en una presa,
un pedazo de carne o un sacrificio.
Me quedaré enraizada y creceré.

CUADRANTE III

Las profundidades del peligro

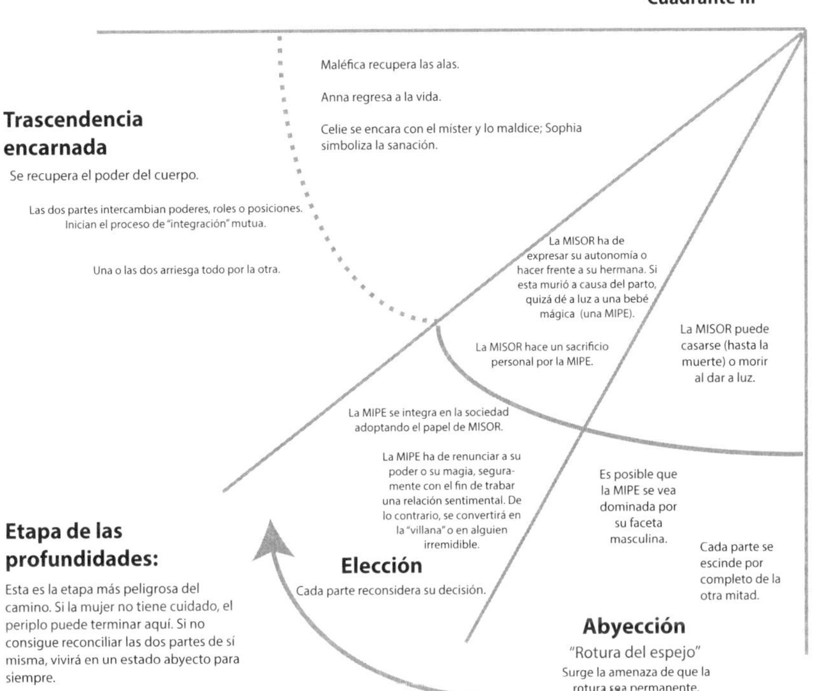

A modo de recordatorio, en el tercer cuadrante seguimos estando en el hemisferio inferior. El segundo y el tercer cuadrante forman parte del mundo de las fuerzas invisibles y el misterio. Considera el hemisferio inferior como algo similar al inframundo o el inconsciente. De las partes de este mundo, nos enfrentamos al mayor peligro en el tercer cuadrante. Mientras pasamos tiempo en este espacio, te ruego que tengas presente que es el lugar más oscuro del camino de la reina. La persecución nos conduce aquí con sufrimiento y miedo. Cuando llegamos a la primera etapa de este cuadrante, la abyección, encontramos la oscuridad del alma, las profundidades del dolor y la desesperanza. Este lugar no reporta alegría o resolución. La abyección puede aniquilar a una mujer. Este es el punto donde puede concluir la historia. En cualquier narrativa, ya sea la de una mujer real, una novela o un guion cinematográfico, aquí es donde el movimiento y la acción adquieren mayor importancia. Este cuadrante entraña diversos riesgos. Si una mujer se pierde aquí, es posible que quede atrapada para siempre. Puede morir en el parto o convertirse en una MISOR perdida en el «fueron felices y comieron perdices» (HEA). Puede morir a consecuencia de ser poseída por su alma masculina o sufrir la persecución hasta la muerte, ya sea una MISOR o una MIPE. Si sobrevive a la abyección, cabe la posibilidad de que el paso de la elección la destruya.

En el momento de la elección, la presión se alivia ligeramente, pero ella todavía no ha salido del bosque. En este paso del camino el concepto de la elección exige que la mujer revise las partes desechadas de su ser a raíz de la herida, la división y la rendición. Es posible que esta tarea la suma de nuevo en la abyección e incluso que regrese a la etapa de la persecución del segundo cuadrante. La finalidad de la elección es recuperar las partes que hemos repudiado de nuestra identidad. Podemos equipararlo a un yo hermano, la versión desechada de nosotras mismas que consta de las facetas rechazadas de nuestro ser. En el cine y otros géneros narrativos, esto a menudo se retrata a través de una hermana o un personaje o reflejo similar. La protagonista ha de salvar o liberar a su otra mitad. No hay posibilidad de transitar por la etapa de la elección sin reintegrar las partes desechadas. Para las mujeres reales la elección suele ser un reto. Aunque desde fuera pudiera parecer sencillo, la mujer que se halla en las profundidades se enfrenta a dificultades. Acaba de sufrir la persecución y la abyección; no discierne con claridad. Por eso es preciso examinar todo detenidamente.

Si logra salir airosa de la elección, recuperando las partes importantes de sí misma, podrá avanzar hacia la trascendencia encarnada. Es en esta etapa donde la protagonista encuentra el poder en su cuerpo femenino. Al reunir las partes desechadas, se integra su identidad más profunda. Este paso es el que posibilita el ascenso de la reina al cuarto cuadrante. Las mujeres a menudo se ven privadas de su identidad física no por deseo propio, sino por imperativo psicológico. Un cuerpo al que constantemente se cosifica para otros o cuyo cometido es cumplir el rol de engendrar, ser un objeto sexual o convertirse en una herramienta de servidumbre, no entiende de soberanía o de ser dueño de sí mismo y desde luego no se le anima a reivindicar la autopotestad. El objetivo de la trascendencia encarnada es romper con los patrones internos de los condicionamientos externos establecidos por los poderes culturales que coartan el cuerpo femenino. La corona se halla al otro lado.

Capítulo 12

LA ABYECCIÓN

Es probable que hayas oído en alguna ocasión el término *abyecto*, o quizá hayas oído la expresión *terror abyecto*. Seguramente no habrás usado esa palabra en muchos otros contextos, a menos que seas psicoanalista cualificada o estudiosa de la teoría del cine feminista.[1] En este capítulo voy a citar a Julia Kristeva, psicoanalista y filósofa búlgaro-francesa. Su trabajo versa sobre lo que conlleva confrontar los aspectos más perturbadores de la existencia humana y cómo esa confrontación influye en la experiencia individual. Enfrentarse a la abyección es afrontar nuestra percepción más profunda y fundamental de lo que significa estar vivas y encarnadas en un cuerpo y de toda la contaminación natural que eso conlleva (sangre, orina, vómito, etc.) y la alternativa, la confrontación de los restos mortales, el cadáver de alguien (o de algo) que existió.

En el camino de la reina, este paso es como bajar la vista y finalmente percatarte de que todas las partes arrancadas de tu ser durante la rendición de hecho no fueron a ninguna parte. Han estado descomponiéndose en un áspero saco de arpillera que has llevado a rastras a lo largo de todo el periplo. Cada vez que la sociedad, alguien importante e incluso tú misma se desprendió de algo en el segundo cuadrante, fue a parar al saco: partes del cuerpo, sueños, ambiciones, amor, ira..., cualquier cosa desechada de tu ser se encuentra en ese saco hediondo que estás en pleno derecho de querer evitar. Mirar en su interior resulta demasiado doloroso y va en contra de todo lo que hemos llegado a conocer acerca de nosotras mismas. Mirar el contenido del saco nos provoca náuseas. Tener náuseas nos hace sentirnos vulnerables, y la vulnerabilidad es algo que la mayoría hemos aprendido a evitar.

Los estudiosos del feminismo, en especial los que se centran en la representación de la mujer en películas, novelas y otros géneros, han analizado y desarrollado en profundidad las teorías de Kristeva. La mayoría de los especialistas en teoría del cine señalan la abyección como principal símbolo en el cine de terror. El cuerpo, sobre todo el femenino, es tratado como un objeto abyecto. Según la teoría de Kristeva, el cuerpo y su particular conexión con lo que es real desde un punto de vista material crea una fragmentación en cómo las personas perciben el mundo y a sí mismas. La creencia de que lo que el cuerpo femenino expulsa, desde sangre menstrual hasta bebés, lo mancilla y al mismo tiempo lo enaltece. Esta dualidad es la esencia de la abyección. Algo que es al mismo tiempo sagrado y profano desestabiliza y genera confusión en la sociedad. Las diversas culturas crean rituales y prácticas que contribuyen a entender los límites entre la vida y la muerte, lo sagrado y lo mundano, lo inocente y lo corrupto. Pero es la mezcla de estos significados y la facilidad con la que confluyen, según Kristeva, lo que hace posible la abyección.

Esto nos lleva al siguiente paso en el camino de la reina. Hemos cruzado del segundo al tercer cuadrante. A diferencia del cuadrante anterior, que se centra en la experiencia de la mujer en la etapa de la escisión y a la que, por tanto, se le ha marcado el rumbo de la MISOR o de la MIPE, este nuevo cuadrante se focaliza en su experiencia en las profundidades. Este espacio, al margen de que estemos abordando el aspecto más profundo del inconsciente o los lugares más oscuros entre las sombras del ser humano, está plagado de creencias peligrosas, de traumas enterrados y de sueños y deseos truncados. En la vida real es el lugar inimaginable. En los relatos, este lugar simboliza las tinieblas, los reinos inexplorados. En la literatura o en el cine suele representarse por medio de un bosque, un castillo encantado o algún otro escenario que tradicionalmente infunde temor. Lo que hay que tener muy presente en lo tocante a esta parte del periplo es que existe el peligro real de que una mujer que quede atrapada aquí no sobreviva. Una mujer que no se transforma en el tercer cuadrante está abocada a la muerte en el sentido metafórico o real. Esto es tan cierto para las mujeres reales como para los personajes de ficción.

Tras el tremendo calvario de la persecución, cualquiera querría descansar. La mujer está completamente exhausta. Su cuerpo, su alma y su psique han agotado hasta el último de sus recursos. Pero la abyección no da un momento de tregua. Una mujer perseguida desde el segundo al tercer cuadrante arrastra consigo las esperanzas y los sueños de su yo dividido. Le costará soportar el peso de la división en la fase siguiente. Lleva a cuestas el saco mencionado anteriormente con sus partes desechadas. Para colmo de males, tal vez arrastre consigo el cuerpo de su otra mitad en el interior del saco. A pesar de ser invisible, es el peso muerto de un cadáver. Adondequiera que vaya, arrastrará el saco, que con el tiempo se convertirá en una carga psíquica imposible de soportar.

Si este lenguaje te parece demasiado contundente, esa es la intención. El término *abyección* hace referencia a las cosas ante las cuales se nos revuelven las tripas. Señala los aspectos de la vida que rehuimos. Cadáveres, vómitos, sangre, heces, orina, podredumbre, larvas..., todas estas cosas representan la noción fundamental de la abyección. Esta experiencia provoca rechazo y, ciertamente, terror ante un encuentro con el aspecto más primario de un ser humano, de un ente material. Esta carne algún día se quedará desprovista de alma y será necesario deshacerse de ella. Los excrementos del cuerpo son nauseabundos y actúan como transmisores de enfermedades. El verdadero horror del asesinato o el innumerable saldo de víctimas mortales de la guerra nos resulta inconcebible. La psique colectiva crea sistemas e instituciones para gestionarlo. Preferimos confiar en esos sistemas en vez de enfrentarnos directamente a ellos. Ante el indicio o la manifestación del horror en toda su crudeza, lo evitamos. Viendo una película, cerramos los ojos; en el mundo real creamos abstracciones. Nos evadimos de estas realidades porque son tan reales como para ser vilipendiadas y temidas.

Esto no se debe precisamente al miedo a la muerte: hemos creado símbolos y sistemas culturales que contribuyen a gestionar esos miedos. Es debido a que, cuando se produce un encuentro decisivo con la realidad física y material de la muerte, la descomposición y la destrucción, resulta insoportable. La realidad física se escapa a nuestros esquemas culturales. Los sistemas simbólicos, las explicaciones religiosas y los mecanismos culturales que hemos creado para gestionarla no pueden sostenerse ante los estragos de la guerra, la aversión a la podredumbre o incluso la circunstancia de estar en una sala junto al cadáver de un ser querido. Estar en el espacio de la abyección significa que nada es verdad y al mismo tiempo que todo es verdad.

Si alguna vez has padecido el sufrimiento inimaginable de perder a un hijo, de sobrevivir a una catástrofe natural o a una guerra, o del incesto (por citar unos cuantos ejemplos), has estado en el espacio de la abyección. Estar ahí implica que todo cuanto se nos ha proporcionado pierde sentido. Para algunas de nosotras esto podría hacernos enloquecer un poco (o mucho). Hay quienes rechazan este espacio, negándose a reconocer la terrible degradación. Depositan su fe en los sistemas que gestionan nuestros miedos: la religión, la ley, la familia. Apartan la vista de lo espantoso e intentan con desesperación que el mundo encaje con algo que tenga sentido. Los sistemas de creencias tienen sentido. Pero los sistemas existen para nosotras; nosotras no existimos para los sistemas. Si pretendemos gozar de libertad, debemos cuestionar esas estructuras y sistemas. Eso no quiere decir que la vida anterior o incluso los sistemas en sí fueran un sinsentido, tan solo que tenían un planteamiento forzado. La mayoría de los sistemas no son lo bastante profundos como para ayudarnos en este espacio.

La abyección exige que veamos las cosas tal y como son, no como desearíamos que fueran. La venda se nos cae de los ojos; el prisma a través del que miramos se rompe. La cruda realidad se muestra delante de nosotras, con nosotras. Al reconocer esta repulsión, debemos arriesgarnos a romper con nuestros patrones de creencias o incluso con nosotras mismas y con lo que creemos que nos define. La abyección requiere que, como mínimo, aceptemos que el saco de arpillera es nuestro. Que toda esa inmundicia nos pertenece. Tal vez no la hayamos creado, pero no es posible huir de ella.

Así es como nos internamos en las profundidades. Percudidas. Exhaustas. Carentes de propósito. Confundidas. Al desnudo. Pero, como a los terapeutas les gusta decir: «La única salida es pasar por ahí». Sin embargo, no es tan sencillo. Para atravesar la etapa de la abyección, hemos de analizarnos a nosotras mismas en el contexto de la singularidad de nuestra existencia y plantearnos preguntas muy difíciles: ¿Qué parte de esto es mío? ¿Qué creencias me inculcaron? ¿Qué quiero realmente? ¿Cuáles son las peores partes de mi historia? ¿Cuáles son los rasgos más distintivos de mi personalidad? ¿Cómo colaboré en crear las peores partes de esta experiencia? ¿Cómo encajo en el mundo? ¿Creé yo algún monstruo? ¿Contribuí en alguna medida a este horror? ¿Soy responsable? ¿Cómo encaja la persona que se esperaba que fuera en la persona en la que me estoy convirtiendo?

Después de la persecución, sin embargo, la mayoría no nos encontramos en un sereno estado zen para dar respuesta a esas preguntas como es debido. Muy al contrario, nos sentimos consumidas, desconectadas de nosotras mismas y de las personas de nuestro entorno que antes eran lo más importante para nosotras. A estas alturas la mayoría hemos olvidado cómo eran las cosas antes de que la división nos pasara factura. Hemos olvidado la sensación de la inocencia indefinida de la infancia. Y, lo que es peor, añoramos una inocencia que nos cuesta recordar. Creemos que la inocencia es un estado independiente en lugar del inicio de un sistema de autoconciencia. Tenemos la sensación de que si pudiéramos recuperar la inocencia, si el dolor de la separación a raíz de la división no nos sobrepasara, el mundo estaría en orden. Los sistemas de dominación y hegemonía nos dicen que este espacio, la abyección, es el problema. Que estamos en contacto tanto con lo sagrado como con lo impuro, y eso nos mancilla. Como mujeres, se nos reprocha que es culpa nuestra: el pecado de Eva se perpetúa para mantenernos en nuestro sitio. Pero ese sistema establece los límites, no nuestra experiencia vivida. Y la función primordial de cualquier sistema es garantizar su supervivencia por encima de todo.

En contraste, estar en la etapa de la abyección puede ser liberador. Una vez que tomas conciencia de los horrores del mundo, has confrontado el lugar más profundo y simple de la existencia. Has confrontado el fundamento del ser. Si eres capaz de aprender a tolerarlo y tal vez incluso a tratarlo con cariño, podrás dar el siguiente paso por el camino de la reina. Evitar o soslayar de alguna manera la abyección es una forma segura de quedar atrapada en ella. El inconsciente no tolerará que se le ignore, de modo que, si no la afrontas de manera consciente, vagará en tus sueños y motivará tus deseos inconscientes. Si has vivido la experiencia de la persecución, no tendrás más remedio que atravesar las temidas y repulsivas ciénagas de la inmunda abyección. La única salida es pasar por ahí.

Cómo experimenta la MISOR la abyección

La MISOR transita por la vida disfrutando de la protección que le brinda la familia, la sociedad u otros sistemas, o con esa expectativa. Se ha pasado la vida procurando ser una «buena chica». Ha acatado las normas y, por tanto, espera ser merecedora de los beneficios. En la etapa de la abyección hay diversas posibilidades para la MISOR. Si la ha perseguido un pretendiente o ella ha buscado un marido, abrigará la esperanza de «ser felices y comer perdices» (HEA, por sus siglas en inglés). El HEA es una fantasía, un ideal que se le presenta a modo de recompensa por estar a la altura de un estándar cultural. El hecho de conseguir el HEA significa que contará con una pareja que la protegerá de manera permanente. Que tendrá hijos y nietos. Que su familia y el conjunto de la sociedad la tratarán como a una «señora». Ella, por supuesto, espera ese trato.

Pero, como te dirán la mayoría de las MISOR de cierta edad o las que lo fueron en su momento, el HEA es una ilusión. ¿Alguna vez te has fijado en que el HEA marca el final de los cuentos de hadas? A partir de ahí no se sabe nada más de la protagonista. ¿Te has preguntado por qué? Porque, una vez que se casa, la historia termina. Ya no tiene que esforzarse más. Ya no es una persona única, sino, en el mejor de los casos, la amante y, en el peor de los casos, la posesión de su exclusivo «pseudopríncipe azul». Muere su antiguo yo y ella se convierte única y exclusivamente en un rol. Esto la suele confundir bastante. ¡Pero si lo hizo todo bien! ¿No era eso lo que se esperaba de ella, que se casara y tuviera hijos? ¿Que fuera una «buena chica» y se casara con un «buen hombre» que cuidaría de ella y de sus hijos? ¿No se suponía que debía aspirar a que la protegieran y cuidaran?

La abyección puede darse en el matrimonio con relativa facilidad. He sido testigo de ello cuando a los miembros de una pareja les resulta imposible estar a la altura de los ideales que se han impuesto. He sido testigo de la llegada de la abyección en situaciones en las que se afrontan adicciones, pérdidas económicas, la muerte de un ser querido o una enfermedad. He tratado a mujeres (y a hombres) que se enfrentan a la abyección cuando su idealismo sucumbe ante la realidad. Hay casos en los que el matrimonio es más difícil de lo previsto o las relaciones sexuales no resultan gratificantes. A veces los miembros de una pareja nunca han aprendido a gestionar sus emociones y esperan que el hecho de estar en pareja les proporcione serenidad y estabilidad. Cuando esto no ocurre o cuando una mujer de repente se enfrenta a la pérdida de un ideal importante, ¿a dónde acude? Una MISOR acudirá a su familia o a una autoridad de peso, como un sacerdote, un rabino, un pastor o un imán. Si el matrimonio fracasa, si resulta que hay un divorcio o que una relación importante se trunca, es posible que se encuentre afrontando la realidad que se le presenta con la abyección. Repudiará las opciones de las que dispone. Eso no es lo que ella quería, el divorcio no entraba en sus planes. Corre el riesgo de que la abyección la destruya.

También se pone de manifiesto en el relato histórico y mitificado romano de Lucrecia, que se suicidó tras haber sido violada por el hijo de un rey malvado. Su historia se consideró un ejemplo de virtud femenina: en vez de vivir con la deshonra de haber sufrido una violación, se quitó la vida apuñalándose con violencia hasta la muerte, pero no sin antes exigir un juramento de venganza a los hombres de su familia. El nacimiento de la República romana se atribuye a esta leyenda. La venganza por Lucrecia inspiró al pueblo a derrocar a los tiránicos reyes etruscos.[2]

En el cine la simboliza Elle Woods, dispuesta a romper con todo cuando se da cuenta de que su profesor pretendía seducirla, que no se trataba de que ella estuviera haciendo méritos. Es Miranda Priestly en *El diablo viste de Prada*, una experta estratega que traiciona a sus aliados para mantener su posición de poder como directora de la famosa revista *Runway*. Al enfrentarse a la abyección, la MISOR consolida su confianza en la autoridad. A menudo, sin embargo, una MISOR que carece de poder o que considera débil a la autoridad simplemente muere. En los cuentos de hadas, con frecuencia se menciona a una reina que falleció al dar a luz: el máximo sacrificio de una mujer por su rol.

La MIPE en la abyección

A lo mejor la posesión del alma suena como el título de una película de terror, pero de hecho es un concepto de la psicología junguiana.[3] Esta idea es de las primeras que me vienen a la cabeza cuando explico lo que le sucede a la MIPE en la etapa de la abyección. Antes de la revolución sexual que se produjo en los años sesenta existía la idea relativamente novedosa de que tanto en la personalidad de los hombres como de las mujeres había un aspecto inconsciente *contrasexual*. Según Jung, la mujer posee un aspecto masculino interior al que denominó *animus*, y el hombre, un aspecto femenino interior al que llamó *anima*. Ambos son términos latinos que básicamente se traducen como 'espíritu' y 'alma'. En pocas palabras, el *anima* en el caso del hombre y el *animus* en el caso de la mujer son aspectos del inconsciente profundo.

Para que una persona se convierta en un ser sano y completo, es preciso que integre este aspecto inconsciente en su identidad. De lo contrario, ese aspecto desechado dirigirá el inconsciente como un fenómeno paranormal desde la psique. Según la psicología junguiana, una mujer que es poseída por el *animus* se volverá dura, implacable, contenciosa y difícil. A su vez, un hombre que es poseído por el *anima* se volverá falto de carácter, sumamente emotivo e indeciso.[4]

Desde mi punto de vista, estas ideas están desfasadas. En psicología ya no hay ideas esencialistas en lo tocante al sexo sobre lo que significa ser un hombre o una mujer. La personalidad de una mujer no se considera en cierto modo menos lógica por la presencia de los cromosomas XX o porque representa lo femenino en el mundo. Damos por sentado que las personas, con independencia de su género, tienen la misma capacidad y necesidad de amor, atención y afecto, además de raciocinio, reflexión, asombro, alegría, vulnerabilidad y el resto de las cualidades que nos hacen humanos. La posesión del alma no encaja de la misma forma que en los tiempos en los que Jung la describió. No obstante, para este ejemplo en particular del camino de la reina encuentro algunos paralelismos interesantes.

La MIPE también ha pasado por la etapa de la persecución y ha llegado al umbral del tercer cuadrante extenuada y consumida. La MIPE no suele beneficiarse de la generosidad o la consideración que ofrece el mundo en general. Siempre ha sido una *outsider*. Enfrentarse a la abyección después de ser perseguida hace que se sienta furiosa, deprimida, dolida e incluso vengativa. Si era ella quien perseguía algo, es muy probable que fuera para sobrevivir o que como mínimo se esforzara en demostrar de una vez por todas su valía. Hizo todo cuanto pudo por tener éxito. Es probable que se valiera de sus dones para demostrar a su familia, a su comunidad o a las personas importantes de su entorno que era valiosa. Y, sin embargo, como todas las mujeres al margen de que sean MIPE o MISOR, siguió sufriendo la persecución hasta el límite de sus fuerzas. Algo la ha roto. No se le ha permitido ganar en sus términos y, al ser una MIPE, eso la enoja.

Seguramente responderá trabajando más, aspirando a ser más, abarcando más. Sean cuales sean sus dones –la inteligencia, la belleza, el atractivo sexual, los poderes mágicos, la condición física...–, al internarse en la etapa de la abyección la MIPE se enfrentará al horror y a la realidad de hacer más, quizá incluso alterando el orden de las cosas en su mundo. En la mitología clásica es Medea, que mató a sus hijos, o Aracne, que se transformó en araña tras vencer a la diosa Atenea en un concurso para tejer un tapiz. Atenea entró en cólera al no encontrar ningún fallo en el tapiz de la mortal y conjuró una maldición contra ella. O es Medusa, a quien Atenea (de nuevo) maldijo convirtiéndola en un monstruo por haber sido violada en su templo, la historia original de la culpabilización de la víctima. En la película *Una joven prometedora*, es Cassandra, que acude a la fiesta de despedida de soltero que celebran los hombres que empujaron a su amiga al suicidio con la intención de torturar al mayor culpable grabándole el nombre de su amiga en el torso. En *La mujer rey*, Nanisca afronta el regreso del hombre que la violó brutalmente y la deshonró y ha de enfrentarse a sus propios demonios internos, así como a la hija a la que abandonó con el fin de continuar al servicio del rey.

En la etapa de la abyección, la MIPE puede doblar o triplicar la entrega a su rol. Si se trata de una guerrera, se curtirá. Si es una intelectual, desarrollará la lógica. Si se trata de una minera, excavará más hondo. Si es piloto, volará más alto. Si es una sociópata asesina, su sociopatía y su instinto asesino se recrudecerán. Esa es la idea. Uno de los principales problemas de la MIPE en la etapa de la abyección es que lo que hace puede llegar a ser tan arriesgado que pasa a ser mortal. Cuanto más luchas, menos consciente eres de los riesgos. Aquí es acertado asociar la abyección con la posesión del alma descrita por Jung. Ella está poseída por una especie de poder exterior. Pero en realidad es el saco de sus partes desechadas al inframundo del inconsciente lo que motiva su conducta.

Caminos diferentes, un mismo destino

No estoy diciendo que todas las MISOR o las MIPE cometerán algún acto horrible, pero sí que la abyección será el peor trance del periplo de una mujer por el camino de la reina. La MISOR muere metafóricamente en el HEA; la MIPE es perseguida por su poder. En cualquier caso, tanto a la una como a la otra la atormentarán los aspectos de sí misma que se vio obligada a negar. Y, si no es capaz de verse de un modo diferente, será la protagonista de una noticia en los informativos de la noche, como Andrea Yates, la mujer de Texas que ahogó a sus cinco hijos en la bañera,[5] o Lori Vallow, la mujer de Idaho que mató a dos de sus hijos por considerarlos un estorbo en su romance.[6]

Adicciones, obsesiones, depresiones... Todos ellos son riesgos tanto para la MISOR como para la MIPE en la fase de la abyección. Nunca se sabe qué está pasando en la cabeza y en el corazón de alguien, pero sí podemos observar los patrones arquetípicos que tenemos delante y tener presente que hay una salida. Por otro lado, como he mencionado anteriormente, esta etapa del camino no es un proceso definitivo: puede ser una lacra que continúa aflorando. Si te sientes atrapada en la abyección, odias todo, quieres que las cosas cambien y acostumbras a darte de cabezazos contra la pared, párate un momento a reflexionar. Siéntate una hora en la sala de estar o, si puedes, haz una escapada de fin de semana y dedica ratos a dilucidar si estás o no apostándolo todo por tu rol, evitando el saco de arpillera con tus partes desechadas. Si eres capaz de soportarlo, mira en el interior. ¿Cuál es la primera parte que ves?

En mi caso fue mi faceta dulce y maternal. Pasé décadas de mi vida intentando subir escalafones, soslayando ese aspecto de mí misma. Primero escalé posiciones en el sector del entretenimiento. Se me daba bien dirigir producciones y disfrutaba prestando atención a los detalles y la maquinaria de los platós cinematográficos. Pero cuando toqué fondo en la abyección, me costó mucho atravesar el abismo de mi interior. Renuncié a mi puesto y rápidamente me embarqué en otra cosa, los estudios de posgrado. Me concedieron una beca de investigación, y el director del departamento que sufragaba mis gastos académicos y para el que se me concedió la beca me asignó, de entre todo lo habido y por haber, ¡un proyecto de investigación sobre la *industria del entretenimiento* porque tenía experiencia en ese mundillo! Cada vez que tenía que afrontar la abyección, enseguida me volcaba en un objetivo diferente. Pero las prisas cesaron muy pronto. Las pesadillas empezaron a atormentarme de madrugada, obligándome a mirar en el interior del saco de partes de mi ser en descomposición. Cuando me matriculé en la escuela de posgrado para ser terapeuta, la faceta «maternal» que había rechazado en mi identidad de MIPE se reveló a lo grande irremediablemente. Ser terapeuta consiste en ayudar a otras personas a mantener una relación sana y edificante consigo mismas. Cuando me reconcilié con mi faceta maternal, por fin fui capaz de resurgir de mis cenizas.

¿Recuerdas a Sarah, a quien mencioné en el capítulo diez? ¿La actriz que tenía una madre controladora y que tuvo un éxito arrollador en una serie de televisión? Mientras avanzábamos en su tratamiento, su papel protagonista se convirtió en un reto. Sarah tenía un gran conflicto interior, y esa agitación hacía que el mundo exterior no le diera tregua. Estábamos desenmascarando a su falso yo. Sarah había obligado a su psique a ceñirse a cánones de belleza completamente inalcanzables en respuesta a las maldiciones y marcas que soportaba por parte de su madre. Empezó a prestar atención a lo que quería en vez de a las aspiraciones que le habían inculcado. Cuanta más atención prestaba a su mundo interior, más enojada y confundida se sentía. Descubrió que no le gustaba la rigidez de la profesión de bailarina, a la que había dedicado la mayor parte de su vida. Le gustaba la música *country*, una aberración según la mentalidad de su madre, oriunda de la costa este. Cuanto más abrazaba las partes de sí misma que le habían enseñado a rechazar, más desasosiego sentía. Aunque para mí esa era una parte normal, pero muy incómoda, del proceso de sanación, a Sarah se le hizo muy cuesta arriba mirar en el interior del saco de arpillera.

Pronto empezó a desagradarle su personaje en la serie; no lograba identificarse con él. Comenzó a asociar al personaje que interpretaba en el plató con el personaje que había interpretado en el terreno familiar. Le parecía que ese ambicioso personaje estaba a años luz de su vida real. Consideraba que se habían equivocado asignándole el papel. Ella no era de ese tipo de mujeres artificiales en absoluto. Le gustaba ser un poco sosa y ponerse zapatos planos, camisetas y tejanos. Fantaseaba con la idea de cortarse el pelo sin ton ni son, pero eso le habría causado problemas con su representante, con los productores de la serie y con la cadena. Todos los aspectos de su trabajo subrayaban la Sarah dividida. Su yo real comenzó a imponerse. Ya no tenía ninguna gana de demostrar nada a su madre; estaba claro que quería restregarle en la cara a la nueva Sarah. Se sintió aliviada cuando la serie no se renovó. A la mañana siguiente del rodaje del último episodio, cambió su imagen radicalmente: de una larga melena oscura y ondulada pasó a tener un corte de pelo *pixie* teñido en color platino. A la semana siguiente se compró una camioneta y, al cabo de unos meses, se hizo un tatuaje.

Este estado es el más temible de todos. Corres el serio peligro de perderte. En este espacio es donde residen y se desarrollan las adicciones, las enfermedades mentales, la violencia y el daño; basta con leer la trágica vida de Andrea Yates para comprobar hasta qué punto. Es en este espacio donde se pueden tomar decisiones irrevocables. Además, si tenemos un trauma sin resolver, es posible que provoquemos un bucle que perpetúe el ciclo de la persecución y la abyección. Esto es lo que sucede en las adicciones. A partir de esta fase, sin embargo, se hallan los últimos pasos hacia la soberanía. Una no puede ser reina sin haber pasado por la desesperación y el horror de la abyección. Es aquí donde la «autenticidad» adquiere una nueva definición. También puede parecer el espacio del rechazo, o al menos el punto en el que sentimos la tentación de rechazar todo cuanto hemos aprendido en el viaje y apostar por las expectativas culturales establecidas. En ese caso, quedaremos atrapadas en la abyección. Nos volveremos rígidas, temerosas y ansiosas intentando que el mundo que nos rodea cumpla nuestras expectativas. La verdadera libertad no es controlar el mundo exterior y la totalidad de nuestras relaciones, roles y objetivos, sino entender el mundo interior con todos sus deseos, preferencias y aspiraciones.

La clave para manejar la abyección es dejar de batallar con los «debería». En el gremio tenemos un dicho que a veces usamos en las sesiones cuando la persona que está sentada delante de nosotros repite la palabra *debería* hasta la saciedad. A menudo comentamos: «Te estás *deberiendo* a ti mismo». Es un comentario jocoso que básicamente indica al paciente que la palabra *debería* en el plano emocional es sinónimo de tirar piedras contra tu propio tejado. Cuando se encuentra en la abyección, a la mujer no le queda otra salida que enfrentarse a los repugnantes y nauseabundos horrores de la realidad material, pero, para atravesar ese espacio, es preciso dejar de oponer resistencia. Es imposible luchar contra ellos. Tiene que tomar conciencia de ellos, quizá incluso abrazarlos. Como mínimo debe relajarse en su presencia. Cuando es capaz de hacerlo, puede cruzar el umbral más peligroso hasta lo que posibilita la transformación: la elección.

Por qué este es el cuadrante del peligro

No nos gusta ver lo peor de nosotros mismos. Que a menudo convirtamos en chivos expiatorios a personas que reflejan nuestros defectos es un hecho psicosocial indiscutible. Es una realidad, ya sea en el ámbito personal, en el familiar o en el conjunto de la sociedad. Por eso la culpabilización de las víctimas es un serio problema en nuestra sociedad. Esa es la razón por la que no se ha erradicado el hambre o la guerra. Nos gustaría, pero es demasiado doloroso contemplar tanto el precio que conllevaría como el precio que ya se ha cobrado. No estamos preparados para enfrentarnos al horror abyecto de nuestra acción o inacción. A consecuencia de ello, los sistemas de división, de búsqueda de chivos expiatorios y de opresión se ponen en marcha contra colectivos e individuos que incomodan. ¿Por qué? Porque es mucho más fácil descargar la ira contra quienes denuncian los problemas que afrontar los retos que nos obligarían a cambiar. Sería más fácil si cerraran la boca, y punto. Tal y como ilustran los dos ejemplos siguientes, hay consecuencias reales para aquellos que se niegan a someterse. El mundo no es amable y, ya sea en la vida real o en la ficción, se pone de manifiesto que en el caso de las mujeres es un riesgo palpable.

Acabar en la abyección: la princesa Diana

Recuerdo perfectamente cuando me desperté con la noticia el 31 de agosto de 1997. La primera imagen que apareció en la pantalla del televisor fue la de un coche negro casi indistinguible aplastado contra un túnel subterráneo. Las fotografías se hicieron de madrugada y, al final del túnel, el cielo tenía una tonalidad negra azulada. El amasijo de metal brillaba, pero ya no parecía un coche. Me quedé horrorizada contemplando la imagen antes incluso de leer el rótulo en la parte inferior de la pantalla: «La princesa Diana muere en un accidente de tráfico en París». Recuerdo haber sentido mareos y náuseas. Diana no me sacaba ni diez años. ¿Cómo podía estar muerta?

Aquella mañana el mundo se despertó en un mar de lágrimas con la noticia de la repentina pérdida de la princesa Diana a los treinta y seis años de edad, a la que los *paparazzi* persiguieron hasta la muerte por las calles de París. Difícilmente hay una historia real sobre la abyección más triste que la vida de la princesa Diana. Ella había hecho lo imposible por vivir como una MISOR bajo la protección de la poderosa familia de su esposo. Pero a pesar de que no tuvo intención de vivir su vida criticando sin tapujos a la monarquía, tampoco estaba dispuesta a ser víctima de sus incongruencias, vicisitudes y pudor. Al desmarcarse de la protección de la Corona británica, Diana no tardó en tomar la dirección de la MIPE. Y una vez que se toma ese rumbo, resulta muy difícil regresar al mundo cándido y protegido de la MISOR.

Cuando emprendió el camino de la MIPE, se convirtió en un cebo mucho más apetecible para la prensa. Desde su compromiso con el príncipe de Gales, los tabloides británicos y la prensa internacional codiciaban las imágenes de la joven. El romance de cuento de hadas fue una grata distracción frente al sida, las políticas de austeridad implantadas por Margaret Thatcher y el descontento de la clase obrera. Sin embargo, cuando Diana comenzó a llamar la atención sobre su difícil coyuntura, cuando hizo público su desencanto, dejó de encajar con la imagen de la princesa silenciosa, obediente y protegida. A raíz del nacimiento de sus dos hijos pareció adquirir más autonomía, para gran frustración de la realeza. Diana hacía lo que se le antojaba, si bien a contracorriente. Era la princesa del pueblo, iba a donde otros miembros de la realeza no lo hacían, como municipios azotados por el sida en África. Los ciudadanos del mundo la adoraban, y muchos *paparazzi* trabajaban a jornada completa siguiendo cada uno de sus movimientos.

Diana había intentado en muchas ocasiones ahuyentar a las frenéticas hordas de fotógrafos que la perseguían allá a donde iba. Les plantó cara cuando la siguieron hasta un destino de vacaciones de esquí con sus hijos. Los evitaba en la medida de lo posible, pero a pesar de ello seguían acosándola. El propósito de la persecución es cosificar a la mujer perseguida. Ella es un trofeo, una presa. Sea una MISOR perseguida como esposa o una MIPE perseguida por su rebeldía, es un objeto. La finalidad de la persecución es recordarle, a ella y al mundo, ese estatus.

Poco antes de morir, Diana se había divorciado, había dado un paso hacia el compromiso afianzando su rol como MIPE. También había iniciado una relación sentimental con Dodi Al Fayed, el hijo del multimillonario egipcio Mohammed Al Fayed. Salir con un extranjero fue otro paso firme en el camino de la MIPE. De haber sobrevivido al accidente, Diana habría tenido la oportunidad de pasar por las etapas de la elección y de la trascendencia encarnada. Con el tiempo se habría erigido como ejemplo frente a otros miembros de la realeza, como la reina Isabel II, y sin duda su muerte provocó un fuerte rechazo social hacia la familia real británica. A medida que sus hijos maduraran, ella habría tenido la oportunidad de ostentar la posición de la madre de un rey, como contrapunto a la reina Isabel II. Pero Diana nunca llegó a tener esa posibilidad. Sufrió la persecución por la afición a seguir los pasos de la realeza, a coleccionar trofeos. Ella era un trofeo por su apellido real y su condición de MIPE. A medida que aumentaba su magia alejada de la familia real británica, atendiendo a personas mutiladas por minas terrestres, visitando Nueva York con la Madre Teresa de Calcuta y posando para el fotógrafo Mario Testino para la revista *Vanity Fair,* más aislada, poderosa y amenazada se sentía.

Acabar en la abyección: *Una joven prometedora*

En la película de 2020 de Emeral Fennel *Una joven prometedora*, Cassie Thomas encuentra la motivación en su vida a raíz de la pérdida de su mejor amiga, Nina. En ningún momento se sabe cómo murió Nina, tan solo que fue brutalmente violada en una fiesta a la que había asistido con otros estudiantes de Medicina, muchos de los cuales lo presenciaron. Todo el mundo se enteró de la violación, pero nadie estaba dispuesto a señalar con el dedo al violador y a los testigos. A partir de ese espantoso suceso, Cassie se dedica a tomar represalias contra los tíos «agradables» que fingen querer ayudar a las mujeres cuando estas están ebrias en un local, pero que en realidad son depredadores a la caza de una presa fácil.

Cassie se pasa casi toda la película en el segundo cuadrante. Conocemos su «érase una vez», su maldición, su marca y su breve periodo de ceguera. Es una MIPE por los cuatro costados, siempre más perspicaz que sus pares, desconcertando a sus padres con su conducta y sus deseos. La persecución encapsula prácticamente la película y la abyección básicamente pone fin a la historia de Cassie. La película se desarrolla en el cuadrante II hasta la última secuencia, cuando la protagonista cruza al tercer cuadrante al dirigirse a la cabaña donde Al Monroe, el hombre que años antes había violado a Nina delante de un grupo de mirones, está celebrando su despedida de soltero.

Cassie se presenta vestida con un sexi uniforme de enfermera, una peluca en tonos pastel y unos zapatos de tacón rojos. Mientras sube la cuesta hacia la cabaña, suena de fondo el famoso *Toxic*, de Britney Spears, en acorde menor, lo cual le aporta una profunda resonancia al estado de posesión del *animus* de Cassie. Cuando entra en la fiesta, todos los presentes le reprochan que nadie la había contratado. Efectivamente, nadie lo había hecho, pero ninguno recela de la desconocida sexi. Dan por sentado que alguno de los invitados miente. Cassie los pone en fila para darles chupitos de una botella de vodka adulterada con una sustancia para asegurarse de que no la interrumpan. Se lleva a Al al dormitorio, donde él le dice que no quiere «hacer nada» porque está enamorado de su prometida, aunque no es muy sincero, pues se deja esposar al cabecero de la cama y la observa mientras ella se mueve por la habitación con su uniforme. Cuando él le pregunta cómo se llama, ella le da el nombre de la mujer a la que violó en la fiesta, Nina Fischer. Como es natural, esto le causa cierta alarma a Al.

A continuación, Cassie le explica qué le va a pasar: va a tatuarle el nombre de Nina en el torso. No amenaza con matarlo, ni a él ni a sus amigos, lo cual podría haber hecho dado en el estado en que se encuentran y que Al está esposado a la cama. Sí, va a dejarle una marca. Puesto que él le infligió la marca a Nina, va a tener una también. Pero aquí es donde se desata la tragedia. Al consigue soltar una mano justo cuando Cassie se dispone a hundir el escalpelo en su torso. A pesar de que solo tiene una mano libre, es mucho más fuerte que ella. Valiéndose de su ventaja física, consigue colocarse encima de Cassie, le pone una almohada sobre la cara y la asfixia apoyando la rodilla en la almohada, todo ello mientras sigue con la otra mano esposada al cabecero. Como dice Margaret Atwood: «Los hombres temen que las mujeres se rían de ellos. Las mujeres, que ellos las maten».[7] No hay un final más apropiado para reflejar esa verdad.

A la mañana siguiente, Al está en la cama con el cuerpo de Cassie cuando su amigo Joe entra a echar un vistazo. Al principio Joe cree que la enfermera/*stripper*/Cassie se ha desmayado después de pasar una noche de sexo desenfrenado. Enseguida se entera de que está muerta y de que Al la ha asesinado. En vez de apechugar con las consecuencias, urden un plan para deshacerse del cuerpo de Cassie y seguir como si nada hubiera pasado. Joe consuela a Al, que siente remordimientos y miedo de perderlo todo, en vez de que alguno de los dos piense en la chica muerta que yace a su lado.

En algunos talleres y clases donde he tratado esta película y el camino de la reina, algún que otro alumno ha planteado que la película no termina en la abyección, sino en la elección: una serie de mensajes, notas y pruebas llegan a manos de gente importante, entre ellos un abogado y la policía, a consecuencia de lo cual Al y Joe son detenidos en la boda del primero. De este modo, la decisión de Cassie de dejar un rastro de migas de pan por si no regresaba anticipó su elección: estar con Nina en la muerte en vez de continuar viviendo en un mundo tan cruel e implacable con las mujeres. Pienso que esos alumnos esgrimieron buenos argumentos. La historia de Cassie acaba en la abyección, pero la película termina en la elección. En cualquier caso, la película finaliza en el tercer cuadrante, ya que Cassie no consigue alcanzar la soberanía, al menos en este mundo.

Ejercicio

Haz un dibujo que exprese los sentimientos que te ha generado la abyección en esta etapa del camino de la reina. Si te resulta más fácil transmitirlo con palabras, hazlo en una poesía o en prosa. Puedes describirlo a través de una historia, en una página de tu diario o de la forma que prefieras. A mí personalmente me gusta usar la pintura al pastel para este ejercicio. Los tonos pastel me permiten jugar con los colores y las formas sin centrarme en dibujar algo reconocible. En mi diario suelo plasmar esta etapa con forma de garras o pintarrajear la oscuridad del olvido con pintura al pastel negra y gris. Lo importante de este ejercicio es que te permitas sentir la experiencia de la abyección en vez de limitarte a describirla con el intelecto. Las fuerzas que actúan en el inconsciente suelen ser las más adecuadas para las formas creativas de expresión. Da rienda suelta a tu creatividad con este ejercicio.

Capítulo 13

LA ELECCIÓN

Tras la experiencia de acarrear el putrefacto saco de partes descartadas de ti misma y luego sacarlas para examinarlas, la siguiente etapa del camino quizá sea bastante llevadera. Si sobrevives a la abyección, es posible que el paso siguiente te resulte fácil a primera vista. En la literatura, en el cine y en otros géneros narrativos, casi siempre es el punto álgido de la historia. La protagonista «elige» salvar a su otra mitad o sacrifica algo para evitar una desgracia. En la vida real, el paso de la elección en el camino de la reina es la decisión trascendente de pasar de la abyección a la aceptación radical.

En psicoterapia, la aceptación radical es más conocida como una intervención de terapia de aceptación y compromiso (TAC). Este enfoque terapéutico es uno de los muchos métodos de terapia cognitivo-conductual (TCC). Lo que me gusta de la TAC es que, aunque es una modalidad de TCC, no es tan rígida. Los resultados de la TAC son mucho más duraderos, y las herramientas para los pacientes también perduran mucho más. La principal finalidad de la terapia de aceptación y compromiso es crear flexibilidad a nivel emocional y psicológico. Para conseguirlo se parte de la aceptación radical.

Pero antes de que pongas los ojos en blanco por lo que estás leyendo, permíteme que explique a grandes rasgos lo que no es la aceptación radical: no es una invitación al sufrimiento. Veo a pacientes que acuden a mi consulta participando en lo que me gusta llamar las «olimpiadas de la desgracia». A las mujeres en especial se nos ha enseñado a no alabar nunca nuestros méritos o llamar la atención sobre nuestros logros. Se nos permiten, aunque no es agradable, las críticas, las quejas y los subterfugios, pero se nos mira con malos ojos si lo hacemos en exceso, así que los redirigimos hacia nosotras mismas. Esto desencadena una competición para ver quién sufre más, como si ganaras una medalla que mereciera pavonearte por el supermercado o por el parque para perros con el fin de lucirla delante de otras mujeres.

La mayoría de la gente malinterpreta el significado del término *aceptación* en el contexto de «aceptación radical». Piensan que la aceptación equivale a permitir, abrazar o respaldar, pero en terapia no implica abrazar el dolor y la lucha. La experiencia de la aceptación radical es sencillamente aprender a afrontar un sentimiento doloroso cuando es necesario. Casi nadie se molesta en ponderar si una experiencia difícil es beneficiosa o conveniente, simplemente se evita el dolor. ¡Es normal! Estamos programados para evitarlo. El sistema nervioso contribuye a regular nuestro bienestar y velar por él enviando señales cuando algo es doloroso. Evitar el dolor es un mecanismo adaptativo. No obstante, el trauma no es algo que la psique y el sistema nervioso deban soportar de manera habitual o constante. El nivel de estrés y trauma que vivimos hoy en día es tremendo. En la naturaleza, los animales no están expuestos al estrés constante. Sufren situaciones de estrés ocasionales en las cuales su sistema nervioso se regula mediante temblores, movimientos y la permanencia junto al grupo. La condición del ser humano se ha degenerado hasta el punto de que hemos dejado de tener esas reacciones. En vez de eso, hemos llegado a convencernos de que el estrés es normal, ley de vida en el día a día.

Cuando explico el significado de la aceptación radical a mis pacientes, utilizo una analogía porque las historias resultan mucho más fáciles de recordar y en la TAC se recurre a metáforas para casi todo a fin de facilitar la comprensión. Así pues, he aquí mi analogía favorita para explicar el significado de la aceptación radical: has ahorrado durante un año para pasar unas vacaciones de ensueño en París. Tienes el pasaporte en regla y te has comprado unos zapatos estilosos y cómodos para pasear por los Campos Elíseos. Vas a quedar allí con tus amigas y a beber champán en Le Café Marly, junto al Louvre. Será maravilloso. Te subes al avión superemocionada. Cuando aterrizas al cabo de ocho horas, no estás en París, sino en Río de Janeiro. A ver, Río es bonito, pero no es el destino donde tenías previsto ir. Tu ropa está totalmente fuera de lugar, y tus amigas ya han llegado a París. ¿Qué haces? ¿Te pones a llorar, a gritar y a despotricar con el primer piloto de la compañía aérea que encuentras? ¿Haces frente común con el resto de los pasajeros y exigís que os pongan otro vuelo? ¿Retienes a alguien como rehén hasta salirte con la tuya? ¿O te sientas en los baños del aeropuerto de Río y tienes un ataque de llanto de dos horas? La aceptación radical consiste en que lo primero que debes hacer es respirar hondo y reconocer el terreno. De primeras no te preocupes por cómo has llegado aquí. Ahora mismo lo importante es estudiar la situación a fin de sacar el máximo partido de tu capacidad resolutiva para avanzar.

Si actúas sin ponderar las opciones, es probable que regreses a la etapa de la persecución, que te enviará derecha a la abyección de nuevo. Sí, acabarás en el umbral de la elección otra vez, pero ¿realmente es así como quieres proceder? A lo mejor respirar hondo contribuye a facilitar un poco las cosas. Echa un vistazo a tu alrededor. Estás en Río. Es un lugar rebosante de vida; hay música maravillosa, se come de fábula, la gente es encantadora y solícita, la playa es idílica. Vale, ¿aun así prefieres irte? Perfecto. Ahora que te has parado a respirar y has sopesado la situación, ¿quieres intentar llegar a París? ¿Prefieres regresar a casa? ¿Ir a otro lugar? Una vez que has estudiado la situación y reflexionado sobre cómo te sientes es cuando realmente puedes avanzar. Si tienes ganas de ir a París, tendrás que acudir a un representante de la compañía aérea para que fleten un nuevo vuelo o buscar otra alternativa de transporte. No cabe duda de que te sentirás un poco cohibida al llegar después que tus amigas, así que será necesario que te prepares emocionalmente para eso. La aceptación radical es no tener miedo de las emociones negativas. Básicamente, consiste en aprender a encontrar la comodidad dentro de la incomodidad. La mayoría procuramos planificar posibles imprevistos o controlar en exceso para evitar esa sensación. Pero sortear los percances nos vuelve rígidas e inflexibles. La soberanía requiere flexibilidad.

La historia de Phoebe

Tengo una paciente llamada Phoebe a quien llevo tratando mucho tiempo. Phoebe se vino a vivir a Los Ángeles con tan solo dieciséis años para ser actriz. Sus padres la mandaron con su prima de veintidós años y le entregaron puntos de viajero frecuente para que fuera a verlos a Virginia en intervalos de varios meses. Al cabo de un año, la prima de Phoebe se cansó de ser la cuidadora de una actriz adolescente y se mudó al norte de California, a seis horas de camino, para vivir con su novio. Los padres de Phoebe, en vez de ir a por ella y llevarla a casa para que terminara la educación secundaria, decidieron que era lo bastante mayor como para quedarse sola y trabajar. A fin de cuentas, era muy responsable. Terminó el curso a distancia. Cuando interpretaba, siempre lo hacía sin leer el guion, es decir, memorizaba todas sus intervenciones aunque hubiera recibido el guion justo la noche anterior. Jamás faltaba a un ensayo y siempre era la primera en llegar al plató cuando había rodaje. Lo que sus padres eran incapaces de ver a casi cinco mil kilómetros de distancia era que Phoebe se había quedado en treinta y seis kilos. La motivación que la impulsaba a ser la primera en presentarse en el plató iba más allá de la responsabilidad: le daba pavor cometer un error. Necesitaba la respuesta positiva y alentadora que recibía por parte de sus compañeros de reparto y del equipo de filmación para sobrellevar la jornada. Un mínimo movimiento de cabeza o una ceja enarcada podían provocarle ataques de pánico.

La primera vez que Phoebe acudió a terapia coincidió con el inicio de la recuperación de su grave trastorno alimentario. Había llegado lo más lejos que había podido sola. La conocí cuando tenía veintitrés años y llevaba siete viviendo sola en Los Ángeles. Era guapa, encantadora y divertida. Durante todo ese periodo había mantenido la relación a distancia con su novio del instituto en Virginia. Él se había sacado la carrera de Medicina mientras ella trabajaba y vivía sola en Los Ángeles.

Phoebe se sentía rezagada respecto a los jóvenes de su círculo. Nunca había tenido un espejo apropiado. Sus padres, lejos de considerar sus ganas de triunfar como actriz como una profunda necesidad de contar con espejos positivos, lo habían malinterpretado como una ambición sana. El hecho de ser la menor de tres hermanos en un ambiente familiar muy competitivo había provocado el *ansia* de atención por parte de Phoebe. Sus padres, ambos abogados de éxito, dirigían su propio bufete y representaban a destacados políticos e instituciones gubernamentales. Los hermanos mayores de Phoebe habían estudiado en centros de enseñanza privados y triunfado en deportes de competición. Su hermano era un as del atletismo y su hermana una consumada jinete. Ambos habían estudiado en universidades de élite de la Ivy League. Phoebe se consideraba una fracasada en comparación con sus padres y sus hermanos. No había realizado estudios superiores, no participaba en deportes de competición y vivía al margen del ambiente de triunfos, fiestas y cotilleos propios de una capital en el que se movía su familia. Phoebe era una MIPE, siempre al margen de la vida y las expectativas de su familia y sin disfrutar en ningún momento de su protección.

A medida que gestionaba su sensación de abandono y la consiguiente ausencia de espejos en su vida, empezó a irle mejor. Adoptó dos perros y rompió con su novio del instituto, ya que se había vuelto controlador y la relación se había estancado. Como se sentía bien consigo misma, decidió apuntarse a una clase de artes marciales; allí fue donde conoció a Jeremy.

Jeremy, un joven alto, fuerte y de complexión atlética, encarnaba el prototipo de lo que a Phoebe le habían inculcado que buscase en una pareja. Acababa de graduarse en Derecho, estaba estudiando para el examen de acceso a la abogacía y era divertido, inteligente y encantador. También era muy romántico y se compenetraba con ella en sutilezas que a ella le resultaban muy atractivas. Al principio se sintió remisa a entablar una relación, pues estaba empezando a conocerse y a indagar sobre lo que deseaba en la vida. Se estaba replanteando su profesión de actriz y asistiendo a la escuela de formación profesional para posteriormente sacarse una licenciatura de cuatro años. Se despertó su pasión por la escritura. Por las noches sus sueños estaban plagados de imágenes de papel, casas y libros.

Jeremy fue insistente. La cortejó; la persiguió. Phoebe se convirtió en objeto de la persecución. Dado que estás leyendo este libro, ya sabes lo que sucede a continuación. Phoebe tuvo que transitar por la persecución y la abyección antes de llegar a la etapa de la elección. Al principio se dejó perseguir, incluso le gustó. Nadie le había demostrado jamás el tipo de deseo que Jeremy sentía por ella. Y él estaba a la altura de las expectativas de su familia: era un abogado de buena familia. Phoebe no estaba dispuesta a ser la oveja negra que llevara a la cena de Acción de Gracias con su familia a otra oveja negra.

Así que se dejó cazar en la persecución y se convirtieron en pareja oficialmente. Al principio fue maravilloso. Jeremy era atento; se la ganó. Phoebe se sentía valorada. Jeremy valoraba su creatividad y la encontraba guapa. Pero una noche que salieron con unos amigos, la fachada empezó a resquebrajarse. Jeremy tenía entradas para un partido de *hockey*. Su bufete disponía de una tribuna en el estadio, y habían quedado allí con unos compañeros de Jeremy después de una cena romántica. Phoebe se había puesto un conjunto favorecedor y provocativo, pero nada sofisticado: una minifalda y un llamativo top pintado a mano por un artista amigo suyo. Combinó el conjunto con unas botas planas Dr. Martens. Cuando llegaron al aparcamiento, Jeremy le dio un beso apasionado... y acto seguido un bofetón. Le dijo que lo iba a poner en ridículo delante de sus compañeros con esa pinta y le ordenó que permaneciera en el coche hasta que él regresara.

Phoebe se quedó en *shock*. No supo qué otra cosa hacer, de modo que permaneció en el coche.

El maltrato físico no tardó en convertirse en la forma habitual de Jeremy de expresar su ira o manipular a Phoebe. Comenzó a exigirle absurdas demostraciones de lealtad y afecto. Empezó a sentir celos por lo mucho que quería a sus perros. Le decía que era un cero a la izquierda, que nadie excepto él la querría jamás y que debía estar contenta de tenerlo. Que sin él no era nada (una importante señal de que te encuentras en la abyección). Criticaba su forma de vestir y su pelo. Ella, en vez de rebelarse, le preguntaba cómo quería que se vistiera o se peinara. Él no le daba una respuesta; le decía que lo averiguara. ¿Y qué ocurría si se equivocaba? Has acertado: más maltrato. Todo ese proceso fue una mezcla de persecución y abyección. Jeremy la perseguía, ella se dejaba cazar y él la denigraba. Phoebe no sabía cómo gestionarlo. Intentaba por todos los medios ser la novia perfecta, hacer gala de su identidad de MIPE procurando impresionar a Jeremy con su inteligencia, atractivo sexual y originalidad, y después se sometía. Todas y cada una de las veces que volvía a asumir el rol se colocaba en la misma coyuntura. Phoebe se hallaba en la abyección y no veía ninguna salida. Quedaba atrapada en la persecución de nuevo, pensando: «Esta vez será diferente». Solo que no lo era. Cuando finalmente me contó lo que estaba pasando, llevaba sufriendo maltrato más de un año.

Nadie puede sacar a una mujer del camino de la reina o empujarla hacia delante. Lo único que se puede hacer, incluso en el caso de los terapeutas, es acompañarla en su andadura, tenderle la mano e indicarle dónde suelen estar las guaridas de los monstruos y troles. Mientras Phoebe seguía entrando en un bucle constante que la arrastraba al compromiso, la persecución y la abyección una y otra vez, mi cometido fue brindarle apoyo y afecto y señalarle con delicadeza el patrón. Pasarían meses hasta que pudiera encontrarse a sí misma en la etapa de la elección. Cuando por fin lo hizo, lo describió a la perfección, como nadie lo había hecho antes. Dijo que se sentía completamente extenuada y que era incapaz de ver qué se avecinaba. Vislumbraba opciones, aunque no con gran claridad, y había demasiadas. Se estaba planteando objetivos que no parecían tener sentido, como si tuviera que dilucidar cómo la beneficiarían. Todo se le antojaba un reto, como si conllevara un enorme esfuerzo físico, emocional y psicológico. Le frustraba que sus opciones no fueran más claras. No había rótulos de neón que anunciaran: «¡La felicidad por aquí!». Eran anhelos e inclinaciones sutiles que le indicaban hacia dónde dirigirse con sus zapatos de cristal resquebrajados.

Dado que nos encontramos en el camino de la reina, el paso de la elección le pisa los talones a la abyección. Eso significa que para lo que estamos usando nuestra capacidad de aceptación radical es para tomar conciencia de algunos de los peores aspectos de nuestra vida. Es posible que analicemos periodos de abusos o quizá que reflexionemos acerca de nuestras peores conductas. A lo mejor afrontamos una adicción. Puede que analicemos algo que hemos hecho que no es malo, pero sí una realidad que conlleva un precio en la vida, como enamorarse de otra mujer, romper una relación negativa o aceptar la condición de ser transgénero. Hemos de tomar el saco de partes descartadas de nosotras mismas y decidir qué conservar y qué desechar. Es imposible cargar con él entero; pesa demasiado. No obstante, es preciso llevarse lo que de ahora en adelante definirá quiénes elegimos ser en el mundo. Es el paso de la elección porque nos corresponde elegir no solo qué rumbo tomar, sino también qué llevarnos con nosotras y quién elegimos ser para avanzar. El final de la abyección es siempre morir en el proceso o deshacernos de aquellas partes de nosotras que no nos sirven. Después seleccionamos las que pueden definirnos en nuestra soberanía. Debemos ser cuidadosas y tratar las partes descartadas con el máximo respeto posible. Siguen siendo nuestras, así que hay que tratar su partida con el sumo respeto de un funeral.

El espejo al final del bosque (continuación)

¿Recuerdas el espejo dorado situado en el claro de bosque que mencioné en el capítulo nueve? Había que romper el espejo para seguir adelante desde el bosque encantado. Ahora, curtida en la batalla y mirándote fijamente en el espejo, te pido que te fijes en la mujer que tienes delante. Tal vez recuerdes que el espejo que aparecía en ese capítulo tenía un marco dorado decorado con símbolos de escenas de tu vida. Los traumas y triunfos narran la historia de tu vida mientras te reflejas. Para avanzar es preciso que elijas qué te llevarás contigo. No puedes llevarte el espejo entero ni todas las vivencias. Debes elegir unos cuantos recuerdos que te acompañen en tu andadura.

El paso de la elección es crucial para nuestras historias, al igual que para las narrativas que arrojan luz sobre el camino de la reina. Elegir es rechazar la idea de la subjetividad. Recuperar tu poder de elección es la puerta que finalmente conducirá a la libertad, incluso si te encuentras en una coyuntura extrema: en prisión, viviendo bajo un régimen totalitario o conviviendo con un padre, una madre o un cónyuge que te maltrata. Puedes tomar decisiones internas que salvarán tu alma, incluso si tienes que someterte para sobrevivir (esto va dirigido a las mujeres cautivas bajo regímenes o subculturas tiránicos y a aquellas que sufren abusos por parte de sus familias). Elegir te liberará. No es lo que elijas lo que romperá la maldición, sino el mero hecho de elegir.

La elección como salida a la abyección

Después de mi regreso a Los Ángeles tras mi experiencia en la abyección, me encontraba estancada. Me estaba tratando un nuevo psicoanalista y me había matriculado en la escuela de posgrado de nuevo. Trabajaba en un estudio de efectos especiales, donde fui objeto de discriminación sexual flagrante por parte de una persona de mi departamento. Cuando trasladé mi queja al responsable del departamento de Recursos Humanos, me preguntó si estaba segura de querer presentar una denuncia formal. Se me etiquetaría de problemática y se me cerrarían las puertas de la industria del cine para siempre. Yo estaba aterrorizada. Fue uno de los peores trances de mi vida. Me resultaba imposible entender lo que me había pasado o el porqué. Había hecho todo lo que se suponía que debía hacer. Me había obligado a representar un número en la cuerda floja en todo momento. Lo único que había hecho siempre era demostrar a alguna autoridad externa, ya fuera real o invisible, por ejemplo, Dios, que me merecía disfrutar de una buena vida. Sentada en la consulta de mi terapeuta, las palabras me salieron a borbotones con enojo: «Siempre he hecho lo correcto. ¿Por qué la vida no me trata bien?». Lo repetí hasta la saciedad: «¿Por qué la vida no me trata bien?». Para mí, que la vida me tratara bien implicaba ser obediente, diligente. Así es como se supone que hay que ser, ¿o no? Amar a alguien significa entregarse. Pero eso no quería decir que yo *amase realmente* mi vida, sino que siempre procuraba ser una «buena chica» a toda costa. Incluso siendo una MIPE, siempre me esforcé en ser «buena».

Mi terapeuta, perplejo, me miró. «No creo que vayan por ahí los tiros». Yo me quedé mirándolo. Le rogué que me lo explicara. Le costó encontrar las palabras, hasta que finalmente dijo: «Tienes que *amar* tu vida, y punto. Eso significa vivir la vida que *tú* deseas, al margen de que los demás lo aprueben o no. No necesitas el permiso de nadie para amar tu vida. La vida no te corresponderá tratándote bien por tu obediencia. La vida te tratará bien si amas tu forma de vivir y lo que haces y disfrutas de cada momento».

Me quedé patidifusa.

La recompensa por ser un objeto bonito y obediente es *nula*. Era necesario elegir. Al elegirme a mí misma tendría una vida plena. Amar la vida significaba amar *mi* vida, elegir experiencias que me apasionaran. Amar la vida significaba hacer las cosas que me apasionaban. Jamás aprendería a quererme a mí misma si abrigaba la esperanza de que alguien lo hiciera primero. No hay una verdadera recompensa por infravalorarte. No puedes someterte para ser libre.

La MISOR en la elección

El cine y otros productos culturales ofrecen algunas de las metáforas más visibles de la etapa de la elección. Entre las más fáciles de identificar de la última década figura *Frozen*, de Disney. Si no has visto esta película últimamente, te recomiendo que lo hagas. Te sorprenderá hasta qué punto encaja en el camino de la reina. Anna es la primera que interpreta la piedra angular que simboliza la elección en el camino. A Elsa le dice el malvado príncipe Hans que el invierno eterno que creó acabó con su hermana. Elsa, devastada por la noticia, cae de rodillas al suelo (aún se encuentra en la abyección). Entretanto, Anna, que de hecho no ha muerto, tiene la oportunidad de conseguir el «beso de amor verdadero» de Kristoff, el vendedor de hielo que la ayudó a encontrar a su hermana anteriormente. Pero cuando Anna ve que el príncipe Hans está a punto de asesinar a su hermana, se interpone para protegerla con su último aliento antes de convertirse en una figura de hielo. Anna elige realizar un acto de amor verdadero por su hermana frente al «beso de amor verdadero». Tal vez recuerdes que este habría sido el final de la MISOR en la abyección. En el paso de la elección, la MISOR casi siempre adopta el rol de su mitad MIPE desterrada. En *Frozen*, Anna le arrebata el poder al príncipe Hans. En breve comprobarás que para la plena consecución de la elección es preciso que cada una intervenga en el ámbito de la otra.

La MIPE en la elección

A menudo se malinterpreta cómo gestiona la MIPE el paso de la elección. Está mostrando menos iniciativa, de ahí que en opinión generalizada adopte una actitud más cómoda, pero de hecho le resulta mucho más difícil. Mientras que la MISOR ha de abandonar la pasividad y armarse de poder, la MIPE ha de ser menos vehemente. Debe relajarse, hacer una pausa, respirar y echar marcha atrás. Si fuerza la situación (un rasgo característico de la MIPE) en la etapa de la elección, se verá sumida en un continuo patrón de persecución, abyección, persecución, abyección, persecución, abyección. Para una

MIPE, optar por relajarse, ralentizar el ritmo y permitirse actuar con calma posibilitará su avance al tercer cuadrante. Para una MIPE esto implica adoptar una actitud más propia de la MISOR. Es preciso que sea receptiva; tiene que abrirse. No puede forzar las cosas ni valerse de sus poderes habituales. Retomando el tema de *Frozen*, cuando Elsa, la MIPE de la historia, llega al punto de la elección, se da cuenta de que el amor derretirá el hielo y que el invierno eterno tocará a su fin. No es algo que tiene que hacer; más bien es algo que debe sentir. Es preciso que la MIPE suelte las riendas, que renuncie a su ansia de poder o a su necesidad de ganar.

¿Qué es la elección?

La elección no es el punto en el que resolvemos los problemas del mundo, aunque algunas veces puede darnos esa impresión. La elección es el acto de reflexionar y decidir cómo proceder. Pero no es algo que se aferre y esté orientado a la acción. Es un lugar profundo donde indagamos en el conocimiento de quiénes somos y qué deseamos. En este sentido, la elección pasa a ser un acto radical: sí, yo soy así; no, yo no soy así. Me he formado en equinoterapia, y uno de mis ejercicios predilectos es llevarme a mis pacientes al amplio cercado donde mis tres caballos viven en manada y preguntarles si saben decirme de qué ejemplar es cada excremento. Indefectiblemente, proceden mediante la observación y la lógica. Comparan el tamaño de los caballos con el tamaño de los excrementos y se preguntan cuáles son de un macho y cuáles de una hembra; ponen empeño en responder a la pregunta. Y lo cierto es que, a menos que se quedaran allí todo el día observando, no hay forma de saberlo. A continuación, invierto la pregunta: «¿Sabes de quién no es la caca?». De nuevo, la gran mayoría me mira con incredulidad y responde: «¿Mía?». Exacto. El origen de la mierda da igual. Lo que importa es averiguar si es tuya o no. Desde mi punto de vista, la responsabilidad de la mierda de los caballos recae en mí; soy la dueña. Pero, a pesar de ello, no es mía. Mis pacientes no tienen ninguna necesidad de preocuparse por la mierda de los caballos.

Carecen de potestad sobre ella. Eso no quiere decir que no les afecte. Podrían pisarla y ensuciar el coche e incluso el suelo de su casa. Cabe la posibilidad de que resbalen y caigan de bruces sobre ella. El mero hecho de que no sea tuya no significa que no te afecte. Una vez que descubres esta perla, eres libre de tomar decisiones. La elección consiste en reflexionar acerca de lo que es adecuado y de cuáles son las decisiones correctas para ti.

Desde mi experiencia, la elección que la mujer debe hacer en este paso casi siempre tiene que ver con reconciliarse con la faceta de sí misma de la que se vio obligada a prescindir para sobrevivir: la madre que tuvo que renunciar a ser ama de casa a raíz de que su marido falleciera; la médica que tuvo que renunciar al ejercicio de la medicina cuando le diagnosticaron un cáncer; la mujer que, después de casarse y tener hijos, se da cuenta de que está enamorada de otra mujer... Es necesario que las mujeres recojan esos pedazos desechados, los examinen y se replanteen lo que significa reintegrarlos en su ser tras el trance de la escisión, la persecución y la abyección.

En narrativas con protagonistas femeninas, esto a menudo se refleja cuando dos personajes intercambian los roles o cuando un personaje retoma un conjunto de habilidades o un hábito de antaño. En *Frozen*, es Anna cuando se alza en defensa de su hermana Elsa, más poderosa y mágica. Esta, a su vez, tiene que ser más receptiva y extrovertida para poner fin al invierno eterno. En la película de 1985 *El color púrpura*, es Celie cuando se rebela contra Albert mientras Shug adopta una actitud silenciosa y apaciguadora con el fin de abandonar la casa sanas y salvas. En la película de Patty Jenkins de 2017 *Wonder Woman*, es Diana cuando se enfrenta a la doctora Maru portando una tiara en la cabeza y tomando conciencia de que el amor es lo que percibe en los humanos, y que es el amor, no el poder, lo que la motivará a vencer a Ares. En la película *La mujer rey*, de Gina Prince Bythewood, es Nanisca cuando opta por salvar a sus hermanas guerreras y plantar cara a su violador a sabiendas de que está renunciando a la posibilidad de liderazgo en la guardia del rey. En *Barbie*, la película de 2023 de Greta

Gerwig, es Barbie cuando pide permiso a su creadora, Ruth Handler, para transformarse en humana y, mira por dónde, esta le dice que no hay que pedírselo a nadie. Barbie no necesita permiso para ser humana, la decisión está en sus manos.

Como he mencionado anteriormente, es el acto de elegir, no el resultado de la elección, lo que es liberador. Aunque el resultado puede conllevar maravillosas consecuencias, es el poder de elección y el conocimiento de ese poder lo que marca la diferencia. Que la elección sea el paso inmediatamente posterior a la abyección hace que sea más desafiante en cierto sentido. Hemos agotado nuestros recursos y carecemos del marco de protección habitual que nos ayude a lo largo del camino. Sin embargo, ese vacío puede asimismo esclarecer las cosas. Resulta mucho más fácil ver lo que hay delante cuando el conjunto de normas, rutinas y roles quedan al descubierto.

Privar de opciones y elecciones a las personas es un medio para dominarlas u oprimirlas. Una alternativa cuya visión se bloquea u obstruye es inexistente. Del mismo modo, el hecho de que exista un abanico demasiado amplio de posibilidades constituye un reto que puede llegar a incapacitar, a abrumar hasta el punto de ser incapaces de discernirlas. Encontrarse en el espacio de la elección y decidir reintegrar partes o facetas de la identidad que se desecharon con tal de complacer a otros es un acto radical. Este paso en pos de la soberanía requiere aceptar la potestad de tus propios anhelos, preferencias o identidad en vez de los que se te imponen. Conciliar la potestad y la responsabilidad es crucial para portar la corona de la soberanía. Tú estableces los dictados de tu vida y reclamas la potestad de tu vida y tus decisiones.

Ejercicio

¿A qué dilema te estás enfrentando ahora mismo? ¿Qué pasaría si no necesitaras permiso de nadie? ¿Qué sucedería si actuaras sin más? ¿Te sentirías segura? ¿Puedes identificar alguna decisión importante que estás demorando hasta tener permiso? ¿Puedes imaginar qué posibles consecuencias acarrearía que no te molestaras en pedir permiso y simplemente actuaras movida por tu propia voluntad? ¿Qué facetas de la MIPE o la MISOR (la opuesta a ti) podrías adoptar que fueran de provecho? ¿Necesitas ser más activa o más relajada?

Capítulo 14

LA TRASCENDENCIA ENCARNADA

Cuando una mujer está llevando a cabo la transformación interior a través del camino de la reina, el último paso del inframundo es el de la trascendencia encarnada. Eso no quiere decir que antes estuviera desconectada de su cuerpo, sino que hasta esta etapa del viaje ha sido una pasajera en un cuerpo cuyo significado han definido agentes externos: la cultura, la familia, las instituciones religiosas... Todos ellos han establecido lo que se le permite ser. El tránsito por la persecución y la abyección le ha mostrado los peligros de la subjetividad. La elección le ha hecho ver que es imprescindible que considere su cuerpo como el espacio primordial de sus propios dominios. La expansión de cualquier reino parte de la soberanía sobre su cuerpo y del derecho a su inviolabilidad.

A lo largo de los últimos siglos, la mayoría de los credos religiosos de Occidente han promovido la trascendencia espiritual como objetivo. El cuerpo, junto con sus necesidades, deseos y funciones, suele considerarse menos importante que la mente o el alma. Se ha hecho hincapié en negar el plano físico en favor del mundo espiritual. Por consiguiente, en el mejor de los casos se ha restado importancia a cualquier sensación, enaltecimiento o disfrute del cuerpo, y, en el peor de los casos, se ha rechazado de plano y considerado un pecado mortal. Rara vez nos preguntamos por qué la trascendencia se ofrece por medio de esta vía.

Hay razones históricas y políticas. La huella del pensamiento griego continúa vigente hoy en día y, entre los filósofos clásicos, la lógica y la razón se consideraban las virtudes más elevadas. Por otro lado, el cristianismo ha propugnado históricamente el alejamiento de los placeres de la carne en aras de la vida eterna. Además, tradicionalmente las culturas hegemónicas han instado al pueblo a abrigar la esperanza de la existencia de un mundo mejor en el más allá con el fin de hacerlo más obediente en este. Esta vida es gris; la siguiente será mejor. Sigue abrigando esperanza y trabajando, y se te recompensará con una vida mejor. Esto, sumado al belicismo imperante a lo largo de los últimos milenios, propició el auge de culturas que hicieron de la vida en el más allá una forma de doctrina; de lo contrario, la vida resultaba absolutamente insoportable y nadie se habría molestado en trabajar lo más mínimo, librar batallas o adherirse a un sistema social de cualquier tipo que conllevara una existencia de continuas penurias.

Si alguna vez has estudiado ciencias sociales como la antropología o la psicología, seguramente sabes que la vergüenza es un poderoso instrumento social. Se utiliza para garantizar que la gente actúe de acuerdo con las normas sociales establecidas. El cerebro y el sistema nervioso se encuentran más equilibrados cuando se pertenece a un grupo. La gente necesita pertenecer, ya sea a una tribu, a una familia o a un equipo de *pickleball*, para sentirse a salvo. En cuanto esa sensación de seguridad comienza a perderse, las normas culturales también empiezan a tambalearse. La vergüenza se usa como amenaza para que la gente siga teniendo presente su lugar en el colectivo social, sea cual sea, al que pertenece. Si, por ejemplo, todas las chicas del comité del baile de graduación de tu instituto vistieran con un determinado estilo, es muy probable que pertenecer a ese grupo implique adaptarte a esos gustos o, de lo contrario, es posible que se burlen de ti. Del mismo modo, si te gustase muchísimo tu club de *picklebal*, es muy probable que defendieras tu derecho a continuar siendo socia de él. Saldrías en defensa de la integridad del club si de pronto alguien tuviera una mala conducta o molestara a otros miembros. Los miembros del club saben que si hacen público que Gladys ha estado engañando a su marido o que Diane ha estado maltratando a su perro, la vergüenza hará que rectifiquen esos comportamientos con el fin de que puedan reingresar en el club justo a tiempo para el gran torneo previsto para el próximo mes. La vergüenza ha servido para mantenerlas a raya y recordar a todo el mundo que hay que regirse por un estándar.

Reflexiones sobre la subjetividad corporal femenina

Avergonzarse del cuerpo es una de las herramientas de manual más antiguas que existen para mantener a las mujeres a raya. Ya incluso en la Grecia clásica, el término *amazona* con el que se aludía a las legendarias guerreras era una forma de menospreciar el cuerpo femenino. El significado etimológico de la palabra es 'sin un pecho'. A las amazonas se las mitificó como temibles bárbaras con un solo pecho. Según cuenta la leyenda, eran obligadas a cortarse el seno derecho para poder sujetar con fuerza la cuerda del arco en las batallas. Pero las amazonas griegas no eran una invención para asustar a los niños; de hecho, eran guerreras escitas.[1] A los griegos no les gustaban las mujeres con ideas propias. Su cultura fomentaba la creencia de que había que contemplar, no escuchar, a las mujeres. Estas debían recluirse en casa, no pavonearse por la polis, y en el caso de que tuvieran que salir, se establecía legalmente cómo debían vestirse y comportarse en público. Como es lógico, con estas estrictas directrices la idea de mujeres capaces de saquear, montar a caballo, disparar flechas con arcos y establecer su propio gobierno era considerada un anatema por los «cultivados» griegos del antiguo Mediterráneo. La cultura nómada escita se extendió del Irán actual al Cáucaso. Algunas de las tribus se dividieron en grupos separados por sexos. Las mujeres trabajaban y vivían juntas y una o dos veces al año se reunían con otros grupos escitas de hombres. Dado que a los griegos les aterraba este tipo de independencia femenina, difundieron historias de las amazonas para evitar que las mujeres se volvieran demasiado arrogantes. ¿Quieres ser un bicho raro musculoso con un solo pecho o una dama ateniense como Dios manda?

Avergonzarse del cuerpo es una piedra angular cultural. A las niñas se les enseña a avergonzarse de su cuerpo casi en cuanto se dan cuenta de que van camino de la edad adulta. En 1970, la edad en la que la mayoría de las niñas se ponían a dieta era a los catorce años. Alrededor de 1990, esa edad se había desplomado a los ocho años.[2] El ochenta por ciento de las menores estadounidenses se pone a dieta antes de cumplir los diez años. En sondeos realizados a mujeres sobre lo que opinan de sus cuerpos, más de la mitad manifiestan que se sienten avergonzadas de su aspecto y atribuyen la responsabilidad de todo, desde las escasas posibilidades de tener una relación sentimental hasta la falta de oportunidades para progresar en el terreno laboral, a la envergadura o la constitución de su cuerpo.[3] Es más, los agravios e insultos que hacen alusión al cuerpo se vierten con mucha más frecuencia contra las mujeres que contra los hombres. Más de un tercio de las mujeres declararon haber vivido la experiencia ellas mismas o conocer a alguien que ha sido objeto de humillaciones por su cuerpo en persona o a través de Internet. Alrededor del noventa y cuatro or ciento de las adolescentes estadounidenses han declarado que sufren acoso por su cuerpo, y el cincuenta y siete por ciento de las jóvenes de edades comprendidas entre los doce y los veinte años sostienen que el motivo de ser víctimas del acoso es su apariencia física.[4]

Desgraciadamente, para la mayoría de las mujeres es «normal» estar desconectada del cuerpo. El concepto binario del mundo culto en alusión a lo masculino y el mundo natural a lo femenino ha afianzado la creencia de que el cuerpo es peligroso y que el cuerpo femenino es sumamente maligno. A las mujeres de infinidad de culturas se les atribuye la responsabilidad de la respuesta masculina a la presencia femenina. La mayoría de los hombres se sienten en la libertad, incluso en la obligación, de hacer comentarios sobre el aspecto de una mujer al margen de lo que esta quiera o desee. En nuestra cultura se atenúa de alguna manera la percepción respecto a un violador si la víctima iba ligera de ropa. De esto se infiere claramente que el instinto innato masculino de algún modo prevalece sobre su voluntad. Se puede acusar a un hombre de un «crimen pasional» si hiere o incluso mata a su pareja al enterarse o sospechar de su infidelidad. Las condenas por estos crímenes pasionales son además considerablemente menores que aquellas por asesinatos con premeditación, al menos en los casos en los que los autores son varones. En Estados Unidos, los hombres que asesinan a sus parejas son condenados a penas de prisión que oscilan entre los dos y los seis años, mientras que las mujeres que cometen el mismo delito suelen pasar quince años encarceladas.[5]

El confinamiento mundial a raíz de la pandemia de COVID-19 puso de relieve esta cuestión de manera patente. Todas las estadísticas reflejaron un incremento considerable de la violencia doméstica. Investigaciones llevadas a cabo en Italia revelaron que el ochenta y nueve por ciento de los feminicidios registrados en 2020 se produjeron en el ámbito doméstico.[6] En el estudio se señala la circunstancia de que el hogar es de hecho el lugar más peligroso para las mujeres. Según un informe de la Organización Mundial de la Salud, una de cada tres mujeres ha sido víctima de agresiones sexuales, a veces por parte de su pareja.[7] Esto hace que la violencia contra las mujeres sea una de las mayores preocupaciones en el ámbito de la salud a nivel mundial. A estas desalentadoras estadísticas se añade la circunstancia de que tan solo un nueve por ciento de las mujeres son asesinadas a manos de desconocidos.[8, 9] Con un sencillo cálculo te darás cuenta de que eso significa que en el noventa y uno por ciento de los casos las mujeres son asesinadas por conocidos. Estas cifras también ponen de relieve que la seguridad de las mujeres en el ámbito doméstico es una cuestión de derechos humanos de primer orden que rara vez se aborda. Ni se discute lo suficiente en los medios de comunicación ni se toman medidas en el marco de las políticas públicas.

En las culturas conservadoras donde impera la religión a menudo se obliga a las mujeres a cubrirse el cuerpo, el pelo o incluso el rostro. ¿El argumento? Para proteger a los hombres de pensamientos impuros. Esto es un hecho con independencia de que hablemos de los mormones conservadores de Idaho, de los judíos ortodoxos de

Williamsburg o de los musulmanes chiíes de Irán. Las reglas del recato se perpetúan por la misma razón, para proteger a los hombres y, por defecto, a las mujeres. Estas deben comportarse de manera que no tienten a los hombres. Si «se comportan», ellos no tendrán motivo para hacerles daño. Se infiere de manera tácita que el poder que ejercen la mujer, el sexo y la atracción es tan irresistible que los hombres carecen de capacidad de autocontrol si las mujeres incumplen las reglas que establecen... los hombres. Sea como fuere, esa es la conclusión. Por supuesto, es una forma más de mantenernos en la división, aunque la mayoría ignoramos que es una trampa hasta que una misma o alguien a quien queremos sale malparada a pesar de respetar las normas. En la exposición itinerante «¿Cómo ibas vestida?», que acogen campus universitarios y centros sociales, se muestran ejemplos de la indumentaria de víctimas de agresiones sexuales. La ropa que llevaban el día de la agresión se acompaña con los testimonios de las víctimas.[10] El objetivo es demostrar que la mayoría de las víctimas iban vestidas con ropa de diario que en general no llama la atención y combate el mito de que la manera de vestir guarda alguna relación con su victimización por parte de un violador.

La vergüenza por ser niña o mujer está arraigada en casi todas las culturas del mundo. ¿Alguna vez hemos dedicado tiempo a analizar realmente la dinámica a nivel individual? A mí me han hecho sentirme avergonzada de mi cuerpo en infinidad de ocasiones. Desde mi madre, preocupada porque usara una talla extragrande en primero de primaria, y mi padre, que a mis doce años me decía que necesitaba estar delgada para que me quisieran, hasta desconocidos que me acosaban por la calle cuando sufrí anorexia a los veinte años, un tío que en el muelle de Santa Mónica me llamó tortillera cuando tenía veintidós años porque llevaba la cabeza rapada, o un extraño que exclamó que le gustaban las «tías gordas» mientras me dirigía a mi coche para ir a cenar con una amiga a los veintinueve años. A lo mejor mi experiencia parece inusual, pero hablando con amigas y pacientes, la evidencia constata mi afirmación de que es algo normal para la mayoría de las mujeres.

El objeto obediente

El cuerpo es, por defecto, el lienzo sobre el que se proyecta cualquier manifestación de poder. ¿Por qué tiene poder la policía? Porque puede detenerte y llevarte al calabozo o a comparecer ante un juez (*habeas corpus*) para responder por un presunto crimen o delito. Hasta décadas recientes, en Estados Unidos el marido tenía autoridad legal sobre su esposa. El consentimiento de la esposa al sexo en el matrimonio se daba por sentado hasta los años setenta, es decir, un marido no podía ser acusado de violar a su esposa. Alrededor de 1993 ya se habían derogado esas leyes en los cincuenta estados del país, pero el cambio en las sanciones ha sido lento. Por ejemplo, hasta 2021 no se modificó la legislación en California para que la violación dentro del matrimonio conlleve la misma pena que fuera del matrimonio.[11]

La autoridad sobre la esposa y los hijos se mantiene como dogma en muchas tradiciones religiosas conservadoras, con independencia del credo, la secta o la confesión. En multitud de textos religiosos se alecciona a las mujeres a obedecer a sus esposos. La autoridad en el ámbito doméstico se otorga al patriarca de la familia. Sin embargo, es el cuerpo sobre lo que tiene el control el cabeza de familia en última instancia. Un esposo dominante es incapaz de saber si ha dominado o no la mente de su esposa o de sus hijos, pero sí puede comprobar la influencia que ejerce en su comportamiento. Si la mujer y los hijos obedecen con sus cuerpos, su conducta proporcionará la confirmación que el patriarca necesita para saber que respetan su autoridad.

¿Qué relación guardan todas estas deprimentes estadísticas con el último paso del tercer cuadrante? ¡Mucha! La mayoría de las mujeres habrán aprendido a lo largo de la adolescencia y la juventud lo que la sociedad espera de ellas. Casi todas podemos explicar lo que se espera de nosotras o lo que implica ser obediente aun cuando nos cueste obedecer. La expectativa de la obediencia a través de nuestros cuerpos –delgados, regulados, emocionalmente contenidos, atractivos, disponibles, trabajadores y silenciosos– es omnipresente. Se nos inculca a muy temprana edad. Aprendemos a «ser agradables».

Aprendemos a ser respetuosas. Aprendemos a mantener la calma. Aprendemos a empequeñecernos. La consecuencia en última instancia es la sensación de desconexión con nuestro cuerpo. El cuerpo femenino, lejos de ser el espacio sagrado de nuestra entidad corpórea, se convierte en un instrumento de sumisión.

La integración corporal

¿Alguna vez has usado tu cuerpo de una forma inusual? ¿Te hizo sentir fuerte físicamente? ¿Aprendiste a bailar? ¿A montar a caballo? ¿Quizá conseguiste un objetivo físico del que no te creías capaz, como correr en un maratón o realizar una ruta de ciento cincuenta kilómetros en bicicleta de un tirón? ¿O tal vez has logrado una hazaña mayor, como tener un hijo o superar un cáncer?

El cuerpo es algo más que un vehículo para la mente y el alma. No es una pieza de carne que recibe órdenes del cerebro. El cuerpo es el espacio del ser, el asiento de la existencia. Tu cuerpo es la prueba milagrosa de tu presencia en el mundo. Llevas en el ADN la evidencia de miles de años de historia y destino. Al mismo tiempo, eres la prueba de que infinidad de personas existieron antes que tú y de que eres un ser único que jamás había existido hasta ahora. Si la persecución supuso el mayor desafío del camino de la reina sobre el que escribir y reflexionar, desde mi punto de vista esta etapa del periplo es la más gratificante, la más emocionante.

Atravesar el tercer cuadrante y gestionar la abyección y la elección es vivir plenamente la experiencia del poder que posees en tu entidad material: tu cuerpo. Vivir la integración corporal es tomar conciencia del milagro de ser una persona completamente realizada, una mujer, en un cuerpo que es libre y de importancia crucial. Tu cuerpo es tuyo. Tu ser es indispensable. Tu naturaleza física es esencial para tu presencia. Eres importante, y tu ser es importante. No eres deseable; eres imprescindible. No eres intercambiable; eres excepcional y singular. Afirmarse en esta revelación afianza tu identidad como mujer empoderada y plena. Tu cuerpo es perfecto, al margen de la opinión que tengas de él o de cómo te gustaría que fuera. Es perfecto tal y como es ahora. Constituye el medio de la totalidad de tu experiencia única, la evidencia del desarrollo de tu vida. Tu *yo sagrado* está presente en cada molécula, centímetro de piel, cicatriz, tatuaje, pestaña o arruga. Ese yo ha vivido el desarrollo de tu vida entera, asimilando la experiencia y transformándola en conocimiento, el conocimiento en sabiduría encarnada en el cuerpo y el cuerpo inviolable en una entidad sagrada.

Carl Jung desarrolló muchas de estas ideas y escribió ampliamente acerca de las distintas funciones y fases de desarrollo de la psique individual. La función trascendente figura entre las más importantes. Según la interpretación junguiana, la psique debe evolucionar y cambiar con el fin de que la persona pueda individuarse o alcanzar su verdadera identidad. Una de las premisas teóricas fundamentales de la psicología profunda es que existe un yo inconsciente conectado con la mente consciente, lógica y cotidiana. El inconsciente puede albergar las partes reprimidas y desterradas que mencionaba Freud, pero desde la perspectiva junguiana el inconsciente es más que un mero repositorio de nuestras facetas más ocultas. El inconsciente guía al individuo hacia su yo más auténtico. Cuando el material del inconsciente pasa al plano de la consciencia, se abre un nuevo mundo para el individuo. Este puede trascender su vida anterior y ocupar un nuevo lugar.[12, 13]

Para una mujer que se halla en el camino de la reina, la integración corporal (la encarnación) constituye el espacio trascendente de la feminidad. Es la aceptación, la celebración y el poder de su yo material. Es su naturaleza femenina lo que prepara el terreno para que se convierta en una reina. Cuando una mujer es verdaderamente dueña de su cuerpo y no lo repudia, lo subyuga, lo cosifica ni se avergüenza de él, emerge del inframundo del inconsciente. Cuando no somete su entidad física y, por lo tanto, todo lo que la acompaña –su mente, su alma, sus deseos, sus ambiciones, su amor y su inteligencia–, está preparada para ser coronada. Ha abrazado, elevado y luchado por todas las cosas que la hacen ser... ella misma.

La encarnación de *Barbie*

Al final de la película *Barbie*, de 2023, la protagonista, convertida en humana, ha realizado el recorrido circular del camino de la reina. Ha perseguido a Gloria y Sasha. La han perseguido los jefes de Mattel. El Ken estereotípico la ha perseguido para que sea su novieta de manera permanente y sin compromiso.[14] Se ha enfrentado a la abyección deprimida y tirada en el suelo en Barbielandia y posteriormente en la casa de la Barbie rara. La experiencia de la abyección para ella fue reconocer que ya no era perfecta, que ya no podía ser perfecta. Gloria le hace entender esto en su transición de la abyección a la elección. Aunque lo mencioné anteriormente, merece la pena incidir en ello brevemente. Barbie se reúne con su creadora, Ruth Handler, y le pide permiso para transformarse en humana. Ruth le responde revelándole la verdad definitiva para convertirse en reina: no hay que pedir permiso porque no se puede conceder. El hecho de convertirte en ti misma es una elección. Al elegir, Barbie reivindica su propio *impera*. Es dueña de su razón de ser. En la escena final de la película observamos la culminación de su trascendencia encarnada, la cual presagian las Birkenstock que calza al salir del coche de Gloria. Barbie, que se cambia el nombre al de Barbara Handler, acude a su primera cita con su ginecóloga. Finalmente tiene un cuerpo de mujer de carne y hueso.

El cuarto cuadrante se denomina «resplandeciente» en alusión a la apariencia (y, con suerte, la sensación) de la mujer cuando se erige en su plena autenticidad y majestuosidad. El esplendor de la soberanía irradia a través de ella. Una vez que ha alcanzado la potestad sobre su cuerpo y su ser, ocupa un nuevo lugar. Al concluir el paso de la toma de conciencia de su cuerpo y cruzar al cuarto cuadrante, abandona el mundo de las fuerzas invisibles y el misterio y regresa al mundo de los poderes y las formas visibles. El trabajo que ha realizado en el inframundo a lo largo del segundo y el tercer cuadrante ahora será visible, además de para ella, para todos en el mundo consciente de la experiencia cotidiana.

CUADRANTE IV
Resplandeciente

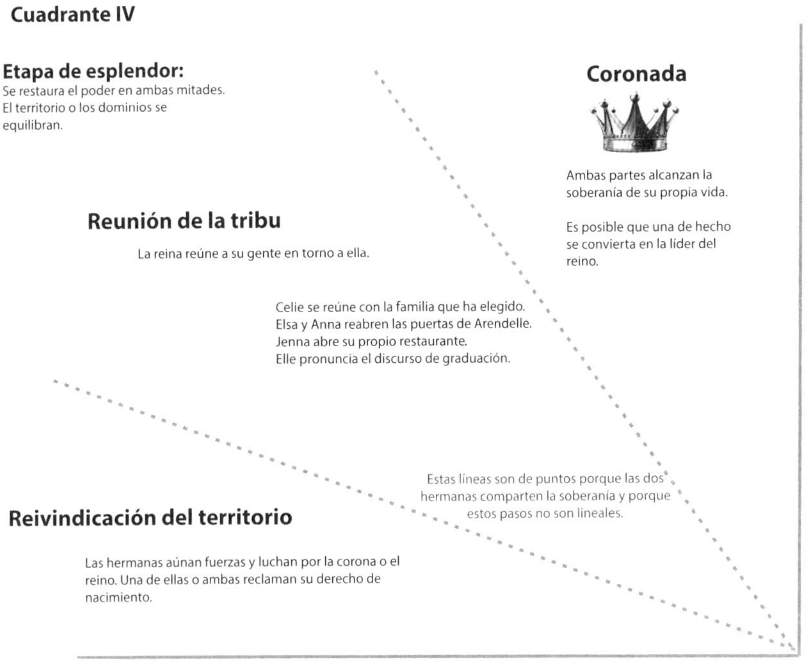

Cuadrante IV

Etapa de esplendor:
Se restaura el poder en ambas mitades. El territorio o los dominios se equilibran.

Coronada

Ambas partes alcanzan la soberanía de su propia vida.

Es posible que una de hecho se convierta en la líder del reino.

Reunión de la tribu

La reina reúne a su gente en torno a ella.

Celie se reúne con la familia que ha elegido.
Elsa y Anna reabren las puertas de Arendelle.
Jenna abre su propio restaurante.
Elle pronuncia el discurso de graduación.

Estas líneas son de puntos porque las dos hermanas comparten la soberanía y porque estos pasos no son lineales.

Reivindicación del territorio

Las hermanas aúnan fuerzas y luchan por la corona o el reino. Una de ellas o ambas reclaman su derecho de nacimiento.

Cuando una mujer llega al cuarto cuadrante, los pasos ya no siguen un orden en particular. Pueden producirse en una rápida sucesión o en orden inverso. Ella reclama su territorio, reúne a su gente y consigue un símbolo de su reino: para nuestro propósito, se ha coronado. En la ficción generalmente se plasma en una breve escena de la última secuencia. Los símbolos pueden abarcar todo lo habido y por haber, desde poseer un hogar hasta ascender al trono, ser coronada o alzarse en un jardín real. En la película *La mujer rey*, es Nanisca cuando regresa a Dahomey, la nombran «la mujer rey» y asciende al trono junto al rey Ghezo. En la película de 1985 *El color púrpura*, es Celie en sus propias tierras rodeada de todos sus amigos y su familia mientras sus hijos y su hermana se aproximan. En *Barbie*, de 2023, es la protagonista cuando se interna en el mundo real y Gloria y Sasha la acompañan a su primera cita con la ginecóloga.

En el caso de las mujeres reales, estos pasos pueden suponer un reto. Reclamar tu territorio puede conllevar años. A veces se tarda mucho en dilucidar siquiera cuál es tu territorio. ¿Necesitas retomar los estudios para eso? ¿Poner fin a una relación tóxica? ¿Cuáles son los límites de tus dominios? ¿Qué te apasiona sobre el hecho de tener o definir tu propio lugar? ¿Cómo decides qué conservar y qué soltar para sentirte segura? ¿Es tu territorio tan sencillo como un hogar o lo es todo, una profesión, un hogar y dinero? Solo tú puedes decidir.

A la hora de reunir a la tribu es posible que tardemos en encontrar a nuestra gente, en confiar en ellos y en invertir en nuestro mutuo bienestar. Tal vez parezca inevitable subir los escalones que conducen al trono, pero la mayoría de nosotras somos ajenas a ello hasta que ya lo hemos hecho. Te encuentras ahí, con la corona sobre la cabeza, preguntándote qué miran los demás... ¡y es a ti! Están contemplando a una mujer que ha reclamado su soberanía y que gobierna su propio reino. Esta última etapa es importante por muchas razones. Para tener potestad sobre ti misma no debes tener miedo del poder y la autoridad. En nuestra cultura se nos inculca desde el nacimiento que el poder y la autoridad no son para las mujeres, de ahí que alzarse y reivindicar esa autoridad pueda parecer algo erróneo o avasallador. Sin embargo, estamos hablando de tu autoridad, de tu poder. No del poder que ejerces sobre los demás, sino del que ostentas sobre ti misma para ejercer tu voluntad y tu autoridad en el mundo. Al margen de las circunstancias, puedes ostentar ese poder interior y saber que tú y solo tú tienes el poder soberano sobre tu ser. Lo que hagas con él es cosa tuya.

Capítulo 15

REIVINDICA TU TERRITORIO

El primer terreno que una mujer debe reivindicar es el de sí misma. Esto solo es factible si previamente ha realizado el periplo por el terreno del inframundo en el segundo y el tercer cuadrante. Cuando resurge a la luz del mundo consciente en el cuarto cuadrante, el territorio desconocido del inconsciente empieza a esclarecerse. Lo que era un misterio es ahora un elemento conocido de la mujer en el camino de la reina. Ha conectado el material inconsciente con el mundo consciente. Se ha transformado. Es dueña de su cuerpo; ha reclamado las partes perdidas de sí misma en la división. Se ha reconciliado con sus maldiciones y marcas. Esta es la última etapa del viaje. Está subiendo los escalones para reclamar su corona.

El paso anterior a este, la trascendencia encarnada, es la etapa final y decisiva, la culminación de todas las demás. Al reclamar el terreno de su propio cuerpo y tomar posesión de él, la mujer ahora se encuentra libre de obligaciones en el camino de la reina. No ha de someterse a la autoridad de la sociedad, el trabajo o la familia. Si consiente será por elección, con miras a sus propios intereses. Se ha roto el maleficio. No se somete a los dictados de nadie. Ella elige por sí misma.

Internarse en este lugar resulta desorientador. Planteátelo desde la perspectiva de abandonar el bosque encantado. Cuando has estado en el bosque durante mucho tiempo, te llegas a acostumbrar a la oscuridad que hay bajo las copas de los árboles incluso durante el día. Levantas los pies para sortear la maleza. Llevas capas de ropa para mantenerte abrigada y evitar herirte con las ramas de los árboles mágicos. Cuando sales de la espesura y de pronto el sol te ilumina, a lo mejor disfrutas de la luz y la calidez, pero te desorientas. Tus ojos necesitarán algo de tiempo para aclimatarse a la luminosidad. Te sientes un poco mareada al contemplar el amplio horizonte que se extiende más allá de la espesura.

Así es la salida del periplo por el inframundo a lo largo del segundo y el tercer cuadrante. Transitas desde las profundidades del mundo interior al resplandor del mundo que compartes con los demás. Ahora el mundo exterior es diferente porque tu mundo interior ha cambiado completamente. Ya no estás cautiva. Tu ser ya no es una deuda contraída con otros. Eres dueña de ti misma. Ahora es preciso que te asegures de transmitirlo al mundo. De ahora en adelante vivirás tu vida desde el espacio de la soberanía, y, para ello, debes crear un reino para ti misma. Los dominios que establezcas no tienen por qué ser lujosos o extensos. Pueden ser tan sencillos como una habitación o un piso propios, o un trabajo, o tan vastos como un imperio multinacional. Sea como sea, el primer paso en pos de la corona es reclamar el territorio.

Como he mencionado anteriormente, primero se reivindica el territorio del yo, lo cual ya has empezado a hacer en la fase de la integración corporal. El siguiente paso es expandir este territorio fuera de tu cuerpo para abarcar el ámbito inmediato de los dominios que te corresponde controlar. Pero ¿cuál es el espacio inmediato? Eso te corresponde definirlo a ti. Reflexiona durante unos minutos acerca de lo que ese espacio es para ti. ¿Te has planteado siquiera cuáles son tus dominios? Si no los has definido, ¿cómo te gustaría que fueran? No tienes por qué preocuparte de que sean estáticos. A medida que crezcas, tus dominios también se ampliarán. No se pasa por este proceso una sola vez; puede experimentarse en varias ocasiones en el transcurso de la existencia. Cada vez que alcances la trascendencia encarnada se te brinda la oportunidad de expandir, redefinir o reconfigurar tus dominios.

Primero define el territorio

Imagina que los dominios que te dispones a gobernar son un país. ¿Te gustaría ponerle nombre? ¿Es una isla? ¿Linda con otro país? ¿Cómo es el terreno? ¿Qué dimensiones tiene? A continuación encontrarás un ejemplo de un taller que impartí para algunas pacientes. Es uno de mis favoritos de siempre.

El reino de Dorothlandia

El reino soberano de Dorothlandia es una monarquía cuyo territorio abarca desde los Alpes centrales hasta un grupo de pequeñas islas en el norte del Mediterráneo. Hay una península que se extiende desde la frontera alpina con Francia, Suiza e Italia hasta el mar, alrededor de la cual se diseminan islotes alargados. La práctica del esquí es un pasatiempo habitual en las regiones montañosas gracias a sus frías temperaturas. Las zonas más meridionales gozan de un clima más cálido, similar al de la Costa Azul de Francia. Las playas son vírgenes, y el agua es de un intenso azul cobalto. En su origen, Dorothlandia fue colonizada con la expansión de los ejércitos de Margareterra y Howardistán. Antes de convertirse en un estado soberano, Dorothlandia destinaba la totalidad de sus recursos al pago de impuestos y tributos a Margareterra, que compensó a los habitantes de Dorothlandia a raíz de la revuelta que propició la independencia de la nación en el verano de 2005. Dorothlandia es una monarquía donde se producen principalmente obras artísticas para la exportación, entre ellas novelas, pinturas y documentales. Su riqueza reside en sus valiosos recursos naturales; las exportaciones de obras artísticas y los ingresos de sus consultorías garantizan su estabilidad económica.

Como puedes imaginar, la monarca de Dorothlandia se llama Dorothy. Pasó la mayor parte de su vida a la sombra de su madre, siempre malhumorada y amargada porque su matrimonio se malogró cuando Dorothy solo tenía seis años. Durante la mayor parte de su vida, Dorothy procuró «compensar» a su madre intentando ser su mejor amiga y manteniéndola económicamente. Al ser hija única, no tenía a nadie más en quien confiar aparte de su madre. Ya cumplidos los treinta años, desesperada por independizarse, Dorothy acudió a terapia. Gozaba de cierto éxito como redactora de televisión, pero sentía que no podía dar rienda suelta a su creatividad mientras su madre necesitara apoyo económico. Mientras transitaba por el camino de la reina, se dio cuenta de que lo que necesitaba reclamar iba más allá del ámbito laboral. Era también su derecho a reivindicar que, aunque podía ayudar a su madre, su obligación consigo misma y con su propio futuro requería que no sacrificase su vida para cuidar de ella.

Después de un año enfrentándose a sus maldiciones y marcas y a su división, Dorothy descubrió que durante la mayor parte de su vida había sentido la vergüenza del divorcio de sus padres. No recordaba si su madre la había hecho sentir culpable de pequeña, pero recordaba perfectamente su constante sentimiento de vergüenza en el instituto. La madre de Dorothy le decía cada dos por tres que había renunciado a sus sueños para casarse y ser madre, y resulta que su matrimonio se había ido al traste y había sido abandonada a su suerte para que se las arreglara sola con una hija. Dorothy se sentía en deuda con su madre. Desde su punto de vista, debía su vida entera al sacrificio de su madre. Pero esa presión no tardó en disiparse en terapia mientras Dorothy gestionaba la pena y la tristeza que jamás se había permitido sentir. Nunca se le había permitido echar de menos a su padre, puesto que las había abandonado. Nunca se había sentido cómoda para preguntar a su madre por nada porque esta siempre había tenido que trabajar sin descanso para pagar los recibos. Dorothy nunca esperó que su madre hiciera un esfuerzo adicional puesto que había renunciado a su sueño de ser periodista con el fin de atender a su hija. Su madre, que trabajaba de secretaria en una universidad local, siempre le hizo tener muy presente que la gente del departamento había tenido más oportunidades que ella, a pesar de que era igual de inteligente y talentosa que ellos.

Cuando la madre de Dorothy se jubiló, esta contribuyó a sus ingresos para asegurarse de que su madre siempre se sintiera segura y apreciada. Pero nunca le dijo qué porcentaje de su sueldo estaba aportando. Desde la fecha de la jubilación de su madre, Dorothy comenzó a aportar el treinta por ciento de sus ingresos y, para cuando acudió a terapia, la cifra rondaba el cincuenta y cinco por ciento. Consideraba que era imposible reducir esa cantidad porque su madre no conseguiría salir adelante. Se planteó cuidar de ella desde la perspectiva de una niña desesperada por intentar mostrar su valía a una madre malhumorada.

Pero la madre de Dorothy no era la mala de la historia. Dorothy se había quedado atrapada en la división. Pretendía ser la MISOR frente a la MIPE reticente y amargada, su madre. Quería compensarla de alguna manera. Sin embargo, jamás hablaron del tema. Mientras Dorothy recorría el camino de la reina en terapia, confesó que había estado arreglándoselas comprando en tiendas de artículos por un dólar y que le resultaba imposible ahorrar a través de un plan de pensiones porque destinaba una gran parte de sus ingresos al cuidado de su madre. Dorothy se ganaba bien la vida, pero estaba aportando más de la mitad de su salario mensual para mantenerla. Tardó más de un año en armarse de valor para hablar del tema económico con su madre. Dorothy no estaba preparada para lo que sucedió.

Abordó a su madre con muchísima aprensión. No esperaba que la iniciativa conllevara cambios considerables en la vida de su madre, pero a lo mejor era posible recuperar un pequeño porcentaje e invertirlo con miras a su jubilación. Cuando le dijo a su madre que necesitaba hacer ciertos cambios, esta soltó un suspiro de alivio. Su madre le transmitió su profunda gratitud, pero reconoció que su hija había estado contribuyendo en exceso durante mucho tiempo. Por primera vez mantuvieron una conversación honesta y clara sobre cuestiones económicas, y resulta que Dorothy pudo reducir en torno al sesenta por ciento la aportación a su madre y esta seguiría viviendo holgadamente. Es más, su madre llevaba años ahorrando los ingresos extra. Le entregó a su hija un talón con una sustanciosa suma, gran parte de la cual Dorothy destinó a una cuenta de jubilación.

Con el imprevisto dinero caído del cielo del sustancioso cheque y la posibilidad de disponer de más ingresos, Dorothy se sintió algo sobrepasada. Decidió tomarse las vacaciones que tanto necesitaba y viajar a Europa, a donde ansiaba ir desde que era pequeña. Esta nueva libertad también fue un estímulo para la creatividad de Dorothy, que siempre había soñado con ser novelista. Creyendo que le tenía que proporcionar a su madre una creciente suma de dinero para que viviera sin estrecheces, había dedicado todo su tiempo libre a hacer horas extra y sacar adelante proyectos para complementar sus ingresos. Al contar con un dinero adicional a finales de cada mes, ahora disponía de tiempo libre que podía dedicar a sus aspiraciones creativas.

Dorothlandia se convirtió en el territorio en el que Dorothy invirtió su tiempo y su energía. Se apuntó a un curso de escritura de una institución muy prestigiosa y empezó a pintar. Al cabo de un año terminó su primera novela y la publicó. Aunque no ganó ningún premio ni la sepultó a la fama, Dorothy por fin estaba viviendo *su* vida, no la de la hija que había contraído una deuda con su madre. No la abandonó; finalmente fue honesta con ella sobre lo que era viable y razonable, y su madre estuvo de acuerdo: en ningún momento esperó que su hija sacrificara su vida o sus sueños para ocuparse de ella. Una vez que Dorothy transitó al cuarto cuadrante y reclamó su territorio, tanto ella como su madre se liberaron. Dorothy se convirtió en la reina de Dorothlandia y su madre dejó de ser el fantasma que habitaba en el inframundo de su vida.

Cómo definir tu territorio

Una de las realidades más duras de llegar a la edad adulta es aprender (y aceptar) que las únicas fuerzas que pueden determinar tu destino son las que quieren controlarlo y, por ende, controlarte a ti. Sea cual sea el nombre con el que denomines a lo divino –Dios, Diosa, Jesús, Alá o Mahoma–, no tiene un libro guardado a buen recaudo con tu destino secreto hasta que estés preparada para entregártelo. Solo lo más profundo de tu ser puede guiarte. Si lo divino es omnipresente, eso significa que también reside en ti. Esa esencia profunda posee el poder de tomar decisiones y hacer elecciones que te empujan a forjar tu personalidad. Tu carácter es lo que define tu destino, no tu trabajo, tu cuenta bancaria o tu familia.

Plantéatelo desde la perspectiva de cómo vive su vida la mayoría de la gente. Tienen miedo de perder el favor de lo divino, la familia o la comunidad. Acatar la autoridad de la cultura, la religión o una institución garantiza su seguridad. Ciertamente, para las mujeres que viven bajo regímenes represivos o que sufren violencia familiar no es una elección; es una cuestión de vida o muerte. Esas mujeres no tienen más remedio que forjar una soberanía que es más interior que exterior. Es posible que eso conlleve mantener un delicado equilibrio, pero brindará espacio a la futura supervivencia y éxito de la mujer. Si te encuentras en una coyuntura peligrosa, ten presente que la aceptación de la autoridad externa es una posible elección para salvarte ahora y alcanzar la plena soberanía cuando sea seguro desembarazarte de ese control externo. Las mujeres exentas de peligro tenemos la opción de aceptar o rechazar cualquier autoridad externa. Ten en cuenta que *elegir* someterse sigue siendo un ejercicio de soberanía. Es la elección lo que marca la diferencia.

A la hora de definir tu territorio, será necesario además decidir qué conservas y qué desechas entre los antiguos patrones de creencias, las estructuras anárquicas a las que es posible que te hayas adherido en el pasado y las relaciones que quizá sean caducas porque has evolucionado o ya no encajan contigo. Esto no quiere decir que cortes por lo sano, sino más bien lo contrario. Se trata de reflexionar acerca de lo que quieres en tu vida, de determinar cuáles son los límites de tu territorio y qué valores rigen en él. Si te criaste como creyente y la religión es un valor importante para ti, no estoy sugiriendo que la soberanía exija renunciar a tu fe. Lo que estoy diciendo es que lo ponderes con plena conciencia de ello. Tu fe es una elección, y adquiere un significado aún más profundo si le dedicas tu vida a partir de una decisión consciente en vez de por obligación o tradición. Este mismo principio se aplica tanto si hablamos de fe como de relaciones o trabajo. Ahora la consciencia y la elección pasan a ser los principios rectores. Se pondrán de manifiesto en ámbitos que jamás pensaste que pudieran regirse por tu propia capacidad en la toma de decisiones.

Comencemos con los valores. ¿Te has parado alguna vez a reflexionar y definir realmente qué es importante para ti? No me refiero a si alguna vez has pensado en ello... Te estoy preguntando si alguna vez lo has puesto por escrito y meditado detenidamente. La mayoría no lo hemos hecho. La primera vez que me senté a hacerlo, elaboré una lista con viñetas. Cuanto más escribía, más ganas tenía de continuar porque el hecho de determinar los motores de mi vida de pronto adquirió una importancia vital. Al elaborar tu documento de valores, te aconsejo que ante todo seas completamente honesta. No tienes que compartir esto con nadie. Tampoco tengas miedo de cometer errores. ¡Ábrete a los cambios! Realizarás multitud de repeticiones y revisiones del documento en el transcurso de tu vida. Yo diría que básicamente es la Constitución de Dorothlandia (pon aquí el nombre de tu país). En el primer párrafo, al igual que en cualquier constitución, deberían figurar los principios rectores de tu territorio. Lo ilustro con el preámbulo de la Constitución estadounidense a modo orientativo:

Nosotros, el pueblo de los Estados Unidos, con el fin de formar una Unión más perfecta, establecer la justicia, garantizar la tranquilidad nacional, atender a la defensa común, fomentar el bienestar general y asegurar los beneficios de la libertad para nosotros mismos y para nuestra posteridad, por la presente promulgamos y establecemos esta Constitución para los Estados Unidos de América.[1]

En el preámbulo se menciona quién realiza el enunciado y con qué fin, además de proclamar la intención de establecer los principios para gobernar el futuro país. Cuando se redactó el documento, Estados Unidos aún no era una realidad; era una idea. Si has estudiado la historia estadounidense, sabrás que fue necesario elaborar varios borradores de la Constitución y posteriormente, a lo largo de la historia del país, hubo que realizar multitud de enmiendas con el fin de garantizar la igualdad y paridad de la ley. Casi todos los principios rectores figuran en el preámbulo, muy sencillo. El tuyo no tiene por qué ser tan conciso. Echemos un vistazo a otro.

El preámbulo de la Constitución francesa se redactó de nuevo después de la Segunda Guerra Mundial. Es mucho más prolijo que el estadounidense. En el documento los principios se especifican muy claramente. No es de extrañar, a tenor de la devastadora destrucción que sufrió Francia durante la contienda y en el transcurso de la ocupación por la Alemania nazi. Como resultado de ello, los derechos proclamados en nombre del pueblo francés afianzaron y redefinieron los principios que habían impulsado la Revolución francesa ciento cincuenta años antes:

Al día siguiente de la victoria conseguida por los pueblos libres sobre los regímenes que han intentado avasallar y degradar a la humanidad, el pueblo francés proclama de nuevo que todo ser humano, sin distinción de raza, religión o credo, posee derechos inalienables y sagrados. Reafirma solemnemente los derechos y las libertades del hombre y del ciudadano consagrados por la Declaración de los Derechos de 1789 y los principios fundamentales reconocidos por las leyes de la República.

Proclama, además, como particularmente necesarios en nuestro tiempo, los principios políticos, económicos y sociales siguientes:

La ley garantiza a la mujer, en todos los campos, derechos iguales a los del hombre.

Cualquier hombre perseguido por su acción a favor de la libertad tiene derecho de asilo en los territorios de la República.

Todos tienen el deber de trabajar y derecho a conseguir un empleo. Nadie puede ser perjudicado, en su trabajo o empleo, por razón de sus orígenes, de sus opiniones o de sus creencias.

Todo hombre puede defender sus derechos y sus intereses mediante la acción sindical y adherirse al sindicato de su elección.

El derecho de huelga se ejerce en el marco de las leyes que lo reglamentan.

Todo trabajador participa, a través de sus delegados, en la determinación colectiva de las condiciones de trabajo, así como en la gestión de las empresas.

Todo bien y toda empresa cuya explotación tiene o adquiere los caracteres de un servicio público nacional o de un monopolio de hecho, debe pasar a ser propiedad de la colectividad.

La nación asegura al individuo y a la familia las condiciones necesarias para su desarrollo.

Garantiza a todos, particularmente a los niños, a las madres y a los trabajadores jubilados, la protección de la salud, la seguridad material, el descanso y el ocio. Todo ser humano que, por razón de su edad, de su estado físico o mental o de la situación económica, se encuentre ante la incapacidad de trabajar tiene derecho a obtener de la colectividad los convenientes medios de existencia.

La nación proclama la solidaridad y la igualdad de todos los franceses ante las cargas que resulten de las calamidades nacionales.

La nación garantiza, tanto al niño como al adulto, el acceso igual a la educación, a la formación profesional y a la cultura. La organización de la enseñanza pública gratuita y laica a todos los niveles es un deber del Estado.

La República francesa, fiel a sus tradiciones, se ajusta a las reglas del derecho público internacional. No emprenderá ninguna guerra con ánimo de conquista y no empleará jamás sus fuerzas contra la libertad de ningún pueblo.
Bajo reserva de reciprocidad, Francia consiente las limitaciones de soberanía necesarias para la organización y la defensa de la paz.
Francia forma, con los pueblos de ultramar, una unión fundada en la igualdad de los derechos y los deberes, sin distinción de raza ni de religión.
La unión francesa está compuesta por naciones y pueblos que ponen en común o coordinan sus recursos y sus esfuerzos para desarrollar sus respectivas civilizaciones, aumentar su bienestar y asegurar su seguridad.
Fiel a su misión tradicional, Francia desea conducir a los pueblos que ha tomado a su cargo a la libertad de administrarse ellos mismos y de administrar democráticamente sus propios asuntos; descartando todo sistema de colonización fundado en la arbitrariedad, garantiza a todos el acceso igual a las funciones públicas y el ejercicio individual o colectivo de los derechos y libertades proclamados o confirmados más arriba.[2]

Tu preámbulo puede ser algo intermedio entre las versiones estadounidense y francesa en cuanto a extensión y concreción. Con suerte, estos ejemplos te proporcionarán una idea de la sencillez o complejidad con la que puedes elaborar un documento con las directrices para tu territorio.

Sí, quiero que lo redactes para ti misma. No te pido que redactes una constitución entera, pero creo firmemente que definir los valores de tus dominios por escrito es muy beneficioso. Sé que seguramente pensarás que es una gran tarea. Que ponerlo todo por escrito parece una tontería. ¡Tú sabes lo que valoras! Te pido que le concedas a este proceso el beneficio de la duda. Escribir qué valoras y por qué es una forma de catalizar tus expectativas. Cuando expresas algo por escrito, adquiere un cariz más real, menos abstracto. Cualquier falta de estructura únicamente sirve a las fuerzas del poder exterior. He aquí unas cuantas preguntas para responder a medida que desarrollas el preámbulo:

1. ¿Qué área de tu territorio es la más vulnerable? ¿Son los límites o quizá el interior?
2. ¿Cuál es el garante más imprescindible para velar por la seguridad de tu territorio? ¿Es un hogar? ¿El dinero? ¿Una pareja? ¿Tus hijos? ¿La creatividad? ¿Tu profesión?
3. ¿Qué fisuras causan más daño a tu territorio? ¿Las malas relaciones? ¿La inseguridad económica? ¿La soledad? ¿Los amigos dependientes? ¿La desigualdad en las alianzas? ¿Una adicción?
4. ¿Qué es necesario que respete por encima de todo alguien que desee establecer relaciones con tu país? ¿Qué tipo de valores exigirías para crear una alianza? (En el siguiente capítulo profundizaremos en esto).
5. ¿Qué grado de independencia posee tu territorio? ¿Requiere apoyo en este momento? ¿Qué es más crítico? ¿La independencia? ¿Posicionarse con miras a una alianza? ¿O ahora mismo es un territorio dependiente?

A continuación, dedica un rato a redactar el preámbulo de tu constitución. ¿Qué deseas anunciar al mundo sobre tu territorio, sobre tu reino?

Nombre del territorio: ______________________________

____

Valores:
Autoridad y responsabilidad

____

____

____

____

____

Finanzas

____

____

____

____

____

Creatividad

____

____

____

____

____

Gobierno

____

____

____

____

____

Toma de decisiones

____

____

____

____

____

Otros

____

____

____

____

Por qué los valores son importantes ahora

Has atravesado las zonas más oscuras del camino de la reina. Has pasado por un calvario y ahora estás creando un nuevo mundo para ti misma. Has sobrevivido a la maldición y a la marca, a la ceguera, a la división, a la persecución y a la abyección. Has revisado las partes de ti a las que habías renunciado y has decidido (en la elección) qué reintegrar en tu vida. Por último, has reclamado la potestad sobre tu cuerpo y te has recreado en tu maravilloso ser (en la trascendencia encarnada). Ahora estás en disposición de crear la vida que deseas. Para ello se requiere un contenedor. Disponer de un contenedor para tu territorio es como tener un vaso donde verter el agua. Si tienes sed, *puedes* beber directamente del grifo o verter el agua sobre la mesa o el suelo y lamerla. Pero es más agradable, seguro e higiénico servirla en un vaso para bebértela. El contenedor de tu territorio señala con exactitud cuáles son los límites de tu terreno. Asimismo, te brinda la posibilidad de concentrar la energía en un lugar específico en vez de desperdiciarla en el terreno de otros, en cuyo caso tus objetivos, tus esfuerzos y tu amor estarán al servicio de alguien, se diluirán o se negarán.

Los valores que defines marcan los límites del territorio que estás creando y reclamando para ti misma. Dado que soy terapeuta, hablo mucho acerca de los límites. Es uno de mis temas de conversación favoritos con mis pacientes porque es un asunto que la mayoría de la gente nunca aborda. Es maravilloso trabajar con pacientes para ampliar sus juegos de herramientas. Los límites no son lo que la mayoría de la gente piensa. No son muros férreos y rígidos que mantienen a la gente fuera. Los límites más eficaces son flexibles y ampliamente debatidos y no entrañan peligro. Disponen de accesos y hay consecuencias patentes cuando se traspasan.

El hecho de plantear las fronteras de tu territorio como los límites que te gustaría que tuviera el espacio de tu reino me hace pensar en la manera en la que hacemos referencia a ellas. El término francés equivalente a *frontera*, la que se cruza al borde de un país, es *frontière*, similar a la palabra inglesa, *frontier*. El significado del vocablo es relevante: «Parte frontal de un territorio que mira al exterior o, en la guerra, al enemigo». Tus fronteras delimitan el espacio de tu territorio, donde se concentra tu poder. Desde este territorio creas el asiento de la soberanía.

Capítulo 16

REÚNE A LA TRIBU

No existe territorio sin respaldo y alianzas. La mejor manera de que una mujer haga realidad su reino es aliándose con otras soberanas que reconocen su potestad sobre su propia vida. Sin aliadas y apoyo, todas corremos el riesgo de estar sujetas a aquellos que nos mantendrían en una posición inferior. Reunir a la tribu consiste en encontrar a mujeres aliadas afines que nos brinden apoyo cuando nos sintamos tristes o agotadas. Se trata de construir una estructura que nos respalde y que a su vez respalde a otras mujeres. Así, creamos y sustentamos infraestructuras de reinas y sus dominios. Las fronteras de esa unión de reinas será el poder que se oponga a los intentos de despojar de poder a las mujeres, tanto a nivel individual como colectivo. No hace falta que el número de aliadas y simpatizantes sea excesivo. La agenda no tiene por qué ser política. Con un puñado de buenas amigas y contactos formales con otras mujeres es suficiente.

La extraordinaria película *Ellas hablan*, ganadora del Óscar en 2022, pone de relieve el poder de reunir a la tribu. La directora, Sarah Polley, usa en esta película una reunión de mujeres de una remota comunidad religiosa de menonitas para abordar la cuestión de cómo las mujeres responden al abuso sistemático. La película está basada en hechos reales recogidos en el libro homónimo de la escritora canadiense Miriam Toews. Los hombres de la comunidad drogan y violan a esposas e hijas, e incluso a las niñas más pequeñas. Las mujeres y las niñas se despiertan sin recordar nada, pero cubiertas de magulladuras. El aislamiento, el analfabetismo y la ignorancia del mundo que las rodea las hace especialmente vulnerables para ser aplastadas por los hombres y las rígidas reglas de la colonia. En la película, las mujeres se reúnen para debatir y votar si deben quedarse y no hacer nada, permitiendo así que los abusos continúen; quedarse y luchar, y de este modo posiblemente quebrantar las reglas que consideran sagradas, o marcharse y arriesgarse a estar solas, pero conservando tanto su integridad física como su fe colectiva. Si no has visto la película, te recomiendo que la veas sin falta. Ofrece un retrato profundo y realista de todas las maneras en las que las mujeres luchan por tener su sitio en la sociedad. Ojo, si no quieres saber lo que pasa en *Ellas hablan*, deja de leer ya, ve a ver la película y vuelve a estas páginas.

Las mujeres se reúnen en el pajar de un granero mientras los hombres van a la ciudad a gestionar un asunto legal. Anotan los votos en una pizarra, y en el recuento inicial hay un empate entre quedarse para luchar y marcharse. Eligen a tres familias para discutir la situación y alcanzar un consenso, y las restantes se comprometen a respetar la decisión que tome este pequeño grupo de representantes. Hay varias mujeres que se enojan y que abogan por quedarse y luchar. Motivadas por la necesidad de que se haga justicia, sus madres y abuelas finalmente las convencen para que abandonen esa postura. Lo hacen siendo conscientes del dolor de cada una de ellas, de la justificación de su rabia y su pena por haber sido cómplices en otros asuntos que posibilitaron ese nivel de abusos. Al final, las mujeres deciden abandonar la colonia. Se llevarán a sus hijos, incluidos los niños menores de quince años, pero ninguno mayor de doce años será obligado a marcharse con su madre. Las mujeres de la colonia deciden juntas sobre su soberanía.

Otra de mis historias favoritas de mujeres que forjan vínculos para defender su soberanía es la obra de teatro *Lisístrata*. En esta obra del dramaturgo griego Aristófanes, las mujeres de las polis guerreras se alían para privar de sexo a los hombres hasta que estos finalmente acceden a poner fin a las miserias de la guerra del Peloponeso.[1] La obra es una comedia obscena en la que se ridiculiza a todo el mundo con la intención de subrayar el coste de la guerra y los argumentos con los que se justifica su continuidad. Para ser justos, Aristófanes no era feminista, pero el retrato de las mujeres alineando sus intereses y esfuerzos con el fin de propiciar el cambio es tan relevante hoy como hace dos mil quinientos años.

Esto se pone de relieve en películas como la versión de *El color púrpura* de 1985, donde, en las escenas finales, Celie Johnson reúne consigo a la familia que ha elegido tras reclamar el territorio de su hogar y sus asuntos. Se entreteje en una larga escena casi muda en la que Celie y todos sus seres queridos están en el porche, en sus tierras, observando fijamente la extraña estampa de un coche que se aproxima por el largo camino de acceso. Finalmente se cierra el círculo de la historia con su hermana y sus hijos de pie en el camino con sus coloridos atuendos anunciando su regreso de África. Celie por fin se reencuentra con ellos después de décadas de separación. En todas las películas con una protagonista femenina se aprecia la misma temática. Si alcanza la soberanía (como hemos visto anteriormente, algunas historias terminan en la abyección), reunirá a la tribu. Otro ejemplo es el de *Wonder Woman*, dirigida por Patty Jenkins en 2017. Diana Prince se rodea de sus amigas íntimas y aliadas y finalmente ingresa en la Liga de la Justicia. Es patente en la película *Barbie*, de 2023, dirigida por Greta Gerwig. Barbie se marcha de Barbielandia para vivir en el mundo real, donde cuenta con el apoyo de sus amigas humanas, Gloria y Sasha, al inicio de su vida como «mujer real» en Los Ángeles.

Ya se trate de obras de la antigua Grecia o de éxitos cinematográficos de los últimos años, se aprecia el mismo patrón: mujeres prestando apoyo a otras. Debemos hacer frente común y respaldar a otras mujeres para que todas podamos alzarnos con la corona de la soberanía. ¿Quiénes son nuestras defensoras? A pesar de que tener amigas íntimas es estupendo, no tiene por qué empezar con las amigas. Se puede comenzar con colectivos a los que brindas apoyo, por ejemplo, a través de organizaciones como Women in Media ('mujeres en los medios'), United Methodist Women ('mujeres metodistas unidas'), la organización sionista Hadassah, la Organización Nacional de Mujeres (NOW), la Alianza Internacional de Mujeres, un círculo de la diosa local, un encuentro organizado por Red Tent o cualquier otra asociación u organización que promueva el apoyo entre las mujeres. También a través de delegaciones locales de organizaciones que dedican su labor a víctimas de la violencia doméstica o a buscar familias de acogida para niñas. Lo que importa es que los valores estén en consonancia con lo que es importante para ti y que te conecte con mujeres afines que aspiran a la soberanía para sí mismas y para otras.

En las relaciones con tus amigas, hermanas, hijas o compañeras, ¿dónde notas que la soberanía femenina se ve comprometida? ¿En el trabajo? ¿En el colegio? ¿Qué me dices de los espacios públicos? ¿Y qué hay de las organizaciones privadas? ¿Quieres tener influencia ahí? Ten presente que tu bienestar también guarda relación con el bienestar de las mujeres de tu entorno. Cuando te eriges soberana, das permiso a otras mujeres para hacer lo mismo.

Identificar a las aliadas

Las personas que no creen en la soberanía femenina no son aliadas fiables. Lamentablemente, hay muchas mujeres que, lo reconozcan o no, secundan la sumisión de la mujer. Mientras realizaba las investigaciones para este libro, asistí a un debate organizado por una organización llamada Free Press ('prensa libre'). Este grupo de periodistas tienden más a la derecha de lo que yo me siento cómoda, pero es innegable que han destapado algunos abusos flagrantes en el ámbito político tanto en partidos de izquierdas como de derechas. El título del debate era «¿Ha fracasado la revolución sexual?». Reunió a personalidades muy relevantes y eruditas de ideología de derechas y de izquierdas. En representación de la derecha estaban la *podcaster* Anna Khachiyan y la escritora británica Louise Perry; en representación de la izquierda, la escritora y fundadora de ExMuslims of North America ('exmusulmanes de Norteamérica'), Sarah Haider, y la cantante y compositora Grimes.

Nada más empezar, las cuatro mujeres básicamente negaron la premisa del debate. Las cuatro, al margen de dónde se posicionaban en la escena política, disfrutaban de una vida que la revolución sexual había posibilitado. Ninguna estaba tan ciega como para negar el beneficio de las políticas y medidas que propiciaron la soberanía de las mujeres. Yo estaba familiarizada con los argumentos de Haider y Grimes. Que conste que no asistí para que reafirmaran mi punto de vista. Los argumentos más interesantes los ofrecieron las representantes de la derecha. Khachiyan básicamente argumentó que la cuestión no era si la revolución sexual había fracasado o no, sino que había terminado. ¡Afirmó que la revolución sexual había terminado y que las mujeres habían ganado! En su opinión, deberíamos proceder dando por sentada nuestra soberanía y no pasar el tiempo lamentándonos del lastre del patriarcado. Perry planteó que, pese a que era innegable que las mujeres se habían beneficiado de la influencia de la lucha política feminista, tal vez fuera conveniente analizar el pasado colectivo y extraer alguna enseñanza: preguntarnos si hemos rechazado los consejos de nuestras antepasadas por el mero hecho de que son nuestras madres y abuelas. Que a lo mejor deberíamos contemplar la posibilidad de beneficiarnos de su sabiduría. No puedo discrepar de los argumentos de ninguna de las dos: vale la pena reflexionar detenidamente.

En el transcurso del debate, las invitadas rara vez esgrimieron argumentos para refutarse entre sí. No pusieron en tela de juicio la competencia de la mujer; eran claros ejemplos de la capacidad femenina para el razonamiento complejo y la retórica contundente. Debatieron si era necesario luchar por los derechos de las mujeres y, en ese sentido, he de reconocer que las contertulias de izquierdas se llevaron la palma: los derechos de la mujer no estaban garantizados. Desde mi punto de vista, la guinda de la noche fue el debate sobre la anulación del fallo en el caso de Roe contra Wade* en Estados Unidos y la postura de figuras políticas de todo el país que estaban librando una batalla por los derechos reproductivos de la mujer. Pero las intervenciones de Khachiyan y Perry me conmovieron profundamente. No defendieron que las mujeres volvieran a la cocina, fueran amas de casa y no contribuyeran a la sociedad; sostuvieron que no se debería eludir la controvertida cuestión de lo que les está ocurriendo a los hombres en la sociedad y contemplar la posibilidad de que la lucha por la igualdad de la mujer tal vez haya terminado, al menos en lo que respecta a la premisa de que las mujeres son tan capaces como los hombres en cualquier ámbito en el que se les brinde la oportunidad de aprender, formarse y prepararse en igualdad de condiciones.

A pesar de que me molestaron los comentarios jocosos que se hicieron en el transcurso de la velada, ni las participantes de uno y otro bando ni la anfitriona, Bari Weiss, fundadora de Free Press, me indujeron a pensar que fueran detractoras de las mujeres. Si bien podríamos estar en desacuerdo con respecto a algunos de los principios y quizá incluso a los métodos, yo diría que todas eran partidarias de la causa de la soberanía femenina. Dicho esto, el ambiente de la sala se animó con las risas y las frecuentes muestras de cariño espontáneas por parte de asistentes de derechas, casi todas dirigidas a Khachiyan. Cuando el debate se publicó *online*, los comentarios no fueron tan generosos. Vi en Internet la misoginia en todo su apogeo, principalmente por parte de gente airada, aunque, para ser justos, algunos comentarios eran excelentes. La actitud sumamente ofensiva y esperada por parte de algunos participantes del debate virtual fue de las más rancias que me he encontrado y refleja la actual coyuntura política. Las controvertidas cuestiones acerca de la división sexual del trabajo y la creencia de que lo natural es sinónimo de lo correcto y bueno continúan vigentes.

* N. de la T.: Caso judicial emblemático que derivó en la legalización del aborto en Estados Unidos.

Delimitar las fronteras

Al examinar los valores que estableciste en el capítulo anterior, ¿puedes usarlos para determinar los ámbitos en los que deseas encontrar mujeres afines como posibles aliadas? ¿Cuáles eran tus valores? ¿Se cimentaban en algo importante para ti? ¿En un rol, como tu profesión o la maternidad? ¿Qué me dices de los valores que pusiste por escrito que guardan relación con cualquier ideología política importante? O quizá enumeraste valores que tienen que ver con cuestiones relativas a la salud o al estilo de vida. A lo mejor guardan relación con inquietudes religiosas o culturales que revisten importancia para ti. ¡Ve a buscar a tus hermanas! Apóyalas; respalda sus organizaciones. Invítalas a cenas o encuentros. Planifica reuniones en tu casa o en cafeterías del barrio. ¡Crea grupos para trabajar con este libro juntas! Brindaos apoyo mutuo, partiendo de que no todas somos iguales y que no vamos a estar de acuerdo en todo. Pero una cosa es segura: todas y cada una de nosotras nos merecemos disfrutar de nuestra soberanía personal. Ninguna debería estar sujeta a otra persona. NI UNA SOLA DE NOSOTRAS.

Ejercicio

¿Quiénes son tus aliadas? ¿Qué aspecto tienen? ¿Cómo hablan? ¿Dónde puedes encontrarlas? Supongo que hay algunas con las que apenas tienes relación. ¿Puedes dedicar algo de tiempo a identificar a algunas de estas mujeres? Podrías formar un grupo de reinas que ya estén listas para gobernar sus respectivos reinos. Invítalas a tu casa y firmad una alianza de compromiso. Podríais leer este libro juntas y trazar la ruta de vuestro camino hacia la coronación.

Capítulo 17

CORONADA

¡Eres reina! Ya puedes relajarte... más o menos. Acabas de colocarte la corona sobre la cabeza y estás empezando a vivir plenamente tu reinado. Eso no quiere decir que te apoltrones en el trono mientras ordenas a la plebe que te lleve bombones y gritas: «¡Que le corten la cabeza!». Eso no es gobernar; eso es dominar. Gobernar es más divertido, colaborativo y difícil. De ahora en adelante tu soberanía te pertenece. Nadie puede arrebatártela..., y lo intentarán.

Portar la corona significa que has asumido tu valía. Piensa en las reinas a las que ya conoces y respetas. Entre las más conocidas figuran Michelle Obama, Taylor Swift, Malala Yousafzai, Oprah Winfrey y Beyoncé. Nadie les dice a estas mujeres lo que han de hacer, cómo han de ser o quién puede entrar en sus vidas. Ellas viven su soberanía cada día. Moverse en ese espacio exige adquirir nuevas habilidades, algunas de las cuales habrás cultivado por medio del trabajo que has realizado hasta llegar aquí.

Erigirte soberana sin duda te convertirá en el blanco de las críticas por parte de otros. Eso es debido a su proyección e inseguridad, no a la tuya y, a pesar de que eso pueda frustrarte, entristecerte o dolerte, no es tu problema. La imagen que otras personas tienen de ti no es de tu incumbencia en absoluto. Nunca serás lo bastante buena para evitar las proyecciones ajenas. Espera un segundo y permite que te cale hondo.

Nunca serás lo bastante buena para evitar las proyecciones ajenas.

Es una lección que debemos aprender para superar la división. Hay gente que se beneficia de la división; normalmente solo desean que su forma de proceder prevalezca. Les trae sin cuidado si eso implica perjudicar a otros. Solo ven su propio esfuerzo y solo les importa el resultado. No vale la pena luchar o trabajar con esas personas. A veces no hay más remedio, por ejemplo, en el terreno laboral o político. Pero esa actitud en alguien significa que siempre tendrás que cubrirte las espaldas con esa persona.

A lo largo de las siguientes páginas voy a enumerar algunas de las habilidades más importantes que son necesarias para reinar en tu reino. No se trata de ostentar poder sobre otros; se trata de ostentar el poder de ti misma. Tus dominios son cosa tuya y no hay necesidad de preocuparse por los asuntos de otras reinas. A medida que avances por esta lista, es posible que se te ocurran otras habilidades que quieres desarrollar: eso es maravilloso. Tómate la libertad de aumentar la lista en aras de tus propios objetivos. Es tu reino. Son tus normas. Son tus habilidades.

Los dones reales

Amabilidad

Quizá recuerdes que en capítulos anteriores de este libro traté la cuestión de «ser agradable» y hasta qué punto entraña peligro para las mujeres. Ser agradable consiste en ser pequeña e insignificante y abstenerse de causar problemas. Ser amable es muy diferente. Es comunicar una noticia dura con la mayor delicadeza posible. Es saber cuándo actuar para causar el menor daño. Es ser consciente en todo momento de que hay otra persona a la que le afecta una decisión. La amabilidad significa asimismo escuchar a los demás con atención, que casualmente es el siguiente don de la lista. Difiere de ser agradable en todos estos sentidos. Ser agradable casi siempre consiste en mantener el *statu quo*, mientras que ser amable consiste en ser auténtica y al mismo tiempo preocuparte por el bienestar de aquellos que te importan. Eso no es lo mismo que anteponer sus sentimientos a los tuyos.

Escucha

Este arte perdido constituye un reto para muchas personas. Escuchar de verdad significa prestar atención a otros. Implica empatizar con sus sentimientos, observar su lenguaje corporal e interesarte por lo que les está pasando. Escuchar no es esperar a oír ideas importantes y entrar a saco para opinar; eso es ridículo, burdo y desdeñoso. Una reina escucha no solo con el fin de entender a sus aliadas, amigas y desconocidos, sino también para tener una comprensión profunda de una determinada situación. Es curiosa porque le sirve para disponer del máximo de recursos e información posible. Conocer a aquellos que la rodean, sea en el ámbito familiar o en el laboral, afianza el vínculo con los demás y fomenta la lealtad por parte de los demás. Este tipo de lealtad se forja desde una profunda comprensión y compasión, no desde la necesidad y la inseguridad.

Evaluación de habilidades

Saber qué se te da bien y qué no es crucial para conservar tus dominios. Si odias realizar cualquier gestión de índole financiera, intenta contratar a alguien o apuntarte a clases. Si odias cocinar o eres una pésima cocinera, busca una empresa de comidas preparadas. Vivimos en un mundo donde es posible y relativamente fácil y asequible encontrar personas capacitadas para ayudarnos con las tareas que no se nos dan bien o que no tenemos ganas de hacer. ¿Que necesitas ayuda para mantener tu cuerpo sano? Hay clases, planes de comidas y centros de entrenamiento. ¿Que necesitas ayuda con la limpieza? Hay servicio doméstico. ¿Que necesitas ayuda para redactar? Los estudiantes graduados son magníficos para esto. ¿Que necesitas ayuda para administrar el dinero o un presupuesto? Hasta tu banco o tu cooperativa de crédito te proporcionará recursos. Busca a gente que pueda ampliar tus habilidades. No permitas que el miedo de no tener el control absoluto en todos los aspectos te mantenga esclavizada en cosas que te desagradan o para las que careces de talento.

No obstante, es importante señalar que, como reina, es preciso que evalúes las habilidades de aquellos con quienes trabajas o realizas proyectos en común. Si tu compañera Shelly es una excelente diseñadora y una pésima oradora, de nada os sirve a ninguna de las dos que no lo tengas en cuenta. Tienes la opción de hablar en público tú, buscar a alguien con más desenvoltura o ayudar a Shelly a cultivar esa habilidad. Si hablar en público se te da de fábula y el diseño solo medianamente bien, asume esa realidad y manifiéstalo públicamente. Reconoce el mérito de Shelly por su talento: en eso consiste ser aliada de otra reina. No hay nada de malo en elogiar a las personas más duchas que tú en un área determinada. Esto fomenta la confianza de quienes te rodean y pone de relieve tu honestidad como trabajadora. Además, te libera de la carga mental, emocional y psicológica. Si no es necesario que lo hagas todo o que seas competente en todo, puedes crear una sólida dependencia recíproca con otras reinas en vez de una independencia frágil y quebradiza o una codependencia donde los límites son difusos y enmarañados.

Evaluación del carácter

Probablemente no haya una cuestión más crucial que esta al asumir la corona. ¿Quienes están contigo? ¿Los conoces? ¿Son dignos de confianza? ¿Has discernido qué beneficio obtienen con tu compañía? ¿Se benefician de algo que has pasado por alto? Hay muchas personas que desean posicionarse cerca del poder. Cuando tienes control sobre ti misma y sobre tu destino, la gente a menudo piensa que posees algún poder secreto del que carecen. Actúan como si tuvieras acceso a alguna información especial que ellos no tienen. Lo cierto es, cómo no, que el poder que has logrado está al alcance de cualquiera que se esfuerce en obtenerlo para sí mismo. Los demás suelen pasar por alto este sencillo misterio.

Hace muchos años dirigí una organización dedicada al Movimiento de la Diosa. Contaba con una colaboradora que algunas veces se portaba como una magnífica amiga y que otras veces perdía los estribos y la pagaba conmigo o tomaba muy malas decisiones. Las miembros de la organización con frecuencia acudían a mí y me ponían al corriente de los errores que había cometido mi colega o de situaciones en las que las había hecho sentirse incómodas. A veces maltrataba a la gente. Yo a menudo me encontraba en la coyuntura de defenderla ante las demás. Con frecuencia la confrontaba, aunque ella no siempre reaccionaba con generosidad.

Me di cuenta demasiado tarde de que yo tenía más lealtad que sentido común. No fue hasta que cargó contra *mí* cuando entendí a qué se referían. Cuando se sentía insegura era despiadada e intimidaba a la gente para salirse con la suya. Debí prestar más atención a lo que me decían. Cuando alguien te comenta algo, es normal ponerlo en duda. La segunda vez no es un patrón de conducta..., pero la tercera sí. Si observas un patrón en alguien, no dudes de tu percepción. Las historias que nos contamos a nosotras mismas en lo tocante a la conducta rara vez son la historia completa. Pero la conducta es importante. El motivo por el que alguien hace lo que hace reviste menos importancia en última instancia que el hecho en sí. Si la actitud de alguien es un problema, intentar entender por qué actúa de esa manera es un gesto de amabilidad. Pero la amabilidad y el perdón no son la forma de gestionar la conducta inaceptable de alguien (o la tuya). Debes responsabilizar a la gente por su comportamiento, incluso cuando sientas compasión por sus razones.

Paciencia

Cuando alguien tiene prisa, se encuentra en una situación adversa o bajo presión, rara vez es conveniente que tome una decisión precipitada. En prácticamente cualquier circunstancia conviene hacer una pausa, aunque sea momentánea, para centrarse en la medida de lo posible. Las prisas únicamente favorecen a quien cuenta con ventaja. La paciencia es necesaria cuando eres reina porque tienes la obligación de pensar en cosas que trascienden el «ya». Tu reputación, tu seguridad económica y tu sentido de identidad son más importantes que la resolución de una decisión apresurada.

La mejor manera de cultivar la paciencia es hacerlo cuando hay poco en juego. Plantéatelo como una práctica. Si estás en un restaurante con amigos y todos han pedido ya, ¿puedes tomarte tu tiempo? ¿Formular preguntas? Te animo a hacerlo a modo de experimento. Cuando lo hagas, fíjate en cómo se impacientan tus amigos. La gente ansía la certidumbre; prefiere tener la certeza respecto a una situación negativa que vivir con la incertidumbre de que pueda ser buena o mala. La mayoría de las personas sufren más porque se involucran en situaciones desagradables o malsanas que podrían haberse evitado si se hubieran sentido seguras para actuar con calma. Yo suelo preguntar a mis pacientes si consideran que disponen de datos suficientes para tomar una decisión y, si no es el caso, les aconsejo: «Espera hasta tener datos». Cuando tengas información suficiente, decide.

Si notas que la ansiedad aumenta gradualmente, pregúntate qué es lo peor que podría pasar a falta de una decisión. ¿Acaso eso disgustará o frustrará a alguien? ¿Por qué esa frustración o ese disgusto es responsabilidad tuya? En este sentido es importante detectar cualquier subjetividad latente. Eso no quiere decir que en las relaciones importantes nos eximamos de responsabilidad con respecto a las personas de nuestro círculo más cercano. Pero si siempre eres la responsable de gestionar los sentimientos o resulta que siempre controlas tus emociones o expectativas porque los demás son incapaces, entonces hay un *gran* problema.

Cuando te sientas presionada a tomar una decisión precipitada, respira hondo y deja la decisión para mañana. Mientras tanto, observa no solo tu proceso, sino el de quienes te rodean. ¿Sientes (o sienten) frustración? ¿Es inapropiada la pausa? ¿Lo que se pide es demasiado o no es suficiente? Si te cuesta controlar la ansiedad, realiza una práctica de mindfulness como la respiración de caja o algo un poco más intenso, como la técnica psicosensorial que combina el movimiento físico con la distracción. Si estas alternativas no te resuenan, busca o inventa otro método que contribuya a que te sientas más enraizada mientras gestionas tus sentimientos. Medita las decisiones y aquieta tus pensamientos y sentimientos. Esperar hasta disponer de datos nunca está de más.

Estrategia

¿Alguna vez has jugado a algo que requiere pensar con estrategia, por ejemplo, al ajedrez, donde es necesario sopesar mentalmente diversas posibilidades a la vez? Desarrollar la capacidad de estrategia consiste en barajar las posibilidades que tienes delante con la mayor frialdad posible, es decir, que mientras las ponderas has de tener cuidado de no mostrar demasiadas cartas. Ocultando cualquier indicio de excitación, temor, inquietud o pánico, resulta más fácil mover la maquinaria en beneficio tuyo. Recuerda que la persona más paciente cuenta con la máxima ventaja. Quien mayor tolerancia tiene a la incertidumbre se beneficia en la gran mayoría de las situaciones.

Esto no quiere decir que no te impliques, sino que cuentas con una mayor baza. Por tanto, si sabes que hay diez compradores interesados en la casa que quieres adquirir, tienes que averiguar cómo ralentizar el proceso a tu favor y después decidir si merece la pena por el precio que se pide. Si hay un valor real, ya sea en lo relativo al precio o porque la casa es la que siempre has soñado, valora de antemano cuál es la máxima cifra que estarías dispuesta a pagar. Lo mismo da que compres una vivienda, un coche, un negocio o cualquier otra cosa de valor. Es preciso ponderar los giros y vueltas que pueden producirse y en qué medida afectará cada uno de ellos tanto a ti como a tus objetivos. Calcula de antemano los riesgos que asumes y no te dejes arrastrar por la lucha de poder de otro. Quien posee más poder en cualquier situación es a quien le resulta más fácil abandonar.

Acción

¿Cuándo actuar? Cuando estés lista, por supuesto. Eso implica actuar con determinación, ni impulsivamente ni demasiado tarde. Si no tomas ninguna iniciativa, hazlo con intención. Por ejemplo, imagina que necesitas un coche nuevo. El viejo está en buenas condiciones, pero hay un precio máximo que puedes pagar. Por regla general, la mejor época para adquirir un vehículo suele ser en diciembre y enero, sobre todo en el caso de un vehículo que cambia de modelo. Si te atiende un vendedor insistente, no te sientas en un aprieto marchándote. Tú eres quien tiene la sartén por el mango en esta situación, puesto que eres la compradora. Si dispones de dinero para pagar una entrada y de una buena financiación, estarás en una posición aún más ventajosa.

Ten presente la situación en la que te encuentras a fin de poder tomar una decisión firme y mantener tu posición en la medida de lo posible. Si te consta que no cuentas con la posición más favorable y que has de actuar de alguna manera, sopesa con detenimiento las circunstancias antes de dar un paso. No dejes que la ira o la frustración te hagan perder tu posición. Sé honesta contigo misma acerca de la coyuntura en la que te encuentras. Si eres la nueva en el lugar de trabajo, todavía no te has ganado el respaldo suficiente como para plantear reivindicaciones laborales o pedir favores. Actúa con conciencia, intención y buen juicio, y, en la medida de lo posible, sé diplomática en el trato con los demás. La diplomacia exige adoptar una visión lo más amplia y global posible. ¿Cómo es la situación de cerca? ¿Y a cierta distancia? ¿Y desde el punto de vista de la otra parte? ¿Y a vista de pájaro a diez mil metros de altura? Intenta ponderar cualquier situación dada desde el mayor número posible de perspectivas. Al principio requiere algo de práctica.

Diplomacia

El cometido de un diplomático es expresarse con el mayor tacto posible para ser eficaz, pero con la mayor franqueza que establecen los cánones para alcanzar los objetivos necesarios. Por otro lado, la diplomacia implica usar el resto de las herramientas que figuran en esta lista, así como aportar algo de valor en una negociación. Para ir al grano, permíteme añadir que a mí me gusta disuadir a la gente de emplear el término *acuerdo*. Al abordar cualquier debate o negociación, si una o ambas partes creen que se alcanzará un acuerdo, por lo general se ponen en guardia. El hecho de transigir casi siempre hace que la gente piense que se encuentra en desventaja. Si sabes de antemano lo que es crucial para ti, la negociación no tiene por qué resultar negativa. Abordar cualquier interacción con una actitud diplomática te reportará el máximo beneficio cuando tienes claro lo que es importante para ti y, con suerte, lo que es más importante para las partes involucradas. Proceder con una actitud amable, soberana y respetuosa te permite tomar decisiones basadas en lo más conveniente para ti sin ser desconsiderada con los interlocutores involucrados.

Tolerancia al malestar

Cuando los terapeutas decimos que alguien es flexible, a menudo nos referimos a su capacidad para tolerar la frustración o el malestar. Aunque pueda parecer sencillo, es bastante complicado. Una vez estaba en una sesión de terapia con una pareja a la que llevaba meses viendo. Me había costado entender por qué acudían a terapia. En las sesiones daba la impresión de que se compenetraban bien y que ponían de su parte para mejorar sus habilidades con el fin de comunicarse entre sí. Sus patrones de argumentación eran especialmente sorprendentes; cada uno hacía un esfuerzo por entender el punto de vista del otro. Un día mostré mi desacuerdo con un comentario que hizo un miembro de la pareja y expliqué que sus respectivas posturas eran bastante diferentes. En aquella ocasión puntual, Josh enseguida se sintió dolido por los comentarios de su prometida, Diana. Cuando ella escuchaba una crítica, daba la impresión de que no se la tomaba a pecho. Mostró una actitud muy razonable, mientras que él se mostró reactivo. Lo que pronto quedó claro fue que Josh no podía tolerar la posibilidad de que yo discrepara con él. Exclamó que Diana pensaba y sentía exactamente lo mismo que él, pues de lo contrario ella no se comportaría de esa manera. Cuando comenté que quizá no fuera así, se enfadó y se marchó de mi consulta hecho una furia. A Josh le resultaba insoportable el malestar que sentía al afrontar sus diferencias y la posibilidad de que la figura de autoridad presente en la sala, una servidora, se hubiera mostrado en desacuerdo con él... o que no hubiera mantenido una postura cien por cien neutral. Lo que se dirimió de esto fue que, cuando había una lucha de poder entre ellos, el peso de mi opinión parecía usarse como desempate. A mí esto me colocó en una tesitura difícil e incómoda como terapeuta. Por lo general, mi objetivo es adoptar un enfoque universal para tratar de analizar cada situación de la manera más imparcial posible. Eso no siempre es factible. Yo soy tan humana como mis pacientes y, por mucho que intente ser imparcial, mis creencias afloran de vez en cuando, para bien o para mal.

La importante conclusión de este encuentro con Josh y Diana fue que sus respectivas capacidades para sobrellevar el malestar diferían. Josh tenía que trabajarlo mucho más; Diana mostraba una actitud más comprensiva. El «porqué» de esa distinción no reviste tanta importancia como la circunstancia de que gestionaban en diferente medida las emociones no resueltas. Josh necesitaba resolver los conflictos con mayor premura que Diana. En su caso fue preciso recurrir a una escala. Si él se encontraba en un nivel ocho de diez en cuanto a tolerancia al malestar y ella en un nivel tres, era necesario esperar hasta que Josh estuviera más sereno. Y era preciso que los dos tuvieran cuidado para no empeorar la situación. Además, Josh tuvo que trabajar a nivel individual con un terapeuta para identificar su enojo y aprender a ser consciente de él antes. ¿Cuál es tu nivel de tolerancia al malestar? Para sentarte en el trono de la soberanía, es muy conveniente que desarrolles esta habilidad, al margen de que se te dé de maravilla ya.

Disciplina

La mayoría de las personas admira la disciplina. No puedo decirte la cantidad de veces que la gente acude a terapia, especialmente a principios del año, y se lamenta de su falta de motivación. Quieren estrategias para tener más disciplina. Quieren madrugar más y entrenar seis días a la semana. Quieren reciclarlo todo. La mayoría de mis pacientes piensa que la falta de motivación es la causa de sus males. El error más común es confundir la disciplina con la motivación. A mí no me motiva levantarme a las cinco de la mañana y ponerme a escribir. Soy disciplinada porque he cultivado ese hábito. Me da pavor madrugar; mi disciplina consiste en obligarme a salir de la cama y ponerme a hacer las cosas para las que me falta motivación. No siempre lo consigo. Puede que me levante a las siete, pero aun así escribo, aunque solo sea durante quince minutos. La disciplina consiste en no comerte la cuarta galleta cuando sabes que están deliciosas. Pero ojo: la motivación es otra cosa. Sentir motivación generalmente significa esperar algo con ilusión. Es una sensación agradable; tenemos ganas de hacerlo. El factor común entre la disciplina y la motivación es que los resultados son idénticos o similares. La gente suele sentirse bien cuando ha realizado una tarea que exigía, o bien disciplina, o bien motivación. Pero no hay que confundir el fin con los medios para lograrlo. Si en cualquier caso te sientes bien al final, puedes valerte de eso como motivación, pero no son la misma cosa. La disciplina es hacer algo con independencia de lo motivada (o no) que estés.

La corona

Si examinamos la cultura popular, ya sea películas, videojuegos o novelas, en el final de la narrativa de una mujer soberana casi siempre hay una corona simbólica. Puede representarse con una corona auténtica, como en *Wonder Woman* (2017) o en *Maléfica* (2014), o bien metafórica; en *Barbie*, el personaje homónimo luce unas sandalias Birkenstock. En *El color púrpura* (1985), ambas hermanas, Celie y Nettie, llevan el pelo recogido en un elaborado trenzado sobre la coronilla.

En *Una rubia muy legal*, Elle Woods aparece con el tradicional birrete en la cabeza como portavoz de su clase en la ceremonia de graduación de la facultad de Derecho. ¿Cuál es el símbolo de tu reino? Puede ser una corona, un trono o una bandera. A mí personalmente me gustan las coronas por su gran simbolismo: soy dueña de mí misma. Soy una reina. Tú eres una reina. Tengo soberanía sobre mí misma; no estoy sujeta a nadie. Tú tienes soberanía sobre ti misma; no estás sujeta a nadie salvo a ti misma.

El regalo final

Una reina jamás pone en duda su valía. Su confianza y su amor propio no residen en estar por encima de los demás en el sentido negativo, sino que son el resultado de un trabajo personal. Se ha ganado su asiento en el trono. Tener soberanía sobre ti misma consiste en ser dueña de tu vida, actuar de acuerdo con tus propios dictados y no renunciar a lo que proporciona sentido a tu existencia con tal de satisfacer los caprichos o gustos ajenos. Tu amor, tu dedicación, tu servicio, tu talento y tus dones no están ahí para que alguien te los usurpe. Tú decides lo que es importante y lo que pertenece a tus dominios; no dependes de los demás para que lo hagan por ti.

Si tienes inclinación por los símbolos y te gustaría tener uno, tal vez el regalo más idóneo que puedes hacerte sea una tiara o corona. No tiene que ser algo que lleves sobre la cabeza necesariamente: puede ser una bonita corona que coloques en un cojín encima de tu escritorio, una obra de arte que cuelgues en la pared o un anillo con forma de corona. He visto pulseras y collares que lucen la palabra *reina*. En resumidas cuentas, puede ser cualquier cosa que te recuerde que al final de tu viaje por el camino de la reina eres un ser completo. Has hecho que tu mundo sea mejor. Cuando el mundo mejora para una mujer, mejora para el conjunto de las mujeres. Tu viaje es importante para mí: me hace mejor persona. Y abrigo la esperanza de que el mío haga que el mundo sea más seguro y rico para ti. Si cada una de nosotras se alza hombro con hombro en su soberanía, el mundo será un lugar maravilloso para las mujeres y para todos aquellos que quizá no son conscientes de lo que importan. Al fomentar la soberanía personal mostramos a los demás, a mujeres y hombres por igual, que no solo es posible, sino también necesario, que seamos dueñas de nosotras mismas como personas. Somos el símbolo de la soberanía. La soberanía colectiva comienza a partir de la soberanía personal. Trabaja por esa corona. Te la has ganado.

CONCLUSIÓN DE ESTE PERIPLO POR EL CAMINO DE LA REINA

¡Bienvenida, Su Majestad! ¡Has recorrido con éxito el camino de la reina! La corona es tuya. La soberanía imbuye cada paso que das. Ahora que has entrado en este espacio exclusivo, verás las cosas de una manera muy diferente. Verás cómo otras mujeres y quizá incluso unos cuantos hombres tropiezan al dar los mismos pasos que tú has recorrido. Es imposible sortear el camino. Es imposible saltarse alguno de los pasos o realizar el periplo desde una perspectiva teórica. Cada cual debe vivir esa experiencia personal. Puedes ayudar a otra mujer apartándola de la guarida donde el dragón esconde su botín o de la base del puente donde el trol acecha, pero es preciso que dé sus propios pasos; eso es lo que la conduce a la soberanía.

El camino de la reina es una estructura arquetípica, es decir, su arquitectura afecta a todo el mundo, a pesar de que la experiencia de cada persona en el periplo es única. Es como un puente. Para cruzar un río, casi todo el mundo atraviesa el puente. El hecho de que lo hagas a pie o en coche determina parte del viaje. El tipo de vehículo que lleves, la velocidad a la que avances y qué asiento ocupas en él, así como el comportamiento de otros conductores, condicionarán tu experiencia a lo largo del puente. Todo el mundo vive la experiencia del «puente», pero ningún cruce es idéntico. Por otro lado, es posible que haya que cruzar este puente o multitud de puentes en el transcurso de la existencia. El camino de la reina es algo que recorrerás en más de una ocasión. No obstante, ahora que has realizado el circuito una vez, te resultará mucho más fácil identificar los pasos la próxima vez.

Lo que hagas con tu soberanía es cosa tuya. En eso precisamente consiste la soberanía. Lo más increíble (y desafiante) del hecho de descubrir mi soberanía personal ha sido entender que mi vida me pertenece; que no es *para otros*. No hay nadie que tenga que darme permiso para vivir mi propia vida de una forma desenfrenada, regia o descabellada. Como yo viva es una cuestión de elección personal. Doy por sentado mi poder desde el principio. Ya no asumo que hay alguien cuyo permiso, bendición o validación necesito. Eso hace que cada decisión adquiera un cariz muy diferente del que tenía antes de recorrer el camino de la reina.

Cuando estaba atrapada en mi rol de la MIPE intentando encajar en la categoría de la MISOR, lidié con la sumisión en todas partes. Como MIPE, la sumisión no se correspondía con mi forma natural de estar en el mundo. Me servía de herramienta para satisfacer mis necesidades o para integrarme, pero siempre me pareció algo completamente ajeno a mí. Al alcanzar la soberanía, ya no considero que mis decisiones son negociaciones para conseguir permiso con el fin de tener poder. En vez de eso, tomo decisiones sobre cómo ejercer mi poder, no si voy a poder tenerlo o no. En mi caso eso ha conllevado cambiar de profesión, escoger las amistades de una forma diferente y gestionar un matrimonio como una igual, no como una subordinada. Ha supuesto un cambio radical en el mundo.

¿Qué harás con tu soberanía? ¿Cómo te afectará plantearte tu mundo desde otro enfoque? ¿Te resulta extraño estar empoderada? ¿Quizá incluso peligroso? Es absolutamente normal. Al principio parece raro, como si alguien que lleva toda la vida encadenado de pronto se da cuenta de que no hay ninguna cadena que lo sujete al suelo. De primeras, la auténtica soberanía puede causar la sensación de liberarse de las ataduras, pero, una vez que empieza a influir en cómo tomas las decisiones, no te conformarás con menos. Tu autenticidad dependerá de tu soberanía. Y eso, mi querida reina, es algo muy positivo.

También me gustaría hacerte una advertencia: la gente será renuente a que te afirmes en tu soberanía, con independencia de que hayas sido una obediente MISOR o una voluntariosa MIPE. No permitas que esto te desanime. Es normal que a quienes han conocido una versión de ti les incomode el cambio que has experimentado. Afróntalo con una actitud amable, pero firme. Tu soberanía no es algo abierto a discusión, lo cual no quiere decir que dejes de escuchar a otros o de aprender de sus experiencias o aspiraciones. Ten presente que la soberanía no es tiranía. La soberanía no implica dirigir tu vida con mano de hierro y obligar a quienes te rodean a acatar tu voluntad. Ser soberana es reconocer el poder personal y actuar en cada situación dando por sentado que tu voluntad es importante. Nadie debe decidir por ti a menos que estés de acuerdo en permitirlo.

Habrá personas que pretenderán encasillarte en tu soberanía como MIPE, no como reina. Déjalas; no saben de lo que hablan. Gobierna tu territorio con una actitud magnánima y deja que aquellos que odian y señalan con el dedo den rienda suelta a su rabia. Eres consciente de tu valía y de lo que has tenido que aprender y hacer para reclamar tu soberanía. La única razón por la que quieren convertirte en una villana es su propio miedo a verse encasilladas en ese rol. Continúan atrapadas en la división, y ellas son las únicas que pueden hacer que salgan de ahí. Están realizando su propio viaje, y la mayoría luchará para proteger el sistema que mantiene a la gente en la sumisión. Se sienten más seguras en un rol que siendo ellas mismas.

Si siempre has sido una MISOR, es probable que te resulte más fácil negociar con la gente, pero te costará más hacer valer tu poder. No retrocedas en tu soberanía; defiéndela con uñas y dientes. Al principio es posible que encuentres reticencia por parte de tu entorno, pero con el tiempo lo entenderán si son capaces de hacerlo. A lo mejor les cuesta porque temen que el hecho de que te empoderes implica que aspiras a ostentar poder sobre ellos. Simplemente trátalos como iguales en su soberanía y sigue avanzando en tu camino. Una reina no rinde pleitesía a nadie, menos aún a quienes pretenden imponerse a los demás con el fin de contrarrestar sus propias inseguridades. Si se trata de personas que te importan, no dudes en explicarles el concepto de la soberanía, y si no son tan importantes, quizá vuestra relación amistosa, laboral o de pareja haya tocado a su fin. Si has sido una MIPE, algunas veces la soberanía te resultará familiar, aunque no tendrás más remedio que suavizar tu actitud. Es imposible gobernar como soberana con el deseo de poder como único objetivo. Como MIPE es probable que se te haya privado de poder y que te sientas más segura tomando tus propias decisiones. Ten presente que el poder no es lo mismo que la soberanía.

Con independencia de que comenzaras tu andadura como MISOR o como MIPE, has realizado el mismo periplo que cualquier otra mujer que recorre el camino de la reina. La soberanía significa que te has imbuido de autoridad, responsabilidad y gracia. Que has encontrado el poder que reside en tu ser, que te has enfrentado a las partes de ti misma que la sociedad te obligó a negar y las has reclamado, y que has afrontado el reto de reivindicar tu territorio y reunir a tu tribu. Que has sobrevivido a la persecución y te has enfrentado a la abyección y la elección. Si consideras que hay algún punto de este viaje al que es preciso regresar, hazlo. Las etapas están ahí para transitar por ellas. A lo mejor resulta que uno o más pasos son más recurrentes que otros; no pasa nada. Todas tenemos aspectos que presentan un mayor reto. Yo he comprobado que el tercer cuadrante es el que más revisitan las mujeres. Una vez que empiezas a ahondar en los lugares más profundos, seguro que encuentras más aspectos de ti que necesitan salir a la luz. Es como un yacimiento arqueológico. Cuando encuentras una pieza, es probable que descubras muchas más a medida que excavas.

Si no has reunido a tu tribu, te sugiero que formes un «grupo de reinas». Podéis trabajar juntas con este libro o simplemente reuniros una vez al mes o cada trimestre para intercambiar impresiones.

Conviene proponer un tema para ayudaros a centrar los debates acerca de la soberanía y de cualquier reto al que posiblemente os enfrentáis como soberanas. Compárate con otras reinas; seguro que tenéis temas en común. Trabajar y establecer alianzas con otras mujeres es una magnífica manera de contribuir a afianzar tu soberanía. Las mujeres necesitan a otras que afirmen su soberanía como iguales y modelos de roles.

El mero hecho de que afiances tu soberanía no implica que los hombres, las instituciones patriarcales e incluso otras mujeres se queden de brazos cruzados y digan: «¡Ah! Vale, ahora eres una reina. Por supuesto, Su Majestad, adelante». Ojalá fuera tan sencillo, pero no lo es: tendrás que defender tu soberanía, del mismo modo que cualquier monarca debe defender su territorio. Pero merecerá la pena. Tendrás mucho más claro lo que quieres dentro y fuera de tu vida. Sabrás que tu poder te pertenece y que, aunque la gente y las instituciones pretendan arrebatártelo, ser completamente dueña de ti misma es un derecho divino.

Este viaje ha sido el más desafiante y gratificante de mi vida. Estoy encantada de que hayas encontrado la manera de reivindicar tu corona. Me siento honrada de ser quien ha redescubierto este patrón. A pesar de haberlo sacado a la luz, no lo he inventado yo. El camino de la reina ha estado ahí siempre, a la espera de que lo encontráramos. Aunque el camino no es nuevo, ha sido descubierto recientemente, así que es posible que a la gente de tu entorno le resulte ajeno. No pasa nada. Cuantas más seamos las que reivindiquemos nuestra soberanía, más cómodas se encontrarán las personas a las que queremos. Mi labor ha sido señalar los escollos a lo largo del camino y tu cometido es recorrerlo y encontrar tu reino personal y único. El camino de la reina no es mío; es tuyo. Como mujeres, disponemos de una nueva herramienta para definir nuestra senda hacia la libertad, la seguridad y el poder. La soberanía es tanto el camino como el destino. Úsala con sabiduría y compártela, especialmente con las mujeres a las que quieres.

¡Larga vida a la reina!

ANEXO

Ejemplo de narrativa del camino de la reina

Wonder Woman (2017), de Patty Jenkins

Cuadrante I

Recuerda que el primer cuadrante forma parte del mundo de los poderes y las formas visibles. Tanto en el cuadrante I como en el IV, la protagonista discierne dónde reside el poder exterior. En el primer cuadrante lo desconoce; reside en alguien ajeno, en este caso en su familia y en el reino de Temiscira, la isla Paraíso, el hogar de las amazonas.

En el primer cuadrante conocemos a Diana. Se nos presenta en la época actual, trabajando de conservadora en el Louvre, en París, y se embarca en su «érase una vez» (OUT) desde su cómoda situación en el presente. El primer cuadrante nos dirá cuál fue su «érase una vez» personal. Nos revelará sus comienzos y las amenazas que se cernían a su alrededor.

Este cuadrante se denomina indefinido o quimérico porque nada es definitivo todavía; el periplo no tomará forma hasta que Diana se ubique en la senda de la MISOR o de la MIPE. A su madre, la reina Hipólita, le gustaría que se quedara en casa, llevando una vida segura y sin desempeñar el papel para el que estaba destinada. En el primer cuadrante averiguamos con Diana que tiene una maldición y una marca que la hacen diferente al resto de las amazonas. También se nos muestra que tanto ella como su madre, que le sirve como primer espejo, están ciegas. Diana está ciega ante su verdadera naturaleza de diosa entre las amazonas; la reina Hipólita está ciega ante el hecho de que Diana no puede ocultar su verdadera naturaleza.

1. Érase una vez

Conocemos a Diana de Temiscira como una niña resuelta de unos siete u ocho años que corre por los dominios de su madre. Admira a todas las guerreras que se entrenan y disfruta imitándolas. La líder del ejército de su madre, la general Antíope, se da cuenta de que Diana imita los movimientos de las guerreras mientras estas realizan diversas modalidades de entrenamiento. Enseguida vemos que la tutora de Diana está pendiente de ella y que, cuando se percata de que está observando con atención a las guerreras en el campo de entrenamiento, la interpela. Diana es consciente de que se ha metido en un lío y, en cuanto echa a correr, su madre la atrapa (literalmente).

2. Maldita y marcada

Antíope entrena a Diana a escondidas y cuando la madre de esta, Hipólita, lo descubre, en un primer momento se enoja. Pero Antíope le recuerda a Hipólita que no pueden proteger a Diana de su destino. Ella no es como las demás amazonas. Esta es la primera revelación de que Diana es «diferente». Hipólita redobla esfuerzos y ordena a la general Antíope que la someta a un entrenamiento más duro; tendrá que asegurarse de que Diana sea mejor guerrera que la propia Antíope.

3. Ciega

Diana no es consciente de su verdadera naturaleza y del alcance de su poder. Mientras entrena con las demás amazonas y la general Antíope, se da cuenta de que esta la está poniendo a prueba, que está intentando que dé todo de sí, que sea más violenta y que se tome mucho más en serio sus habilidades y la posibilidad de librar una batalla. En un momento dado, Diana adopta una posición de defensa arrodillándose y cruzando los brazos para bloquear una flecha. En ese instante se pone en evidencia que esa posición ha propiciado que ejerza un poder desconocido. Antíope sale despedida por el campo de entrenamiento. Diana se sobresalta hasta tal punto que abandona el entrenamiento y se encamina hacia la playa, donde ve que la avioneta de Steve Trevor se estrella en el mar.

Diana y el resto de las amazonas están ciegas ante lo que está pasando en el mundo. Ella se lanza al agua para salvar a Steve. Pero Temiscira enseguida se encuentra bajo asedio, pues los alemanes han seguido a Steve hasta la isla. Por otro lado, la ingenuidad de Diana la lleva a pensar que el dios de la guerra, Ares, es el principal responsable del belicismo del mundo que Steve ha introducido en el suyo. No se equivoca, pero no es consciente de cómo funciona el mundo ni de por qué sufre el rechazo de su entorno.

Cuadrante II

Ahora estamos cruzando el umbral del mundo de los poderes y las formas visibles (el hemisferio superior) al mundo de las fuerzas invisibles y el misterio (el hemisferio inferior).

El paso del cuadrante I al II es el primer cambio que experimenta la protagonista. Se trata de una transición temprana y, como tal, entraña una gran dificultad. Sin duda quizá sea uno de los primeros cambios profundos en lo tocante a su vida e identidad. Internarse en el mundo de las fuerzas invisibles y el misterio lo pone patas arriba. Las reglas del mundo de los poderes y las formas visibles no funcionan del mismo modo en este espacio misterioso. Aquí ha de hacer frente al inconsciente colectivo y a cómo le influye. Asimismo, ha de hacer frente a su propio inconsciente y a todas las reglas tácitas que han contribuido a crear el mundo interior de su psique. El conflicto, el dolor y las relaciones difíciles intervienen en la confrontación entre los mundos interior y exterior.

4. La rendición

A medida que la protagonista avanza desde la etapa de la ceguera hasta el mundo de las fuerzas invisibles y el misterio, la realidad se vuelve más compleja. Comienza a producirse la división. Aunque las fuerzas de la división son arquetípicas, se manifiestan en ella con detalles específicos y únicos. La sufre concretamente con todos sus miedos, pasiones, deseos y defectos. Por otro lado, la división le resultará aterradora porque adquirirá un matiz más significativo y personal cuando quienes están en su entorno más cercano se involucren. En ese momento se verá con claridad en qué lado de la división se supone que debe posicionarse: en el de la «doncella en busca de relaciones» (MISOR) o en el rol de mujer «mágica, aislada, poderosa y en peligro» (MIPE). Para Diana, la primera de estas tesituras se produce cuando decide marcharse de Temiscira.

5. El espejo

La madre de Diana la sorprende cuando esta se dispone a abandonar la isla con Steve Trevor. En ese momento Hipólita le advierte que si se marcha no se le permitirá regresar. Esto la coloca definitivamente en la categoría de la MIPE. El encuentro en el espejo se produce en multitud de ocasiones en el desarrollo de la historia y podría suceder en multitud de ocasiones en el transcurso de la vida de una mujer real. Es en esta experiencia en la que afronta lo que implica ser una MISOR o una MIPE. Esto puede producirse en un encuentro con otra mujer o con un rol con el que espera conformarse. En el caso de Diana, esta situación ocurre por primera vez cuando su madre va a despedirse de ella. Diana vive otro de estos momentos cuando llega a Inglaterra y se va a comprar ropa asesorada por Etta Candy, la secretaria de Steve. En esta secuencia vemos que Diana se mira literalmente en el espejo y ve la incompatibilidad de su yo MIPE con la constreñida vestimenta del lugar y de la época. Etta es la MISOR que trata de ayudar a la faceta MIPE de Diana a entender cómo se comportan las mujeres en Inglaterra.

6. El compromiso

Esta es la primera vez que vemos al personaje comprometerse de lleno a seguir el rumbo de la MISOR o de la MIPE en el camino de la reina. Acepta lo que su rol establece para ella, ya sea en beneficio o en perjuicio suyo. Esta es una de las escenas más famosas de la versión cinematográfica de *Wonder Woman* de 2017, dirigida por Patty Jenkins. Diana se sitúa al frente de Steve y su banda de espías y saboteadores. Ella tiene como objetivo encontrar a Ares; la misión de ellos en encontrar (otro espejo para Diana) a la malvada doctora Maru e impedir que fabrique una bomba que cambiaría el curso de la guerra a favor de los alemanes. A medida que se aproximan al frente, Steve recrimina a Diana que no puede hacer las cosas a su manera; que ella no tiene el poder. Se hallan en tierra de nadie y ella no puede cruzar el frente para llegar a la ciudad de Veld, sitiada por los alemanes. Después de varias «amonestaciones» por parte de Steve, Diana finalmente llega al límite ante la idea de la «tierra de nadie» y responde que ella es «la tierra de nadie». Dona la tiara de Antíope, que esta había heredado de su madre, y a continuación procede a demostrar todas sus habilidades de MIPE para cruzar el frente y romper el yugo de la ocupación alemana de la ciudad.

7. La persecución

Una vez que Diana ha cruzado el frente y liberado la ciudad de Veld, centra todos sus objetivos en la búsqueda de Ares. Llega a la conclusión de que seguramente esté enmascarado bajo la identidad del perverso general alemán Ludendorff. Steve se vuelca en la búsqueda de la colaboradora de este, la doctora Maru, que ha fabricado un arma mortífera. Diana se compromete a localizar a Ludendorff y acabar con él porque está convencida de que es el dios de la guerra. Su búsqueda la lleva de una lujosa fiesta a un aeródromo donde hay un avión con el cargamento de gas letal preparado para reactivar la ofensiva alemana. A pesar de que Diana mata a Ludendorff, nada cambia. Ella esperaba que con la muerte del general todo cesaría de inmediato. Sin embargo, una vez que acaba con él los soldados continúan cargando la bomba química y preparándose para lanzarla.

Cuadrante III

La persecución nos conduce al tercer cuadrante. Seguimos en el mundo de las fuerzas invisibles y el misterio. Este es el cuadrante más peligroso porque cabe la posibilidad de que la historia termine aquí. Una MISOR a la que se persigue hasta el matrimonio durante esta etapa puede morir por el riesgo que entraña el «fueron felices y comieron perdices» (HEA); deja de existir como ser humano y sucumbe al desempeño de un rol. Una MIPE puede sufrir la persecución en un intento de subyugarla, puede que sea ella quien persiga y se pierda a sí misma por el ánimo de venganza o tal vez su ambición la consuma. Es posible que fracase en el intento de encontrar el espejo positivo o de conseguir la integración corporal. En cualquiera de estos supuestos, la historia termina sin remisión y ella no alcanza la soberanía.

8. La abyección

Es en esta etapa donde la protagonista corre el mayor riesgo. Se pierde a sí misma o pierde su identidad, su amor, sus ideales, su vida, sus objetivos y tal vez todo. Se enfrenta a lo peor de la vida y llegará al borde de la destrucción. Es posible que sea incapaz de contrarrestar la gravedad de las fuerzas que la empujan a un pozo sin fondo. Hay diversos aspectos en la abyección de Diana. Primero se da cuenta de que *Sir* Patrick, que era su aliado, en realidad es Ares, el dios de la guerra. Pero cuando intenta matarlo, se da cuenta de que el arma «matadioses» con la que creía que acabaría con Ares no funciona. Esto es debido a que la propia Diana es el arma, algo que su madre y su tía sabían y jamás le revelaron. Por otro lado, Steve muere. Se sacrifica alejando la bomba química fuera de un radio donde causaría un mayor número de heridos o muertos. Diana queda devastada por su pérdida e inmediatamente se lanza en su embestida contra Ares.

9. La elección

Este es el punto de transición desde la abyección. Sin elección es imposible que la MISOR o la MIPE superen la división y se conviertan en soberanas. Ares incita a Diana a optar por la destrucción y ponerse de su parte. Diana está destrozada por todo lo que ha presenciado, por la muerte de Steve y por la rabia de no haber logrado su objetivo. Cuando Ares insta a Diana a destruir a la doctora Maru, vemos el esperado encuentro cara a cara de la MIPE o de la MISOR con su antagonista. Este es un magnífico ejemplo de una MIPE positiva en contraposición a una MISOR, encarnada en la doctora Maru, personaje protegido por ser miembro de la jerarquía nazi. Todo lo que hace es en apoyo a la causa nazi. El mero hecho de que sea una villana no significa que sea una MIPE. En el momento de la elección de Diana, cuando se dispone a aplastar a la doctora Maru con el tanque que sostiene sobre la cabeza, decide no vengarse de ella: esto le muestra «quién» es. Diana elige el amor frente al odio, y esto le permite centrar su poder en Ares.

10. La trascendencia encarnada

Este momento depende totalmente de las circunstancias personales de cada mujer; sean cuales sean las partes escindidas de sí misma que necesita reintegrar, será preciso que las manifieste a través de su cuerpo. Tendrá que valerse de su identidad física para tomar conciencia de su poder. Diana es un ejemplo muy ilustrativo. Cuando está luchando contra Ares, se encuentra al límite de sus fuerzas. Su debilidad se debe a que acaba de salir de la abyección y se encuentra agotada. Al reflexionar en el transcurso de la lucha, se percata de que los guanteletes que lleva en los brazos absorben el poder de los ataques de Ares. Ese es el poder «matadioses». Diana se da cuenta de que su singular poder reside en su habilidad para recibir y multiplicar el poder. Haga lo que haga Ares para vencerla, ella lo absorbe, lo observa y lo redirige en dirección a él. En la película se ilustra simbólicamente su trascendencia en la escena en la que flota en el aire sobre Ares tranquilamente mientras concentra el poder que ha absorbido entre las manos.

Cuando reúne el suficiente, baja la vista hacia Ares y, colocando los brazos entrecruzados en señal de su poder/límites, lo lanza derecho contra él y esta vez lo destruye, así como su influencia (de momento). Resulta que esos límites son los mejores aliados de una mujer. El poder inherente en su cuerpo ha transformado su mundo; ha vencido al enemigo simplemente devolviéndole su poder destructivo. Al hacerlo supera la división y da el paso final hacia su soberanía.

Cuadrante IV

El regreso al mundo de los poderes y las formas visibles desde las energías negativas del inframundo del hemisferio inferior es importante. La mujer que se interna de nuevo en este mundo lo hace con una consciencia más profunda de su poder y de lo que aporta al mundo. Eso no quiere decir que esta sea la única ocasión en que realiza este periplo; muy posiblemente lo hará unas cuantas veces a lo largo de su vida. En el caso de Diana vemos que transita desde su identidad de MIPE a la de reina unificada con sufrimiento en la misma medida que fortaleza. Ha sufrido y superado el trance de estar dividida y todo lo que eso ha conllevado: estar maldita y marcada, ciega, escindida; el encuentro en el espejo, ser perseguida, sufrir la abyección, hacer una elección y alcanzar la trascendencia encarnada. Lo único que le queda es tomar conciencia de su soberanía personal. Tenemos un indicio de que esto es inminente en el caso de Diana cuando, nada más aniquilar a Ares, sus predicciones se hacen realidad. Todos los soldados del aeródromo parecen salir de las tinieblas de una ardua contienda. Diana tenía razón desde el principio. Si Ares –la personificación de la guerra– no está ahí para que descarguen su ira contra él, los soldados pierden su impulso combativo. En el cine, en la narrativa y en las historias, la siguiente serie de pasos no se ciñe a este orden necesariamente, sino que puede ocurrir todo a la vez o desarrollarse en pasos pequeños y simbólicos. En la vida real son esfuerzos continuos. Pero una vez que los conocemos, somos capaces de reconocerlos tanto en la ficción como en la vida real.

11. Reivindicar el territorio

En el enfrentamiento con Ares, Diana se da cuenta de que la única fuerza capaz de vencer el mal de la guerra no es contar con más poder o armamento: es el amor. Ella se vale de este poder cuando redirige la fuerza destructiva de Ares contra él. Hemos visto indicios de la naturaleza bondadosa de Diana a lo largo de la película hasta este momento: el hecho de asombrarse ante el coste de la guerra en los cuerpos de los soldados, el de no comprender por qué se fustiga a los caballos para que atraviesen el terreno embarrado y el de detenerse a hablar con madres aterrorizadas de camino al campo de batalla. Es el recuerdo de su querido Steve lo que le hace tener presente para qué está luchando. Diana creía que podía detener la guerra y propiciar la paz, pero lo que aprende es que necesita proporcionar amor y que el amor desencadenará algunas batallas, pero también propiciará la paz. Este es el territorio que ella reclama al final de la película.

12. Reunir a la tribu

Ahora es cuando nos comprometemos de nuevo o conectamos con nuestra gente. ¿Quiénes son las personas que nos entienden? ¿A quiénes deseamos tener a nuestro alrededor? ¿Qué valores son tan importantes como para compartirlos con personas de ideas y sentimientos afines? En *Wonder Woman* esto se refleja en una breve escena en la que se produce el reencuentro con Etta Candy y el equipo que trabajó con Diana y Steve. Se reúnen en una plaza de Londres entre miles de personas que celebran el fin de la guerra. Diana contempla con cariño la fotografía de Steve que hay en el muro junto con las del resto de los héroes fallecidos en la contienda. Vive un emotivo momento de conexión y regresa entre la multitud. La humanidad es su tribu.

13. Coronada

Para las mujeres reales esta experiencia consiste básicamente en tomar conciencia de sus dones y su valía, y en reivindicar su importancia con independencia de lo que dicte la sociedad. Tus dones y tu naturaleza única son indispensables para la humanidad. En *Wonder Woman* esto se refleja de nuevo en otra breve escena. Regresamos al presente, al despacho de Diana en el Louvre, donde está mirando una fotografía en la que aparece con Steve y sus compañeros el día que liberaron Veld. La foto se la envió Bruce Wayne, señal de que sabe que ella es diferente. Es el primer ofrecimiento con el que la invita a ingresar en la Liga de la Justicia, una nueva tribu de la que puede formar parte. La película termina con un breve monólogo sobre lo que Diana aprendió a lo largo de su periplo. En la última imagen aparece surcando el cielo parisino ataviada con la diadema, los guanteletes y la indumentaria de sus orígenes como amazona. La corona es el símbolo adecuado para su nuevo rol: una versión de la plena encarnación de su ser sin que nadie le imponga cómo o contra quién luchar.

NOTAS

Introducción

1. Campbell, J., *The Hero's Journey: Joseph Campbell on His Life and Work* [El viaje del héroe: vida y obra de Joseph Campbell].
2. Murdock, M., *Ser mujer, un viaje heroico.*

Capítulo 1

1. Solomon, Ch., *El arte de* Frozen.
2. Kahneman, D., *Pensar rápido, pensar despacio.*
3. Asamblea General de las Naciones Unidas, *Declaración Universal de los Derechos Humanos.*
4. Red Interinstitucional de las Naciones Unidas sobre la Mujer y la Igualdad de Género, Los derechos de las mujeres, una revisión 25 años después de Pekín.
5. *Ibid.*

Capítulo 2

1. Maquiavelo, N., *El príncipe.*
2. Parker, K., Horowitz, J. y Stepler, R., On Gender Differences, No Consensus on Nature vs Nurture.
3. Pettitt, A. K., *Ladies Like Us: A Modern Girl's Guide to Self-Discovery, Self-Confidence and Love* [Mujeres como nosotras: una guía hacia el autodescubrimiento, la autoconfianza y el amor para las chicas de hoy].
4. *Ibid.*
5. Andelin, H., *La mujer fascinante.*
6. *Ibid.*
7. Clark, K. y Beal, B., *Una chica definida por Dios: el diseño radical de Dios para la belleza, la feminidad y la identidad.*
8. Clark, K. y Beal, B., Topics.

9. Clark, K., y Beal, B., *Una chica definida por Dios: el diseño radical de Dios para la belleza, la feminidad y la identidad.*
10. Doyle, G., *Indomable.*
11. Donegan, M., For Too Many Girls, Teenage Years Are a Time of Unwanted Attention from Older Men.
12. Raj, S. India Struggles to Eradicate an Old Scourge: Witch Hunting.

Capítulo 3

1. Yalom, M., *Birth of the Chess Queen* [El nacimiento de la reina del ajedrez].
2. *Ibid.*
3. López, M., Race and Multiracial Americans in the U.S. Census.
4. Jung, C. G., *Aion: contribución a los simbolismos del sí-mismo.*

Capítulo 4

1. Campbell, J., *The Hero's Journey: Joseph Campbell on His Life and Work* [El viaje del héroe: vida y obra de Joseph Campbell].
2. Mayor, A., *Amazonas. Guerreras del mundo antiguo.*

Capítulo 5

1. Stone, M., *Cuando Dios era mujer.*

Capítulo 6

1. Yousafzai, M., y Lamb, C., *Yo soy Malala.*
2. *Ibid.*
3. *Ibid.*
4. Organización Mundial de la Salud, Female Genital Mutilation.
5. Fey, T., *Bossypants* [La mandona].

Capítulo 7

1. Levack, B. P., *La caza de brujas en la Europa moderna.*
2. Hook, D. y Ben-Yehuda, N., European Witch-Persecucións.
3. Goode, E. y Ben-Yehuda, N., *Moral Panics: The Social Construction of Deviance* [Pánico moral: la construcción social de la desviación].

Capítulo 8

1. Febos, M., *Girlhood* [Soy niña].
2. Phelian, How Céline Sciamma Subverts the Male Gaze in Portrait of a Lady on Fire.
3. Berger, J. y Dibb, M., *Modos de ver.*

4. Mulvey, L., *Placer visual y cine narrativo.*
5. Gauthier, G. R. *et al.,* The Potential Scientist's Dilemma.
6. Forciniti, A. y Zavarrone, E., Data Quality and Violence Against Women.
7. Peterson, C., Maier, S. y Seligman M., *Learned Helplessness: A Theory for the Age of Personal Control* [La indefensión aprendida: teoría para la era del control personal].
8. Specter, E., Why Are Women Now Required to Cover Their Arms in the Missouri State House?
9. Zhou, L., Why School Dress Codes Are Sexist.

Capítulo 9

1. Woodward A. L. y Gerson S., Mirroring and the Development of Action Understanding.
2. Jung, C. G., *Aion: contribución a los simbolismos del sí-mismo.*
3. Ayunin, Q., Eve, the Existing Abject (Postmodern Feminist Study toward the Story of Adam and Eve in Bible).

Capítulo 10

1. Moyer, A. *et al.,* Stress-Induced Cortisol Response and Fat Distribution in Women.
2. Cai, X. *et al.,* A D2 to D1 Shift in Dopaminergic Inputs to Midbrain 5-HT Neurons Causes Anorexia in Mice.

Capítulo 12

1. Creed, B., *The Monstrous-Feminine: Film, Feminism, Psychoanalysis* [El monstruo femenino: cine, feminismo y psicoanálisis].
2. «Lucretia | Roman Heroine, Death & Roman Republic», *Britannica.*
3. Hannah, B., *The Animus: The Spirit of Inner Truth in Women* [El ánimus: el espíritu de la verdad interior de las mujeres].
4. Jung, E., *Animus y anima.*
5. Mclellan, F., Mental Health and Justice.
6. Lori Vallow Is Sentenced to Life without Parole for Murders of Her Kids JJ and Tylee and Her usband's Ex-Wife Tammy Daybell [en línea], *Daily Mail.*
7. Atwood, M., *Second Words* [Segundas palabras].

Capítulo 14

1. Mayor, A., *Amazonas. Guerreras del mundo antiguo.*

2. Greo, A., Most Girls Diet by Age 10, and Other Depressing Facts about Body Image Development.
3. Lickteig, C., Social Media.
4. *Ibid.*
5. Chalabi, M. y ed., Are Women Punished More Harshly for Killing an Intimate Partner?
6. Forciniti, A. y Zavarrone, E., Data Quality and Violence Against Women.
7. Abramsky, T. *et al.,* What Factors Are Associated with Recent Intimate Partner Violence?
8. Organización Mundial de la Salud, Levels of Domestic Violence Increase Globally, Including in the Region, as COVID-19 Pandemic Escalates.
9. Violence Policy Center, When Men Murder Women: An Analysis of 2020 Homicide Data.
10. Art Exhibit Powerfully Answers the Question 'What Were You Wearing?, *HuffPost.*
11. Manshoory, S., «Marital Rape».
12. Miller, J., *The Transcendent Function: Jung's Model of Psychological Growth through Dialogue with the Unconscious* [La función trascendente. Modelo junguiano de crecimiento psicológico a través del diálogo con el inconsciente].
13. Jung, C. G, La función trascendente.
14. *Barbie,* comedia fantástica.

Capítulo 15

1. *La Constitución de los Estados Unidos,* The National Constitution Center.
2. Preamble to the Constitution of 27 October 1946, Refworld.

Capítulo 16

1. Aristófanes, *Lisístrata.*

BIBLIOGRAFÍA

Ablin, Jacob N. *et al.,*Distinctive Personality Profiles of Fibromyalgia and Chronic Fatigue Syndrome Patients [en línea]. *PeerJ* 4 (13 de septiembre de 2016) e2421. Disponible en https://doi.org/10.7717/peerj.2421.

Abramovitz, Beth A. y Birch, Leann L., Five-Year-Old Girls' Ideas about Dieting Are Predicted by Their Mothers' Dieting. *Journal of the Academy of Nutrition and Dietetics 100* (octubre de 2000), núm. 10, págs. 1157-1163. Disponible en https://doi.org/10.1016/S0002-8223(00)00339-4.

Abramsky, Tanya *et al.,* What Factors Are Associated with Recent Intimate Partner Violence? Findings from the WHO Multi-Country Study on Women's Health and Domestic Violence. *BMC Public Health 11* (16 de febrero de 2011), núm. 1, pág. 109. Disponible en https://doi.org/10.1186/1471-2458-11-109.

Ahituv, Yosef, Modesty and Sexuality in Halakhic Literature. Jewish Women's Archive. [Consulta: 6 de mayo de 2023]. Disponible en https://jwa.org/encyclopedia/article/modesty-andsexuality-in-halakhic-literature.

Al-Shammari, Huda y Al-Khazraji, Nidaa, Ideological Representation of Women's Oppression in Margaret Atwood's The Handmaid's Tale: A Critical Discourse Analysis. *Al-Adab Journal* (15 de septiembre de 2021), núm. 138, págs. 15-22. Disponible en https://doi.org/10.31973/aj.v3i138.1771.

Alhakk, Nour, Not Shocking: Devout Religious Followers Have Better Sex Lives. *ILLUMINATION* [blog], 4 de septiembre de 2022. Disponible en https://medium.com/illumination/notshocking-devout-religious-followers-have-better-sex-lives-11c969349524. amazon.com. Thank You. [Consulta: 6 de mayo de 2024].

Andelin, Helen B., *La mujer fascinante.* Fascinating Womanhood, 2019.

Appel-Slingbaum, Caren, The [Jewish] Tradition of Slapping Our Daughters. The Museum of Menstruation and Women's Health. [Consulta: 11 de febrero de 2023]. Disponible en http://www.mum.org/slap.htm.

Apperson, Virginia y BEEBE, John, *The Presence of the Feminine in Film* [La presencia femenina en el cine]. Newcastle on Tyne, Inglaterra: Cambridge Scholars Publishing, 2008.

Aristófanes, *Lísistrata.* Barcelona: Gredos, 2020.

Atwood, Margaret, *Second Words: Selected Critical Prose 1960–1982* [Segundas palabras. Selección de ensayos]. Toronto: House of Anansi Press, 1995.

Avens, Roberts, Imagination in Jung and Hillman. En *Imagination Is Reality* [La imaginación es la realidad]. Putnam: Spring Publications, 1980.

Axelrod, David B., Thomas, Carol F. y Schneir, Lenny, *Merlin Stone Remembered* [El legado de Merlin Stone]. Woodbury: Llewellyn Publications, 2014.

Ayunin, Qurrota, Eve, the Existing Abject (Postmodern Feminist Study toward the Story of Adam and Eve in Bible). *PARADIGM* 2, núm. 1 (29 de junio de 2019), pág. 41. Disponible en https://doi.org/10.18860/prdg.v2i1.6708.

Bakalar, Nicholas, Safety: Car Crashes Pose Greater Risk for Women. *The New York Times* (31 de octubre de 2011), sec. Health. Disponible en https://www.nytimes.com/2011/11/01/health/research/women-at-greater-risk-of-injury-in-car-crashes-study-finds.html.

Bakalar, Nicholas, Women at Greater Risk of Injury in Car Crashes, Study Finds. *The New York Times.* [Consulta: 9 de mayo de 2023]. Disponible en https://www.nytimes.com/2011/11/01/health/research/women-at-greater-risk-of-injury-in-car-crashes-study-finds.html.

Bakar, Faima, Half of Women Experience Body Dysmorphia. Here Are the Signs. *HuffPost UK* (23 de noviembre de 2021. Disponible en https://www.huffingtonpost.co.uk/entry/half-of-women-experience-body-dysmorphia-here-are-the-signs_uk_619cb77ee4b07fe20110697b.

Balkwill, Stephanie, The Sutra on Transforming the Female Form: Unpacking an Early Medieval Chinese Buddhist Text. *Journal of Chinese Religions 44*, núm. 2 (2016), págs. 127-148. Disponible en https://muse.jhu.edu/pub/1/article/708669.

Barbie. Comedia fantástica. Warner Bros Pictures, 2023.

Barstow, Anne L., *La caza de brujas en Europa.* Madrid: Susaeta, 1999.

Batuman, Elif., Céline Sciamma's Quest for a New, Feminist Grammar of Cinema. *The New Yorker.* [Consulta: 5 de mayo de 2024]. Disponible en https://www.newyorker.com/magazine/2022/02/07/celine-sciammas-quest-for-a-new-feminist-grammar-ofcinema.

Bayless, Kacen, Missouri House Faces Backlash for Women's Dress Code Rule. *Kansas City Star.* [Consulta: 5 de mayo de 2024]. Disponible en https://www.kansascity.com/news/politicsgovernment/article271158062.html.

BBC News, What Did St Paul Say about Women? (10 de noviembre de 2014), sec. Magazine. Disponible en https://www.bbc.com/news/magazine-29513427.

Beardsworth, Sara, Kristeva's Idea of Sublimation. *The Southern Journal of Philosophy 42*, núm. S1 (marzo de 2004), págs. 122-136. Disponible en https://doi.org/10.1111/j.2041-6962.2004.tb01020.x.

La bella y la bestia. Buena Vista Film Distribution, 1991.

Becvar, Dorothy, Tracking the Archetype of the Wise Woman/Crone. *Re-Vision 28*, núm. 1 (2005), págs. 21-23. Disponible en https://api.semanticscholar.org/CorpusID:144444048.

Ben-Yehuda, Nachman, The European Witch Craze of the 14th to 17th Centuries: A Sociologist's Perspective. *American Journal of Sociology 86*, núm. 1 (julio de 1980), págs. 1-31. Disponible en https://www.jstor.org/stable/2778849.

Berger, John y Dibb, Michael, *Modos de ver.* Barcelona: Editorial Gustavo Gili, 2014.

biblestudytools.com. The Top Bible Verses about Women's Roles in Scripture. [Consulta: 19 de abril de 2023]. Disponible en https://www.biblestudytools.com/topical-verses/bibleverses-about-womens-roles/.

Birkner, Gabrielle, Parsing the 'Menstrual Slap. *Forward* (24 de febrero de 2010). Disponible en https://forward.com/life/126293/parsing-the-menstrual-slap/.

Blancanieves y los siete enanitos. Walt Disney Studios Motion Pictures/RKO Pictures, 1937.

Bologna, Caroline, Fierce T-Ball Players Redefine Squad Goals with 'Frozen' Themed Team Photo. *The Huffington Post* (17 de junio de 2015), sec. Huff Post Parents. Disponible en http://www.huffingtonpost.com/2015/06/17/frozen-girls-softball-team_n_7606528.html.

Indomable. Walt Disney Studios Motion Pictures, 2012.

Brazelton, Thomas B., Greenspan, Stanley J. y Spock, Benjamin, *Las necesidades básicas de la infancia: lo que cada niño o niña precisa para vivir, crecer y aprender.* Barcelona: Graó, 2005.

Briere, John, When People Do Bad Things: Evil Suffering, and Dependent Origination. En *Humanity's Dark Side: Explorations in Psychotherapy and*

Beyond [El lado oscuro de la humanidad. Indagaciones en psicoterapia]. Washington, DC: American Psychological Association, 2012.

Brittanica.com. Lucretia | Roman Heroine, Death & Roman Republic. [Consulta: 26 de noviembre de 2023]. Disponible en https://www.britannica.com/topic/Lucretiaancient-Roman-heroine.

Brittanica.com, Margaret Thatcher, Prime Minister of United Kingdom. Biography & Facts. [Consulta: 9 de febrero de 2023]. Disponible en https://www.britannica.com/biography/Margaret-Thatcher.

Brittanica.com, Miley Cyrus, American actress and singer. Biography, TV Shows, Songs, & Facts. [Consulta: 23 de febrero de 2023]. Disponible en https://www.britannica.com/biography/Miley-Cyrus.

Burack, Emily, The True Story of Princess Diana's Death. *Town & Country* (16 de noviembre de 2023). Disponible en https://www.townandcountrymag.com/society/tradition/a45737126/princess-diana-death-true-story-explained/.

Burke, Tarana, *Unbound: My Story of Liberation and the Birth of the MeToo Movement* [Libre: la historia de mi liberación y el nacimiento del movimiento MeToo]. Nueva York: Flatiron Books, 2021.

Butler, Jason A., *Archetypal Psychotherapy: The Clinical Legacy of James Hillman* [Psicoterapia arquetípica. El legado clínico de James Hillman]. Nueva York: Routledge, 2014.

Cai, Xing *et al.,* A D2 to D1 Shift in Dopaminergic Inputs to Midbrain 5-HT Neurons Causes Anorexia in Mice. *Nature Neuroscience 25*, núm. 5 (mayo de 2022), págs. 646-658. Disponible en https://doi.org/10.1038/s41593-022-01062-0.

Campbell, Joseph, *The Hero's Journey: Joseph Campbell on His Life and Work* [El viaje del héroe: vida y obra de Joseph Campbell], vol. 7. New World Library, 2003.

Campbell, Joseph, *El héroe de las mil caras.* Gerona: ediciones Atalanta, 2020.

Carruthers, Mary, The Wife of Bath and the Painting of Lions. *PMLA 94*, núm. 2 (marzo de 1979), págs. 209-222. Disponible en https://doi.org/10.2307/461886.

Chalabi, Mona, Are Women Punished More Harshly for Killing an Intimate Partner?. *The Guardian* (12 de enero de 2019), sec. News. Disponible en https://www.theguardian.com/news/datablog/2019/jan/12/intimatepartner-violence-gender-gap-cyntoia-brown.

Chan, Melissa, Revisiting Andrea Yates 15 Years After She Drowned Her Children. *TIME.* [Consulta: 6 de octubre de 2023]. Disponible en https://time.com/4375398/andrea-yates-15-yearsdrown-children/.

Charlesworth, Tessa E. S. y Mahzarin, Banaji, Gender in Science, Technology, Engineering, and Mathematics: Issues, Causes, Solutions. PubMed Central. [Consulta: 5 de mayo de 2024]. Disponible en https://www.ncbi.nlm.nih.gov/pmc/articles/PMC6759027/.

Chaucer, Geoffrey, The Wife of Bath's Prologue. En *The Riverside Chaucer* [El Chaucer de la ribera], 3.ª ed., págs. 105-116. Boston: Houghton Mifflin, 1987. Disponible en https://archive.org/details/riversidechaucer0000chau.

Claremont de Castillejo, Irene, *Knowing Woman: A Feminine Psychology* [Conocer a la mujer. Psicología femenina]. Boston: Shambhala Publications, 1973.

Clark, Kristen y Beal, Bethany, *Una chica definida por Dios. El diseño radical de Dios para la belleza, la feminidad y la identidad.* Editorial Portavoz, 2021.

Clark, Kristen y Beal, Bethany, Girl Defined [blog *GirlDefined*]. [Consulta: 21 de abril de 2023]. Disponible en https://girldefined.com/.

Clark, Kristen y Beal, Bethany, Meet Us [blog *GirlDefined*]. [Consulta: 28 de abril de 2023]. Disponible em https://girldefined.com/meet-us.

Clark, Kristen y Beal, Bethany, Topics [blog *GirlDefined*]. [Consulta: 2 de mayo de 2023]. Disponible en https://girldefined.com/topics.

Clark, Kristen, 7 Reasons I'm Not a Feminist [blog *GirlDefined*], 18 de marzo de 2016. Disponible en https://girldefined.com/7-reasons-im-not-a-feminist.

Collins, Suzanne, *Los juegos del hambre.* Barcelona: B de Bolsillo, 2022.

Conroy, Pat, *The Lords of Discipline* [Los señores de la disciplina]. Nueva York: Open Road, 2010.

Cooper, Helen, The Wife of Bath's Prologue. En *Oxford Guides to Chaucer: The Canterbury Tales* [Los cuentos de Canterbury]. Nueva York: Oxford University Press, 1996.

Cosmopolitan. Chelsea Handler Reveals Why She and Jo Koy Broke Up (28 de diciembre de 2022). Disponible en https://www.cosmopolitan.com/entertainment/celebs/a42354061/whychelsea-handler-and-jo-koy-broke-up/.

Costonie, Toni, *Priestess Miriam & the Voodoo Spiritual Temple: A Brief History* [Breve historia de la sacerdotisa Miriam y el templo espiritual del vudú]. Nueva Orleans: Voodoo Spiritual Temple & Cultural Center, 2004.

Covington, Richard, Mary Magdalene Was None of the Things a Pope Claimed. *US News*. [Consulta: 20 de mayo de 2023]. Disponible en https://www.usnews.com/news/religion/articles/2008/01/25/mary-magdalene-was-none-of-the-things-a-pope-claimed.

Crane, Susan, Alison's Incapacity and Poetic Instability in the Wife of Bath's Tale. *PMLA 102*, núm. 1 (1 de enero de 1987), pág. 22. Disponible en https://doi.org/10.2307/462489.

____ Alison's Incapacity and Poetic Instability in the Wife of Bath's Tale. *PMLA 102*, núm. 1 (1 de enero de 1987), págs. 20-28. Disponible en https://doi.org/10.2307/462489.

Creed, Barbara, *The Monstrous-Feminine: Film, Feminism, Psychoanalysis* [El monstruo femenino: cine, feminismo y psicoanálisis]. Londres: Routledge, 1993.

Davis, Amy, *Good Girls & Wicked Witches: Women in Disney's Feature Animation* [Chicas buenas y brujas malvadas: las mujeres en películas de animación de Disney]. Herts, Inglaterra: John Libbey Publishing, 2006.

Desert Flower Foundation. What Is FGM. [Consulta: 11 de febrero de 2023]. Disponible en https://www.desertflowerfoundation.org/en/what-is-fgm.html.

Didion, Joan, *El año del pensamiento mágico.* Barcelona: Random House, 2015.

Dinshaw, Carolyn, Good Vibrations: John/Eleanor, Dame Alys, the Pardoner, and Foucault. En *Getting Medieval: Sexualities and Communities, Pre- and Postmodern* [Adentrándose en la Edad Media: sexualidades y comunidades premodernas y posmodernas]. Durham, NC: Duke University Press, 1999.

Donegan, Moira, For Too Many Girls, Teenage Years Are a Time of Unwanted Attention from Older Men. *The Guardian* (9 de mayo de 2021), sec. Opinion. Disponible en https://www.theguardian.com/commentisfree/2021/may/09/teenage-girls-unwanted-adultmale-attention.

Dougherty, Nancy J. y WEST, Jacqueline J., *The Matrix and Meaning of Character: An Archetypal and Developmental Approach* [La matriz y el significado del carácter. Un enfoque arquetípico y de desarrollo]. Taylor & Francis, 2013. Disponible en http://books.google.com/books?id=HoZEAgAAQBAJ.

Downie, Alison, Christian Shame and Religious Trauma. *Religions* 13, núm. 10 (octubre de 2022), pág. 925. Disponible en https://doi.org/10.3390/rel13100925.

Doyle, Glennon, *Indomable. Deja de complacer, empieza a vivir* (trad. de V. Simó). Madrid: Urano, 2021.

Driver, F., Power, Space, and the Body: A Critical Assessment of Foucault's Discipline and Punish. *Environment and Planning D: Society and Space 3*, núm. 4 (diciembre de 1985), págs. 425-446. Disponible en https://doi.org/10.1068/d030425.

Dubofsky, Chanel, Daughter Got Her Period? Slap Her. Jewish Telegraphic Agency (febrero de 2023). Disponible en https://www.jta.org/jewniverse/2015/daughter-got-herperiod-slap-her.

Dumas, C, On Film Studies and the Unconscious. *Camera Obscura* 27, núm. 81 (2012), págs. 38-67. Disponible en https://doi.org/10.1215/02705346-1727455.

Dundes, Lauren, Disney's Modern Heroine Pocahontas: Revealing Age-Old Gender Stereotypes and Role Discontinuity under a Facade of Liberation. *The Social Science Journal 38* (2001), págs. 353-365. Dsponible en https://doi.org/10.1016/S0362-3319(01)00137-9.

Dunne, Claire, *Carl Jung: psiquiatra pionero, artesano del alma.* Art Blume, 2012.

Dutton, Donald, *El golpeador. Un perfil psicológico.* Argentina: Paidós, 1997.

Edinger, Edward, *Anatomía de la psique: simbolismo alquímico en psicoterapia.* Sirena de los Vientos, 2021.

Ellas hablan. Drama. United Artists Releasing, 2022.

Ellroy, James, *Mis rincones oscuros.* Madrid: Punto de Lectura, 2001.

El exorcista. Terror. Warner Bros, 1973.

England, Dawn, Descartes, Lara y Collier-Meek, Melissa, Gender Role Portrayal and the Disney Princess. *Sex Roles 64* (2011), págs. 555-567. Disponible en https://doi.org/10.1007/s11199-011-9930-7.

Enredados. Animación infantil. Walt Disney Studios Motion Pictures, 2010.

Febos, Melissa, *Girlhood* [Soy niña]. Nueva York: Bloomsbury Publishing, 2021.

Federici, Silvia, *Brujas, caza de brujas y mujeres.* Madrid: Traficantes de Sueños, 2021.

Feld, Brad. Book: Against Our Will: Men, Women and Rape. *Brad Feld* (24 de septiembre de 2017). Disponible en https://feld.com/archives/2017/09/book-will-men-women-rape/.

Feminism in India.com. Manusmriti: The Ultimate Guide to Becoming a 'Good Woman'. *Feminism in India* (10 de enero de 2018). Disponible en https://feminisminindia.com/2018/01/11/manusmriti-ultimate-guide-good-woman/.

Fey, Tina, *Bossypants* [La mandona]. Nueva York: Little, Brown, and Company, 2011.

Fitzgerald, F. Scott, *A este lado del paraíso.* Madrid: Alianza Editorial, 2014.

Franz, Marie Louise von, *Érase una vez. Una interpretación psicológica*. Barcelona: Luciérnaga, 1993.

Freud, Sigmund, *La interpretación de los sueños.* Ediciones Akal, 2013.

Fritz, D. W, The Animus-Possessed Wife of Bath. *Journal of Analytical Psychology* 25, núm. 2 (abril de 1980), págs. 163-180. Disponible en https://doi.org/10.1111/j.1465-5922.1980.00163.x.

Frozen. Walt Disney Studios, 2013.

Gaille, Brandon, 29 Intriguing Crimes of Passion Statistics [blog]. BrandonGaille.com (23 de mayo de 2017). Disponible en https://brandongaille.com/27-intriguing-crimes-of-passionstatistics/.

Gardam, Tansy, Looking from the Outside In—Gender Representation in Animation [blog]. *Four Three Film* (3 de septiembre de 2015). Disponible en http://fourthreefilm.com/2015/09/looking-from-the-outside-in-gender-representation-in-animation/.

Gauthier, G. Robin *et al.,* The Potential Scientist's Dilemma: How the Masculine Framing of Science Shapes Friendships and Science Job Aspirations. *Social Sciences* 6, núm. 1 (marzo de 2017), pág. 14. Disponible en https://doi.org/10.3390/socsci6010014.

Gayman, Deann, Study Examines How, Why Adolescence Halts Girls' Interest in Science (21 de marzo de 2017). Disponible en https://news.unl.edu/newsrooms/today/article/studyexamines-how-why-adolescence-halts-girls-interest-in-science/.

Giving Compass. Women Murdered by Men: 2020 Data (28 de octubre de 2023). Disponible en https://givingcompass.org/article/women-murdered-by-men-2020-data.

Glöckner, Andreas, The Irrational Hungry Judge Effect Revisited: Simulations Reveal That the Magnitude of the Effect Is Overestimated. *Judgment and Decision Making* 11, núm. 6 (noviembre de 2016), págs. 601-610. Disponible en https://doi.org/10.1017/S1930297500004812.

Goldman, Dodi (ed.), *In One's Bones: The Clinical Genius of Winnicott. Northvale* [En lo más profundo: la genialidad clínica de Winnicott]. Northvale, Nueva Jersey: Jason Aronson, Inc., 1993.

Goldman, William, *La princesa prometida.* Madrid: Ediciones Martínez Roca, 2004.

Goode, Erich y Ben-Yehuda, Nachman, *Moral Panics: The Social Construction of Deviance* [Pánico moral: la construcción social de la desviación], 2.ª ed. Hoboken, Nueva Jersey: Wiley-Blackwell, 1994.

Google. Sex Pistols, 'God Save the Queen'. [Consulta: 9 de febrero de 2023]. Disponible en https://www.google.com/search?q=sex+pistols+god+save+the+queen&oq=sex+pistols+god&aqs=chrome.0.0i355i512j46i512j69i57j0i512l7.3567j0j7&sourceid=chrome&ie=UTF-8#wptab=si:AEcPFx5TRTnca31vONqoN-YlzoLKYWW9Io4JA99ZVqyY-gPmyoKoGglv3oCRyAbjkNyX-

tU8RFUXDnJnP7iGnb4YrAMKqbk1KMhLpKLNdWmShocdX-pLGPHgDGTi86PIY7DdoMBPB1mswEDhkRRh3qHdML3SDN-wMpyPLwIz8cxmzRjbfvcZgi-MP2o%3D.

Gordon, Aubrey, The Economics of Thinness. *The Economist.* [Consulta: 27 de enero de 2023]. Disponible en https://www.economist.com/christmas-specials/2022/12/20/the-economicsof-thinness.

Graves, Robert, *La comida de los centauros y otros ensayos.* Madrid: Alianza Editorial, 1994.

Greaney, Michael, Violence and the Sacred in the Fiction of Julia Kristeva. *Theology & Sexuality 14*, núm. 3 (enero de 2008), págs. 293-304. Disponible en https://doi.org/10.1177/1355835808091420.

Greco, Alanna, This News about Body Image Is Damaging. *Bustle* (27 de enero de 2015). Disponible en https://www.bustle.com/articles/60925-most-girls-diet-by-age-10-and-otherdepressing-facts-about-body-image-development.

Green, Richard F., 'Allas, Allas! That Evere Love Was Synne!': John Bromyard v. Alice of Bath *The Chaucer Review* 42, núm. 3 (2007), págs. 298-311. https://doi.org/10.1353/cr.2008.0005.

Greenberg, Eric J., Dominance and Submission [blog]. *Jewish Telegraphic Agency* (19 de junio de 1998). https://www.jta.org/1998/06/19/ny/dominance-and-submission.

Griffith, Nicola, Men Are Afraid That Women Will Laugh at Them [blog]. (8 de noviembre de 2014). Disponible en https://nicolagriffith.com/2014/11/08/men-are-afraidthat-women-will-laugh-at-them/.

Groesbeck, C. Jess, C. G. Jung and the Shaman's Vision. *Journal of Analytical Psychology* 34, núm. 3 (julio de 1989), págs. 255-276. Disponible en https://doi.org/10.1111/j.1465-5922.1989.00255.

Gross, Carol C., My Mom Slapped Me When I Got My Period [blog]. *Kveller* (13 de junio de 2017). Disponible en https://www.kveller.com/my-mom-slapped-me-when-i-got-myperiod/.

Hall, Calvin y Nordby, Vernon, *A Primer of Jungian Psychology* [Manual de psicología junguiana]. Nueva York: New American Library, 1973.

Hammond, Eleanor P., *Chaucer: A Bibliographic Manual* [Chaucer. Un manual bibliográfico]. Nueva York: Macmillan, 1908. Disponible en https://archive.org/details/chaucerbibliogra00hammuoft.

Hannah, Barbara, *The Animus: The Spirit of Inner Truth in Women. Volume I. (Polarities of the Psyche)* [El ánimus: el espíritu de la verdad interior femenina. Volumen I. (Polaridades de la psique)]. Wilmette, Illinois: Chiron Publications, 2011.

Harris, Carissa, Rape and Justice in the Wife of Bath's Tale [en línea]. The Open Access Companion to the Canterbury Tales, 2017. Disponible en https://opencanterburytales.dsl.lsu.edu/wobt1/.

Hayes, Steven C., Strosahl, Kirk D. y Wilson, Kelly G., *Terapia de aceptación y compromiso: proceso y práctica del cambio consciente (mindfulness)*. Desclée de Brouwer, 2014.

Hellenic Museum. The Myth of Atalanta (20 de diciembre de 2021). Disponible en https://www.hellenic.org.au/post/the-myth-of-atalanta.

Herrera, Alan, Fox News Guest Has Unhinged Meltdown Over the Fact That Chelsea Handler Doesn't Want Kids. Fuente secundaria. [Consulta: 16 de febrero de 2023]. Disponible en https://secondnexus.com/jesse-kelly-chelsea-handler-childless.

Hill, Scott J., *Confrontation with the Unconscious: Jungian Depth Psychology and Psychedelic Experience* [Confrontación con el inconsciente. La psicología profunda junguiana y la experiencia psicodélica]. Londres: Aeon Books, Ltd., 2013.

Hillman, James, *A Blue Fire* [Una llama azul]. Nueva York: Harper & Row, 1989.

_____ *El mito del análisis.* Madrid: Ediciones Siruela, 2000.

_____ *Pan y la pesadilla.* Gerona: Ediciones Atalanta S. L., 2016.

Hockley, Luke, *Frames of Mind: A Post-Jungian Look at Cinema, Television, and Technology* [Formas de pensar: una mirada posjunguiana al cine, la televisión y la tecnología]. Chicago, Illinois: Intellect, University of Chicago Press, 2007.

Hollis, James, *Tus zonas oscuras: la sombra en el individuo, las organizaciones y la sociedad.* Barcelona: Kairós, 2008.

_____ *The Archetypal Imagination* [La imaginación arquetípica]. Edición Kindle. College Station, Texas: Texas A&M University Press, 2000.

Hook, D. y Ben-Yehuda, N., The Great European Witch-Persecucións: A Historical Perspective. *American Journal of Sociology* 88, núm. 6 (mayo de 1983), págs. 1270-1279. Disponible en https://doi.org/10.1086/227806.

Horowitz, Juliana M., Wide Partisan Gaps in U.S. Over How Far the Country Has Come on Gender Equality [blog]. *Pew Research Center's Social & Demographic Trends Project* (18 de octubre de 2017). Disponible en https://www.pewresearch.org/socialtrends/2017/10/18/wide-partisan-gaps-in-u-s-over-how-far-the-country-has-comeon-gender-equality/. *Cómo entrenar a tu dragón 2.* Animación infantil. Dreamworks Animation, 2014.

Hubback, Judith, The Archetypal Senex: An Exploration of Old Age. *Journal of Analytical Psychology 41*, núm. 1 (1996), págs. 3-19. Disponible en https://doi.org/10.1111/j.1465-5922.1996.00003.x.

Hundhausen, Evan, Without Joseph Campbell There'd Be No 'Star Wars' [blog]. *GoshDarnBlog. Medium*. [Consulta: 12 de mayo de 2023. Disponible en https://medium.com/goshdarnblog/want-to-be-the-next-george-lucas-then-read-joseph-campbelled7f119b6d0b.

Hurwitz, Seigmund, *Lilith the First Eve: Historical and Psychological Aspects of the Dark Feminine* [Lilith, la primera Eva. Aspectos históricos y psicológicos de la sombra femenina]. Ed. Robert Hinshaw. Einsiedeln, Suiza: Daimon Verlag, 2009.

Huxley, Elizabeth y Bizumic, Boris, Parental Invalidation and the Development of Narcissism. *The Journal of Psychology* 151, núm. 2 (17 de febrero de 2017), págs. 130-147. Disponible en https://doi.org/10.1080/00223980.2016.1248807.

IsHak, Waguih W. *et al.*, Quality of Life: The Ultimate Outcome Measure of Interventions in Major Depressive Disorder. *Harvard Review of Psychiatry 19*, núm. 5. [Consulta: 25 de septiembre de 2023]. Disponible en https://www.tandfonline.com/doi/abs/10.3109/10673229.2011.614099.

Jacobi, Jolande, The Process of Individuation: A Study in Developmental Psychology. *Journal of Analytical Psychology 3*, núm. 2 (1958), págs. 95-115. Disponible en https://doi.org/10.1111/j.1465-5922.1958.00095.x.

Jean-Murat, Carolle, *Vodoo in My Blood: A Healer's Journey from Surgeon to Shaman* [Vudú en mis venas. Periplo de una sanadora de la cirugía al chamanismo]. Versión Kindle. San Diego, California: Bettie Youngs Book Publishers, 2012.

Jewish Virtual Library. Eshet Hayil 'A Woman of Valor'. [Consulta 19 de abril de 2023]. Disponible en https://www.jewishvirtuallibrary.org/eshet-hayil.

Jin, Xurui *et al.*, Women's Participation in Cardiovascular Clinical Trials from 2010 to 2017. *Circulation 141*, núm. 7 (8 de febrero de 2020), págs. 540-548. Disponible en https://doi.org/10.1161/CIRCULATIONAHA.119.043594.

Johnson, Paula, Girls and Science: A Qualitative Study on Factors Related to Success and Failure in Science. Artículo (1 de junio de 2004). Disponible en https://scholarworks.wmich.edu/dissertations/1114.

Johnson, Robert A, *WE: cómo usar los sueños y la imaginación activa para el crecimiento personal.* Editorial Escola de Vida, S. L., 2016.

Johnston, Ollie y Thomas, Frank, *The Illusion of Life* [La ilusión de la vida]. Edición de Disney. Burbank, California: Walt Disney Productions, 1981.

Jones, Jennifer J., Talk 'Like a Man': The Linguistic Styles of Hillary Clinton, 1992-2013. *Perspectives on Politics 14*, núm. 3 (septiembre de 2016), págs. 625-642. Disponible en https://doi.org/10.1017/S1537592716001092.

Jung, Carl. G., La función trascendente. En *Obra completa 8: la dinámica de lo inconsciente.* Madrid: Trotta, 2011.

____ *Aion: contribución a los simbolismos del sí-mismo*. Barcelona: Ediciones Paidós, 2011.

Jung, Emma, *Animus y ánima.* Madrid: El hilo de Ariadna, 2022.

Jung, Hawon. Women in South Korea Are on Strike Against Being 'Baby-Making Machines'. *The New York Times* (27 de enero de 2023), sec. Opinion. Disponible en https://www.nytimes.com/2023/01/27/opinion/south-korea-fertility-rate-feminism.html.

Jupta, Rudrani, Dheere Bolo: Why Are Women Expected to be Demure Not Outspoken?. [Consulta: 2 de mayo de 2023]. Disponible en https://www.shethepeople.tv/top-stories/opinion/dheere-bolo/.

Kahneman, Daniel, *Pensar rápido, pensar despacio.* Madrid: Editorial Debate, 2012.

Kalsched, Donald, *The Inner World of Trauma: Archetypal Defenses of the Personal Spirit* [El mundo interior del trauma. Las defensas arquetípicas del espíritu]. Edición Kindle. Nueva York: Routledge, 1996.

____ *Trauma and the Soul: A Psycho-Spiritual Approach to Human Development and Its Interruption* [El trauma y el alma. Enfoque psicoespiritual del desarrollo humano y su interrupción]. Nueva York: Routledge, 2013.

Kellie, Dax J., Blake, Khandis R. y Brooks, Robert C., What Drives Female Objectification? An Investigation of Appearance-Based Interpersonal Perceptions and the Objectification of Women. *PLOS ONE 14*, núm. 8 (23 de agosto de 2019): e0221388. Disponible en https://doi.org/10.1371/journal.pone.0221388.

Khazan, Olga, America's Deep Rift on Gender Issues [blog]. *The Atlantic* (5 de diciembre de 2017). Disponible en https://www.theatlantic.com/science/archive/2017/12/pew-gender/547508/.

La bella durmiente. Animación infantil. Buena Vista Film Distribution, 1959.

La sirenita. Buena Vista Film Distribution, 1989.

Kieckhefer, Richard, *European Witch Trials: Their Foundations in Popular and Learned Culture, 1300-1500* [Juicios de brujas en Europa. Orígenes en la cultura y el acervo popular, 1300-1500]. Libro electrónico.

[Consulta: 6 de mayo de 2024]. Disponible en https://www.routledge.com/European-Witch-Trials-RLE-Witchcraft-Their-Foundations-in-Popular-and-LearnedCulture-1300-1500/Kieckhefer/p/book/9781138969131.

Kittredge, George L., Chaucer's Discussion of Marriage. *Modern Philology* 9, núm. 4 (abril de 1912), págs. 435-467. Disponible en https://doi.org/10.1086/386872.

Kleiner, Kurt, Lunchtime Leniency: Judges' Rulings Are Harsher When They Are Hungrier. *Scientific American* (1 de septiembre de 2011). Disponible en https://www.scientificamerican.com/article/lunchtime-leniency/.

Kolk, Bessel, van der, *El cuerpo lleva la cuenta. Cerebro, mente y cuerpo en la superación del trauma.* Sitges: Editorial Eleftheria S. L., 2015.

Kontis, Dimitrios y Theochari, Eirini, Dopamine in Anorexia Nervosa: A Systematic Review. *Behavioural Pharmacology 23*, núm. 5 y 6 (septiembre de 2012), págs. 496-515. Disponible en https://doi.org/10.1097/FBP.0b013e328357e115.

Lakshmanan, Manu N. *et al.*, An Archetype of the Collaborative Efforts of Psychotherapy and Psychopharmacology in Successfully Treating Dissociative Identity Disorder with Comorbid Bipolar Disorder. *Psychiatry* 7, núm. 7 (julio de 2010), págs. 33-37. Disponible en http://pgi.idm.oclc.org/login?url=http://search.ebscohost.com/login.aspx?direct=true&db=psyh&AN=2010-16655-005&site=ehost-live&scope=site.

Larocca-Pitts, Beth, Anath: Bible. Jewish Women's Archive. [Consulta: 6 de mayo de 2023]. Disponible en https://jwa.org/encyclopedia/article/anath-bible.

Lechte, John, Justice, Injustice and the Work of Julia Kristeva. *Theory, Culture & Society 40*, núm. 6 (noviembre de 2023), págs. 51-68. Disponible en https://doi.org/10.1177/02632764221140762.

Lennon, Kathleen, Feminist Perspectives on the Body. En *The Stanford Encyclopedia of Philosophy,* ed. Edward N. Zalta (2019). Metaphysics Research Lab, Stanford University, 2019. https://plato.stanford.edu/archives/fall2019/entries/feminist-body/.

Lesser, Elizabeth, *Que hable Cassandra.* Maeva Ediciones, 2022.

Levack, Brian P., *La caza de brujas en la Europa moderna.* Barcelona: Altaya, 1997.

Lickteig, Beverly, Social Media: Cyberbullying, Body Shaming, and Trauma [blog]. *The Child Advocacy Center of Lapeer County* (2 de noviembre de 2020). Disponible en https://caclapeer.org/social-media-cyberbullying-body-shaming-and-trauma/.

Lindner, Jannik, Crime of Passion Statistics: Market Report & Data. *Gitnux*. [Consulta: 6 de diciembre de 2023]. Disponible en https://blog.gitnux.com/crime-of-passion-statistics/.

Lipscombe-Southwell, Alice, Why Are Girls Put Off Science?. BBC Science Focus. [Consulta 5 de mayo de 2024]. Disponible en https://www.sciencefocus.com/science/why-are-girls-putoff-science.

Lipton, Emma, Contracts, Activist Feminism, and the Wife of Bath's Tale. *The Chaucer Review 54*, núm. 3 (2019) págs. 335-351. Disponible en https://doi.org/10.5325/chaucerrev.54.3.0335.

Loketch-Fischer, Minna, The Relationships Among Modesty, Self-Objectification, Body Shame and Eating Disorder Symptoms in Jewish Women. *ProQuest*. [Consulta: 5 de diciembre de 2023]. Disponible en https://www.proquest.com/openview/7b91b57fb69a011d8de4067 62ac42b96/1?pq-origsite=gscholar&cbl=18750.

López, Kim Parker *et al.*, Chapter 1: Race and Multiracial Americans in the U.S. Census [blog]. *Pew Research Center* (11 de junio de 2015). Disponible en https://www.pewresearch.org/social-trends/2015/06/11/chapter-1-race-and-multiracial-americans-in-the-u-scensus/.

Lucherini, Angeletti *et al.,* Anorexia Nervosa as a Disorder of the SubcorticalCortical Interoceptive-Self. *Eating and Weight Disorders 27*, núm. 8 (diciembre de 2022), págs. 3063-3081. Disponible en https://doi.org/10.1007/s40519-022-01510-7.

Luminarium.org. Jonathan Blake. Struggle for Female Equality in 'The Wife of Bath's Prologue and Tale'. www.Luminarium.org. [s. f.]. Disponible en http://www.luminarium.org/medlit/jblake.htm.

MacDonald, Nathan, The Imago Dei and Election: Reading Genesis 1:26–28 and Old Testament Scholarship with Karl Barth. *International Journal of Systematic Theology 10*, núm. 3 (julio de 2008), págs. 303-327. https://doi.org/10.1111/j.1468-2400.2008.00283.x.

Maquiavelo, Nicolás, *El príncipe.* Madrid: Alianza Editorial, 2010.

Maglaque, Erin, What Can the Wife of Bath Teach Us about Misogyny Today?. *The New York Times* (9 de febrero de 2023), sec. Books. https://www.nytimes.com/2023/02/09/books/review/the-wife-of-bath-marion-turner.html.

Maguire, Gregory, *Confessions of an Ugly Stepsister* [Confesiones de una hermanastra fea]. Nueva York: HarperCollins, 2000.

_____ *Wicked: memorias de una bruja mala.* Barcelona: Editorial Planeta, 2007.

Maléfica. Animación. Walt Disney Studios, 2014.

Manager, Marketing. Worldwide Survey Shows That Women's Health Has Declined [blog]. *Cary OB/GYN* (29 de septiembre de 2022). Disponible en https://www.caryobgyn.com/worldwide-survey-shows-that-womens-health-has-declined/.

Manshoory, Shaheen, What Is Marital Rape: California Laws and Penalties. Manshoory Law Group, *APC* (6 de febrero de 2023). Disponible en https://manshoorylaw.com/blog/marital-rape-california/.

Marcus, Emily, Miley Cyrus Through the Years: From 'Hannah Montana' to Pop Sensation. *Us Weekly* (23 de noviembre de 2022). Disponible en https://www.usmagazine.com/celebrity-news/pictures/miley-cyrus-through-the-years-music-love-acting-andmore/.

Mary, 12 Characteristics of a Godly Woman (How to Become a True Woman of God!). *Healthy Christian Home* (23 de diciembre de 2017). Disponible en https://healthychristianhome.com/characteristics-of-a-godly-woman/.

Masonheimer, Phylicia, Dear Women's Ministry, Stop Telling Me I'm Beautiful [blog]. *Phylicia Masonheimer* (2 de enero de 2017). Disponible en https://phyliciamasonheimer.com/christian-womens-ministry/.

Mathewson, Clayton, *A Theoretical Study of Masculine Archetypes: Embraced and Rejected in Children's Cinema* (ensayo). Carpintería, California: Pacifica Graduate Institute, 1999.

Mayor, Adrienne, *The Amazons: Lives and Legends of Women Across the Ancient World* [Las amazonas: vidas y leyendas de guerreras en la Antiguedad]. Princeton, Nueva Jersey: Princeton University Press, 2014.

McCarthy-Brown, Karen, *Mama Lola: A Vodou Priestess in Brooklyn* [Mama Lola: una hechicera de vudú en Brooklyn]. Berkeley, California: University of California Press, 2001.

McLellan, Faith, Mental Health and Justice: The Case of Andrea Yates. *The Lancet 368*, núm. 9551 (2 de diciembre de 2006), págs. 1951-1954. https://doi.org/10.1016/S0140-6736(06)69789-4.

McPhillips, Deidre, Women's Health Got Worse in 2021, Global Survey Finds. *CNN* (21 de septiembre de 2022). Disponible en https://www.cnn.com/2022/09/21/health/globalwomens-health-index-2021/index.html.

Meehan, Dessa, Containing the Kalon Kakon: The Portrayal of Women in Ancient Greek Mythology. *Armstrong Undergraduate Journal of History* 7, núm. 2 (1 de noviembre de 2017), págs. 8-26. Disponible en https://doi.org/10.20429/aujh.2017.070202.

Merkatz, Ruth B., Inclusion of Women in Clinical Trials: A Historical Overview of Scientific Ethical and Legal Issues. *Journal of Obstetric,*

Gynecologic & Neonatal Nursing 27, núm. 1 (1 enero de 1998), págs. 78-84. https://doi.org/10.1111/j.1552-6909.1998.tb02594.x.

Michel, Claudine, Le pouvoir moral et spirituel des femmes dans le vodou haitien: la voix de Mama Lola et de Karen McCarthy Brown. *Numen,* vol. 50 (2003), págs. 71-106. Disponible en https://www.jstor.org/stable/3270556

Miller, Alice, *El drama del niño dotado y la búsqueda del verdadero yo.* Barcelona: Tusquets Editores, 1998.

Miller, Cain C., Kliff, Sarah y Buchanan, Larry, Childbirth Is Deadlier for Black Families Even When They're Rich, Expansive Study Finds. *The New York Times.* [Consulta: 10 mayo de 2023]. Disponible en https://www.nytimes.com/interactive/2023/02/12/upshot/child-maternal-mortality-rich-poor.html.

Miller, Jeffrey, *The Transcendent Function: Jung's Model of Psychological Growth through Dialogue with the Unconscious* [La función trascendente: el modelo junguiano de desarrollo psicológico a través del diálogo con el inconsciente]. Albany, Nueva York: State University of New York Press, 2004.

Miller, Kelsey, Study: Most Children Start Dieting At Age 8. *Refinery 29*. [Consulta: 3 de diciembre de 2023]. Disponible en https://www.refinery29.com/en-us/2015/01/81288/childrendieting-body-image.

Minnis, Alistair, *Falible Authors: Chaucer's Pardoner and Wife of Bath* [Escritores falibles. El perdonador y la esposa de Bath en los cuentos de Chaucer]. Filadelfia, Pensilvania: University of Pennsylvania Press, 2008.

Mitchell, Stephen A. y Margaret J. Black, *Más allá de Freud: una historia del pensamiento psicoanalítico moderno.* Herder Editorial, 2004.

Moody, Robert, On the Function of Counter-Transference. *Journal of Analytical Psychology 1*, núm. 1 (octubre de 1955), págs. 49-58. Disponible en https://doi.org/10.1111/j.1465-5922.1955.00049.x.

Moore, Thomas, Reconozcamos en los síntomas una de las voces del alma. En *El cuidado del alma. Cultivar lo profundo y lo sagrado en la vida cotidiana.* Madrid: Urano, 2009.

Morgan, Kenneth O., Britain in the Seventies—Our Unfinest Hour?. *Revue Française de Civilisation Britannique. French Journal of British Studies 22*, núm. fuera de serie (13 de diciembre de 2017). Disponible en https://doi.org/10.4000/rfcb.1662.

Morizot, Baptiste, *Maneras de estar vivo. La crisis ecológica global y las políticas de lo salvaje.* Madrid: Errata Naturae, 2021.

Moskowitz, Lindsay y Weiselberg, Eric, Anorexia Nervosa/Atypical Anorexia Nervosa. *Current Problems in Pediatric and Adolescent Health Care*

47, núm. 4 (abril de 2017), págs. 70-84. Disponible en https://doi.org/10.1016/j.cppeds.2017.02.003.

Moyer, A. E. *et al.*, Stress-Induced Cortisol Response and Fat Distribution in Women. *Obesity Research 2*, núm. 3 (mayo de 1994), págs. 255-262. Disponible en https://doi.org/10.1002/j.1550-8528.1994.tb00055.x.

Mulan. Animación infantil. Buena Vista Film Distribution, 1998.

Mulvey, Laura, Visual Pleasure and Narrative Cinema. *Screen 16*, núm. 3 (1 de octubre de 1975), págs. 6-18. Disponible en https://doi.org/10.1093/screen/16.3.6.

Murdock, Maureen, *Ser mujer. Un viaje heroico: un apasionante camino hacia la totalidad.* Madrid: Gaia Ediciones, 2010.

Myers, Robert, What Scars Say About Sex and Stereotypes. *SAPIENS* (13 de agosto de 2020). Disponible en https://www.sapiens.org/culture/scarification/.

Mythopedia. Atalanta. [Consulta: 15 de mayo de 2023]. Disponible en https://mythopedia.com/topics/atalanta.

Naroditsky, Daniel, How the Queen Chess Piece Became So Powerful. *The New York Times.* [Consulta: 14 de febrero de 2023]. Disponible en https://www.nytimes.com/2022/06/19/crosswords/chess/a-queen-in-any-other-language.html.

National Constitution Center, constitutioncenter.org. The 0th Article of the U.S. Constitution. [Consulta: 6 de mayo de 2024]. Disponible en https://constitutioncenter.org/theconstitution/preamble.

National Constitution Center, constitutioncenter.org. The U.S. Constitution. [Consulta: 6 de mayo de 2024]. Disponible en https://constitutioncenter.org/the-constitution.

National Institute of Mental Health (NIMH). Major Depression- [Consulta: 22 de julio de 2023]. Disponible en https://www.nimh.nih.gov/health/statistics/major-depression.

National Network of Depression Centers. Facts (on Depression). [Consulta: 22 de julio de 2023]. Disponible en https://nndc.org/facts/.

Nature.com. A Dopamine-to-Serotonin Circuit for the Treatment of Anorexia Nervosa. *Nature Neuroscience 25*, núm. 5 (mayo de 2022), págs. 541-542. Disponible en https://doi.org/10.1038/s41593-022-01064-y.

Neurodivergent Insights. Insights of a Neurodivergent Clinician. [Consulta: 13 de diciembre de 2023]. Disponible en https://neurodivergentinsights.com.

Nickel, Helmut, 'The Judgment of Paris' by Lucas Cranach the Elder: Nature, Allegory, and Alchemy. *Metropolitan Museum Journal 16* (1981), págs. 117-129. Disponible en https://www.journals.uchicago.edu/doi/abs/10.2307/1512772?journalCode=met.

Nicolaou, Elena, How Princess Diana's Life Set Her Up For a Life as a Royal. *Oprah Daily* (15 de noviembre de 2020). Disponible en https://www.oprahdaily.com/entertainment/a34329508/princess-diana-childhood/.

Oaklander, Violet, *Ventanas a nuestros niños: terapia Gestalt para niños y adolescentes.* Terracota, 2022.

Oliver, Kelly, The Male Gaze Is More Relevant, and More Dangerous, than Ever. *New Review of Film and Television Studies* 15, núm. 4 (2 de octubre de 2017), págs. 451-455. Disponible en https://doi.org/10.1080/17400309.2017.1377937.

Olza, Ibone *et al.*, Birth as a Neuro-Psycho-Social Event: An Integrative Model of Maternal Experiences and Their Relation to Neurohormonal Events during Childbirth (ed. Anayda Portela). *PLOS ONE 15*, núm. 7 (28 de julio de 2020): e0230992. Disponible en https://doi.org/10.1371/journal.pone.0230992.

Organización Mundial de la Salud. Female Genital Mutilation. [Consulta: 11 de febrero de 2023]. Disponible en https://www.who.int/news-room/fact-sheets/detail/female-genitalmutilation.

_____ Levels of Domestic Violence Increase Globally, Including in the Region, as COVID-19 Pandemic Escalates. Oficina Regional para el Mediterráneo Oriental de la OMS. [Consulta: 5 de mayo de 2024]. Disponible en http://www.emro.who.int/violence-injuries-disabilities/violence-news/levels-ofdomestic-violence-increase-as-covid-19-pandemic-escalates.html.

_____ Violence against Women. [Consulta: 6 de diciembre de 2023]. Disponible en https://www.who.int/news-room/fact-sheets/detail/violence-against-women.

Oster, Emily, Witchcraft, Weather and Economic Growth in Renaissance Europe. *The Journal of Economic Perspectives 18*, núm. 1 (2004), págs. 215-228. Disponible en https://www.jstor.org/stable/3216882.

Paisley, Laura, Ancient Buddhist Texts Reveal Shifting Perspectives on Women. *USC News* (14 de abril de 2017). Disponible en https://news.usc.edu/120048/ancient-buddhist-textsreveal-shifting-perspectives-on-women/.

Parker, Kim, Horowitz, Juliana y Stepler, Renée, On Gender Differences, No consensus on Nature vs Nurture (diciembre de 2017). Disponible en http://pewrsr.ch/2koqSO2.

Pathak, Ritambhara, Implicit Bias in Healthcare: Maternal and Infant Morbidity and Mortality in Minority Patients. Tesina de máster. University of Pittsburgh, 2020. Disponible en http://d-scholarship.pitt.edu/38499/.

People.com. Miley Cyrus. [Consulta: 23 de febrero de 2023]. Disponible en https://people.com/tag/miley-cyrus/.

Peters, Edward y C. Kors, Alan (eds.), *Witchcraft in Europe 400–1700: A Documentary History* [Brujería en Europa 400-1700. Crónica documental]. Filadelfia, Pensilvania: University of Pennsylvania Press, 2000.

Petersen, Christopher, Maier, Stephen F. y Seligman, Martin, *Learned Helplessness: A Theory for the Age of Personal Control* [La indefensión aprendida. Teoría para la era del control personal]. Reedición. Oxford, Inglaterra: Oxford University Press, 1995.

Petite Maman. Drama. Pyramide Films, 2021.

Pettitt, Alena K, *Ladies Like Us: A Modern Girl's Guide to Self-Discovery, Self-Confidence and Love* [Mujeres como nosotras: una guía hacia el autodescubrimiento, la autoconfianza y el amor para las chicas de hoy]. Londres: The Darling Academy, 2016.

Pew Research Center. The Gender Gap in Religion Around the World [blog]. *Pew Research Center's Religion & Public Life Project* (22 de marzo de 2016). Disponible en https://www.pewresearch.org/religion/2016/03/22/the-gender-gap-in-religion-around-theworld/.

Phelian, How Céline Sciamma Subverts the Male Gaze in 'Portrait of a Lady on Fire'. *The Quint* (21 de junio de 2022). Disponible en https://www.thequint.com/entertainment/cinema/male-gaze-celine-sciamma-subversion-portrait-lady-on-fire-queer-film.

Pocahontas. Buena Vista Film Distribution, 1995.

Portuges, Catherine, Central European Twins: Psychoanalysis and Cinema in Ildiko Enyedi's My Twentieth Century. *Psychoanalytic Inquiry* 27, núm. 4 [s. f.], págs. 525-539. Disponible en https://doi.org/10.1080/07351690701484675.

Pretty Woman. Buena Vista Film Distribution, 1990.

Pronin, Doris y Bergen, Doris, *Play from Birth to Twelve and Beyond: Contexts, Perspectives, and Meanings* [El juego a partir de los doce años. Contextos, perspectivas y significados]. Nueva York: Garland Publishing, Inc., 1998.

Psychology Today. Acceptance and Commitment Therapy. [Consulta: 23 de septiembre de 2023]. Disponible en https://www.psychologytoday.com/us/therapy-types/acceptance-andcommitment-therapy.

Radner, Hilary, *Neo-Feminist Cinema: Girly Films, Chick Flicks, and Consumer Culture* [Cine neofeminista: películas para chicas, comedias románticas y cultura del consumo]. Nueva York: Routledge, 2011.

Raj, Suhasini, India Struggles to Eradicate an Old Scourge: Witch Persecucióning. *The New York Times* (13 de mayo de 2023), edición Asia-Pacífico. Disponible en https://www.nytimes.com/2023/05/13/world/asia/india-witch-persecucióning.html.

Refworld. France: Preamble to the Constitution of 27 October 1946. [Consulta: 9 de diciembre de 2023]. Disponible en https://www.refworld.org/docid/3ae6b56910.html.

Retrato de una mujer en llamas. Drama. Lilies Films, 2019.

Revilla, Analyn, 'The Heroine's Journey' Is Not One Woman's Journey [blog]. *LAFPI* (16 de marzo de 2012). Disponible en https://lafpi.com/2012/03/the-heroines-journey-is-notone-womans-journey/.

Rieber, Robert y Kelly, Robert, *Film, Television, and the Psychology of the Social Dream* [El cine, la televisión y la psicología del sueño social]. Nueva York: Springer, 2014.

Rigby, Stephen H., The Wife of Bath, Christine de Pizan, and the Medieval Case for Women. *The Chaucer Review 35*, núm. 2 (2000) págs. 133-165. https://doi.org/10.1353/cr.2000.0024.

Roberts, Christine, Most 10-Year-Olds Have Been on a Diet: Study; 53 Percent of 13-Year-Old Girls Have Issues with How Their Bodies Look. *New York Daily News*. [Consulta: 3 de diciembre de 2023.]. Disponible en https://www.nydailynews.com/2012/07/03/most-10-year-olds-have-been-on-a-diet-study-53-percent-of-13-year-old-girls-have-issueswith-how-their-bodies-look/.

Robinson, Belinda, Worrying Trend Reveals 80% of 10-Year-Old American Girls Have Been on a Diet [en línea]. *Daily Mail.* [Consulta: 3 de diciembre de 2023]. Disponible en https://www.dailymail.co.uk/news/article-2925600/Worrying-trend-reveals-80-10-year-oldAmerican-girls-diet.html.

Rogers, Carl., *El camino del ser.* Barcelona: Kairós, 1987.

Rogers, Michele, *The Wounding and Healing of the Mother Daughter Relationship* (tesis). Carpintería, California: Proquest Dissertations and Theses, 2010.

Ronnberg, Ami y Martin, Kathleen (eds.), *El libro de los símbolos. Reflexiones sobre las imágenes.* Madrid: Taschen, 2011.

Rose, Gillian, *Metodologías visuales. Una introducción a la investigación con materiales visuales.* CENDEAC, 2020.

Roth, Veronica, *Divergente.* Barcelona: Molino, 2011.

Santhosh, Hyma, Diving into the Subconscious of Women and Nature: Margaret Atwood's Surfacing as an Ecofeminist Novel. *Smart Moves Journal Ijellh* 6, núm. 10 (10 de octubre de 2018), pág. 12. Disponible en https://www.researchgate.net/publication/350940414_Diving_into_the_Subconscious_of_Women_and_Nature_Margaret_Atwood's_Surfacing_as_an_Ecofeminist_Novel.

Santmire, H. Pall., The Genesis Creation Narratives Revisited: Themes for a Global Age. *Interpretation: A Journal of Bible and Theology 45*, núm. 4 (octubre de 1991), págs. 366-379. Disponible en https://doi.org/10.1177/002096430004500404.

Sarigöl, Pinar, Foucault, Sexuality and Biopolitics. Dokuz Eylül Üniversitesi *Sosyal Bilimler Enstitüsü Dergisi 24*, núm. 1 (30 de marzo de 2022), págs. 245-259. Disponible en https://doi.org/10.16953/deusosbil.1010762.

Scala, Elizabeth, The Women in Chaucer's 'Marriage Group'. *Medieval Feminist Forum 45*, núm. 1 (2009), págs. 50-56. Disponible en https://doi.org/10.17077/1536-8742.1766.

Schlumpf, Heidi, Who Framed Mary Magdalene? *The Catholic Blog* (30 de marzo de 2016). Disponible en https://uscatholic.org/articles/201603/who-framed-mary-magdalene/.

Schlüter, C., Kraag, G. & Schmidt, J., Body Shaming: an Exploratory Study on its Definition and Classification. *International Journal of Bullying Prevention 5* (2003), págs. 26-37. Disponible en https://doi.org/10.1007/s42380-021-00109-3.

Schuessler, Jennifer, Chaucer the Rapist? Newly Discovered Documents Suggest Not. *The New York Times* (13 de octubre de 2022). Disponible en https://www.nytimes.com/2022/10/13/books/geoffrey-chaucer-rape-charge.html.

Scarson, Hannah, Star Wars and the Hero with a Thousand Faces. *Film Obsessive* (13 de diciembre de 2019). Disponible en https://filmobsessive.com/film/film-analysis/star-wars-thehero-with-a-thousand-faces/.

Sedgwick, David, Winnicott's Dream: Some Reflections on D. W. Winnicott and C. G. Jung. *Journal of Analytical Psychology 53* (2008), págs. 543-560. https://doi.org/10.1111/j.1468-5922.2008.00745.x.

Sexo en Nueva York: la película. New Line Cinema, 2008.

Slater, Glen, Archetypal Perspectives and American Film. *Spring Journal: A Journal of Archetype and Culture Cinema & Psyche*, núm. 73 (2005), págs. 1-19.

Smith, Jen y Cavallier, Andrea. Lori Vallow Is Sentenced to Life without Parole for Murders of Her Kids JJ and Tylee and Her Husband's Ex-Wife Tammy Daybell [en línea]. *Daily Mail.* [Consulta: 6 de mayo de 2024]. Disponible en https://www.dailymail.co.uk/news/article-12356641/lori-vallow-daybell-Idaho-sentencing-updates-killed-childrenTylee-Ryan-JJ.html.

Smith, Melissah, Why Successful Women Need to Be Submissive. LinkedIn. [Consulta: 2 de mayo de 2023]. Disponible en https://www.linkedin.com/pulse/why-successful-womenneed-submissive-mellissah-smith.

Solomon, Charles, *El arte de* Frozen. Barcelona: Norma Editorial, 2015.

Spencer, Erika Hope, Research Guides: French Women & Feminists in History: A Resource Guide: Witch Trials & Witchcraft. Guía de investigación. [Consulta: 5 de mayo de 2024]. Disponible en https://guides.loc.gov/feminism-french-women-history/witch-trials-witchcraft.

Specter, Emma, Why Are Women Now Required to Cover Their Arms in the Missouri State House?. *Vogue* (18 de enero de 2023). Disponible en https://www.vogue.com/article/missouristate-house-bare-arms.

Spigel, Lynn, *Welcome to the Dreamhouse: Popular Media and Postwar Suburbs* [Bienvenidos a la casa de los sueños: los medios populares y la clase media en la posguerra]. Durham, Carolina del Norte: Duke University Press, 2001.

La guerra de las galaxias. Twentieth Century Fox, 1977.

Stein, Murray, The White Snake: A Psychological Hero's Journey. En *Psyche's Stories: Modern Jungian Interpretations of Fairy Tales* [Historias de la psique. Interpretaciones junguianas modernas de los cuentos de hadas], eds. M. Stein y L. Corbett, vol. 3. Wilmette, Illinois: Chiron Publications [s. f.].

Sternlicht, Alexandra, Miley Cyrus Is a Rebel for Her Own Cause. *Forbes.* [Consulta: 23 de febrero de 2023]. Disponible en https://www.forbes.com/sites/alexandrasternlicht/2021/12/12/miley-cyrus-is-a-rebel-for-her-owncause/.

Stone, Merlin, *Cuando Dios era mujer: exploración histórica del antiguo culto a la gran diosa y la supresión de los ritos de las mujeres.* Barcelona: Kairós, 2021.

Substack. The Witch Trials of J. K. Rowling. [Consulta: 14 de febrero de 2023]. Disponible en https://substack.com/inbox.

Sullivan, Mark, The Analytic Initiation: The Effect of the Archetype of Initiation on the Personal Unconscious. *Journal of Analytical Psychology 41*, núm. 4 (1996), págs. 509-538. Disponible en https://onlinelibrary.wiley.com/doi/abs/10.1111/j.1465-5922.1996.00509.x.

Tanner, Itsa *et al.*, Images of Couples and Families in Disney Feature-Length Animated Films. *The American Journal of Family Therapy 31* (2003), págs. 355-373.

Taylor, Elise, A Timeline of Prince Charles and Princess Diana's Tumultuous, Tragic Relationship. *Vogue*. [Consulta: 9 de febrero de 2023]. Disponible en https://www.vogue.com/article/atimeline-of-prince-charles-and-princess-dianas-tumultuous-tragic-relationship.

The Free Press. Has the Sexual Revolution Failed?. Evento. [s. f.].

The Heroine Journeys Project. Maureen Murdock's Heroine's Journey Arc (12 de febrero de 2015). Disponible en https://heroinejourneys.com/heroines-journey/.

CBE International. The Role of Women in Church, in Society, and in the Home. [Consulta: 6 de mayo de 2023]. Disponible en cbeinternational.org/resource/role-women-church-society-and-home/.

Tiana y el sapo. Buena Vista Film Distribution, 2009.

Toews, Miriam, *Ellas hablan*. Editorial Sexto Piso, 2020.

Turner, Marion. *The Wife of Bath*. Princeton, NJ: Princeton University Press, 2023.

U. S. National Science Foundation. Supporting Women and Girls in STEM: Broadening Participation in STEM. [Consulta: 5 de mayo de 2024]. Disponible en https://new.nsf.gov/funding/initiatives/broadening-participation/supporting-women-girls-stem.

Ulaby, Neda, A Wife of Bath 'biography' Brings a Modern Woman out of the Middle Ages. *NPR* (4 de febrero de 2023), sec. Author Interviews. https://www.npr.org/2023/02/04/1146691833/wife-of-bath-canterbury-tales-chaucer.

University of Toledo, Ohio. What Were You Wearing Art Installation. [Consulta: 5 de diciembre de 2023]. Disponible en https://www.utoledo.edu/studentaffairs/saepp/what-were-youwearing/.

UN Women. The Paths to Equal: Twin Indices on Women's Empowerment and Gender Equality. [Consulta: 7 de agosto de 2023]. Disponible en https://www.unwomen.org/en/digital-library/publications/2023/07/the-paths-to-equal-twin-indices-on-womensempowerment-and-gender-equality.

U. S. Department of Labor, Women's Bureau. Facts Over Time: Women in the Labor Force. United States Department of Labor, 2022. Disponible en https://www.dol.gov/agencies/wb/data/Facts-over-Time.

Vagianos, Alanna, Art Exhibit Powerfully Answers the Question 'What Were You Wearing?'. *HuffPost,* sec. Women. [Consulta: 5 de diciembre de 2023]. Disponible en https://www.huffpost.com/entry/powerful-art-exhibit-powerfully-answers-the-question-what-wereyou-wearing_n_59baddd2e4b02da0e1405d2a.

Vaz da Silva, Francisco, Red as Blood, White as Snow, Black as Crow: Chromatic Symbolism of Womanhood in Fairy Tales. *Marvels & Tales: Journal of Fairy-Tale Studies 21*, núm. 2 (2007), págs. 240-252. Disponible en https://www.jstor.org/stable/41388837.

Via, Esther *et al.,* Self and Other Body Perception in Anorexia Nervosa: The Role of Posterior DMN Nodes. *The World Journal of Biological Psychiatry: The Official Journal of the World Federation of Societies of Biological Psychiatry* 19, núm. 3 (abril de 2018), págs. 210-224. Disponible en https://doi.org/10.1080/15622975.2016.1249951.

Violence Policy Center. When Men Murder Women: An Analysis of 2020 Homicide Data (septiembre de 2022). Disponible en https://vpc.org/when-men-murder-women/.

Von Franz, Marie Louise, *Individuation in Fairy Tales* [La individuación en los cuentos de hadas]. Londres: Shambhala, 1970.

_____ *Lo femenino en los cuentos de hadas.* Madrid: El Hilo de Ariadna, 2024.

Wade, Renée, How to Be Submissive in a Relationship [blog]. *The Feminine Woman* (27 de octubre de 2022). Disponible en https://www.thefemininewoman.com/how-to-be-submissive/.

Waska, Robert, Catching My Balance in the Countertransference: Difficult Moments with Patients in Psychoanalytic Treatment. *International Forum of Psychoanalysis* 20, núm. 3 (2011), págs. 167-175. Disponible en https://doi.org/10.1080/0803706X.2011.553632

Weber, Samuel R., Lomax, James W. y Pargament, Kenneth I., Healthcare Engagement as a Potential Source of Psychological Distress among People without Religious Beliefs: A Systematic Review. *Healthcare 5* (Basilea, Suiza), núm. 2 (5 de abril de 2017), pág. 19. Disponible en https://doi.org/10.3390/healthcare5020019.

Wellman, Billy, *La peste negra: un apasionante recorrido por un gran acontecimiento de la Edad Media.* [s. n.], 2024.

White, T. H., *El rey que fue y será.* Barcelona: Ático de los Libros, 2020.

Widawsky, Rachel, Julia Kristeva's Psychoanalytic Work. *Journal of the American Psychoanalytic Association 62*, núm. 1 (febrero de 2014), pags. 61-67. Disponible en https://doi.org/10.1177/0003065113520041.

Wikipedia. Echo and Narcissus (17 de mayo de 2023). Disponible en https://en.wikipedia.org/w/index.php?title=Echo_and_Narcissus&oldid=1155163474.

Windle, Gill, What Is Resilience? A Review and Concept Analysis. *Reviews in Clinical Gerontology* 21, núm. 2 (2011), págs. 152-169. Disponible en https://doi.org/10.1017/S0959259810000420.

Wolkstein, Diane y Kramer, Samuel, *La historia empieza en Sumer: 39 testimonios de la historia escrita.* Madrid: Alianza Editorial, 2022.

Wonder Woman. Acción/drama. Warner Bros. Pictures, 2017.

Woodhead, Linda, The rise of 'no religion': Towards an explanation. *Sociology of Religion* 78, núm. 3 (2017), págs. 247-262. Disponible en https://doi.org/10.1093/socrel/srx031.

Woodward, Amanda L. y Gerson, Sarah A., Mirroring and the Development of Action Understanding. *Philosophical Transactions of the Royal Society B: Biological Sciences 369*, núm. 1644 (5 de junio de 2014): 20130181. https://doi.org/10.1098/rstb.2013.0181.

Yalom, Marilyn, *Birth of the Chess Queen* [El nacimiento de la reina del ajedrez]. Nueva York: HarperCollins, 2009.

Yousafzai, Malala y Lamb, Christina, *Yo soy Malala: la joven que defendió el derecho a la educación y fue tiroteada por los talibanes.* Madrid: Alianza Editorial, 2013.

Zhou, Li, The Sexism of School Dress Codes. *The Atlantic* (20 de octubre de 2015). Disponible en https://www.theatlantic.com/education/archive/2015/10/school-dress-codes-areproblematic/410962/.

Zhuang, Peina y Weng, Siqi, A Comparative Study of the Body and Power between Han Feizi and Michel Foucault. *Neohelicon* (21 de agosto de 2023). Disponible en https://doi.org/10.1007/s11059-023-00705-w.

Zipes, Jack., *When Dreams Came True: Classical Fairy Tales and Their Tradition* [Cuando los sueños se hacían realidad. La tradición de los cuentos de hadas clásicos]. Nueva York: Routledge, 1999.

Zoladz, Lindsay, Ridicule Is Resistance. The Ringer. [Consulta: 6 de mayo de 2024]. Disponible en https://www.theringer.com/2017/1/22/16040964/report-from-the-womens-march-protestwashington-dc-e29c9ccd75e6.

AGRADECIMIENTOS

Esta obra, fruto de una labor llena de amor, alegrías, penas y sacrificios a lo largo de más de una década, no habría sido posible sin contar con amor, apoyo y críticas. Mi familia me ha apoyado en la elaboración de los numerosos borradores de este libro, en especial mi marido, Ched Hover; mi hija, Danica, y mis sobrinas, Avery y Zoe. Avery hizo preciosas fotos en los eventos para promocionar el libro, y Zoe fue mi asistente editorial en este trabajo, entre otros. Mis mejores amigas –Patricia Hunter McGrath, Laura Voglesong, Mary Gelfand, Jane Henrickson, Marie-Dominique Verdier y Cathy Huddleston– me escucharon y contribuyeron a poner en orden mis ideas para este libro desde el principio. Son mi familia elegida y jamás me han fallado. Estoy profundamente en deuda con el primer grupo que me escuchó y que me proporcionó las primeras críticas en el *brunch* de las reinas: Chris Spitale, Shannon Dorothy, Rachel Helding, Gretchen Bangs, Lou Allene Mallory, LeAnne Matthiesen y Lisa Dawn. Mi grupo de escritura hizo posible este libro. Siempre estaré enormemente agradecida por sus aportaciones, apoyo e interesantes comentarios a Selene Castrovilla y el resto de los miembros del Writer's Pinnacle. El equipo de Roadmap Writers fue crucial a la hora de dar visibilidad a mi obra: mi agradecimiento a Joey Tuccio. Mi agente, Mark Gottlieb, un férreo defensor de mi trabajo, ha aportado reflexiones y observaciones profundas a todo lo que he hecho y me ha salvado la vida en más de una ocasión. Siempre le estaré agradecida. Mi editora, Sally

Mason-Swaab, ha sido una colaboradora extraordinaria, siempre haciendo interesantes sugerencias y críticas constructivas en las lecturas de los borradores, dándome ánimos. Allison Janice apostó por este libro desde el principio: ¡gracias! Entre la infinidad de personas a las que transmitir mi gratitud hay unas cuantas que merecen una mención especial: el carismático Steven Pressfield creyó en mí desde el primer momento, y su aliento me mantiene en la brecha desde hace años. The Association of Women Directors y Donna Bonilla Wheeler me han brindado apoyo en mis clases y talleres. He contado con el increíble respaldo de mis amigas del Reino Unido, entre ellas mi colega Lorna Partington y mi resiliente *coach* Helen Soutar. Mi agradecimiento a las participantes del primer taller de FemmePyre, en especial a las ponentes Deborah Hurwitz, Kate Neligan, Helen Soutar y la doctora Valerie Rein, así como a las que accedieron a ser entrevistadas ante las cámaras, Danielle Lajoie y Susan Cross. ¡También quiero dar las gracias a todas mis pacientes por su generosidad al haber compartido sus historias y realizado el camino de la reina conmigo! Me siento profundamente agradecida de que me hayáis invitado a vuestros reinos.

SOBRE LA AUTORA

Stacey Simmons es licenciada en Humanidades y doctora en Filosofía por la Universidad de Nueva Orleans y posteriormente realizó un posgrado en el Pacifica Graduate Institute de Santa Bárbara (California). Además de terapeuta familiar y de pareja, tiene la acreditación de especialista en terapias psicodélicas. Su práctica clínica se centra en ayudar a profesionales a superar desde traumas de la infancia hasta bloqueos creativos. Tras pasar unos cuantos años sufriendo pesadillas, Stacey abandonó su carrera profesional en el sector del entretenimiento para estudiar psicoterapia y en la actualidad es supervisora clínica en el Hope Therapy Center de Burbank, California. Cofundadora de una iglesia *wicca* en su Nueva Orleans natal, goza de un gran liderazgo en el ámbito de la espiritualidad femenina. Interactúa con buscadoras y buscadores espirituales en TikTok a través de su perfil Your Witch Mom @WitchDaily, donde tiene unos trescientos mil seguidores. Es investigadora voluntaria en la clínica de psiquiatría integrativa del Instituto de Neurociencia y Comportamiento Humano de la UCLA, así como investigadora asociada del TranceScience Research Institute de París.